普通高等院校"十三五"规划教材

现代公共关系学

主　编　孙冬英　陈金花
副主编　乔秋敏　雷　彬　崔明月　段晓梅
参　编　李翔宇　史术光　陈　颖

快速导航，学习要点
拓展知识，轻松提高
下载课件资源

南京大学出版社

前　言

随着经济体制改革的不断深化,党和政府将会颁布和实施更多有关改革的方针、政策和措施,要求各类公关组织及公关人员通过公关职能争取公众对改革的方针、政策和措施的理解和支持。改革开放必然会给我们的社会生活带来新问题和新现象,这些新问题、新现象既是对我国公关业的挑战,也是我国公关事业腾飞的新契机。近二十年来,公共关系事业在全世界范围内有了突飞猛进的发展,我国的公关也经历了一个从无到有的过程。我国的公关事业在短短的十六个年头里,跨越了引入学习阶段、高潮阶段和冷静反思阶段,也走向了健康、稳步发展的轨道。21世纪将是中国公关事业理论与实践双丰收的黄金时期。

公关是一门富于创造性的综合艺术。随着社会的发展,致力于富有创意的高层次策划,必将成为中国公关活动的主导潮流。

据估计,目前我国从事公关业的人数近万人,公关机构超过千家,受过正规培训的公关人员达两三万人,加上受过公关普及教育的人数,约有四五十万。目前,几乎所有省、市、自治区都成立了公关协会。特别是1989年在西安通过的《中国公共关系职业道德准则》,称得上是我国公关事业走上专业化、职业化道路的良好开端。

中国公关的普及离不开公关知识的教育和宣传。我国大专院校的公关教育日趋系统化、正规化。1987年,国家教委把公关课纳入教学计划,全国开设公关课的院校有408所。这种系统的专业教育和理论学习是培养高、中级企业公共关系人才的重要途径。二十世纪九十年代,中国公关事业经过"公关热"和冷静反思之后,开始健康稳步地成长。

这种普及、教育活动相结合的"中国公关现象",正在引起国际公关界的广泛兴趣和普遍关注。展望未来,随着我国改革开放和市场经济的深入发展,公关的重大作用将会被人们更加熟知和重视,我国的公关事业也必将走向成熟。

公共关系学作为一种文化,首先要受到本民族传统文化的影响,一个历史越悠久的民族,其民族意识和民族精神对公关的影响也越深刻。中国公关的开展,必须体现中国国情,体现民族特色,走同民族文化传统相结合的有中国特色的公关之路。

公共关系学是以公共关系的客观现象和活动规律为研究对象的一门综合性的应用学科,换言之,公共关系学是研究组织与公众之间传播与沟通的行为、规律和方法的一门学科。基于这样的基础,本书研究的内容主要包括:公共关系的基本概念与含义;公共关系产生和发展的历史;公共关系的主体及其功能;公共关系的对象;公共关系的媒介;公共关系的工作程序;公共关系的实务活动;公共关系工作过程中语言及行为举止的要求等。每一章都有本章概要、案例讨论和思考练习,以方便理解、学习和模拟训练。

《现代公共关系学》是一本既与国际接轨又具有国情特色、既反映学科传统又体现当代素养的公共关系学教材,理论与实践并举,系统与创新兼具是本书的主要特色。

本书主要适用于公共关系学、新闻学、广告学、传播学、市场营销学、公共管理学、行政管理学等专业的本科生、研究生、教师以及相关领域的专业人士和研究人员。培养具备社会调查、策划咨询、形象设计、沟通协调、组织管理等能力,并具有较强社会交往能力和初步研究能力的高级技术型人才。

本书由九江学院孙冬英和陈金花总体设计、策划、组织、编写并承担全书的修改定稿工作,乔秋敏、雷彬、崔明月、段晓梅、李翔宇、史术光、陈颖等老师参加了本书的编写工作,在此表示由衷的感谢,并感谢所有对本书提供指导和修改意见的领导及老师,当然由于各种主客观的原因,本书可能还存在一些不足,希望各位专家学者批评指正,多提宝贵的建议和意见。

编　者
2018 年 5 月

目 录

第一章 公共关系基本理论 ... 1
- 第一节 公共关系内涵 ... 2
- 第二节 公共关系与相关概念的关联 ... 9
- 第三节 公共关系学的学习意义和方法 ... 14

第二章 公共关系的历史沿革 ... 18
- 第一节 国外古代朴素公共关系 ... 19
- 第二节 中国古代朴素公共关系 ... 20
- 第三节 现代公共关系发展史 ... 27
- 第四节 公共关系行业在中国的发展趋势 ... 33

第三章 公共关系职能 ... 37
- 第一节 塑造形象 ... 38
- 第二节 收集信息 ... 45
- 第三节 传播推广 ... 48
- 第四节 协调沟通 ... 49
- 第五节 决策咨询 ... 54

第四章 公共关系主体 ... 56
- 第一节 社会组织 ... 57
- 第二节 公共关系组织机构 ... 59
- 第三节 公共关系从业人员 ... 71

第五章 公共关系客体——公众 ... 81
- 第一节 公众的含义和特征 ... 82
- 第二节 公众的分类 ... 84
- 第三节 重要目标公众分析 ... 87

第六章 公共关系传播 ... 97
- 第一节 公共关系传播的概述 ... 98
- 第二节 公共关系传播媒介 ... 105
- 第三节 公共关系传播效果 ... 111

第四节　网络时代公共关系的变化 113

第七章　公共关系四步工作法 118
　　第一节　公关调查 119
　　第二节　公关策划 130
　　第三节　公关实施 143
　　第四节　公关评估 147

第八章　公共关系专题活动 153
　　第一节　公共关系专题活动概述 154
　　第二节　庆典型公共关系专题活动 156
　　第三节　赞助型公共关系专题活动 165
　　第四节　新闻发布会 168
　　第五节　展览会 175

第九章　危机公关 182
　　第一节　危机公关的概念 183
　　第二节　危机公关处理 186
　　第三节　危机公关管理 191
　　第四节　网络危机公关 195

第十章　公众心理 201
　　第一节　知觉与公众 202
　　第二节　需要、动机与公众行为 210
　　第三节　态度与公众行为 213
　　第四节　流行、流言与舆论 218

第十一章　公关语言艺术 226
　　第一节　公关语言艺术概述 227
　　第二节　公关口语表达艺术 232
　　第三节　公共关系演讲 238
　　第四节　公共关系谈判 242
　　第五节　公共关系文书写作 253

第十二章　公关礼仪 266
　　第一节　个人形象礼仪 267
　　第二节　公关社交礼仪 271
　　第三节　大型公关接待礼仪 275
　　第四节　公关涉外礼仪 280

第一章 公共关系基本理论

学习目标

通过教学,学生了解什么是公共关系,对公共关系的定义有个清晰的认识,并对各类公共关系有一定的了解,掌握公共关系的三大要素及其特点。同时能清楚地区分公关与相关概念之间的关系,如公共关系与人际关系、公关与营销、公关与广告等,并掌握本门课程的学习方法。

公共关系(Public Relations,P. R. 简称"公关")是由英文"Public Relations"翻译而来的,Public 意为"公共的""公开的""公众的",Relations 即"关系"之谓,中文可译为"公共关系",有时候又称"公众关系、机构传讯",简称 PR 或公关。在社会上,很多公众把"公共关系"与"传播""交际""拉关系""拉拉扯扯"等混为一谈,也许曾经在公共关系实践中确实出现过偏差,从这门学科引入我国之日起,对它的疑惑和误解就没有停止过。有人甚至做出这样的推断:"公共关系=美女+交际","公共关系=公关小姐","公共关系=不正之风"。

案例导入

"高铁外交"推广"中国智造"

2015 年 11 月 25 日,国务院总理李克强邀请来华出席第四次中国—中东欧国家领导人会晤的中东欧国家领导人共同乘坐中国高铁。这趟从上海开往苏州的高铁列车,11 时准时出发,5 分钟后就成功提速到 301 公里/小时,全程 91 公里,仅用时 22 分钟。

虽然乘客的阵容十分强大,但这趟列车也仅是普通高铁的商务车厢,如此安排,就是为了让外国领导人感受其中的细节,真实地体会"既舒适又安全"的中国高铁。

这一高速动车组实现了十大关键技术的创新突破,被誉为中国高端装备制造业自主创新的典范。而且,从苏州到上海的高铁穿行于经济发达的长三角地区,沿线可以看到现代化的工厂和村庄,展现了中国经济繁荣增长的景象。

作为中国的"高铁代言人",李克强总理多次在外交场合提及并宣传中国高铁。这次别开生面的"高铁外交",成功地让国际社会更多地了解了中国高铁,看到了中国制造业技术正在不断创新和进步,也向世界传达了中国自主品牌从"中国制造"走向"中国智造"的实力和决心。

【分析】 有一种公共关系活动被认为具有立竿见影的效果——开放日,打开大门迎宾入内,让宾客亲眼看见、亲耳聆听、亲身感受。中国高铁走向世界,不仅要靠自我推销,更要靠事实说话,让最具代表性的目标公众亲眼看到、亲身感受到。李克强总理这位顶级"公共关系人员",把中东欧国家的领导人请进中国高铁的车厢,增强了他们对中国高铁技术和中国经济快速发展的信心。这种体验式的公共关系,语言虽然较少,效果却十分显著。

其实真正意义上的公共关系,是社会组织同构成其生存环境、影响其生存与发展的那部分公众的一种社会关系;是一个组织为了达到一种特定目标,在组织内外部员工之间、组织之间建立起一种良好关系的科学。公共关系是社会组织的一项管理功能,通过制定政策及程序来获得公众的谅解和接纳。它是一种有意识的管理活动。一个社会组织要想建立一种良好的公共关系,需要良好的公共关系活动的策划来实施和实现。

第一节　公共关系内涵

一、公共关系概念

"公共关系"一词的首次出现是在1807年美国总统托马斯·杰斐逊的国会演说中。公共关系这个概念,是20世纪初在美国首先出现的,当时最早使用这个概念的,是美国的一个新闻记者——艾维·李。1904年,艾维·李使用public relations这个词来描述公共关系的概念,后来人们把它简称为PR,这就是公共关系的缩写。在港澳地区人们也把它叫作公众关系。1807年美《韦氏新九版大学辞典》收录了Public Relations并简称"PR"。

自从公共关系诞生以来,人们给其下一个准确定义的努力就没有停止过。由于每个人的认识角度不同,对公共关系内涵的理解也各异,于是就形成了许许多多的公共关系定义。20世纪70年代中期,美国著名的公共关系学者莱克斯·哈洛(Rex Harlow)博士就搜集到47个公共关系的定义;还有人说,公共关系的定义已有上千条之多。于是有人不无幽默地说有多少公共关系学者,便有多少种公共关系的定义。总的来说,公共关系的定义分为以下几大类:

1. 传播说

这一类定义强调公共关系是组织一种特定的传播管理行为和职能,认为公共关系离不开传播沟通,我国公共关系学者廖为建就持此种观点。其定义是:公共关系是一个组织与其相关公众之间的传播管理。

在国外,持这种观点的学者不在少数。在美国的大学中,公共关系专业往往设在新闻传播学院内。

英国人弗兰克·杰夫金斯(Frank Jefkins)也认为:公共关系是由为达到相互理解有关特定目标而进行的各种有计划的沟通联络所组成的,这种沟通联络处于组织与公众之间,既是内向的,也是外向的。国外一些大型的百科全书或综合词典也从传播或沟通的角度来定义公共关系。《美利坚百科全书》中的定义是:公共关系是关于建立一个组织同其既定公众之间相互了解的活动。《大英百科全书》中是这样定义的:公共关系是旨在传递有关个人、公司、政府机构或其他组织的信息,并改善公众对其态度的种种政策或行动。《韦伯斯特新国际词典》认为：公共关系是通过传播大量有说服力的材料，发展邻里的相互交往和估价公众的反应，从而促进个人、公司或机构同他人、各种公众以及社区之间的亲善友好关系。

2. 管理职能说

"管理职能说"这类定义把公共关系看作和计划、财务一样的管理职能，其中美国人莱克斯·哈洛博士的定义便是典型代表。他认为：公共关系是一种特殊的管理职能，它帮助一个组织建立并保持与公众之间的交流、理解、认可与合作；它参与处理各种问题与事件；它帮助管理部门了解民意，并对其做出反应；它确定并强调企业为公众利益服务的责任；它作为社会趋势的监视者，帮助企业保持与社会同步；它使用有效的传播技能和研究方法作为基本工具。

根据爱德华·伯尼斯（Edward Bernays）的定义，公共关系是一项管理功能：制定政策及程序来获得公众的谅解和接纳。公关是社会组织同构成其生存环境、影响其生存与发展的那部分公众的一种社会关系。

国际公共关系协会同样认为公共关系是一种管理职能，其定义是：公共关系是一种管理功能，它具有连续性和计划性。

通过公共关系，公立的和私人的组织机构试图赢得与它们有关的人们的理解、同情和支持——借助对舆论的估价，以尽可能协调它们自己的政策和做法，依靠有计划的、广泛的信息传播，赢得更有效的合作，更好地实现它们的共同利益。

美国著名公共关系学者卡特李普（Scott M. Cutlip）和森特（Allen H. Centre）认为：公共关系是这样一种管理功能，它能建立和维护组织与公众之间的互利互惠关系，而一个组织的成功或失败取决于公众。

3. 传播管理说

"传播管理说"这类定义将管理说和传播说结合起来，强调公共关系是组织一种特定的传播管理行为和职能。当代美国公共关系学术权威、马里兰大学的詹姆斯·格鲁尼格教授认为，公共关系是一个组织与其相关公众之间的传播管理。

4. 形象说

这类定义从塑造形象的角度揭示公共关系的本质属性，强调公共关系的宗旨是为组织塑造良好的形象。这类定义认为，公共关系是社会组织为了塑造组织形象，通过传播、沟通手段来影响公众的科学与艺术。

5. 特定关系说

持这种观点的人认为，"关系"体现公共关系的本质属性，公共关系是一种特定的社会关系，正确认识公众关系、处理公众关系是开展公共关系的出发点和归宿。

美国普林斯顿大学的资深公共关系教授希尔兹（H. L. Chils）认为：公共关系就是我们所从事的各种活动所发生的各种关系的通称，这些活动与关系是公众性的，并且都有社会意义。

英国公共关系学会的定义是：公共关系是在组织和它的公众之间建立和维持相互了解的、有目的、有计划的持续过程。

6. 协调说

"协调说"（或者"平衡说"）是对"关系说"的深化，认为公关关系主要是协调组织与公众之间的社会关系,即公共关系是"维持企业的营利性和社会性之平衡"。

7. 特征综合说

有的公关学者认为,前面几类定义都只反映了公共关系某一方面的含义或特征,未免失之偏颇,因此他们试图通过一个定义把公共关系的所有内涵或特征都包括进去。

美国《公共关系季刊》详细罗列了公共关系的14个特征:

(1) 公共关系是一个完整的职能,目的在于增进公司利益和达成其他整体的目标。

(2) 公共关系并不制定政策,但是可以帮助管理当局表白公司的政策。

(3) 对于受公司措施影响的人们,公共关系人员注意他们的印象和可能的反应,因此,重大的措施虽然表面上与公共关系无关,也应先向公共关系部门咨询。

(4) 行动比空言有力,所有信誉都建立在行动而非语言文字之上,但如果要让他人知悉并了解公司的行动,就得借助于语言文字。

(5) 公共关系虽然是管理部门的职责,却仍然有其明确的责任范围,如果要实行这种责任,就必须配备适当的预算及人员,至于所担负的任务则必须限于公司公共关系范围以内的工作。

(6) 公共关系人人有责,公共关系部门的最终目标是使人人了解传播对于良好的管理是必要而不可分割的。

(7) 关于公司的形象是相对的,要依据某种公众对于公司的具体要求和兴趣而定,例如股东、金融界、政府、教育家和舆论界,就会各有各的看法。

(8) 人们经常根据不完全的证据形成对公司的印象,例如公司的名称、与某一位员工的通信或偶然的会晤,虽然这些都是小事,但应尽力去注意为公司争取良好的印象。

(9) 因为公司是在舆论所形成的环境下营运发展的,因此对于任何人士所具有的访问权力均应尊重。

(10) 人们通常对于了解最少的事物感到厌恶、恐惧或猜疑,如果不提出理由并加以解释,人们就会自行想象,因此透露、传播资料信息不要吝惜。

(11) 不可歪曲及夸大事实,公共关系的主旨在于陈述事实,以便他人对于公司能公平评估,引起公众兴趣,进而对他们发生影响。

(12) 少做做得好,比多做做不好要强。

(13) 在观念的领域中,要引起特别的注意,竞争非常激烈,公共关系的一项基本任务就是要引起别人对于公司的好感和兴趣。

(14) 公共关系艺术成分多于科学成分,这种艺术一定要以社会科学的崭新知识为基础,对于公众对象的组成及态度要做科学的评估,对于公司本身要有透彻的认识。

1982年11月,美国公共关系学会(PRSA)在其一流成员组成的专家小组的努力下,正式采用了一个"关于公共关系的官方陈述"。这一定义除了概念方面的内容外,还将各种活动、结果和对公共关系实践的知识要求包括在内。

8. 经营艺术说

持这种观点的人认为,公共关系还只是一门不精确的学科,许多公共关系问题不存在唯一正确的答案,公共关系在实际运作中要讲究创造性,讲求形象思维,我们需要从整体上来把握公共关系及其工作。因此,公共关系是一种艺术。

如1978年8月，在墨西哥城召开的世界公共关系协会大会上，代表们经过商讨，提出了这样一个公共关系的定义：公共关系是一门艺术和社会科学，公共关系的实施是分析趋势，预测后果，向机构领导人提供意见，履行一连串有计划的行动，以服务于本机构和公众利益。我国学者余阳明认为：公共关系是社会组织为了塑造组织形象，通过传播、沟通来影响公众的科学和艺术。

通过对各种公共关系定义的分析，本书认为，公共关系是社会组织为了生存发展。通过传播沟通、塑造形象、平衡利益、协调关系、优化环境来影响公众的一门科学与艺术。而专门从事组织机构公众信息传播、关系协调与形象事务的调查、咨询、策划和实施的人员我们称之为公关人员。

二、公共关系的含义

由公共关系的定义可知，公共关系的本意是社会组织、集体或个人必须与其周围的各种内部、外部公众建立良好的关系。

1. 公共关系是一种状态

任何一个企业或个人都处于某种公共关系状态之中。

2. 公共关系是一种活动

当一个工商企业或个人有意识地、自觉地采取措施去改善和维持自己的公共关系状态时，就是在从事公共关系活动。它可以作为公共关系主体长期发展战略组合的一部分。

3. 公共关系也是一种管理职能

包括评估社会公众的态度，确认与公众利益相符合的个人或组织的政策与程序，拟定并执行各种行动方案，提高主体的知名度和美誉度，改善形象，争取相关公众的理解与接受。

三、公共关系的分类

按照公共关系活动的主体身份、工作对象、功能体现等分类标准，可以将公共关系划分为主体或部门型公共关系、对象型公共关系和功能型公共关系三大类。

（一）主体或部门公共关系

由于主体或部门间各有差异，它们各自的公共关系工作内容和方式也会有所差异。

1. 企业公共关系

所谓企业公共关系，就是以企业为主体的公共关系。企业公共关系活动的核心是在公众中树立起良好的形象。

2. 商业服务业公共关系

商业服务业公共关系就是以商业服务业为主体的公共关系。商业是向消费者市场提供物资商品，服务业是以提供劳力或技艺服务来满足顾客需要。两者都是以工作人员与顾客的直接接触来开展活动。

3. 金融业公共关系

金融业公共关系就是以金融业为主体的公共关系。金融业，即经营货币资金融通的行业,具体包括与货币的发行、流通、回笼业务有关的银行及与其关系密切的证券公司、信托投资公司、信用社等。

4. 政府公共关系

政府公共关系是以各级政府为主体,以广大内外公众为客体的一种特殊的公共关系类型。政府公共关系活动是指政府为了更好地管理社会事务、争取公众对政府工作的理解和支持、塑造良好的形象,运用传播手段与社会公众建立、协调、改善关系的政府行为。

5. 事业、团体公共关系

事业组织是指为适应社会需要而由国家或地方政府提供资金设立的专门性机构,如学校、博物馆、图书馆等等。团体组织是指具有共同利益或背景的人们为实现某种社会理想而自愿结合形成的非营利性组织,如专业学术团体、少数民族团体、宗教团体、残疾人团体、妇女团体等。

6. 社会公众人物公共关系

社会公众人物有较高的社会知名度,是广受公众关注的人物。社会公众人物以社会明星或社会热点人物为大宗,同时不少高级政客及社会活动家也属此列。

(二) 对象型公共关系

主要是按照公众的横向关系划分的。有多少类公众就有多少类对象公共关系。

1. 员工关系

每个组织都有自己的员工。

2. 消费者关系

一般说来,组织自身目标的最终实现与否直接取决于它与消费者的关系如何处理。

3. 政府关系

政府既是公共关系的主体,又是公共关系的对象。政府含有不同层次,从纵向说有中央政府与各级地方政府;就横向看有承担不同职能的政府部门,有立法部门、司法部门和执法部门,还有工商管理、税务管理、土地管理、司法管理部门等等。

4. 媒体关系

媒体一般指社会上的新闻、传播机构或工具,包括报纸、杂志、书刊、广播、电视、通讯社、互联网站等等。

5. 社区关系

社区是具有社会功能的一定地理区域,如乡镇、街道和居住小区等,是人们共同拥有的生存空间。任何一个组织的存在都离不开一个具体的社区。

6. 股东关系

股东关系就是组织与投资者的关系,多存在于营利性组织(如股份公司、合资企业等),但事业团体组织(如博物馆、科技工作者协会等)与赞助者、基金会的关系也可归入这一类。

7. 竞争对手关系

对手关系常常又是同行关系。

8. 国际公共关系

运用公共关系的意识与原理来处理国际交往,就整个世界范围来说,还是一个尚有许多潜力可挖的公共关系领域,包括讯社、互联网站等等。

(三) 功能型公共关系

是以公共关系在组织运行中所发挥的功能性作用为标准而加以划分的。

1. 日常事务型公共关系

这类公共关系是指在组织的日常运行中皆始终如一地贯彻公共关系工作目标,努力树立形象、争取公众、扩大影响。

2. 宣传型公共关系

这类公共关系主要是指组织以各种新闻、传播媒介为工具,围绕某个特定主题向公众有意识地传送有关信息,从而创造于己有利的社会舆论环境。

3. 征询型公共关系

征询型公共关系主要是向组织的决策高层和管理职能部门提供征询或咨询。

4. 矫正型公共关系

矫正型公共关系也可以称为补救型公共关系,它指的是在组织形象受到损害时,为挽回声誉、重建形象而开展各种公关活动。

四、公共关系特点:

公共关系的基本特征概括起来有六个方面:

1. 以公众为对象

公共关系是一定的社会组织与其相关的社会公众之间的相互关系。社会组织必须着眼于自己的公众,才能生存和发展。公共关系活动的策划者和实施者必须始终坚持以公众利益为导向。

2. 以美誉为目标

塑造形象是公共关系的核心问题。组织形象的基本目标有两个,即知名度和美誉度。所谓知名度是指一个组织被公众知道、了解的程度,以及社会影响的广度和深度。所谓美誉度是指一个组织获得公众信任、赞美的程度,以及社会影响的美、丑、好、坏。在公众中树立组织的美好形象是公共关系活动的根本目的。

3. 以互惠为原则

公共关系是以一定的利益关系为基础的。一个社会组织在发展过程中要得到相关组织和公众的长久支持与合作,就要奉行互惠原则,既要实现本组织目标,又要让公众得益。

4. 以长远为方针

一个社会组织想给公众留下不可磨灭的组织形象,不是一朝一夕之功所能及的,必须经过长期的、有计划、有目的的艰苦努力。

5. 以真诚为信条

以事实为基础是公共关系活动必须切实遵循的基本原则之一。社会组织必须为自己塑造一个诚实的形象，才能取信于公众。精诚所至，金石为开；至诚可以移山；热诚能成万事；真诚能产生最大的说服力。唯有真诚，才能赢得合作。

6. 以沟通为手段

没有沟通，主客体之间的关系就不会存在，社会组织的良好形象就无从产生，互惠互利也不可能实现。要将公共关系的目标和计划付诸实施，只有双向沟通的过程，才是公共关系的完整过程。

五、公共关系基本要素

公共关系的结构是由组织、公众、传播三要素构成的。公共关系的主体是社会组织，客体是社会公众，联结主体与客体的中介环节是信息传播。这三个要素构成了公共关系的基本范畴，公共关系的理论研究、实际操作都是围绕着这三者的关系层层展开的。

1. 公关主体——社会组织

公共关系的主体是社会组织，尽管有些个人，如在竞选中的候选人、国家公务员、社会名流等等，为了某种特殊利益也举办公关活动，但他们在从事公共关系活动时，不是以自然人的身份，而是以法人的面目出现的。全面研究组织是社会学的课题，而公共关系学主要是从公共关系活动的角度出发，对组织相关的性质进行一些必要的分析。

2. 公关客体——公众

公共关系也称作公众关系，因为公共关系的工作对象就是公众。要做好公共关系工作，就必须了解和研究公众。在公共关系学里，公众与"大众""群众"是有区别的。它不是泛指社会生活中的所有人或大多数人，也不是泛指社会生活中的某一方面、某一领域的部分人，而应具体地被称为"组织的公众"。公众与组织之间必须存在着相互影响和相互作用。

3. 公关中介——传播

当组织明确了公共关系目标，确定了目标公众，并有了公共关系活动的设想之后，便要考虑如何运用媒介把目标和设想变成行动。媒介即传播，是连接社会组织和公众的桥梁，是完成沟通的工程，也是实现公共关系目标的唯一手段。

六、公共关系活动模式

1. 传统公关模式

（1）新闻发稿/软文发布：通过在组织本身网站、有影响力的门户网站或是与传统媒体相结合发送新闻来实施网络公关。通过传统媒体发布新闻时，更应注意与新闻记者建立友好关系，原则是开诚布公，成为其可依赖的有效信息来源，因为记者利用网络更容易查清组织公布的信息是否真实。

（2）论坛营销：论坛是网络上一种被广泛应用的信息交流工具，不论是公开浏览方式还是管理严格的远程登录方式，对公共关系而言，都具有特殊的传播沟通功能。首先是信息发布功能，组织和受众都可以通过BBS发布信息；其次是非实时讨论功能，组织可以将要发表的信息写成文章后，以比较条理和完整的方式发表在 BBS 相应的讨论区；最后是实时讨论功能，组织可与公众在"聊天区"进行实时交流，来拉近组织与公众之间的距离。一则新闻可以在论坛的新闻库里保留很长时间，选择在与组织相关的论坛上贴新闻，可能会带来长达几年的效益。

（3）新闻组：新闻组中聚集着有共同主题的公众，他们就共同感兴趣的问题进行讨论、评论和分析。新闻组可以建立和巩固组织与新老顾客的关系、开展公关所需的市场调查研究、通过信息监测，可以进行危机预防与控制。目前新闻组已成为国际公关界交流中最重要的一个渠道。

（4）电子邮件：个性化的电子邮件会增加人情味，实现一对一传播。

2. 新型公关模式

（1）网络模式。随着网络的普及以及社会公众对网络的使用越来越频繁，网络对社会的舆论导向、对公共事件的评价都有巨大的影响力。网络已经成为消费者对某一品牌或商品影响、评价的第一来源，而且网络上信息传播迅速，短时间内就能产生巨大的影响力，因而网络日益成为企业日常公关活动的主阵地。企业应利用网络扩大对外宣传，树立企业品牌。网络宣传成本相对较低，且针对性强效率高，网络宣传作用日益扩大，对于企业口碑的形成也有重要推动作用。

网络公关公司作为互联网发展的产物，大多也是在最近几年涌现，但是不得不说的是由于市场扩展过快，网络公关公司特别是国内的网络公关行业就显得有一些参差不齐、鱼龙混杂。

（2）新闻模式。新闻公关也称新闻行销，即以新闻报道的形式行产品或企业宣传之目的，此乃属形而上层次的高明行销手段。同样是将产品信息传达给消费者，广告的张扬与自夸，可能让人不胜烦扰，而新闻公关的表现方式则显得客观、公正，在不动声色娓娓道来之余让君自动入瓮。可以说，新闻公关是公共关系与营销策略之间的一种巧妙组合。

新闻公关的核心在于传播。传播的目的在于张扬企业良性信息、提高企业知名度，最后达到促进产品销售或塑造企业品牌的效果。出色的新闻公关有三个层面的应用：思维创新、品牌传播与事件营销。不同层面的新闻公关应用会有不同的效果。

（3）公关搜索引擎。公共关系搜索引擎优化（简称 PRSEO，其中 PR 为公关的英文简称，SEO 为搜索引擎优化的英文简称），主要表现为以互联网为平台，根据企业现状、产品特点和行业特征，综合利用各种网络媒体资源平台对企业新闻稿进行合理优化，使软文获得搜索引擎稳定的较前排位，从而达到有效宣传推广且带来意向客户的目的。对于优化软文新闻稿主要从标题关键词设置、内容关键词密度、发布渠道、超链设置等方面入手。

第二节　公共关系与相关概念的关联

一、公共关系与人际关系的关联

公共关系和人际关系都是社会关系的一种表现形态。公共关系与人际关系是两个既有联系又有区别的概念。公共关系指组织与公众之间的传播与沟通。人际关系指个人在社会实践中形成的各种社会关系。

公共关系与人际关系的联系：
1. 从工作内容上看，公众关系中包含了许多人际关系；
2. 从工作方法上看，公关工作需要运用人际沟通的手段，要求公关人员具备较好的人际关系能力。良好的个人关系有助于建立良好的公共关系。

公共关系与人际关系的区别：
1. 公共关系的行为主体是组织，人际关系的行为主体是个人；
2. 公共关系的对象是公众，人际关系的对象是私人关系；
3. 公共关系是组织的管理职能，人际关系是个人的交际技巧；
4. 公共关系较强调运用大众传播，人际关系局限于人际传播。

科学形态的公共关系与其他任何关系都不同，有其独特的性质，了解这些特性有助于我们加深对公共关系概念的理解。

（1）情感性。公共关系是一种创造美好形象的艺术，它强调的是成功的人和环境、和谐的人事气氛、最佳的社会舆论，以赢得社会各界的了解、信任、好感与合作。我国古人办事讲究"天时、地利、人和"，把"人和"作为事业成功的重要条件。公共关系就是要追求"人和"的境界，为组织的生存、发展或个人的活动创造最佳的软环境。

（2）双向性。公共关系是以真实为基础的双向沟通，而不是单向的公众传达或对公众舆论进行调查、监控，它是主体与公众之间的双向信息系统。组织一方面要吸取人情民意以调整决策，改善自身；另一方面又要对外传播，使公众认识和了解自己，达成有效的双向意见沟通。

（3）广泛性。公共关系的广泛性包含两层意思：一层意思是公共关系存在于主体的任何行为和过程中，即公共关系无处不在，无时不在，贯穿于主体的整个生存和发展过程中；另一层意思指的是其公众的广泛性。因为公共关系的对象可以是任何个人、群体和组织，既可以是已经与主体发生关系的任何公众，也可以是将要或有可能发生关系的任何暂时无关的人们。

（4）整体性。公共关系的宗旨是使公众全面地了解自己，从而建立起自己的声誉和知名度。它侧重于一个组织机构或个人在社会中的竞争地位和整体形象，以使人们对自己产生整体性的认识。它并不是要单纯地传递信息，宣传自己的地位和社会威望，而是要使人们对自己的各方面都要有所了解。

（5）长期性。公共关系的实践告诉我们，不能把公共关系人员当作"救火队"，而应把他们当作"常备军"。公共关系的管理职能应该是经常性与计划性的，这就是说公共关系不是水龙头，想开就开，想关就关，它是一种长期性的工作。

二、公共关系与宣传

公共关系与宣传的联系主要表现在：二者性质上都是一种传播过程，并具有一些共同的活动特点；二者的工作内容有时也是相同的，如每个组织都有团结内部成员，增强群体凝聚力、向心力、荣誉感等方面的任务，这既是组织内部宣传工作的内容，也是组织内部公共关系工作的目标。但是公共关系与宣传是有区别的，其区别表现在：

1. 工作性质不同

传统的宣传工作属于政治思想工作范畴，是政治思想工作的手段和工具。宣传的目的主要是为了改变和强化人们心理状态和精神状态,获取人们对某种主张或信仰的支持。其主要内容是国家的方针、政策、社会道德、伦理、法制等方面的教育。公共关系作为一种特殊的管理职能,其目的是塑造组织形象,建立组织与公众的良好关系。除了宣传、鼓动以外,其工作的主要内容是信息交流、协调沟通、决策咨询、危机处理等。

2. 工作方式不同

宣传工作是单向传播过程(组织→公众),带有灌输性和强制性;其目的有时是隐秘的,并不为公众所知晓;工作重点往往是以组织既定的目标来控制公众的心理;有时为了获取目标对象的支持,宣传容易出现夸张渲染的片面效应。公共关系工作是一种双向传播过程(组织⇌公众);公共关系必须尊重事实,及时、准确、有效地向公众传递组织信息,以真诚换取公众对组织的理解和信任;公共关系除了向公众解释、说服工作外,很重要的职能在于向组织的决策层提供信息和咨询;其目的、动机是公开的,应努力使公众了解,让公众知晓;公共关系工作是说与做的统一,不仅要求组织做好本身工作,还要求把自己做好的工作告诉公众。

三、公关与广告

一般情况下,人们提到的广告大都指商业广告,即广告主为了扩大销售、获取赢利,以付钱的方式利用各种传播手段向目标市场的广大公众传播商品或服务的经济活动。开展公共关系无疑要运用广告这种重要的传播形式,但广告不等于公共关系,它们之间既有联系又有区别。其联系主要是二者都具有依靠传播媒介传播信息的特征。因此,从某种意义上来说,广告在不同程度上起着扩大组织影响、建树组织形象的作用。

以一个马戏团要在某小镇表演而作的市场活动为例:

如果你在街上做一个牌子,写上"×××马戏团将于×月×日在本镇上演大戏",这就是在做"广告"。

如果你在马戏团里找一头大象,把这个牌子放在大象的背上,在大街上来回走动,这是在做"促销推广"。

如果你让背着牌子的大象踏进镇政府大门前的花园,这就是在做"炒作"。

如果你能让镇长对"大象踏进镇政府大门前的花园"这件事发表意见,这就是在做"公关"。

公共关系与广告的区别主要在于:

1. 传播目标不同

公共关系的目标是赢得公众的信赖、好感、合作与支持,树立良好的整体形象,"让别人喜欢我";广告的目标是激发人们的购买欲望,对产品产生好感,"让别人买我"。

2. 传播原则不同

广告的信息传播原则是引人注目。只有引人注目的广告,才能使企业的产品和服务广为人知,激发人们的购买欲望,最终达到扩大销售和服务的目的。公共关系传播的首先原则是真实可信,其传播的信息都应当是真实的、可信的,绝不能有任何虚假。当然,公共关系信息传播也要讲究引人注目,但"引人注目"从属于真实性,是为真实性服务的。

3. 传播方式不同

广告为了引人注目,可以采用各种传播方式,包括新闻的、文学的及艺术的传播方式,可以采用虚构的乃至神话的夸张手法,以激起人们的兴趣,增强人们的购买欲望。但公共关系的传播方式,最重要的是靠事实说话,其信息传播手段主要是新闻传播的手段,如新闻稿、新闻发布会、报纸、杂志等。这些传播手段的特点是:靠信息的真实性、客观性及其内在的新闻价值说话,认为成功的关键不在于当事人运用什么哗众取宠、耸人听闻的表现手法,而在于善于选择适当的时机、采用适当的形式,通过适当的媒介,把适当的信息及时、准确地传递给目标公众。

4. 传播周期不同

通常来说,广告的传播周期是短暂的,短则十天半月,长则数月一年,一般不会太长。相对来说,公共关系的传播周期则是长期的,其任务主要是树立整个企业的信誉和形象,急功近利的方式是很难奏效的。

5. 所处地位不同

一般来说,广告在经营管理的全局中所处的地位是局部性的,其成败好坏,对全局没有决定性的影响。但公共关系工作却不同,它在经营管理中处于全局性的地位,贯穿于经营管理的全过程。公共关系工作的好坏,决定着整个企业的信誉、形象,决定着整个企业的生死存亡。

6. 效果不同

一般来说,广告的效果是直接的、可测的,其经济效果是显而易见的。对某项广告而言,其效果也往往是局部的,只影响到某个产品或某项服务的销路。因此,广告的效果又是局部性、战术性的。而公共关系的效果则是战略性的、全局性的。一旦确立了正确的公共关系思想,并开展了成功的公共关系工作,企业就能在外界建立起良好的信誉和形象,使组织受益无穷,而且社会各界也会因此受益不浅。成功的公共关系所取得的效益,应该是包括政治、经济、社会等各方面效益的社会整体效益。一般来说,这样的整体效益是难以通过利润的尺度来直接衡量的。

四、公共关系与市场营销

公共关系与市场营销的关系是紧密的,但它们之间的区别也是明显的。公共关系工作在企业中,几乎与市场营销融合在一起。换言之,企业的公共关系工作几乎完全为市场营销活动服务。正如英国公关专家弗兰克·杰夫金斯所说:"销售中的每一个因素都需要公关人员来加强、完善"。因此,公共关系可以遍布市场营销的各个角落。

公共关系与市场营销的联系主要在:
(1) 共同的产生条件——商品生产的高度发展;
(2) 共同的指导思想——用户第一,社会效益第一;
(3) 相似的传播媒介——大众传播媒介。

市场营销把公共关系作为组成部分。

公共关系与市场营销的区别主要表现在:
(1) 范围不同。市场营销仅限于企业生产流通领域,最多不过是经济领域内,但公共关系所涉及的是社会任何一种组织与公众的关系。除企业外,公共关系还涉及政府、学校、医院等各种组织,远远超出了经济领域。公共关系比市场营销有更广泛的社会性,学科应用范围也更为广阔。

(2) 目的不同。市场营销的直接目的是销售产品,从而进一步扩大赢利,产生企业效益;公共关系的目的是树立组织形象,产生良好的公众信誉,从而使组织获得长足的发展。

(3) 手段不同。市场营销所采用的手段是价格、推销、广告、包装、商标、产品设计、分销等。这些手段都是紧紧地围绕着产品销售的目的。而公共关系所采用的手段是宣传资料、各种专题活动,如记者招待会、社会赞助、典礼仪式、危机处理等活动。

(4) 目标不同。市场营销是在一个长期的基础上,吸引和满足顾客,以便赢得一个组织的经济目标,其基本责任是建立和维护一个组织的产品或服务市场;公共关系是通过长期努力,赢得组织的良好形象,而并非仅仅是经济利益,还包括社会方面的利益,其基本责任则是建立和维护组织与公众之间的互惠互利的关系。

(5) 聚焦不同。市场营销主要聚焦于顾客的交换关系,其基本过程是通过交换既满足顾客需要又赢得经济利益;而公共关系涉及范围广泛的各类公众包括顾客公众和非顾客公众,如:雇员、投资者、政府、特殊利益集团。

(6) 公共关系和市场营销在范围上也不存在谁包含谁的问题,有效的公共关系通过维护和谐的社会关系和政治环境促进市场营销工作;而成功的市场营销同样有助于建立和维护组织与公众之间的良好关系。

五、公共关系与庸俗关系

从表面上看,庸俗关系与公共关系的协调沟通是一致的,目的都是为解决问题或获取利益。因此,有人一听说公共关系就联想到这种不正当的庸俗关系,认为公共关系就是教人花言巧语,搞不正之术。其实这是一种极大的误解,在很多时候败坏了公共关系的名声。

公共关系与庸俗关系有着本质上的区别,它主要表现在:

1. 两者产生的基础不同

公共关系是商品经济高度发达、现代民主制度不断发展、信息手段十分先进的产物(详见第二章);庸俗关系则是在封闭落后的经济条件下,生产力不发达、市场经济发育不完善、物资供应不充足的产物,带有浓厚的血缘、地缘的色彩。

2. 两者的理论依据不同

公共关系以现代科学理论为指导,按照正确的目标、科学的方式、规范的组织形式、严格的工作程序和道德准则来进行;庸俗关系则建立在市侩经验的基础上,其方法是险恶的权术,奉行的是"人不为己,天诛地灭"的信条。

3. 两者的活动方式不同

公共关系是社会组织与社会公众之间的正当联系,主要是通过正式渠道,采取大众传播或人际传播等手段,公开地进行活动,其活动是正大光明的。而庸俗关系是个人与个人之间的不正当联系,是私人之间相互利用的一种不正当的活动。其参与者尽量掩盖其所作所为,进行幕后交易,如通过奉承拍马、内外勾结、营私舞弊、行贿受贿等庸俗手段,进行暗中拉关系、谋私利的活动。这些活动不能在公众场合下公开进行,只能在暗地里偷偷地进行。

4. 两者所要达到的目的不同

公共关系以建立良好的组织形象、提高知名度与美誉度、维护组织与公众双方的合理利益为目标,恪守公正诚实、信誉至上的原则,从而使组织获取较好的社会效益与经济效益;庸俗关系则是通过各种卑劣手段,来达到个人私利的目的,如搞些紧俏商品,买些便宜货,谋个好职务,在竞标中搞到竞标项目等等。前者为公共利益而奋斗,后者只是为个人的私利而投机钻营。

5. 两者产生的效果不同

公共关系是通过有计划的一系列活动,使社会组织在与社会整体利益一致的前提下不断发展,其结果是社会、国家、组织和公众都受惠,为社会创造一种以诚相见、讲求信誉、提高声望的良好风气;有利于形成和谐、友善、正常、健康的人际关系;有利于提高社会文明程度,促进社会的发展。庸俗关系则是将人际交往商品化,使人们变得唯利是图、目光短浅,整个社会充满市侩气,个人中饱私囊,而国家和公众的利益却遭到损害。

第三节 公共关系学的学习意义和方法

一、公共关系学的学习方法

公共关系学的研究内容大致包括以下几个方面:
(1) 公共关系学的概念、范畴及其本质(说明"什么是公共关系");
(2) 公共关系的起源和发展的历史(说明"公共关系的来龙去脉");
(3) 公共关系的行为主体及其功能(说明"谁在搞公关?搞什么?");
(4) 公众对象分析(说明"与谁开展公关活动");
(5) 公共关系的工作过程(说明"公共关系怎样做");
(6) 公共关系的媒介及其应用方法(说明"公共关系用什么手段和方法来进行");
(7) 公共关系实务活动(说明:"公共关系工作主要做些什么")。

由于公共关系学既有较强的理论性,又有较强的应用性,注定了学习这门科学必须注意理论与实践的结合。学生既必须对公共关系学的基本理论框架有一定的把握,在自己的脑中建立起本学科的基本体系,这样才能将所学的知识构建成一个整体。同时还必须注意和实际结合,加强理解。也就是说,不能干巴巴地死记硬背几个概念或几个定义,而是将这些概念和定义尽可能地和实际公共工作相联系,这对学好公共关系学将大有裨益。

通过对上述内容的学习,学生对公关这个行业有一定的认识和了解,熟悉公关人员的工作职责和工作内容,对公共关系有个更清晰的界定。

二、学习公共关系的意义

公共关系是一门塑造社会组织良好形象的科学与艺术。公共关系的基本理念和核心思想,是营造和谐的社会环境和舆论氛围。公共关系可通过沟通社会信息、协调社会行为、净化会风气来优化社会环境。在公关活动中,公关人员在努力塑造组织形象的同时,也塑造良好的个人形象。学习公共关系学,不仅使我们了解了公共关系学的基本理论,还培养了我们

的公共关系思维,增强了人际交往能力等,使我们更好地适应社会的需要。大学生学习公共关系的意义主要有以下几点:

1. 端正了大学生对公共关系的认识

随着我国经济由计划经济向市场经济的转轨,公共关系虽然引起了大学生的重视,但有些学生有片面认识。在基本理论教学中,老师用大量的事例反复论证,使同学们掌握公共关系的含义,理解其特征是以公众为对象、以美誉为目标、以互利为原则、以长远为方针、以沟通为手段、以真诚为信条,从而正确理解公关,认识到公共关系学是市场经济高度发达的产物,公共关系学是社会组织为了塑造组织形象,通过传播沟通手段,来影响公众的科学与艺术。

2. 强化了大学生的公关意识与实践能力

公关意识是现代社会的一种文明观念,包括塑造形象意识、服务公众意识、真诚互惠意识、立足长远的意识。在学习过程中,老师将具体的案例与基本理论相联系,使学生能运用所学公关知识,主动武装自己、锻炼自己,使公关能力迅速提高。

3. 有利于提高自身素质

公共关系学教育,从某种意义上说是一种终生教育,对于提高人的素质具有重要意义。公共关系学对于人的心理健康、精神气质和应对、处理社会关系技能方面素质的提高具有特别的作用。它使人们能够认识事物的复杂性,形成包容、宽容和从容应对复杂情况的健康心理;并提高在精神气质和形象方面的素质,赢得他人的好感并感染他人、影响他人,有利于社会组织形象的良性化。

4. 提高了大学生交往沟通的能力

通过公关心理学、人际交往学等知识的学习,学生以公关人员必须具备的自信、热情、开放的心态面对社会和他人,改变学生因内向、羞怯等心理而引起的实际问题,遵循相互尊重、诚实可信、言行适度的原则,学习社交礼仪的基本规范和知识,很大程度上规范和提高了我们的交际沟通能力。

5. 协调了大学生建立良好的人际关系的能力

学习公共关系学,有利于人与人之间的关系和谐。公共关系学强调职业道德、职业礼仪,强调公共关系以满足公众需要为原则,强调全员公关,强调组织的良好形象依靠每一组织成员每时每刻地、倍加努力地维护、爱惜。因此,学习公共关系学,有利于人际关系和谐。

6. 营造了大学生文明和谐的氛围

学习了公关礼仪后,学生注重应用公关礼仪知识,纷纷用礼仪规范自己的言行,将微笑、赞美、聆听、换位思考、己所不欲勿施于人等交往技巧,反复练习与实践。仪表的规范、真诚的微笑与问候、得体的言语、文明的举止,逐渐消除了同学间的隔阂,融洽了同学关系,增强了自信和自尊,提高了自身的素质与形象,进而营造出文明和谐的人际、社会环境氛围。

7. 促进了大学生适应社会的能力

在当今条件下,人与人之间、社会组织与社会组织之间、社会组织与个人之间的社会联系日益广泛、复杂化。尤其是我们大学生,要随着国家的开放增加校际交流。联系日益广泛的社会组织行为方式和关系状态发生了巨大变革,需要我们转变传统的、狭隘、落后的"关系"观念。

学习公共关系学,可以增强人们在市场经济条件下的现代社会生活中所需要的诸如变革、开放、互补、适应、协调等观念。如果能有效地运用公共关系,就可以拓展合作关系,加强竞争能力。公共关系学在阐述社会组织与公众之间的关系时,反对对立的观念,摒弃零和博弈,强调互补与双赢、多赢的观念。就一个主体与社会的适应或调适问题,公共关系学构建了一些基本观念和技巧,有利于人们适应社会、协调各种关系。因此,要适应社会发展的需要。

案例

阿里巴巴月饼门事件

对于百度、阿里、腾讯这类大企业来讲,人事任免确实是一个大新闻,然而,阿里却因裁撤了几名员工,引起了较大关注和争议。

2016年中秋节前,阿里为每位员工都准备了一盒月饼,今年的月饼因造型可爱而受到大家的喜爱,很多员工希望购买一些赠送亲友。对此,阿里行政部决定将余下的月饼通过内网向员工以成本价销售,并临时开发了一个页面。由于多方面原因,几名员工采用编写脚本代码的方式,共"秒杀"到了100多盒月饼。

有消息称,经阿里内部讨论决定,给予这4位员工以开除处分。很多网友都为这几位员工感到惋惜,并引发了一些调侃,同时也讨论起了企业文化和劳动法等相关话题。

此事再次发酵,还是源自第5名员工被开除的消息。原来,9月13日,阿里云内部通报共有5名员工参与抢月饼,最后一位是阿里云安全部的高级专家。技术大咖也因此被开除,更是引起了热烈的讨论,很多人认为开除有些小题大做,所以阿里此番危机公关就备受关注。从阿里巴巴集团首席人力官代表公司管理层在阿里内网贴出的内部信,可以看出其公关应对方式。

首先,事发2天后才做出回应,一来是显决定艰难,二来中秋节前做出回应,也能利用假期对此事做淡化处理;其次,信中解释开除决定的理由,是由于5名员工违背了公司运营理念,破坏了相互之间的信任;最后,在人人都是媒体的当下,员工也有很多自己的发声渠道,真实、平等回应此事,才能令事态迅速平息。

【分析】 第一,阿里通过处理月饼门事件,释放出阿里要打造一个公平且透明的企业文化的信号;第二,员工的行为表明当前社会工作与生活已经高度融合。事件中的员工更多的是以阿里用户的角度出发,希望通过自身技能获得好处,而忽略了作为员工该遵守的企业文化及规章制度;第三,作为阿里安全部门的高级专家,通过公司安全漏洞获取利益,本身就是一个很讽刺的事件。这一点也说明作为一个有影响力的互联网企业,阿里在网络安全以及风险内控方面仍需要下功夫。

第四,对于阿里来说,此事的处理总体上有正面的影响。按利益相关方来看,涉事人员从事网络安全工作,利用自己的技术手段作弊,引起公众的焦虑,破坏了阿里的底线,阿里对其进行严厉处理,这种从公众利益出发的做法,大家是认可的。

第五,处理的不足之处在于在引起很大关注之前,应主动向内部员工和公众事先解释为何要开除违规员工。所以,阿里没有掌控好舆论发生的时机。

复习与思考题

1. 结合实际说明公共关系与人际关系之间的区别与联系。
2. 公共关系的定义为何如此众多?该如何理解?
3. 试分析公共关系与相关学科之间的联系。
4. 结合实际分析在大学里开设公共关系这门课程对学生来说有何意义?
5. 公共关系活动模式有哪些?

第二章　公共关系的历史沿革

学习目标

通过教学,让学生对中国古代朴素公共关系有一定的了解,并掌握准公关时期公共关系的特点。本章着重让学生掌握的是现代公共关系的四个历史时期,了解各个时期的代表人物及其思想,由此掌握现代公共关系产生发展的几大条件。

现代公共关系产生于19世纪末20世纪初的美国,它是当时美国及资本主义社会的基本矛盾以及经济、政治、科学技术、文化等诸条件综合作用的结果,是社会发展到一定阶段的必然产物,是社会文明进步的必然结果。但是作为一种思想及一种行为,公共关系的发展经历了一个漫长的历史进程。

案例导入

"漂白"洛克菲勒

19世纪末20世纪初,美国社会经历着一场前所未有的巨大变革。工业化和城市化后,一批工商业巨头崛起,和普通民众之间发生着严重的两极分化,形成了美国国内的危机。

最为著名的一个工商业巨头洛克菲勒,被很多激进作家、记者瞄上,其中之一的女作家艾伊达·特贝尔将法庭、议会及听证会的记录等资料汇集起来,写了《美孚石油公司的历史》,在社会上很畅销。书中描写洛克菲勒使用的是"古罗马的劫掠者和欧洲中世纪的强盗贵族所使用过的冷酷无情、不仁不义的手段",并指责他是一个十恶不赦的罪人、当代最大的罪犯。有人还画了一幅漫画,刻画洛克菲勒长着一双长腿,一副典型的伪君子形象,一只手在施舍几个硬币,另一只手则在偷取成袋的黄金。

1914年春,洛克菲勒旗下的科罗拉多燃料和钢铁公司的工人们举行大罢工,警卫队悍然开火,11名儿童和2名妇女在棚户区内遇害。洛克菲勒家族立刻陷入一场重大危机。社会舆论纷纷谴责洛克菲勒家族,后者一度声名狼藉,被称为"强盗大王""强盗男爵",与公众之间的矛盾异常尖锐。为平息工人的罢工怒潮,化解这桩屠杀事件造成的恶劣影响,改变自身的形象,洛克菲勒聘请艾维·李为其提供公共关系服务。

针对当时的舆论环境,艾维·李很快做出反应,并在报纸上刊登文章,成功地为这一行为进行辩解。他辩称,这种针对罢工行动的反击,是在维护"工业自由"。由于其出色的表

现,危机事件得到控制,舆论开始向有利于洛克菲勒家族的方向转变。同时,艾维·李果敢地采取了一系列措施:聘请有威望的劳资关系专家来核实确认导致这次事故的具体原因,并公布于众;聘请劳工领袖参与解决这次劳资纠纷;建议洛克菲勒广泛进行慈善捐赠,创建基金会,"施舍亮晶晶的硬币";增加工资、方便儿童度假、救贫济困等。艾维·李采取了灵活多样的公关办法,鼓励洛克菲勒为各个基金会提供大笔赠款,与那些受助团体进行沟通,并发表个人声明,公之于众。艾维·李还编写出洛克菲勒这位大富翁怎样到教堂去,怎样与邻居相处等一系列特写报道。

经过艾维·李的指点,洛克菲勒的形象脱胎换骨——由冷酷无情的"强盗男爵"成功转换成一个心地善良、慈祥温和的老头。洛氏家族至今仍以慈善家的风范为世人敬重。

多元化的灵活方法逐渐美化了洛克菲洛的形象,有人甚至认为他是一个彻底的智者和完人了。1926年的一期《星期六晚邮报》写道:"可以确切地说,洛克菲勒已经碰到过生活向人们提出的一切问题——父道、人品清白、理财之道、对子孙后代的责任、长寿之道、宗教信仰等等,对于这些问题,他都能做出聪明的回答。"

艾维·李的这份成就被广为传播,而他则代表着公共关系职业的诞生和初步发展。

第一节 国外古代朴素公共关系

公共关系是现代社会沟通、传播、劝说需求的产物。就像任何事物都有其胚胎、雏形期一样,具有公关意识的思想、活动早在古代就有了。古希腊罗马是西方文化产生和发展的根源,因此西方古代公关思想存在于古希腊罗马的文化活动中。在我国古代,也有类似现代公共关系的思想和活动。在春秋战国时期,在思想意识领域出现了百家争鸣、百花齐放的局面,大量的社会活动家凭借三寸不烂之舌,游走在各个诸侯国之间,这可以看作是早期的公共关系活动。这些不完整的、没有体系的公关理论对当今公关发展有相当大的影响和借鉴意义。

国外古代利用各种艺术形式、宣传工具、演讲和人际交往等手段去影响公众的观点和行为,可以追溯到远古时期。其中,古印度、古希腊、古罗马的准公关活动是集中代表。

一、古印度的信息传播

在古印度,人们从其早期的书籍中,找到了记载国王特使的一些内容。国王特使负责国王与百姓的联系,保持与舆论的接触,传播有利于政府的言论,鼓励百姓支持国王,并且担负间谍刺探情报的任务。

二、古希腊的演讲辩论

公元前4世纪,古希腊出现了一批从事法律、道德、宗教、哲学研究与演讲的教师和演说家,他们在当时被称作诡辩家,他们的演讲技巧被称为诡辩术,其中苏格拉底、柏拉图和亚里士多德是他们的代表。亚里士多德运用严谨的思维逻辑和科学的方法写出《修辞学》,强调语言修辞在人际交往和演讲中的重要性。他认为,修辞是沟通政治家、艺术家和社会公众相互关系的重要手段与工具,是寻求相互了解与信任的艺术;他还提出在交往沟通中,要用感情的呼唤去获取公众的了解与信任,要从感情入手去增强演讲和劝服艺术的感召力及真切可靠性。为此,西方的一些公共关系学者视亚里士多德的《修辞学》为人类历史上最早的公共关系著作。古希腊最出众的宣传家还包括一批赞美诗人,他们善于利用公众熟悉的诗歌形式来评述社会政治,唤起公众的精神意识。典型的代表有狄摩西尼、昆达等。一些达官贵族看到了诗歌的重要作用,花钱雇佣诗人为他们大唱赞歌,以此扩大社会影响,树立良好的形象。

三、古罗马的舆论宣传

古罗马时代,实行的是集权政治,国家一切大事都由贵族组成的元老院裁决。统治者将其法律刻在12块铜牌上(史称12铜表法),向公众公布,对贵族进行限制,利用舆论维护政权,同时为元老、贵族大唱赞歌。此外,人们更加重视民意,并提出"公众的声音就是上帝的声音"。整个社会都推崇沟通技术,一些深谙沟通技术的演说家往往因此被推选为首领。据记载,古罗马的独裁统治者恺撒就精通沟通技术。面对即将来临的战争,他通过散发各种传单来展开大规模的宣传活动,以便获得人民的支持。他为此,甚至还专门请人写了一本记录他功绩的纪实性著作《高卢战记》,后来该书成为一部纪实性的经典之作并广为流传。这些活动,堪称古代社会公共关系实践活动的典范。

四、古代宗教宣传的劝服艺术

基督教创始人耶稣主张仁慈、爱人,生前处处行善,宣讲"福音",他的信徒与传教士,忠于基督信仰,奔走四方传播教义,使基督教从罗马帝国波及欧洲各国并发展到世界各地。传教士根据各个国家不同的民族文化心态,开展各种形式的教义宣传,通过做礼拜、弥撒等传经布道的形式与教徒心灵沟通,坚定教徒对"上帝"的信仰。

第二节 中国古代朴素公共关系

确切一点来讲,中国古代公共关系的萌芽是从春秋战国时期出现的。在当时社会,由于国家分裂,各种势力不断出现,又不断地重新组合,造成了一种社会动荡不安的政治氛围,这在客观上为各种思潮的发端提供了现实的土壤。

各种思想、言论的冲撞与吸收,终于造就了"百家争鸣、百花齐放"的文化盛世。郑国"子产不毁乡校"的故事,就是古代公共关系思想的极好表现。乡校是古代养老和比赛射箭的场所,老百姓常在那里议论和批评政府。有人建议毁掉乡校,子产说:"其所善者吾则行之,其所恶者,吾则改之,是吾师也。"(《左传·襄公三十一年》)当时的士大夫阶层,在社会上举足轻重,深受诸侯君王的器重与信任,形成了策士游说成风、舌战艺术发达的局面。特别是当时以齐国孟尝君为代表的"四君子",家里都养了成群的门客,这些门客在当时主要起提供参谋意见、收集信息情报和外交说服的作用。上述门客的种种功能和今天公共关系部的功能有着惊人的相似。《文心雕龙·论说》曾云:"战国争雄,辩士云涌,纵横参谋,长短角势;'转丸'聘由巧辞,'飞钳'伏其精术。一人之辩,重于九鼎之宝;三寸之舌,强于百万之师。"战国的游说,以闻名中外的合纵连横之术为最高境界。

古代中国的统治者早就认识到"得民心者得天下,失民心者失天下""水能载舟,亦能覆舟"的道理。当时的一些比较开明的帝王、统治者已经懂得如何运用诱导、劝说、宣传等手段来影响民众的态度和社会舆论,礼贤下士,尽可能地在民众当中树立自己的良好形象,让身负奇才的隐士心甘情愿为自己服务,达到自己特定的政治目的。

此外,在那时人们的日常交往中,自觉的公共关系意识和思想得到一定程度的体现。孔子在《论语》中说:"有朋自远方来,不亦乐乎!"孟子说:"天时不如地利,地利不如人和。"这些都同现代公关活动的基本原则和追求目标基本相一致。当然,这些自觉的公共关系意识带有很大的随意性,并且这种意识很分散,不具有普遍性。因此,从严格意义上来讲,它只是公共关系的萌芽活动。

到了明清时期,公共关系思想开始进入商业活动中。如酒店门口悬挂地写着"酒"的旗帜,店铺门上的"百年老店"招牌,人们经商活动中遵循的"和气生财"准则,都是公共关系思想在商业活动中的运用。到了这一时期,人们甚至还有了朦胧的形象意识,已经懂得良好的企业(店铺)名称对顾客的正面影响。民国初年,钱彭寿把他研究字号命名的心得写成一首七律诗:

　　顺裕兴隆瑞永昌,元亨万利复丰祥。
　　泰和茂盛同乾德,谦吉公仁协鼎光。
　　聚益中通全信义,久恒大美庆安康。
　　新春正和生成广,润发洪源厚福长。

这 56 个字迎合了人们追求吉祥美好的愿望,也反映了古代人的公共关系意识。

中国古代公关意识可以从国家公关意识、政府公关意识和个人公关意识三个层面来认识。

一、中国古代国家公关意识

(一)中国古代国家公关意识的真正产生是在春秋战国时期

春秋战国时期,社会动乱。东周灭亡后,在各地的诸侯王实力逐渐增强,按照实力的强弱有齐、楚、燕、韩、赵、魏、秦战国七雄。最初非常弱小的秦国,最终却一统六国,这和秦国的国家发展战略是分不开的。战国初期秦国是弱小的,因此秦王为了保住国家的稳定发展,四处向大国示好,并且表现出很弱小的形象,使各国国主对秦国放松警惕。但是,当秦经过商鞅变法快速强大起来的时候,秦王便主动邀请各国国君聚在秦国,展现秦国的实力,使各国对秦国都很忌惮。

秦国强大后对外实行"远交近攻"战略,这也是秦国为了不至于多面受敌而实行的外交战略,为了让对手误判,这一阶段秦国使节游说各国,公关发挥了巨大的作用。因此,国家公关对它统一六国有着很大帮助。从公关分析,秦国是公关的主体,客体是其他战国六国,国家公关的内容随着自身的发展而改变,公关的目标是让其他国家放松警惕,发展自身。秦国国家公关手段主要是树立自身的形象和传播自己的主张。

(二)中国古代国家公关意识的发展是在中国古代大一统时期

汉朝时期巩固了国家大一统,为了彻底消除匈奴威胁,汉朝廷派张骞出使西域,以汉朝国家身份对其他国家进行游说,希望其他国家协助汉朝对匈奴开战。

唐朝时期,是我国历史上最繁盛,强大的一段时期,大唐的经济、政治、文化都发展到很高的程度,是封建经济制度下最繁荣的朝代。唐朝为了巩固大一统,和周边国家不断地进行友好往来,一些邻国甘愿成为唐朝的附属国。唐朝为了和他国建立稳定的关系联盟,经常采用政治联姻的方式,比如文成公主、金成公主出嫁,加强与藩国的联系。让藩国信任唐王朝,依赖唐王朝,同时唐朝人员去异域也能传播唐朝的文化,宣传唐朝的思想主张。唐朝还和日本、朝鲜等周围其他邻国加强交流,尤其是日本,日本多次派使节、官员来唐朝学习,唐朝也是尽可能向日本展示国力,给日本帮助,向日本宣传大唐文化。明朝时期,著名的国家公关是郑和七下西洋,和远洋各国进行交流,向各国宣扬明朝的强大,展示明朝的皇威。

古代大一统时期,封建王朝的国家公关主要是为了睦邻友好,向外界宣传自己,通过对自己文化的宣传,让他国了解自身,在小国面前树立强大盟主的形象。国家公关的主体是封建王朝,公关的客体是邻国,以及一些相对东方的国度。国家公关的目标是为国家营造一个稳定的外部环境,国家公关的手段是通过人员的来往,把自身的文化、主张传递给他国,进而让邻国了解本国。

中国古代国家公关意识对当今的影响和借鉴。我们以中国为例,新中国成立以来,特别是21世纪以来,经过我国政府的努力,中国在世界上树立了良好的形象。以前的中国在国外人眼中是非常落后,甚至是野蛮的,中国没有现代化。现在的中国积极引进外资,迎进国外来客,在世界各国宣传中国的文化、中国的发展。尤其是举办大型国际活动,比如亚运会、奥运会、世博会等,这一系列的活动也是国家公关事件。近些年中国实力得到快速发展,受到了西方国家抵制,他们恶意宣传"中国威胁论",使中国在国际上的国家形象受损。我国一方面向外宣称"和平崛起",向世界表明我国爱好和平的决心;另一方面我国积极从事国际维和活动,反对恐怖主义,反对战争,对受到战争危害的地方进行援助。展示了我国发展不会威胁他国,只会为世界各国发展做贡献。在非洲等需要援助的地区,中国政府主动伸出援助之手,向世界展示了一个负责任大国的形象。

拓展阅读

G20在杭州谢幕,中国政府再次以鳌掷鲸吞之势将所谓"大国公关"战略诠释得淋漓尽致。集中力量能办大事,改革开放以来,尤其是近些年,政府依靠强大的资源,建立起一套完备的"对外宣传"体系,以此进行国家形象输出,我们称之为"大国公关"。但是,在传播模式的多样化、口碑营销的兴起与移动互联网的二次革命背景下,这种单向度的"宣传"模式日渐式微,"国家工程"是否还能继续驱动"大国公关",将崛起中的华夏民族更好地展示在全球视野中,并且"销兵祸于无形"?在解码中国的国家形象战略前,我们要先从"大国公关"的初衷说起。

因为"大国",所以"公关"

2011年可以被称为是中国"大国公关"元年。当春节遇上情人节,中国政府第一次以国家公关的名义,通过一种自信的方式让自己走到了镁光灯下。

一部长约30秒,有59个华人出演的中国国家形象片(人物篇),在美国纽约时报广场上每小时播放15次。同时,它的姊妹篇——长约15分钟的中国国家形象片(角度篇),在CNN、BBC等国际媒体上隆重亮相,以"以人为本、科学发展"的理念为核心,涉及政治、经济、社会、民族等多个领域,多角度、全景式地展示当代中国的建设成就。

两部中国国家形象系列宣传片,都是由国务院新闻办发起制作的。30秒短片,20多天,8 000多次高密度传播,中国政府借助具有世界影响力的中国各界名人展示国家形象。此举恰逢当时的中国国家主席胡锦涛访美之际,因此被外界解读为中国政府一次重大的形象公关行动。

从国家角度来说,因为"大国",所以才有了"公关"。其实,在这些年里,抛掉那些官僚僵硬、缺乏互动的沟通方式不说,中国"大国公关"之路的转型早已开启。2003年的非典,对疫情信息的公开透明,成功对外展示了中国卫生医疗系统的成熟与开放;2008年和2010年的北京奥运会和上海世博会,将中国最成功的两座商业城市曝光在世界面前;2009年,商务部还制作了"中国制造"的宣传片,主题为"中国制造,世界合作"。类似的这些举措,都可谓中国"大国公关"的关键里程碑。

那是不是国家强大了就一定要对外"公关"呢?答案是肯定的。这一点,在国外的中国留学生普遍会感触更深。即使当下多媒体的传播方式如此的多样和精彩,但外国人对中国的看法和了解还是被其有限和片面的(这点可以解释为其实发达国家的人民比发展中国家更自我封闭),基本上是在神话和妖魔化之间徘徊。一看到中国有成绩了、成功了,就说中国要"威胁"了;一看到中国有问题了,就说中国"要崩溃了",甚至还有不少住在美国芝加哥不明真相的吃瓜群众在接受采访中认为,中国人是留着辫子身穿蟒袍双脚跳着走路的。造成这一问题的原因比较多,首先来说是国外关于中国的信息、关于中国的文化产品相对比较少,国家的文化输出太少,甚至不如印度,出口的书和进口的书、出口的电影和进口的电影也完全不成比例。其次,还有历史原因,这点对欧洲来说尤甚。东西方意识流的差异加上阴魂不散的冷战思维,使得外国的媒体一谈到东方文化就开始警觉。

要解决这些问题最好的办法就是加强关于中国社会进展的新闻报道的准确性、透明度和及时性,让世界更加准确地了解中国;其次,要"内知国情,外知世界","中国立场,国际表达"。注意的不仅有表达内容,还有表达方式,从"被解释、被描绘"变为主动阐释、积极沟通;从单一、平面变得丰富而立体;从神秘、遥远变得真实、可触可摸。

那如何将这些目标实现?这就不得不面对一个无法绕开的问题——"大国公关"的软实力。

文化输出:大国公关的软实力

先拿欧洲人来说。欧洲人对一个国家的印象是什么时候形成的呢?欧洲人在家吃饭很严肃,是不能开电视的。而且欧洲人饭后喜欢聚在一起聊天,媒体平台通常也只是摆设。所以他们对于世界的认识,基本是在厨房里面。在厨房里看电视的时候,电视上和广播里出现的形象很大程度影响了他们的看法。而在电视上中国的故事、中国的形象太少,有一些是二手的、甚至是负面的。这是一个大的问题。

不可否认这30年来中国已经具备了相当强大的硬实力,但是软实力方面显然是落后了,甚至还出现了"文化倒灌"问题。比如产于中国的四川熊猫,最后学了一身功夫变成好莱坞在全球捞钱的靶子。而中国原创的所谓大片《捉妖记》和《大鱼海棠》,基本都是美日文化杂交的产物。时下流行过洋节:情人节、万圣节、圣诞节……每每到这些日子,都会看到好多中国人像西方人一样也乐滋滋地享受着一个原本不该属于自己的节日。而中国古老的重阳节、端午节、中秋节等却越来越乏人问津。中国对外的大国公关缺乏软实力的支持,文化输不出去，再多的公关只是事倍功半。

周边国家软实力的展示过程中，基本上打的都是文化牌。如崇尚集体主义的日本，在国家形象宣传片中也很少出现明星、名人的面孔。2016年里约奥运会的闭幕仪式上，动漫形象的好感度远远超过了日本首相。韩国喜欢走明星路线，"山水、古建＋明星微笑"，几乎成了韩国国家形象宣传片的定式。就连新加坡、马来西亚等东南亚国家，以及印度、不丹等南亚国家，其形象宣传片基本上走的也是"景点＋文化""传统＋现代""景物＋微笑"的套路。他们一部宣传片往往会连播好几年，但常选择更有针对性的电视台，如印度推出的《不可思议的印度》就是在美国国家地理频道播出。

因此，2011年初，当中国国家形象片中一群身着西装的外籍华人代表中国文化对外输出的时候，即使我们觉得有那么些自豪，但还是觉得有点怪怪的。

那话说回来，中国的文化软实力到底是什么？是茶、丝绸、瓷器，还有百家争鸣，是"苟利国家生死以，岂因祸福避趋之"的经典提炼，是"以利相交，利尽则散；以势相交，势败则倾"的中国智慧……如果我们将中国的大国公关比作一场宴席，那中国文化就是云屯雾集的生鲜超市，要将生鲜超市里的素材转化为饕餮之宴，还缺两个人——一个是买菜的采购（文化的挑选者），一个是做菜的厨师（文化的加工者）。

当然，软实力做得好，很多的难题也就能迎刃而解，比如危机公关。

弭兵："大国公关"下的危机公关

即使我们将"南海仲裁"看成是一场闹剧，但是它依然给正在进行中的"大国公关"战略上了一课。可能我们付出了很多努力，但是一场危机公关就可以让其分崩离析。

在利益面前，国家的周边摩擦是无法避免的。同样的，在大家都投鼠忌器不能使用武力的前提下，军事上的博弈更多地会被国家软实力的博弈替代，通过软实力，得道者多助。

从当下的国际现状而言，中国的人口红利正在消失，印度、越南、菲律宾在人口结构上会更趋于合理，所以未来的地缘政治还将继续。美国在重返亚太，日韩在隔岸观火，而中国的"大国公关"战略的表达，却依然停留在"我们的高铁如何牛""我们的GDP怎么高"这种程度，不禁让人唏嘘。

中国在先秦就有极佳的智慧可以做参考，称为"弭兵之盟"。这么看来，似乎G20、上海合作组织等，应该是古老智慧的一种现代诠释，即利用一侧的利益联盟，来化解另一侧的地缘危机。白俄罗斯、文莱、柬埔寨等国纷纷站出来支持中国在南海问题上的立场，这就是中国采取寻找盟友的战略后达到的立竿见影的效果。

其实，"弭兵之盟"的战略没有错，但如上文所说的，"大国公关"的内容应该适当做一些调整，将"强大的中国"形象逐渐转变成"和蔼的、与邻为善的中国"形象。对于这点政府还可以做得更好。一个国家的对外公关，首要的一个字就是"谋"，即在什么样的环境下展示不同的面貌。当年在强敌环伺而中国积弱的情况下，我们长袖善舞般地选择了乒乓外交。后来强大了，经济底子厚了，适当地秀肌肉也是可以的。现在的中国，比任何时候都需要一个和平稳定的发展局面，所以在"大国公关"中，为了找到可以一起共事的盟友，适当地放低姿态，切换成共享未来模式，还是非常可取的。

伴随着发达国家的停滞、发展中国家的崛起和世界经济政治一体化的逐步形成，"大国公关"在可见的未来逐步代替战争成为世界的主流。《孙子兵法》说，"善用兵者，屈人之兵而非战也，拔人之城而非攻也，毁人之国而非久也"。虽然中国形象片首度亮相褒贬不一，但是至少让我们看到了这个拥有历史文化的古国在觉醒之初表现出的决心,以及对其软实力的期待。现在的中国,在"大国公关"的牌局上捏着一手好牌,如果稳扎稳打,相信可以从容面对未来风云诡谲的国际形势,地缘争端也能够迎刃而解。

(本文刊自《国际公关》第 71 期,作者陈晓冬。)

二、中国古代政府公关意识

(一)中国古代政府公关意识的产生

据说在尧舜时期,政府在宫廷门外树立"诽谤木",鼓励世人向政府进谏,这可能是我国古代政府征求民意的设施。中国最著名的、最成功的政府的公关活动一定是"徙木立信"了。战国时期,商鞅助秦孝公变革国家制度,史称商鞅变法。商鞅担心秦国人对自己不信任,产生非议。于是在国都市场南门立下一根三丈长的木杆,招募百姓有能够将木杆搬到北门的就赏给十镒黄金。百姓对此感到惊讶,没有人敢去搬木杆。商鞅就又宣布命令说:"有能够搬过去的就赏给五十镒黄金。"有一个人搬木杆到北门,立即赏给他五十镒黄金,以表明没有欺诈。这样商鞅在百姓心中树立了守信的政府形象,因此改革措施才得以很有效的实施。汉高祖刘邦初入咸阳城的时候,就和城内百姓约法三章:"杀人者死,伤人者及盗抵罪"。这样就使城内百姓信任了刘邦领导的政府团体,赢得了人心。"孟尝君焚券市义""新帝大赦天下""纳言如不弃涓流,君民同心可致江山永固"之类,都是古代政府的公关意识体现。

中国古代大一统时期,政府公关意识逐渐体现在领导、团结百姓以及避免内乱的作用上。汉朝时期,实行举孝廉制,政府提倡孝道,一方面表现出政府是仁政的政府,注重仁义;另一方面,也让百姓有为政府工作的意向,使国家稳定。唐朝时期,国家昌盛,人民幸福。这时人民就需要更多的权利,以及对政府工作的监督。因此,唐朝政府就提出"君舟民水"的思想,水能载舟,亦能覆舟。让人民的权利得到认可,这样的公关意识使人民更加安定,社会更加和谐。

最初的古代政府公关意识的产生主要是国家环境不稳定,政府需要来自百姓的支持,这样政府才能更好地领导百姓,国家才能更稳定。大一统时期,政府要的是国内的稳定与发展,因此会给百姓塑造一个廉洁、公正的政府形象。让人民有意识地参与到国家的发展、建设中去。政府公关的主体是政府本身,政府公关的客体是百姓,政府公关的目标是获得百姓的支持,这样能使国家稳定,统治阶级可以更好地统治国家。政府公关的手段是通过百姓自身以及政府法令传播政府的思想,取得民众的信任。

(二)中国古代政府公关意识对当今的影响和借鉴

我们依旧以中国为例。新中国成立以来政府在民众心中的形象是不断发展变化的。我国政府面对腐败绝不手软,给人民展现了一个值得信赖的政府形象。在国家遇到危难的时刻,政府的种种应对措施,展现了一个有能力、有智慧的政府形象。政府的行为虽然是为了国计民生,但是政府的行为也表现出了政府对国民公关的形象。政府使人民信任政府的方式,主要是依靠传媒的报道,使民众信任和支持政府的工作。一年一度政府工作报告发表,一方面是政府工作的需求,另一方面也向民众展现了一个有作为的政府形象。政府以团结全国人民为祖国发展而奋斗为目标,注重各种场合的行为,正确处理政府危机。

三、中国古代个人公关意识

战国时期是一个动乱时期,时势造英雄,自然有很多的名人出现这一阶段。士为悦己者死,当时有很多有才能的人投奔到官员的门下,为国家效力,但是真正成为一时英雄的人数少之又少。其中最出名的莫过于毛遂了。战国时,秦军在长平一线,大胜赵军。秦军主将白起,领兵乘胜追击,包围了赵国都城邯郸。大敌当前,赵国形势万分危急。平原君赵胜,奉赵王之命,去楚国求兵解围。毛遂主动向平原君自荐说自己可以一起到楚国求救兵。平原君说:"贤能的人处在世界上,就好比锥子处在囊中,它的尖梢立即就要显现出来,但是没见你很出类拔萃啊!"毛遂说:"我不过今天才请求进到囊中罢了。如果我早就处在囊中的话,就会像锥子那样,整个锋芒都会露出来,不仅是尖梢露出来而已。"最后到了楚国,毛遂的一番话,说得楚王心悦诚服,答应马上出兵。不几天,楚、魏等国联合出兵援赵。秦军撤退了。平原君回赵后,拜毛遂为上宾。

毛遂自荐是自我推销的公关策略,为自己做宣传,为自己树立形象和口碑。毛遂自荐过程中,公关主体是毛遂本人,公关客体是平原君,公关的目标是让平原君相信和认可自己的能力。古代个人公关意识中,自我推荐是经常见的。比如像"终南捷径"这一类,就是自己为自己公关,希望自身可以得到他人的认可,以及受到任用。

《三国演义》是一部文学巨作,同时书中的很多内容都写到了公关方面的做法。这里谈谈书中关于诸葛亮个人公关的故事。众所周知,刘备三顾茅庐请诸葛亮出山相助。诸葛亮未出山前,自号卧龙。因此才在请诸葛亮出山之前,刘备就从水晶先生处得闻"卧龙凤雏,得一者可以安天下"的宣传口号。诸葛亮交友广泛,才华尽显,使得隆中这一带都知道卧龙的才。刘备前两次来访,均未见到诸葛亮,但是却知道诸葛亮绝非一般的人物,更加想请他出山助自己一臂之力。

三国演义中的故事可能与历史有悖,但是却体现了古代公关意识的发展,已经不是单纯的自我介绍、自我推销了。中国古代公关意识中已经形成靠舆论引导,利用第三方传播的公关方法了。按照书中介绍,诸葛亮是公关主体,公关客体是当时所有的有实力、有能力的朝廷、地方官员,公关的目标是为自己寻找到一位可以实现抱负的主公,最后实现自身的功成名就。

中国古代个人公关意识对当今的影响与借鉴。在当下白热化的社会竞争中,要有自我推荐的能力,要敢于在他人面前推荐自己,这样才会有更多的机会求发展。还有就是自己要有一技之长,有自己的特色,让别人对自己进行宣传才是更高层次的。不要把自己的才学隐藏起来,更不要让自己的对外形象受到很大的损害。这样在当今社会竞争中,才能更好地把握先机,把握自己的前途方向。

各国古人在政治领域所从事的游说、宣传、劝服和沟通工作,都十分类似于公共关系活动。但与现代意义上的公共关系相比,古代社会的准公共关系具有以下特征:

(一)自发性与盲目性

现代社会的公共关系源于社会运行的内在要求,是一种自觉性的产物,一门学问。而古代社会在各个领域中存在的公共关系思想、认识和活动,都比较零散,大多数是一种个人行为,且通过不自觉的方式表现出来,因而具有自发性的特征。正是由于它不是人们有意识、有组织开展的公关活动,因此缺乏现代公共关系明确的目的性,从而呈现出盲目性特征。

(二) 依附性、政治性和鲜明的功利色彩

现代公共关系是一种专门的管理职能,一种社会职业。而古代公共关系则依附于其他生产活动和社会活动,没有明确的职能,更不可能有专职的从业人员。古代的"士""门客",充其量只不过是一种"说客"、一种"御用工具",其存在主要是服从政治上的需要,具有明显的依附性特征。由于古代社会生产力发展水平低,经济落后,商业不发达,个人的活动范围始终被限制在狭窄的血缘、地缘关系之内,因而整个社会的经济关系、交往关系比较简单。与之形成鲜明对比的是,政治斗争以及与其相适应的社会组织则得到了比较充分的发展。这些政治集团为了各自的需要,在一定时期采取种种方法与民众进行沟通,带有强烈的政治色彩和鲜明的功利色彩。

第三节 现代公共关系发展史

现代意义上的公共关系诞生于十九世纪末到二十世纪初的美国,距今已有百年历史。而在现代公共关系的发展过程中,主要经历了巴纳姆时期、艾维·李时期、伯内斯时期以及"双向对称模式"时期等四个阶段。

一、单向吹嘘式的公共关系

单向吹嘘式的公共关系是"职业公共关系的前奏",以"报刊宣传活动"为代表。

19世纪上半叶的美国,随着政治民主化的推进、公众地位的提高,大众传播事业得到了迅速的发展。"报刊宣传活动"就是在这时开始风行起来的。它是指一些公司或企业为了自己的利益,雇佣专人在报刊上进行宣传的活动。在19世纪30年代,美国《纽约时报》率先发起了一个"便士报运动",即以一便士就可以买到一份报纸。该报以其低廉的价格和关切大众的内容获得了全社会的认可和接受,并使政府部门及各类巨头们竞相争取,成了具有重要影响力的社会舆论工具。报纸便宜、内容好,发行量自然大增,许多公司和组织便看重了这一媒体;然而发行量大、成本高,广告费也猛涨,一些人公司和巨头们为了节省这笔昂贵的广告费,便纷纷花钱雇一些记者或宣传员来编造关于自身与组织的新闻甚至"神话"来吸引读者的注意力,达到宣传本组织形象的目的,于是便兴起一场声势浩大的"报刊宣传活动"。

这一时期最有代表性的报刊宣传员是费尼斯·泰勒·巴纳姆(Phineas Taylor Barnum)。巴纳姆是一家马戏团的老板,以制造和杜撰"神话"而闻名于世。他所处的时代是公共关系的重要演变时期,其影响至今依然存在。

巴纳姆最典型的宣传是制造了这样一个神话:马戏团有一名叫海斯的黑人女奴,在100年前曾经抚养过美国第一任总统乔治·华盛顿。这一消息发表后引起了轰动。巴纳姆乘机以各种笔名向报社寄去表明不同看法的"读者来信",引起一场争论。于是很多人抱着好奇心纷纷到马戏团要看个究竟,使马戏团票房收入猛增。海斯死后,尸体解剖表明,她才活了80多岁,根本不像巴纳姆宣传的那样活了160多岁,也根本不可能抚养过华盛顿总统。可巴纳姆却宣称,他本人也是受骗者。实际上巴纳姆早已从这场他策划的争论中得到了好处。

巴纳姆恪守的信条是"公众要被愚弄","凡是宣传皆是好事"。他这种不择手段地为自己或自己代表的组织进行吹嘘、欺骗、制造"神话",全然不顾公众利益、不顾职业道德的行为,是完全违背现代公共关系宗旨的,是公共关系史上不光彩的一页。

巴纳姆时期往往被人称为"公众受愚弄时期""悖公共关系时期"或"公共关系的黑暗时期"。之所以将它看作是公关的一个时期,是因为这时的公共关系活动已具有一定的组织性和较为明确的目的性,况且它也已不再局限于政治活动和思想宣传,公关活动的三要素皆已显现,可以将其视为公共关系活动的萌芽或发端阶段。之所以把它定性为"黑暗时期",是由于这一时期报刊宣传活动有两个致命的弱点:一是宣传全然不顾公众利益;二是不择手段为自己编造神话,以获取报纸版面,欺骗公众,这显然与公共关系的根本宗旨相悖。

二、单向传播式的公共关系

单向传播式的公共关系是职业公共关系开创的时期,其主导思想是:组织对公众必须坦率和公开。艾维·李是这一时期的代表人物。

19世纪末,美国已进入垄断资本主义时代,少数企业寡头几乎掌握着全美大半的经济命脉,他们不择手段地榨取剩余价值,在经营上实行封闭保密政策,被称为"象牙塔"。人们对他们的行为十分反感,称之为"强盗大王"。他们的残酷压榨引起了工人强烈的不满,劳资关系日趋紧张,阶级矛盾日益激化,各个阶层和集团之间的利益冲突尖锐,整个社会都充满了对企业寡头的敌意。在此情况下,终于爆发了以揭露工商企业丑闻为主题的新闻"揭丑运动",史称"扒粪运动"。

从1902年开始,第一个正面发起进攻的是《麦克卢尔》杂志。其从1902年至1904年连续刊出了《美孚石油公司发迹史》,以大量事实揭露当时显赫一时的石油大王如何通过不正当的手段挤垮竞争对手的真面目,使洛克菲勒多年一直处于挨批的地位。一批年轻正直的记者,勇敢地充当了"揭丑斗士",他们的锋芒指向那些不法巨头及政府的腐败行为,将其丑行暴露在光天化日之下。在近10年的时间里,各种报刊上发表的此类文章达2 000多篇,甚至有人创办专门揭丑的杂志,从而使许多大企业和资本家声名狼藉。垄断财团最初想使用高压手段平息舆论,他们先是进行恫吓,继而又以不在揭丑的杂志上登广告相威胁,或以贿赂为"武器",或自办报刊继续制造"神话",掩盖丑闻。结果事与愿违,公众对垄断寡头们的敌意反而与日俱增。"揭丑运动"与当时的罢工运动给那些垄断寡头带来极大的打击。

"揭丑运动"与罢工运动的打击,使美国的经济界开始正视新闻界与公众对企业发展的重要影响,他们开始转变思维方式以图摆脱危机。杜邦公司是最早觉悟的一家。

杜邦公司是一家从事炸药生产的化学公司,由于技术尚不很先进,难免发生一些爆炸事故。起初公司采取保密政策,一律不准记者采访。社会公众对此猜测纷纷,久而久之,杜邦公司在公众心中留下了一个"杜邦——流血——杀人"的可怕形象,对其市场营销和企业发展造成极为不利的影响。杜邦找来报界朋友咨询,报界的朋友建议他实行"门户开放"政策,把"象牙塔"变成"玻璃屋"。杜邦采纳了这一建议,并请这位朋友出任公司新闻局局长。公司改变了以往的做法,坚持向公众公开公司的事故和内幕,同时精心设计出一个宣传口号:"化学工业能使你生活得更美好!"此外,他们还积极赞助社会的公益事业,组织员工街头义务服务,一举改变了过去留给公众的"杜邦——杀人"的形象。

于是,许多公司也都纷纷聘请新闻代言人,实行厂区开放、参观介绍等项公关措施,利用大众传播手段来修建自己的"玻璃屋",实行开明经营。艾维·李还为洛克菲勒财团与宾夕法尼亚铁路公司处理了危机,重塑了形象。

在这场为企业塑造新形象的热潮中一个新的职业诞生了,开这一职业先河的是艾维·李(Ivy Lee)。艾维·李毕业于普林斯顿大学,曾是《纽约时报》和《纽约世界报》的记者。他认为单纯地把阴暗面揭露出来是一种消极的做法,对于问题的解决只是做到了一半,还有一半应是用积极合作的态度,想办法消除误会、改变现状,而消除误会最好的办法是把事实真相告诉新闻界,采取信息公开的政策,这样不仅可以消除误会,还可促进、监督企业行为的完善。他为了实现自己的理想,于1903年与派克合资成立了"派克·李氏公司",这是世界上第一家正式的公共关系咨询事务所,专门为企业和其他社会组织提供传播沟通服务,协助客户建立和维持与公众的联系,他因此成为第一位通过向客户提供劳务而收取佣金的职业公关专家。这标志着公共关系职业和公共关系事业的诞生。最值得一提的是,1906年,艾维·李发表了公共关系活动的原则宣言,提出"讲真话"的基本原则。他主张,应该准确无误地向公众提供信息,一个组织要获得良好信誉就必须讲真话;如果真情的披露对组织带来不利影响,就应该根据公众的反应和评价来调整组织的政策和行为。在艾维·李的公共关系思想"公众必须迅速被告知"、对公众要"讲真话"指导下,他经常为报社免费提供新闻公报,公开提供客观的新闻材料,放弃一直是神圣不可侵犯的行业秘密。因此,我们亦称其为"单向信息发布式"的公共关系。艾维·李因此赢得了世人的敬意,从此他成为蜚声社会的公关专家,被誉为"公共关系之父"。

艾维·李对公关所做的四大贡献:第一,提出了关于工商业应把自己的利益同公众利益联系起来,而不是对立起来的观念;第二,与最高决策者和管理人员打交道,并且只有在管理人员积极支持和亲自处理的情况下才实施计划;第三,与新闻媒介保持公开的畅通的信息交流;第四,强调使工商业具有人情味的重要性,并把公关工作做到雇员、顾客和邻居中去。

艾维·李的公共关系咨询还存在凭经验、凭直觉来进行工作的不足,但他作为公共关系职业的先驱者的地位是无可争议的。

三、双向沟通式的公共关系

双向沟通式的公共关系产生于公共关系从艺术走向科学的时期,这一时期的主导思想是"投公众之所好",其代表人物是公共关系发展史上的一个集大成者——爱德华·伯纳斯(Edward Bernays)。

在艾维·李首创公共关系事业之后,美国的公共关系事业迅速崛起,主要表现在以下几个方面:

1. 企业界开始逐步推广公共关系制度

美国的贝尔公司、福特汽车公司、通用汽车公司、巴尔的摩铁路公司、爱迪生电力公司、约翰和劳森钢铁公司都在1908至1913年期间成立了公共关系部或请人专门负责公共关系工作。到1937年,全美最大的数百家企业中已有20%设立了公关部。

2. 公共关系咨询业迅速发展

在派克·李氏公司创办时,美国只有3家类似的公司。到1937年,全美已有250家左右的公关公司,5 000多名公关从业人员。1939年,在著名的公关学者哈罗博士的主持下,美国公共关系理事会(ACPR)宣告成立。此外,政府公共关系也进一步发展。

3. 公共关系研究和公共关系教育正式诞生

在这方面做出杰出贡献的是美国的爱德华·伯纳斯。出身维也纳的奥地利裔美国人爱德华·伯尼斯是著名心理学家弗洛伊德的外甥,1912年大学毕业后从事新闻工作,1913年他21岁时受聘担任福特汽车公司公关部经理;1919年他和夫人在纽约开办了一家正式的公共关系公司。1923年,他以教授的身份首次在纽约大学讲授公共关系课程,成为在大学教授公共关系的第一人。1947年,波士顿大学成立了第一所公共关系学院,培养公共关系人才。公关教育在美国逐步展开。

1923年,爱德华·伯尼斯出版了被称为公共关系理论发展史上"第一个里程碑"的专著——《舆论明鉴》。在书中,爱德华·伯尼斯详细地阐述了"公共关系咨询"这一概念,并提出了公共关系的原则、实务方法和职业道德守则等;1928年,他写出了《舆论》一书;1952年,他又写出了《公共关系学》教科书。爱德华·伯内斯在其将近80年的公关生涯中撰写的公共关系书籍达16部之多,他的主要贡献就在于,他一生都致力于公共关系学的学科化建设;他把公共关系学理论从新闻传播领域中分离出来,并对公共关系的原理与方法进行较系统的研究,使之系统化、完整化,最终成为一门相对独立完整的新兴学科。

爱德华·伯内斯公关理论的核心是明确提出了"投公众之所好"的公关原则,即:一个组织在决策之前,应先去了解公众的需求和兴趣,然后有针对性地展开有科学理论指导的说服性宣传,在迎合公众要求中争取其支持。这被称为"双向非对称"的公共关系模式。爱德华·伯尼斯不仅是一位公共关系理论家,同时又是一位公共关系的实践家。他与妻子合作进行公共关系咨询,接受过多位美国总统和实业界巨头的委托,运用公共关系实务成功地帮助他们塑造良好的社会形象;他一生也成功地策划过很多著名的公共关系活动,如为提高美国的全民素质而倡导的"读书运动";为美国P&G公司的"象牙"牌香皂策划的赞助广播轻喜剧的活动——这种轻喜剧后来被人们称之为"肥皂剧";为纪念爱迪生发明灯泡15周年组织策划的"灯光佳节"活动等。鉴于他对公共关系事业的贡献,1990年,美国《生活》杂志把他列为影响20世纪社会进程的100个重要人物之一,盛赞他"构想并设计了现代公关业"。

四、双向对称式的公共关系

双向对称式的公共关系是当代公共关系发展的高级阶段,它强调"双向沟通、双向平衡、公众参与"。这时期的代表人物是斯科特·卡特李普和阿伦·森特。

1952年,卡特李普和森特出版了权威性公共关系专著——《有效公共关系》,书中论述了"双向对称"模式,在公共关系的目标上将组织和公众的利益放在同等重要的位置上,这是目的上的"对称";在方法上坚持组织与公众之间的双向传播与沟通,这是传播手段上的"对称"。《有效的公共关系》一书提出的"四步工作法",成为公共关系工作中最重要的工作流程。此书出版后多次再版,被誉为"公共关系的《圣经》"。

双向对称模式提出的理论前提有两个:一是把公共关系看作是封闭系统还是开放系统;二是把公共关系看作是一种"工作"还是一种"职能"。

将公共关系看作是封闭系统和一种"工作"的做法是将公关人员放在沟通技术实施者的位置上,定期进行新闻发布,去保持和推进公众对组织的良好印象,而忽视将有关环境的信息传递给组织。

将公共关系看作是开放系统和一种"职能"的做法是将组织与公众关系的维持和改变建立在产出——反馈——调整诸环节相互作用的基础之上，公众意志可以被吸收到决策中，公共关系不仅能在决策中发挥参谋与顾问的作用，而且有预警作用，可以阻止潜在危机的发生。

双向对称模式体现了中国墨家的理想："兼爱"与"交相利"，也反映了现代竞争提倡的"双赢制"，以及"双方发展"的现代公共关系意识。

表2-1　现代公共关系发展过程

类　型	时　期	代表人物	主导思想
单向吹嘘式公关	职业公关的前奏	费尼斯·泰勒·巴纳姆	公众要被愚弄，凡是宣传皆是好事
单向传播式公关	职业公关的开创	艾维·李	公众要被告知
双向沟通式公关	公关从艺术走向科学	爱德华·伯纳斯	投公众之所好
双向对称式公关	公关发展的高级阶段	斯科特·卡特李普、阿伦·森特	公众愿意可参与到决策中来

五、不同发展阶段的公共关系的比较

现代公共关系从无到有，经历了一系列变化。了解这段历史可以使我们更好地领悟公共关系发展的客观规律，更好地开展公共关系工作。下面我们将现代公共关系的不同阶段做一比较：

1. 各种公共关系对公众的态度不同

在没有公共关系的时代，垄断寡头们只顾一己私利，公众是他们宰割的对象；单向吹嘘式的公共关系特点是"公众要被愚弄"；单向传播式的公共关系特点是"公众要被告知"；双向沟通式的公共关系发展为"要投公众之所好"；双向对称式的公共关系进而提出"公众意愿可以参与到决策中来"。

2. 各种公共关系的原则不同

垄断寡头们信奉"我行我素"，"向公众封锁信息"；单向吹嘘式的公共关系坚持"凡是宣传皆好事"，根本不顾公众的利益；单向传播式的公共关系坚持"事实公开""讲真话"的原则，增加公众对组织的信任感；双向沟通式的公共关系坚持让组织了解公众，也让公众了解组织，"增加双方的透明度"；双向对称式的公共关系坚持组织与公众双方在目的、利益和传播上要双向对称、双向平衡。

3. 各种公共关系所采取的方法不同

垄断寡头们对新闻界采取的是封锁、恫吓、收买控制舆论的做法；单向吹嘘式的公共关系采用的方法是编造"神话"、制造新闻；单向传播式的公共关系采取的是向公众提供准确而有价值的信息的方法；双向沟通式的公共关系采取的是调查研究、双向传播的方法；双向对称式的公共关系采取的是监测——发布——反馈——调适——双向平衡的方法。

4. 各种公共关系所要达到的目的不同

垄断寡头们的目的是独享天下；单向吹嘘式的公共关系目的是为了扩大自身影响而玩

弄公众;单向传播式的公共关系目的是寻求公众的理解、认同与接纳;双向沟通式的公共关系是为了赢得公众的支持而取悦公众;双向对称式的公共关系是为了双方的利益,和谐拓展。

双向对称式的公共关系的口号似乎不如双向沟通式的公共关系的口号"投公众之所好"与"一切为了公众"听起来动人,感觉公众地位更高,但是双向对称式的公共关系却更加理性、更加客观、更加真实。因为在现实社会中,特别是在商品经济条件下,人们奋斗的一切都同他们的利益有关。因此人们会把"一切为了公众"当作一句动人的口号而不是行动准则。由此看来,双向对称模式显得更加客观、真实,因而也更有生命力。

六、现代公共关系产生的条件

现代公共关系产生于20世纪初的美国,它是当时美国及资本主义社会的基本矛盾以及经济、政治、科学技术、文化等诸条件综合作用的结果,是社会发展到一定阶段的必然产物,是社会文明进步的必然结果。

(一) 公共关系产生的经济条件

公共关系产生的经济条件主要表现为社会生产分工的加剧、商品经济的高度发展,特别是买方市场的形成。

1. 社会分工的发展是公共关系产生的客观基础

人类社会经历了几次大的分工,分工推动了生产力的发展,但也增加了各行业之间的相互依赖与制约;分工越细,寻求合作的愿望就越强,因此,对于发展生产而言,寻求合作也就与产生分工一样必然与迫切。

同时,这种社会的分工和组织的分化不仅仅表现在经济生产领域,它还使人们所处的环境更加复杂多样,人与人之间的关系也逐渐变得更加复杂和多元化,整个社会也在不断地发生分化。一方面,人与人更加隔膜、难以相互理解;另一方面,人又是一种社会动物,离不开社会,离不开合作,为了适应这种社会环境,人们就必须更加自觉主动地协调人与人之间、组织与组织之间的相互关系,需全方位地协调与合作,这样,社会才能得以正常运行与发展。公共关系就是适应了这一历史发展的客观需要而产生的,并且一经产生就取得了突飞猛进的发展。

2. 商品经济的高度发展是公共关系产生的加速器

商品经济对公共关系的需求可以从以下几个方面得到体现:

(1) 商品经济的高度发展呼唤着协作。商品经济以市场为轴心形成了极广泛的分工与协作。为了在竞争中取胜,商品生产者的分工也越来越细,专业化程度也越来越高,商品生产者所拥有的一切都必须从市场购进,生产出来的一切物质产品与精神产品又必须在市场上售出。因此,光有细微的分工还不行,他们必须考虑跨行业、跨地区的合作,需要公共关系这样的综合性新学科来协调各方面的关系。

(2) 商品经济的高度发展需要和谐的社会环境。因为在商品经济条件下,生产完全是为了交换,商品交换关系的通畅与稳定对于生产者来说生死攸关,因此,他们渴望能够有商品交换之外的另一种力量来支持他们的事业,来保护和改善商品的交换关系,形成一个相对安定和谐的社会发展环境。公共关系也就随着这种需求从传统的传播活动中"分离"出来，专门为组织与公众建立安定和谐的社会生存环境。

(3) 买方市场的形成、消费市场的成熟增加了对公共关系的迫切需求。在生产力尚不发达的时期，市场产品的需求大于供给，是卖方占完全优势的"卖方市场"，这时，他们根本不会考虑公共关系的问题。随着生产力的发展，市场上产品"供过于求"，形成"买方市场"。消费者可以根据个人喜好灵活地选择任何一种他们看中的商品。为了吸引和留住消费者，销售者便会想办法有效地维护买卖双方的联系，最大限度地争取广大公众的理解、信任、支持与合作。因此，了解消费者、研究消费者、与消费者公众建立密切的联系并赢得公众的支持，就成了商品生产者与销售者生存、发展的重大课题，公共关系就成了企业生死攸关的环节。

(二) 公共关系产生的政治条件

社会政治生活的民主化是公共关系赖以产生和发展的社会政治条件。

从封建社会进入资本主义社会是人类社会民主化进程中的一个重要里程碑。封建社会的政体特点主要体现为独裁、专制、世袭三个方面，其政治生活的特征表现为"民怕官"。

与封建制相反，资产阶级革命后推行共和制、立宪制，变独裁为民主，变专制为共和制，变世袭为民选，这就带来一系列根本性的变化。这些变化使公众地位上升，其影响主要是通过纳税制与代议制来实现的。

由于实行纳税制，纳税人有权了解政府的政治运作情况，政府则有义务将政府事务的决策与运作情况定期向纳税人公布与报告，接受纳税人的监督。

由于实行选举制，一方面要求民众精心挑选能真正代表自己意志的人去行政、执政，民众不仅有选举权，而且有知情权、议政权、监督权，要求政治有透明度；另一方面，被选举者为了登上"宝座"或保住"宝座"，就不能不注意与社会各界公众搞好关系。唯有这样方能拉来选票、保住官位。这是政治上促进公共政治生活民主化的动因。

在这种民主政治的社会氛围中，政治生活的特征表现为"官怕民"，民众的地位发生了根本性的变化。

(三) 公共关系产生的科学技术条件

公共关系产生的科学技术条件主要是大众传播与现代通信手段的发展。这为公共关系提供了物质手段。

在现代社会中，科学技术日新月异，信息传播飞速发展，从报纸、杂志、电报、电话、广播、电视到光导通讯、卫星转播、互联网络……无不具有极高的传播广度、速度、深度与高保真并且费用低廉。崭新的传播媒介迅猛发展，甚至超出人们的想象。瞬息万变的信息同时变得"瞬息可悉"。如全世界的人可以同时看世界杯足球赛、看奥运会比赛，也可以同时看到赛场上的企业广告。现代化的手段使世界范围内大规模的信息沟通和交往成为可能，也就为公共关系事业的大发展提供了必要的技术保障与方法。

第四节　公共关系行业在中国的发展趋势

随着社会对公共关系需求的不断增加，公关行业服务领域将越来越广泛和深入，行业发展机遇更加宽广。2016年,伴随"一带一路"国家战略的持续推进和具体实施,中国公共关系市场机遇增大。同时,在"大众创业、万众创新"的背景下,中国公共关系行业新生力量不断涌现,市场保持稳定而快速增长。据调查估算,2016年整个市场的年营业规模达到500亿元人民币,年增长率约为16.3%。相比2015年13.2%的增长率,增幅有所上升。经过数十年的发展,公共关系行业在中国的发展主要呈现以下几个趋势:

一、大战略引领公关,为公共关系行业发展创造新的发展契机

伴随"一带一路"的持续推进和实施,公共关系行业面临新的发展契机。随着中国企业全球化布局,市场对公关公司的专业化、规范化和国际化提出了更高的要求。

二、资本加速进入公共关系行业,行业上市、兼并重组成为常态

据统计,参与本次调查的公关公司中有20多家通过主板、新三板以及兼并收购等多种形式打通与资本市场的通道。资本加速进入公关行业,而公关行业也正在借助资本的力量做大做强。未来的中国公关行业将形成双头格局:一是通过兼并重组形成的少数实力强大的综合性国际传播集团,它们规模较大,业务范围广泛,客户相对稳定,国际化水平高。二是专注某些特定领域的中型公关公司,它们数量较多,通常针对一个或几个细分市场,专业化程度高。

三、数字营销正成为行业发展的明显趋势

据统计,本次上榜的40家公司中,新媒体业务营收在3 000万元以上的公司为20家,占比50%,比去年增加16个百分点。调查显示,新媒体传播的客户主要需求集中在整合传播、产品推广、口碑营销、事件营销、企业传播这五个领域。而在数字营销领域,娱乐营销和体育营销成为新的服务增长点。调查显示,40家公司中,23家开展娱乐营销,10家开展体育营销。另外,随着传播环境和方式的变革,广告、公关和营销的边界更加模糊、竞争更趋激烈。

四、人才流动和培养依然是影响行业发展的重要因素

由于行业整体稳定增长带来的人才需求,与2015年相比,中国公关市场人才专业化,以及人才培养等问题,并没有得到有效缓解。2016年,尽管人才无序流动的势头稍微放缓,但总的来说,人才问题依然困扰公关行业。另外,2016年公关行业人力资源成本上升较快,也给公关公司带来了一定的成本压力。作为行业组织,中国国际公共关系协会始终致力于中国公共关系行业的国际化、专业化、规范化,并取得了有目共睹的成绩。2017年,协会将继续加大力度,提升行业的社会影响;继续与政府相关部门沟通,让政府了解和重视公共关系的作用,并使行业获得应有的地位;继续推进公共关系的业务整合和资本运作,推动更多的优秀公关公司做大做强做精;鼓励它们在通过创新模式、兼并收购等手段发展壮大的同时,承担更多的行业责任和社会责任。

五、国际公司在中国的业务保持稳定增长的同时,本土公司已经占据主导地位

国际公司的主营业务侧重顾问咨询服务。由于成本控制较好,人均利润较高,加上年签

约客户数及连续签约客户数相对稳定,因此国际公司在中国的业务保持稳定增长。但近年来,本土公司在不断提升专业化水平的同时,借助技术、资本和资源等优势,已经在行业中处于主导地位。

六、汽车依然稳居行业之首,IT(通讯)跃升至第二位

调查显示,2016年度中国公共关系服务领域的前3位分别是汽车、IT(通讯)和快速消费品。尽管本年度的汽车份额稍有回落,但依然是行业内的主要服务客户。汽车在近年的行业调查中均位居榜首,表明其服务需求依然很大,预计未来几年这一趋势不会有大的改变。但值得注意的是,近年来,汽车领域的危机公关事件不少,公关公司需要在品牌塑造方面与企业、媒体加强沟通,不断创新活动模式。本次调查中,IT(通讯)跃升至第二位,达到12.3%,这跟智能移动终端快速普及和应用密切相关。位居第三位的快速消费品所占份额为11.8%,继续保持近年来行业主要服务客户的地位。

七、娱乐/文化发展势头迅猛,显示中国经济转型趋势

2016年度的行业调查,首次将娱乐/文化列为调查项目,出人意料的是,该领域份额位居第五。这表明,随着人们物质生活水平的提高,娱乐和文化等精神方面的需求不断增加,为公共关系行业发展提供了更大的服务空间。

八、人力成本增加导致运营压力加大

调查显示,TOP公司平均月工资水平为12 352元,比上年同期增长16.7%;客户经理平均月薪13 307元,比上年同期增长8.2%;大学生转正平均月薪4 820元,比上年同期增长11%。调查还显示,随着TOP公司业务规模扩大,单位人工成本上升较快,加上管理费用加大,以及兼并收购出现的商誉和无形资产减值等因素,运营压力依然存在。

复习与思考题

1. 准公关时期公共关系有哪些特点?
2. 为什么称巴纳姆时期为"惇公关"时期?
3. 艾维·李为什么被称为"公共关系之父"?
4. 现代公共关系产生发展的社会条件有哪些?
5. 如何理解爱德华·伯内斯的"投公众之所好"这一思想?
6. 案例分析:

信陵君魏无忌是魏昭王的儿子,为人仁厚,礼贤下士,士人无论有没有才能他都以礼相待,不因自己富贵而倨傲。魏国大梁城里有一个人叫侯嬴,七十岁了,家中贫穷,看守宫城东面的夷门。他其实是位身负奇才的隐者。信陵君听说了,就去请他,送给他很多财物。侯嬴不接受,说:"我修身洁行数十年了,不能因为贫穷就接受公子的财物。"信陵君请不动他,就想了个办法,置酒大宴宾客。宾客们落座以后,信陵君驾上车,空着左边上首的位子,亲自迎接侯嬴。侯嬴穿着破衣,戴着破帽,径直上车在信陵君上首坐下,并不道谢。他是为了观察信陵君的诚意。信陵君手执缰辔,更加恭敬。侯嬴又对信陵君说:"我还有一个朋友,在街市

上卖肉,想请车绕一绕。"信陵君驾车经过街市,侯嬴下车和他的朋友朱亥说话,站着说了很久,一边用眼睛斜视着信陵君。信陵君更加平和。在这时,魏国的将相大臣宗室宾客已坐满一堂,就等着信陵君前来举酒。街市上的人们都看着信陵君手执马缰围观,跟随的骑士们都暗暗咒骂侯嬴。侯嬴看信陵君最终脸色不变,就告别朋友上车。到了堂上,信陵君让侯嬴坐在上首座位上,向宾客们极口称赞他,宾客们都大为惊异。信陵君持酒杯向侯嬴祝寿,侯嬴对信陵君说:"我是守门的人,公子不该绕过街市,但公子绕了。我站立很久,是为了观察公子,也是为公子赢得名声,人们越觉得我不应该,就越觉得公子仁厚,是君子。"侯嬴又为信陵君引见朱亥,信陵君多次请朱亥,朱亥都不道谢,信陵君感到很奇怪。其实这两个隐士能甘心隐居一生,是因为未遇到明君,但一旦有人理解他们,信任他们,他们都不惜以死相报,后来的事实也说明了这一点,正可谓"士为知己者死"。

仔细阅读上面的故事,谈谈其中体现了哪些公共关系思想。

第三章　公共关系职能

学习目标

通过教学,学生真正认识到公关人员的工作职责是什么,了解在公关工作中,如何运用公共关系的这五大职能,尤其掌握塑造形象的职能和信息收集的职能,了解组织形象的特点及其评价标准,掌握公关人员在工作过程中,如何收集信息,收集哪些信息,并在后面的策划中得以运用。

在这个充满人性化的社会里,任何一门科学,无不是被有思维的人所利用、并被艺术化提升后的工具。有理性的人类为着自己的需要,不断探寻和创造着新的工具,同样,也戏剧性地创造着所谓的科学。公共关系作为一门19世纪末20世纪初形成的科学,同样也符合这一规则。更由于它本身所具有的明确的目标性、极强的应用性和高度的服务性,使其自身被高度工具化。

案例导入

有这样一个真实的小故事。一个人乘坐北方航空公司的飞机去长沙出差。飞机降落之后,他提着随身带的一捆资料,走到了机舱门口。空中小姐在向他微笑道别的同时,递给了他两块小方布,说:"先生,请用小方布裹着绳子,不要勒坏了您的手。"人非草木,孰能无情!这位先生备受感动,从此每次出差或带家人出门,总是首选北航。一句话,两块小方布,换来了一生的光顾。

【分析】　这是一种交际型公关,交际型公关是一种有效的公关方式,使沟通进入情感阶段,具有直接性、灵活性和较多的感情色彩,被称为情感营销。真正的情感营销是一种人文关怀,也是一种心灵的感动。

分析公共关系学产生的原因,以及作为它本身的主体组织和客体受众,就可以得出,在事实和实践上它必然是社会组织的工具,当然它的使命也就是为组织服务。在市场经济条件下,利益追求成为组织生存和发展的最大驱动力。社会组织不断选取各种实用和有效的竞争手段展开各个方面的角逐,以获得最大的利益,其中,公共关系活动作为一种小投入、大收益的竞争手段,无疑成为组织青睐的一种很有效的工具。公共关系活动为组织承担信息采集、环境监测、决策咨询、协调关系等作用。它对内,培养组织成员的认同感和归属感,以形成向心力和凝聚力;对外,主要是通过媒介加强对组织的正面宣传,以期获得社会公众的认可,从而为组织的生存和发展创造一个良好的外在软环境。社会组织还有一个重要目的,就是希望通过公关活动为自己塑造良好的组织形象,创造更多的无形价值。

公共关系职能是指以优化公众环境,树立组织形象为任务的一种传播沟通职能。即运用各种传播、沟通的手段去影响公众的观点、态度和行为,争取公众舆论的理解和支持,为组织的生存和发展创造良好的社会环境。

第一节　塑造形象

【案例】

我党第一次打广告,走暖心宣传路线

回顾:"我是谁,是什么样的人？也许,你从来没有想过……"2016 年 7 月末,一条 1 分 30 秒的短片迅速引爆了各大社交媒体,人民日报的官方微博发布的此条视频已经有 1 100 多万的播放量,且收获无数点赞。这就是建党 95 周年之际,央视发布的名为《我是谁》的宣传片。

在这段视频中,包括教师、环卫工人、医生、交警等 6 位平凡的党员代表,以他们的口吻讲述"我是离开最晚的那一个,我是开工最早的那一个,我是想到自己最少的那一个,我是坚守到最后的那一个,我是行动最快的那一个,我是牵挂大家最多的那一个"。以生活中平凡的党员为代表,从他们兢兢业业、默默奉献的日常工作和生活故事中,传递出"我是中国共产党,我一直就在你身边"的创意理念。

人民日报的官方微信也发布了这则广告,收获了阅读量十万+,点赞五万+。网友们纷纷在下面评论"接地气,赞一个。互联网+时代形象宣传策划也应该跟上节奏,更贴近群众""莫名流泪了,感动""这广告我给 101 分,多一分拿去骄傲"。

据了解,这则《我是谁》从创意到制作仅仅用了 20 天的时间,央视公益广告团队在上海进行了为期 3 天 72 小时的拍摄。拍摄团队精益求精,为还原人物工作真实场景,反复进行多次试演,最终成功走了暖心路线,带给了观众满满的感动。

其实,我们生活中就有很多与宣传片中人物相近的党员,他们时时刻刻以党的章程要求自己,默默为周围奉献。多宣传这些典型基层,有利于树立良好党员形象,弘扬社会正能量。

【点评】

对党员先进性的宣传,往往以公式化语言的说教为主,难有共鸣。而这次的"广告片",我们看到了不同职业的党员们,通过回答"我是谁"的问题,以日常工作中平凡的坚守为小切口,诠释了共产党员的责任与担当,最动人心的往往正是这些,从而塑造了中国共产党光辉的形象。短片或"神曲"的形式向来比较容易受到关注,加之独特视角和叙事方式,使得政治传播也能"轻盈化""平民化"。

一、塑造组织形象的意义

市场经济的基本特征是竞争。竞争的最高层次就是组织形象的竞争。谁拥有了良好的组织形象,谁就能赢得公众的支持,谁就拥有了市场,并能获得源源不断的利润,而且能使产品和组织在激烈的市场竞争中立于不败之地。塑造组织形象具有这样几个意义。

1. 组织形象是无形资产的重要组成部分

无形资产是组织资产的重要组成部分,它是不具有实物形态而以知识形态存在的重要经济资源。美国可口可乐公司的老板曾说过,如果公司在一夜之间被大火烧为灰烬,第二天各大银行就会主动上门来向公司贷款。因为公司还有 360 亿美元的无形资产。可见,无形资产的作用、价值远远超过有形资产。自然灾害可以损毁有形资产,但却不能减少无形资产的价值。世界上许多著名的组织,其无形资产都具有很高的价值。万宝路的商标权为 330 亿美元,是世界上烟草行业中无形资产价值最高的,世界排名第二;柯达商标权为 120 亿美元,是世界摄影材料、器材行业中无形资产价值最高的,位居总排名第三。无形资产具有如此之大的魅力是因为它代表组织在公众心目中的良好形象,组织形象的好坏决定了无形资产价值的高低。无形资产主要是靠组织形象来作为表现形式的。组织形象的认知度越高,美誉度越好,和谐度越佳,定位越准,无形资产的价值就越大,增值率就越高。日本丰田汽车公司就是依靠其组织形象的不断完善来维系、保护它的无形资产。一般的汽车公司厂家维修中心都是顾客把汽车开到汽车维修中心进行维修,而丰田汽车维修中心接到电话后,会派人开辆好车到用户家中,开走需要维修的汽车,留下一辆好车供给日常使用。汽车修好后,维修中心会在汽车中加满汽油再开回用户家中,开走上次留下的汽车。这种处处为用户着想的服务思想,为丰田汽车公司树立了良好的组织形象。这种深入用户心目中的组织形象使丰田汽车公司的无形资产倍增。因此,一个组织要不断地发展、维系自己的无形资产,就必须充分重视组织形象。

2. 组织形象是组织生存发展的精神资源

组织形象之所以能以精神资源作用于组织的生存发展,是因为组织形象具有以下功能:

(1) 规范与导向功能。组织形象是把组织的价值观念和行为规范加以确立,为组织的生存与发展树立的一面旗帜,向全体职工发出的一种号召。这种号召一经广大员工所认可、接受和拥护,就会产生巨大的规范与导向作用。像日产公司强调的"品不良在于心不正",德尔塔航空公司倡导的"亲和一家"等等,都是在教育引导、规范着员工的言行、态度,让他们在尽善尽美的工作中注意把自己的形象联系起来,使本组织成为世界一流的组织。

(2) 凝聚与整合功能。组织因不同的人从事不同的工作,人的性格、爱好、追求又不一样,如果没有一种精神力量把他们"粘合"起来,组织就会成为一盘散沙。组织形象确立的共同价值观和信念,就像一种高度的理性黏合,将组织全体员工紧紧地凝聚在一起,形成"命运共同体",产生"集体安全感""心往一处想,劲往一处使",成为一个和谐、默契的高效率集体。

(3) 激励功能。良好的组织形象可以使组织内部的员工产生一种骄傲与自豪。这种感觉可以让员工保持一种士气高昂、奋发进取的精神态度。因为每个人都有被尊重的需要,希望得到他人的尊重与羡慕。因此,当员工在与别人谈起"值得骄傲"的组织时,那种对组织的热爱与爱戴就不言而喻了。这种对组织的热爱会产生强烈的激励作用,诱导并刺激着员工的工作热情和积极性。

(4)辐射作用。组织形象的建立,不仅对内有着极大的凝聚、规范、号召、激励作用,而且能对外辐射、扩散,在一定范围内对其他组织乃至整个社会产生重大影响。像我国60年代的"铁人精神"以及在日本企业界经常听到的"松下人""丰田人"的说法,都是组织形象对外辐射的典型范例。

3. 组织形象是外在扩张的市场铺垫

在现代社会,公众对商品的购买,不仅是对产品的功能和价格的选择,同时也是对组织精神、经营管理作风、服务水准的全面选择。组织形象的优良与否,是公众选择的重要依据。良好的组织形象会使公众对产品产生"信得过"的购买心理与勇气,使公众能够在纷乱杂陈、眼花缭乱的商品世界中培养起对组织的忠诚度,从而达到使组织争夺更大的市场份额、进行组织扩张的目的。德国大众汽车公司通过在北美和欧洲进行的调查发现,如果顾客的愿望在一家公司没有得到满足,那么他会疏远该公司的产品。报告认为,一个厂家失去了顾客,只有30%是由于产品质量或价格的原因,60%的顾客转向其他产品是由于服务或售后服务不好,使他们没有受到礼貌的接待。大多数消费者会对组织的服务进行评价,并且会相互传播。这种口头传播的效力是十分惊人的。因此,树立良好的组织形象,就等于留住了顾客,就等于达到了组织扩张的目的。

二、组织形象的定义

组织形象(Organizational image),即社会公众对组织综合评价后所形成的总体印象。组织形象包括的内容很多,如组织精神、价值观念、行为规范、道德准则、经营作风、管理水平、人才实力、经济效益、福利待遇等,组织形象是这些要素的综合反映。

组织形象是公共关系理论的核心。组织形象问题是公共关系理论的核心问题。组织形象概念是整个公共关系理论概念群中的核心概念,甚至可能说一部公共关系就是关于组织形象问题的学问。

1. 从历史角度考察,我们发现公共关系发展史本身就是一部以塑造组织形象为主导的发展史。它主要表现在三个方面。

一是组织形象塑造由自发走向自觉。现代公共关系以艾维·李为界,那些古代人们争取民心吸引民意的活动可以称为"准"公共关系时期,而艾维·李以后的公共关系可以称为现代公共关系,是因为在激烈竞争的社会环境中,作为主体的社会组织在"江郎才尽"之后不得不选择主动地在公共中塑造良好形象的公共关系的方法,以求得长期生存和发展。此时,塑造形象便成为组织的自身行为。

二是组织形象塑造由被动走向主动。公共之父艾维·李的"公众要被告知"的公关原则,无疑是出于无奈,这是历史发展到一定阶段后社会提出的客观要求。即便是到了爱德华·伯奈斯的时期"投公众所好",比艾维李显得自觉,但还是迫不得已,其功利色彩十分明显。到近代"双向对称的公共关系模式"的出现,才开始比较主动地考虑组织在公众心目中的形象,才考虑"我们要发展,要和公众一起发展"的问题。此时组织形象塑造从被动变为主动。

三是组织形象塑造由单一走向全面。早期公关活动手段单一，关注的也是比较单一的形象，这便是常说的"公共关系是哪里有问题就到哪里去解决或哪里有问题哪里就有公共关系"的含义。二战后，公关运作的水平有了相当大的提高，方法上不断改进，组织塑造的形象也就更加丰满了。我们相信随着社会不断发展和进步，组织塑造形象的行为将成为一种真正主动自觉的行为，就像今天的人们骑自行车和呼吸空气一样。

2. 从概念涵盖面角度考察，我们发现只有组织形象这一概念可以对公共关系理论触角进行全方位涵盖，而公共关系中的其他任何概念关系，如对传播、公众进行分析，可以发现它们都不能成为公共关系的核心概念。

三、组织形象的特征

组织形象具有以下几个方面的特征：

1. 整体性

组织形象是一个有机的整体，形象是由组织内部诸多因素共同作用的结果。以一个企业为例，企业形象包括：

（1）企业历史、社会地位、经济效益、社会贡献等综合性因素；

（2）员工的思想、文化、技术素质及服务方式、服务态度、服务质量等人员素质因素；

（3）产品质量、产品结构、经营方针、经营特色、基础管理、专业管理、综合管理等经营管理因素；

（4）技术实力、物资设备、地理位置等其他因素。

这些不同的因素形成不同的具体形象，但这些具体形象只是构成企业整体的基础，而完整的企业形象是各个形象要素所构成的具体要素的总和，这才是对组织具有决定性意义的宝贵财富。当然，对有些组织而言，可能会因某一方面的形象比较突出，进而掩盖其他方面的形象，导致组织形象片面性或不完整性。其实这也是正常的，因为组织宣传有侧重点，公众也不可能全面了解组织的所有情况，他们的印象大部分都是源于他们所能接触到的组织的一个或少数几个方面的情况，这就要求组织要认真对待每一个方面、每一个环节，从而在公众心目中形成良好的总体印象。

2. 主观性

组织形象是公众对组织的意见或看法，因而是一种主观性的东西。因为社会公众本身具有差异性，他们的社会地位、价值观念、思维方式、认识能力、审美标准、生活经历等各不相同，他们观察组织的角度、审视组织的时空维度也不相同，这样社会公众对同一企业及其行为的认识和评价就必定有所不同，"公说公有理，婆说婆有理"就是这个道理。此外，在形象塑造和传播过程中，必然要发挥组织员工的主观能动性，渗透企业员工的思想、观念和心理色彩，因此，组织形象是主观的。

3. 客观性

形象是一种观念，是人的主观意识，但观念的反映对象却是客观的，也就是说，组织形象所赖以形成的物质载体都是客观的。建筑物是实实在在的，产品是实实在在的，组织的员工也是具体的，组织的各种活动也是实实在在的。所以，组织形象作为客观事物的反映，是不以人的意志为转移的，不能在虚幻的基础上构筑组织形象。

我们说组织形象是客观的,还是基于一种统计规律。组织形象是公众的意见或看法,这个公众不是单个的人或少数群体组织,而是一个公众的集合。个人的意见是主观的、可变的,但作为一个整体的公众或大多数公众的意见则是客观的。虽大多数人也可能被误导或因其他原因而产生错误看法,但这也正是公关状态的一种反映。如果不从整体公众来理解组织形象,便无法形成组织形象。因为做得再完美的企业总有反对者,再蹩脚的公关也会有人拍手叫好。

4. 稳定性

当社会公众对组织产生一定的认识和看法以后,一般会保持一段时间,而不会轻易改变或消失,这就是组织形象的相对稳定性。要在公众心中留下一个印象并不容易,特别是在当今产品众多、广告泛滥的年代。因而,要改变一种产品或一个组织在公众心中的形象就更难了。比如说中国人到了国外,常会碰到一些令人啼笑皆非的提问,如凭票购物、统一服装甚至还有小脚女人之类的问题,反倒是中国近 20 年来发生的巨大变化在外国人(特别是没来过中国的外国人)心中并未留下什么印象。组织形象的这种相对稳定性可能会产生两种结果,其一是组织因良好形象被维持而受益,其二是组织因不良形象难以改变而受损。当然形象不是一成不变的,但要改变一种形象总是不容易的。

四、组织形象分类

组织形象是多层次、多维度的,因此我们也应该从不同角度来把握组织形象。

1. 根据形象内容,可分为特殊形象和总体形象

特殊形象是某一或少数几个方面给公众留下的印象,或者组织在某些特殊公众心中形成的形象。如企业的良好服务使某些顾客形成了组织"优质服务企业"的形象,企业的某一次慈善捐款给公众留下了乐善好施、热心公益事业的形象。特殊形象对企业很重要,因为公众是不可能全方位、全面地了解组织的。组织在他们心中留下的往往就是这种特殊形象,而且某些公众就是因为组织在某些方面的独特形象而支持组织的,如歌迷之于演唱会、球迷之于球星等。因此,特殊形象是组织改善形象的突破口。

总体形象就是企业各种形象因素所形成的形象的总和,也是各种特殊形象的总和,但两者又不是简单的总和。一个比较极端的例子是:某个员工工作敬业、技术一流,人际关系也好,深得领导和同事的赞许;但不喜欢他的人们可能说,他没有个性或没有特长云云。对一个组织而言,就应该努力追求总体形象和特殊形象的统一和谐。

2. 根据真实程度,可分为真实形象和虚拟形象

真实形象是指组织留给公众的符合组织实际情况的形象,虚拟形象则是组织留给公众的不符合企业实际情况的形象。

虚拟形象形成的原因是多方面的,既有传播信息过程中的失真,也可能有公众评价的主观性、偏向性原因。需要说明的是,真实形象不一定就是好形象,而虚拟形象也未必等于坏形象,如企业经营伪劣产品被曝光在公众中形成的一个不好形象是真实形象,而一个骗子在被揭穿之前的公众楷模形象往往是虚拟形象。一些企业也通过虚假统计数据而在上级部门(官员)那里形成了一种好形象,但这肯定是虚拟的。对企业来说,当然应追求真实的良好形象,而避免虚假的、不好的形象。

3. 根据可见性,可分为有形形象和无形形象

有形形象是指那些可以通过公众的感觉器官直接感觉到的组织对象,包括产品形象(如产品质量性能、外观、包装、商标、价格等)、建筑物形象、员工精神面貌、实体形象(如市场形象、技术形象、社会形象等),它是通过组织的经营作风、经营成果、经济效益和社会贡献等形象因素体现出来的。

无形形象则是通过公众的抽象思维和逻辑思维而形成的观念形象,这些形象虽然看不见,但可能更接近企业形象的本质,是企业形象的最高层次。

对企业而言,这种无形形象包括企业经营宗旨、经营方针、企业经营哲学、企业价值观、企业精神,企业信誉、企业风格、企业文化等。这些无形形象往往比有形形象有价值,如对麦当劳、可口可乐、索尼、劳斯莱斯等企业而言,他们的企业信誉等无形资产比那些机器设备和厂房要重要得多。

此外,还可以按形象的现实性,把组织形象分为实际形象和期望形象。

五、组织形象塑造

如何才能塑造良好的组织形象呢？一般来说,要塑造良好的组织形象,组织应该做好以下几方面工作:

1. 消除组织形象塑造中的误区,树立正确的组织形象观

尽管组织形象的重要性已为越来越多的组织领导层所认识,但在实际中,还是存在着对组织形象认识的若干误区。

(1) 组织形象无用论。组织形象是摆花架子、图形式,中看不中用,以前从没听说或没塑造过组织形象,不也照样获得成功吗？市场竞争是短兵相接,时间就是金钱,市场是不会让你从容地塑造好形象再参与竞争的。

(2) 组织形象万能论。组织形象是点金术,是灵丹妙药,企业形象一导(导入)就灵；只要导入组织形象战略,组织就会像可口可乐那样名扬四海,像微软公司那样财源广进,像清华同方那样潜力无限。

(3) 组织形象趋同化。照搬照抄的组织理念设计和行为设计,大同小异,毫无本组织的特色和个性。如在为企业设计企业精神时,大部分的企业都是选择诸如"团结、创新、求实、奉献、文明"等词,形成一种高度趋同化的企业精神。

(4) 组织形象盲目化。组织形象应该是组织长期的经营理念、经营宗旨及其他方面的集中、综合反映,应该具有典型性、代表性、综合性。但很多组织在塑造形象的过程中,既不了解组织的历史及发展过程,又不针对公众开展调研,因此这样的组织形象往往带有很大的盲目性,很难被公众认同。

针对上述组织形象塑造过程中的误区,组织在进行形象塑造时必须树立正确的组织形象观,努力避免或消除对组织形象的不正确看法。既不要因看不到组织形象的作用而轻视,也不要因组织形象有作用而人为拔高,同时在组织形象设计和实施过程中要注意特色,注意针对性和代表性,只有这样才能真正搞好组织形象的塑造工作。

2. 捕捉组织形象塑造的有利时机,以达到事半功倍的效果

不同的时期,组织形象塑造的途径和方法会有所不同,能巧妙地把握时机,因势利导,就

能收到事半功倍的效果。

（1）新组织创立时期。新组织创建开业时，还未能与社会各界建立广泛联系，知名度不高。这时，组织如能确立正确的经营理念、完善的组织和员工行为规范，设立独特的视觉识别系统，以及最佳的传播方式和媒介，就能给公众留下美好的第一印象。

（2）组织顺利发展时期。这时应致力于保持和维护组织的形象和声誉，巩固已有成果，再接再厉，进一步提高知名度和美誉度，以强化组织在公众心目中的良好形象。当组织处于顺利发展时期，其各方面运转往往较好，因此，可供利用的宣传机会和"扬名"机会当然也会多些。"经济效益上台阶，文化生活辟新路，组织荣誉接踵至，主要公众赞扬多"等，都是可以利用的极好契机。

（3）组织处于逆境时期。组织的发展不可能是一帆风顺，当组织处于逆境时，公关人员最主要的是沉着、冷静，善于捕捉组织中的亮点，然后抓住有利时机，采取灵活机动的宣传策略，以赢得组织内外公众的支持、理解和合作，助组织顺利渡过难关。就算是组织处在最困难时期，只要公关人员勤于思考，敏于发现，总能找到一些组织的亮点。如某企业可能因经营不善导致亏损，经济效益下滑，员工福利受到影响，外部的公众如供应商、代理商、顾客组织的支持力度也有减弱的趋势，组织看起来很困难。这时，公关人员便要努力寻找组织亮点，如企业虽暂时处于困境，但企业有雄厚的基础，或者有良好的企业形象或者有超强的技术开发实力，或者有诱人的发展前景，或者有乐观自信的员工……这些都可作为对内对外宣传的突破，作为使组织重新赢得公众信心的催化剂。正如一句流行语所说，"只要思想不滑坡，办法总比困难多"。

（4）组织推出新产品、新服务项目、新的方针政策或经营方式时。这时组织面临的最大挑战就是如何消除公众的观望与等待的态度。由于受人们消费惯性的影响，社会公众在组织推出新产品、新服务或新举措时，往往会持观望和等待态度。这表明消费者对这些新产品、新服务、新举措还不了解，还有疑虑，还存有戒备心理。因此，这时公关部门应主动出击，采取有针对性的措施，如现场产品（服务）展示、操作示范、广告宣传、顾客承诺等，消除公众的疑虑和摇摆态度，把公众的注意力尽快地吸引到组织上来。

3. 统筹兼顾，全面安排，保持组织形象的统一性和连续性

在塑造组织形象过程中，组织要统筹兼顾，全面安排，以保证组织形象的统一性和连续性。许多经营不佳、形象不好的企业，并不是因为没有去塑造组织形象，而是因为缺乏连贯一致的组织形象。它们今年强调成本低、价廉物美，明年强调服务好、体贴入微，后年又强调革新、创新制胜，不仅内部职工无所适从，而且也导致外部公众无法对其形成一个稳定的印象。

我们再看国际上那些知名公司，他们在这方面就很值得借鉴学习。如美国国际商用机器公司（IBM）在其成长过程中，产品不断更新，管理体制也发生了变化，但我们从它最近公布的组织目标及目前所强调的基本信念来看，仍然没有离开其第一任领导老托马斯·沃森最初的设想；日本松下公司所遵循的整体企业精神，仍然是公司创始人松下幸之助所拟定的一些信条。可见，保持组织形象的一贯性、连续性，对于一个企业的长远发展是至关重要的。

第二节 收集信息

美团和大众点评合作消息的"内幕传播"

2015年国庆节的最后两天,有关美团和大众点评将要合并的消息,在网上传得沸沸扬扬。

10月8日,两家终于联合发表声明,宣布达成战略合作,并共同成立一家新公司——"新美大"。新美大将实施联席CEO制度,美团CEO王兴和大众点评CEO张涛,同时担任联席CEO和联席董事长,两家公司将保留各自品牌和业务独立运营,包括以团购和闪惠为主体的高频到店业务。

可以看出,虽然只是初步的战略合作,但是,近几年,美团和大众点评为了抢占线下店铺,屡屡被爆出争执事件,还是占据了不小的版面。所以,两家由"相杀"转至"相爱",还是引起了业内外人士的热烈讨论。

超高的曝光率和关注度,使其甚至一度超过了同期的"黄教主大婚",这其中的原因,除却两家战略合作本身带来的价值和意义之外,消息传播也在其中起到了不小的作用。回想此次消息的传播,从10月6日开始就有内部消息流出,7日到达舆论顶点,8日终于尘埃落定。通过非正式渠道吸引眼球,而后正式公布,有业内人士指出,这是一次典型的"内幕营销"。

所谓的"内幕营销"之所以能够得到大量的关注,主要是因为"内幕"二字本身就具有一种神秘性,充分满足了受众的好奇心理,能够吸引观众的持续关注。然而,其带来的潜在性危险,也是不容忽视的。一旦过早透露消息,或者最终没能达成合作,就会引起实际工作的不顺畅,以及受众的不满和不信任。

【点评】

内幕消息,往往有业界情报、社会猎奇的双重属性,这让"内幕公关"由来已久。随着信息碎片化时代的到来,"内幕"更趋于走热。对于公关人而言,不该将其神化或妖魔化,而要以更开阔的视野,将其视为社会信息链的一个环节,在具体的操作中,既要考虑其执行中的连锁反应,也要顾及社会心理对于话题的解读方式和联想方式,以免闭门造车。

公共关系除了塑造形象外,还要履行搜集信息、监测环境的职责,即作为组织的预警系统,运用各种调查研究分析的方法,搜集信息、监视环境、反馈舆论、预测趋势、评估效果,以帮助组织对复杂、多变的公众环境保持高度的敏感性,维持组织与整个社会环境之间的动态平衡。

信息收集(Information Gathering),信息收集是指通过各种方式获取所需要的信息。信息收集是信息得以利用的第一步,也是关键的一步。信息收集工作的好坏,直接关系到整个公共关系工作的质量高低。信息可以分为原始信息和加工信息两大类。原始信息是指在经济活动中直接产生或获取的数据、概念、知识、经验及其总结,是未经加工的信息。加工信息则是对原始信息经过加工、分析、改编和重组而形成的具有新形式、新内容的信息。

一、信息的来源

制约和影响组织生存和发展的公众环境包括内部公众和外部公众两个方面,因此,公共关系工作所需要的信息就包括内源信息和外源信息两个部分。

1. 内源信息

内源信息主要指来自组织内部各方面的信息和动态。一个组织的发展首先受到其内部公众对象的制约和影响,包括组织各部门的管理人员、技术人员、全体职员,他们处在组织日常运转的第一线,对组织内部的人、财、事、物的状况和动态的了解与评价,是重要的内源信息。

2. 外源信息

外源信息指组织所处的外部环境的信息动态。组织有关的外部公众对象非常广泛、复杂,公共关系需要建立广泛的社会信息网络,密切注视外部公众的各种信息和动态。既要关注已经发生联系的公众对象的信息,也要预测可能发生关系的潜在公众对象的动向;既要重视具有直接利害关系的公众对象,也不能忽略那些只有间接关系的公众对象。如客户的需求,合作者的看法,投资者的意向,竞争者的动态,政府官员的看法,新闻界的评价,意见领袖的观点等等。公共关系需要大量汇集外部公众的信息资料。

二、信息分类

1. 组织形象信息

包括公众对组织的方针政策、管理水平、产品质量、服务质量、人员素质等方面的印象和评价。其包括:产品和服务形象的信息与组织整体形象信息。

(1) 公众对组织机构及其效率的看法或评价。公众和组织的交往通常是通过组织某一机构进行的,在交往过程中,公众对于组织机构的看法,如机构是否优化,设置是否合理,办事效率的高低等,这一切都会给公众留下深刻的印象,是形成组织形象的重要因素。

(2) 公众对组织管理水平的评价或看法。管理水平的高低代表着这个组织在社会中的地位高下。公众对一个组织的管理水平的评价,主要是看其领导机制是否健全、经营方针是否明确、决策的方向是否正确、市场目标的选择是否合理、市场预测是否准确、生产计划是否完成、用人制度是否科学等等,这一切都体现出企业的管理水平。高超的管理水平是组织机构优化的基础,也是求得公众信任、建立良好组织形象的重要前提。

(3) 公众对组织人员素质的评价或看法。组织人员的素质主要是指企业决策层及各部门人员的工作能力、业务水平、文化水平、工作效率、创新精神、人际关系、观念意识、工作作风等。组织领导人和管理人员素质的高低,决定了组织管理水平的高低。因此,组织人员的素质是社会组织生存和发展的重要主体条件,因而也是决定社会组织形象的重要因素。

(4) 关于服务质量的评价,包括服务态度、对顾客要求的责任感、提供咨询建议的诚实感及售后服务等。如果顾客对组织的服务工作满意,就会对组织产生好感,从而使组织在顾客心目中获得良好的形象。因此,良好的组织形象,也直接表现在社会组织良好的服务行为上。

2. 产品形象信息

产品形象是由产品的视觉形象、产品的品质形象和产品的社会形象三方面构成的。

(1) 产品的视觉形象是人们对形象的认知部分,通过视觉、触觉和味觉等感官能直接了解到产品形象,诸如产品外观、色彩、材质等,以及依附在产品上非功能性的如企业的标志、标识、图形和包装、广告、产品说明书、产品售后服务卡等内容。属于产品形象的初级阶段层次;

(2) 产品的品质形象是形象的核心层次,是通过产品的本质质量体现的,包括产品规划、产品设计、产品生产、产品管理、产品销售、产品使用、产品服务等。这些是视觉无法辨认的,要通过操作、使用、体验后才能感受到的。能产生这些需求功能的因素是隐藏在产品背后大量的技术层面的工作,人们通过对产品的使用,对产品的功能、性能质量的了解以及在消费过程中所得到的优质的服务,形成对产品形象一致性的体验;

(3) 产品的社会形象是产品的视觉形象、产品的品质形象从物质的层面综合提升为精神层面,是非物质的,是物质形象的外化的结果,且最具有生命力。包括产品社会认知、产品社会评价、产品社会效益、产品社会地位等内容。

3. 社会环境信息

包括政府决策信息、法律法令信息、文化科技信息、新闻舆论信息、市场信息、公众需求信息和竞争对手信息。公共关系信息的搜集主要通过公众和大众传播媒介两大渠道:社会组织的活动离不开各类公众,公众的意见、要求是组织行为的出发点和最终归宿;同时,公关人员应当经常监测新闻,从报纸、杂志、书籍、电视和广播这些大众传播媒介中,筛选有价值的信息,这是一种高效益的信息收集方法,也是公共关系信息收集的主要渠道。

社会环境对公关传播活动的影响,主要有四个方面:(1) 政治因素,它包括政治制度及政治状况,如政局稳定情况、公民参政状况、法制建设情况、决策透明度、言论自由度、媒介受控度等;(2) 经济因素,它关系到经济制度和经济状况,如实行市场经济的程度、媒介产业化进程、经济发展速度、物质丰富程度、人民生活状况、广告活动情况等;(3) 文化因素,它是指教育、科技、文艺、道德、宗教、价值观念、风俗习惯等;(4) 讯息因素,它包括讯息来源和传输情况、讯息的真实公正程度、讯息爆炸和污染状况等。

三、信息收集的原则

为了保证信息收集的质量,应坚持以下原则:

1. 准确性原则

该原则要求所收集到的信息要真实可靠。当然,这个原则是信息收集工作的最基本的要求。为达到这样的要求,信息收集者就必须对收集到的信息反复核实,不断检验,力求把误差减少到最低限度。

2. 全面性原则

该原则要求所搜集到的信息要广泛,全面完整。只有广泛、全面地搜集信息,才能完整地反映管理活动和决策对象发展的全貌,为决策的科学性提供保障。当然,实际所收集到的信息不可能做到绝对的全面完整,因此,如何在不完整、不完备的信息下做出科学的决策就是一个非常值得探讨的问题。

3. 时效性原则

信息的利用价值取决于该信息是否能及时地提供,即它的时效性。信息只有及时、迅速地提供给它的使用者才能有效地发挥作用。特别是决策对信息的要求是"事前"的消息和情报,而不是"马后炮"。所以,只有信息是"事前"的,对决策才是有效的。

第三节 传播推广

事件

明星婚礼的"公关法则"

2015年10月8日,黄晓明和杨颖在上海展览中心举行婚礼,全方位占据了各大娱乐版面的头条,更是刷爆了微博和朋友圈。

据传,这场婚礼召集了半个娱乐圈,被称为"世纪婚礼"。广告文案自然不会放弃这类热点事件,掀起了新一轮的"借势营销"。

德芙和美图手机的代言人是新娘杨颖,所以,早在公布婚礼礼盒的时候,就已经怒刷了存在感。这场婚礼霸占微博热门榜,长达一周,新浪的流量也是大增,属获益方。除此之外,东风日产、美图秀秀、周大生珠宝、世纪佳缘等,更是纷纷借势营销,不亦乐乎。

有人批判,品牌宣传确实需要热点事件,可是过于娱乐化,是否显得盲目跟风,缺乏主动性和创意性。而且,这场婚礼的阵仗之大,宣传周期之长,不仅有网络的图文转播,更有晚间的视频直播,很多品牌的借势,都是效果甚微。

在这场婚礼中,真正得以有效宣传的,恐怕是婚礼的主角,新郎和新娘了,身在娱乐圈,此次婚礼可谓是一次极好的形象宣传,所以,有人称这是一场全天候直播的"公关婚礼"。

首先,在国庆期间就已经陆续透漏婚礼的相关信息,满足了网友们的好奇心理,占据了相关话题。其次,在国庆结束后的头一天举行婚礼,更是把准了网友们还未从假期中走出的娱乐心理。最后,到场嘉宾阵容和话题同样强大,"王思聪"国民老公和李云迪等人作为伴郎,各种关系更是众说纷纭。

"教主夫妇"的这场婚礼,可以说是深谙娱乐圈的宣传之道,将二人的特色和商业价值推广到极致。

【点评】

马云可以把一个普通的日子,包装成全民热捧的购物节。那么,品牌利用明星的婚礼,制造话题和消费娱乐,也就变得顺理成章了。在人生如戏的娱乐圈里,聚集的眼球效应和口碑,都是需要变现的,无论是明星本身还是品牌,合作都是顺理成章下的最优选择。你可以说,最终是因为消费主体太过于耀眼,使得想要喧宾夺主的品牌们事倍功半。但是,在这个舆论信息化和零边际成本的社会里,最终选择眼球经济的遥控键,还是在消费者手中。

当今市场竞争是一种注意力的竞争、人心的竞争、传播的竞争、关系的竞争。公共关系是提高企业形象竞争力的法宝。它运用各种沟通的策略、传播的手段、协调的方法,使企业经营进入一种艺术化的境界。通过宣传的途径,建立良好的公共关系网和社会交流网。

为了达到公共关系目的。社会组织利用一定媒介进行自我宣传,其主导性、时效性极强。

一、创造舆论、告知公众

即向公众说明和解释组织的有关政策,行为和制品,争取公众的了解和理解,促使公众的认同和接受。这是公关宣传最基本的功能。公关人员应充分利用各种舆论工具,如报纸、广播、电视、黑板报、标语及印刷品等,大力宣传企业精神,使人人皆知,耳闻目睹,造成一种宣传攻势。只要坚持不断的长期宣传,向公众灌输,就能有所收获。如策划专题活动"制造新闻",吸引新闻界报道。这是一种不支付费用的宣传方式,在效果上比公关广告更有说服力和吸引力,更有利于提高本组织的知名度。

二、强化舆论,扩大影响

运用现代媒介加强公众对组织的印象,深化公众对组织的了解,提高组织的社会知名度和美誉度,为组织及其产品推广形象,扩大影响,是公关传播的重要任务。如利用举办各种纪念会、庆祝典礼的时机,或利用名人、明星等特殊人物的声望,达到提高组织知名度的效果。

三、引导舆论、控制形象

即调节组织的信息输出量,引导公众舆论向积极、有利的方向发展,根据舆论反馈适当调整组织的行为,控制组织的形象。如运用公关广告形式,按照本组织的意图在报纸、杂志、广播、电视等新闻媒介上宣传自己、树立形象,争取有关公众的好感。

第四节　协调沟通

"和颐酒店女生遇袭"事件,公关沟通协调不到位

2016年4月5日,一个名叫"弯弯_2016"(以下简称弯弯)的微博用户连发数篇微博,上传视频并配以长文叙述了自己在酒店遇袭的事件经过。

4月3日,弯弯入住朝阳区和颐酒店,在走廊内被陌生男子强行拖拽,整个过程持续五六分钟,在监控摄像头范围内,并没有酒店工作人员赶来,后被好心房客帮忙才得以获救。事情发生超过一天多,酒店方并没有人对她表示过关心。此事经微博大V转载之后,迅速在网络上扩散,微博话题"和颐酒店女生遇袭"阅读量超27亿,有280多万的讨论。

4月8日,涉案嫌疑人被警方抓捕并依法刑事拘留,原来他误认弯弯是"同行",影响了自己的违法行为,所以进行拖拽驱赶。事件已经告一段落,但整个事件中,和颐酒店的总公司如家酒店集团,因不作为和不当危机公关也备受质疑。

首先,初期处理不及时,暴露酒店管理漏洞。酒店在事发后,没有采取相应措施,不关心受害人的冷漠态度,令事件持续发酵。

其次，公告内容不清晰，没有回应被质疑的关键信息。4月6日，如家召开媒体发布会，相关负责人仅宣读声明并鞠躬道歉，但并未对弯弯之前提出的四点要求作答，不仅令弯弯失望，网友也纷纷谴责这种不愿承担责任的行为，其危机公关令自己再次陷入一个被动局面。

最后，工作人员口径不统一，没有危机公关意识。4月8日，事发酒店经理在接受采访时表示此事是炒作。即便如家回应，个人行为不代表集团观点，该员工已被严肃处理，仍令网友质疑如家工作人员的素质。4月28日，弯弯转发一篇采访：如家CEO反思此事，承认集团有过失，但也说道歉是为了员工的生存和就业，并未提及对当事人的歉意。弯弯评论"对不起，您受委屈了"。很多网友也表示，再也不会入住如家集团所有酒店，可见对品牌失望至极。

【点评】

新媒体时代的话语权和社会关系发生了重构，企业、品牌以及政府都被无时无刻地围观。首先，对于危机事件，比起事实，大众对其背后的态度更加关注和敏感。态度不仅需要表达和经营，更是一种选择，是担当坦诚还是抗辩妥协，决定了能否有效抚慰社会情绪，止损大众信任；其次，符合大众预期和共鸣倾向的行动，是重新拉近心理情感，获取认同，转危为机的不二之策。依本案，算尽心机的抛卸责任，只能是掩耳盗铃；狡辩隐晦事实，只能加速刺激大众的情绪让当事者深陷更大的危机，甚至将其推向"万劫不复之地"。

一、公关沟通

狭义的公关沟通是指社会组织在公关活动中所进行的组织与公众间的信息沟通。由于公共关系沟通是建立在人际交往基础之上的沟通，所以，广义的公关沟通，包括所有的人际沟通、组织沟通以及组织与人际间的相互沟通。但是，公关沟通是为了协调关系、塑造形象，所以要讲究原则，要讲究计划性，这样才能称为公关沟通艺术。

1. 原则

进行公共关系沟通应遵循以下原则：

（1）互动原则。公共关系沟通是一项信息传递、反馈、再传递、再反馈，如此循环且螺旋上升的交流活动。沟通的目的主要是增进彼此认识和了解，促进双方达成共识，建立信任、合作、支持的互利互惠关系。为此，组织在沟通的过程中，应积极收集公众的反馈信息，全面了解、掌握公众对信息的认知度、共鸣度，并通过分析反馈的信息及时调整组织信息，最大限度地消除沟通障碍，提高沟通质量，确保沟通活动连续、顺畅。

（2）共感原则。公共关系沟通的融洽和顺畅不取决于关系双方的认识和交往程度，而是取决于双方沟通信息内容的共感程度，即共同的兴趣、信仰。一旦关系一方的观念、意见引起另一方的争议或抵触，就会破坏双方的情感，产生紧张和误会，影响关系的紧密。为此，针对沟通中不协调的信息，组织应采取慎重的处理方式，一方面可以通过演讲发表主张，或采用座谈交流等方式给予引导，以便让公众转变不恰当的观点和评价标准，促进彼此达成共识；另一方面要分清沟通的矛盾焦点，分析改变公众意见、态度的可行性程度，对不可调和的分歧，应适当做出让步，寻求最合适的解决途径，通过求证共感区域，满足公众利益，消除紧张，使关系实现平衡与和谐。

(3) 整合原则。公共关系相对于组织而言是一个群体关系，是组织利益点的集合。针对不同公众，组织应选择不同的信息载体，推行多种沟通方式，使沟通形成立体的整合效应。同时，要善于将分散的信息进行汇总，采用垂直、横向的沟通渠道，使各公众之间的资源实现共享。

(4) 实效原则。公共关系建立在相互利益基础之上，沟通需要围绕一定的目的，通过不断提高效率来增强有效度。沟通效率是指依据利益点，选择适当的时间、方式、手段，快捷、准确、及时传递信息产生的实效性和节奏感；有效度是指沟通对信息接收者影响的效果与程度。

沟通对信息接收者的影响效果主要分为正向效果与逆向效果。正向效果是指沟通使关系双方的情感、志趣、认知、价值观等共性因数产生共鸣，通过群策群力、紧密合作而形成的积极效应。共性因素的共鸣程度越高，正向效果值越大。逆向效果是指沟通无法吸引公众兴趣、热情、共识，甚至导致抵触、偏见、反感与敌对情绪而形成的消极效应。抵触、敌对情绪越大，逆向效果值越大。针对正向效果，组织应不断改进沟通方式，通过贴近公众情感，强化共性因素。针对逆向效果，组织应调整沟通方式，转变沟通态度，通过尊重公众情感，弥补共性差异，努力实现"逆向转化"。

2. 公关沟通的特征

公共关系沟通有别于普通的人际沟通。具体表现如下：

(1) 公关沟通与职业相关，形式多样。公关沟通是主体与公众之间的沟通，一般与职业有关，沟通形式包含组织沟通、媒体沟通、人际沟通等多种形式。

(2) 公关沟通有明确的目的。公关沟通具有明确的目的，那就是为了与公众的彼此了解、相互信任和建立良好的公众关系。

(3) 公关沟通讲究原则。公关沟通是建立在公共关系基本原则基础之上的沟通，公共关系原则是公关沟通原则的基础和依据。

(4) 公关沟通是有计划的沟通。公关沟通有明确的目的，沟通内容和方式都必须经过事先的设计。

(5) 公关沟通追求和谐。公关沟通的战术目标是建立良好的公众关系，战略目标是营建内利团结、外利发展的公众环境，追求主体与公众的和谐，这也是社会发展的和谐。所以，我们称公关沟通为沟通艺术。

二、公关协调

协调关系作为公共关系的基本职能，应该从广义上理解。它一方面包括创造一个亲密合作、团结一致的内部环境；另一方面包括争取一个共同发展的外部环境，使组织与它面临的内部和外部公众之间的关系处于一个和谐的状态，让组织在与公众的沟通、协调中建立和发展良好的形象。

1. 原则

(1) 利益原则。利益原则是指公共关系人员在处理组织与公众关系时应保持组织与公众利益的一致性。组织在制定计划与确定目标、谋求利益和协调关系的活动中，必须以公众利益为出发点，在实现组织利益的同时，努力满足公众利益，增进社会整体效益。利益原则所涉及的一个根本问题是如何摆正组织利益与公众利益的关系问题。解决利益纠纷的基本要求是协调利益关系，使利益均沾，诸方接受。利益原则不仅要求组织在处理与公众关系的一切活动中尊重公众利益，它还要求组织承担社会责任。组织在完成自身计划，满足公众和市场需要时，还必须关注由组织计划实施过程中可能引起的问题。如果这些问题有害于公众，有害于其他组织，就应努力加以克服和解决。保持环境和谐，注意生态平衡，应当成为组织不可推卸的责任。此外，支持科学、教育、文化事业，赞助社会福利事业，也应是组织表现社会责任感以塑造组织形象的明智行为。

（2）及时原则。及时原则是指组织的领导者和公共关系人员要能及时发现和解决组织之间、部门之间、人员之间、组织与其他公众之间的矛盾和问题。因为这样既能防止组织与公众之间矛盾激化，也便于解决问题。

如果公关机构和公关工作人员对出现的问题和矛盾视而不见、听而不闻，或拖延解决的时间，造成严重后果才着手处理，不仅会扩大组织的损失，而且问题也可能变得复杂化，增加解决矛盾和问题的难度。因此，及时原则要求公共关系人员要具有较强的收集和处理信息的能力，要及时、准确、适当地发现问题和解决问题，为组织科学决策提供咨询和依据。

（3）平等原则。平等原则是指公共关系部门对组织与公众的关系的协调要公平合理。在组织与公众关系失调的时候，不平等所产生的副作用是突出的。如：竞争的不平等、参与的不平等、物质利益的不平等，都会形成消极作用，影响组织与公众的正常关系。平等原则当然不是平均原则。平等原则要求公关工作者坚持组织利益与公众利益在同等的原则下参与协调。公共关系部门只要能在这一原则指导下工作，就一定能协调好各方面的关系。

（4）公开原则。公开原则是指组织要公开接受社会监督，让自己的利益追求被公众了解。在造成组织与公众关系紧张的诸因素中，神秘性、封闭性与随意性是主要因素。为了增加协调关系的透明度，遵循公开性原则是极重要的。对内部公众而言，公开性原则通常要求人事制度公开，组织权限、管理程序、决策政策等的公开。公开性是减少猜疑与内耗的有效办法。当然，公开性并不意味着什么都公开，如财务、情报、机密等就需要保守秘密。

2. 公关协调的内容

公共关系的协调工作主要是依赖传播信息来增进组织与公众的了解和感情，以建立起相互信任与合作的融洽关系。在社会组织的运用中，由于各种关系状态不同，公共关系要沟通协调的重点和运用方法也不一样。

（1）当双方关系处于和谐状态时，沟通协调的重点就应当是通过不断传播社会组织方面的业绩来保持和强化公众方面的良好印象。由于这方面的工作有着比较好的社会基础，因此，如果开展得法，持续一贯地进行下去，往往能取得事半功倍的效果。不少声誉卓著的社会组织都深谙此道，常常开展诸如周年纪念、联谊会等活动来加强自己的形象地位。

（2）当双方关系处于不和谐状态时，沟通协调的重点首先应该是解剖组织自己，反省自己的表现和责任，严于律己，实行自我监督，发现问题自行纠正。然后才是客观地分析双方关系的状态，并提出改进关系的具体意见和措施。与公众的关系不和，一般由内外两方面的原因造成。内部原因一般是由于组织自身工作没有做好，危及公众利益。这当然首先要自责，然后根据关系状态的现状，改进自身的运行机制，同时把自己的改进情况尽力向社会做出通报，以期扭转被动局面。外部原因往往是由于公众的误解或他人的谣言、陷害等造成对组织形象的损害。面对这样的情况,社会组织也应当首先检查自己哪些方面的工作存在不足,然后在此前提下向公众进行必要的解释,以澄清误会,或对他人的谣言中伤、有意陷害加以公开揭露。

(3) 当双方关系处于不明状态时,沟通协调的原则首先是用善意的态度表达自己的明确主张,竭力使对方消除紧张戒备等逆向性心理倾向,为双方的信息交流创造正常的、平衡的心理条件,这样就可以避免发生误会和偏见。在此基础上,还应当把双方关系格局中含有的双方利益关系交代清楚,使双方对关系状态的实质有个"预存立场",做到心中有数,这样就有可能减少问题发生后的摩擦。总之,在这种关系状态下,作为公共关系主体的社会组织,一要向公众(客体)交心,二要向公众交底,努力使他们明了双方关系的基础和未来前景,以利于往后关系的进一步确立和发展。

协调既是目的,又是手段,具有两重性。作为目的指的是一种关系的良好状态;作为手段指的是一种调整工作,通过协调使关系达到良好状态。公共关系能够发挥平衡、协调关系职能的领域主要有三个:

(1) 协调组织内部领导与职工之间的利益与关系。组织内部领导与职工关系的好坏,直接关系到职工积极性、主动性、创造性的发挥和领导者职责的实现,也关系到组织全体职工能否形成良好的团结奋斗精神和产生有效的协调作用。因此,组织的公关部门和人员要努力协调好领导与职工的关系。具体说来,一方面公关人员要应用科学方法,经常向职工宣传本组织的方针、政策,传达领导层的经营战略,并尽可能充分地对组织的方针、政策、战略意图做出相应解释和说明,使职工了解、理解,并自觉执行。另一方面,公关人员还要不断地广泛地从职工中搜集对组织的意见和看法,及时将这些情况转达给领导,以改进和促进组织的工作,保证领导与职工的关系和谐发展。

(2) 协调组织内各部门、各环节之间的利益与关系。在组织内部,由于分工的缘故,组织内部各部门之间往往缺乏全局观念,各自为政,产生一些矛盾,给组织带来不必要的麻烦和损失。部门之间的协调工作,虽然主要由领导去做,但公共关系部门也要积极配合。通过沟通,加强部门之间的联系、了解,使之相互支持,相互信任,相互谅解,协同努力,提高组织绩效,实现组织目标。

(3) 协调组织与外部公众之间的利益与关系。任何一个组织,在其发展过程中,会由于各种原因而与外部公众发生矛盾和冲突。一旦出现这些现象,公关部门就要及时了解情况,进行协调,妥善处理各种矛盾和冲突。否则,组织的发展就会受到影响。

3. 协调关系的方法

(1) 反馈调节法。反馈调节法即根据信息的反馈来适当调整组织的行动,以协调关系。在反馈调节过程中,公关人员要把组织的政策、计划情况以及其他信息告之内外公众,同时还要把执行情况以及内外公众的看法及时反馈给组织的决策层,以填补漏洞或进一步修正计划。

(2) 自律法。组织与公众之间有时因关系处理不当而引起种种矛盾,如组织内的干群矛盾、部门之间的矛盾,组织外部的社区矛盾、与消费者的矛盾、与政府有关部门的矛盾等。这时,组织要善于自律,实行自我检查、自我监督,严于律己,发现问题主动纠正。

(3) 感情疏通法。人是有感情的,组织与公众之间有情感关系。如果双方感情好,任何事情都好办;感情不和,就会造成阻力。因此,公关人员要重视心理情感的协调,善于运用感情疏通法拉近公众与组织的心理距离。例如,美国著名的推销汽车的能手乔·吉拉德成功的一个重要原因,是与顾客之间建立起一种"唇齿相依"的特殊关系。他说"当顾客把车开回来要求给予修理或提供服务时,我尽一切努力为他们争取到最好的东西,这时,你必须像一位医生,顾客的车出了毛病,你应该替他感到心痛。"吉拉德还向从他手里买车的顾客每月赠寄一张大小不同、格式精美的明信片。小小明信片紧紧系着吉拉德与顾客的心,使他与顾客保持着密切的关系。周到的服务,情感的协调,是建立组织与公众良好关系的好办法。

(4) 信息分享法。信息分享法即通过建立和完善组织内部的各种传播沟通渠道和协调机制,促进组织内部的信息交流,上情下达,下情上达,横向联络,分享信息,使全体成员在思想上认同和行为上一致,提高组织的向心力、凝聚力。如某厂在厂门口宣传栏办了一个《每日新闻》专栏,早上8点半之前贴出,除了厂休日和节假日之外从不中断,职工每天上班一进厂,先花上几分钟看看这份《每日新闻》,就能及时了解全厂主要的动态和信息,既有最新的决策和意见、重要的人事变动、生产经营的最新动态,也有关于干部职工福利的消息和文化娱乐消息,还有各部门、各车间的情况通报以及本厂职工的批评建议等。大家感到这个新闻墙报比开大会更有用,比看报纸更解渴,一天不看就感缺憾。由于职工们的喜爱和信任,大家都积极地为编辑部提供信息,大大加强了组织内部的沟通和横向联系,理顺了人际关系,有效地将全体职工凝聚在一起。可见,内部关系的协调有赖于良好的内部信息沟通,信息的分享度越高,关系就越和谐。

(5) 协商法。协商法就是通过协商的方式来避免或减轻组织与员工之间、组织与组织之间的矛盾和冲突,以及由此造成的损失。这也是常用的一种方法。

第五节 决策咨询

公共关系也称"咨询业""智业"。1978年在墨西哥召开的世界公共关系大会上提出的公共关系定义,着重强调了公共关系咨询建议、参与决策的职能。

一、咨询建议的含义

公共关系的咨询建议就是指组织公关人员向决策层和各管理部门提供公共关系方面的意见和建议,使决策更加科学化、系统化,并照顾到社会公众的利益。

公共关系的咨询建议与采集信息是密切相连的。获取信息是咨询建议的前提,没有足够的信息,一切咨询和建议只能是空谈。采集的信息只有通过向组织提供咨询和建议,才能充分发挥其功能,实现其价值。

二、公共关系咨询建议的主要内容

1. 对本组织内部方针、政策和行动提供咨询意见,发挥公共关系对组织的导向作用;参与决策,制定出合乎组织发展的目标。

2. 对本组织公共关系战略、经营销售战略和广告宣传战略、CIS战略、组织文化战略提供咨询意见,使原来分由几个部门负责的工作发展成为一个系统,并指定出科学的实施方案供决策者参考。

3. 对组织生存环境的有关发展变化进行预测和咨询,使组织决策者拥有一套乃至几套可以选择的方案,以适应这些变化。

公共关系的咨询范围主要包括:① 确定目标公众。② 设计企业的公众形象。③ 制定企业的传播方案与策略。具体包括:制定目标——回答"对谁说"的问题;设计内容——回答"说什么"的问题;选择媒介——回答"用什么方式说"的问题;实施的时间与地点——回答"何时何地说"的问题;预算费用——回答"资金合理投入"的问题。④ 制定公共关系应变对策。对此企业主要关注问题处理和危机处理。所谓问题处理,是指企业公关部门对有关宏观环境的、又对企业有潜在影响、即将进入立法程序的问题,进行分析、评估与预测,并制定相应的应对方案。所谓危机处理,是指企业公关部门面临突发事件和不利影响时,采取灵活有效的对策,化解危机。总之,使企业在变动的环境中保持主动性和应变力。

三、咨询建议的形式

1. 成立咨询服务部

咨询服务部是组织的智囊团,其主要任务是向组织提供各种咨询建议,为领导科学决策发挥参谋作用。如广东对外经济贸易总公司曾为广州人民造纸厂引进一套造纸设备进行咨询,通过认真比较,分析国际行情价格,结果使这一项目为国家节约外汇100万美元。

2. 帮助组织选择决策方案和活动的时机

公关的咨询作用表现在运用公关手段,为决策者评价、选择和实施有关的决策方案,特别应关注决策方案在经济效益和社会效益方面的统一和协调,敦促决策者重视决策行为的社会影响和社会效果。同时,调动公关手段,广泛征询各类公众对象的意见,促进决策过程的民主化和科学化。

组织要提高知名度,就必须多参加和举办各种各样的公关活动,如举办记者招待会、商品展销会、博览会、策划新闻稿件等。公关人员可根据自己的实践经验,为组织选择恰当的时间、地点和方式参与这些活动。通过活动,使组织广结良缘,提高声誉。

3. 参与决策

公关人员不仅要向组织提出一般的咨询建议,而且要尽可能参与决策,为领导决策提供必要的信息建议,直接影响决策过程,这才是公关咨询建议的最高形式。公关人员要努力开展工作,在决策之前,要广泛征询内外公众意见,获取全面信息,以供决策者参考,使决策方案具有较强的社会适应性和应变弹性,并争取以决策方案较完整地反映出公关人员的工作成绩及其思想而引起领导层的重视,为公关人员更多地参与决策活动提供机会。

复习与思考题

1. 什么是组织形象?组织形象有什么特点?
2. 结合实际,说明塑造组织形象的意义。
3. 公关人员在工作过程中,需要搜集哪些方面的信息?
4. 举例说明在公共关系职能中,协调关系的方法有哪些?
5. 公共关系人员决策咨询的内容主要包含哪些方面?

第四章 公共关系主体

学习目标

通过本章学习,你应该知道公共关系主体是什么意思,包括哪些内容,有哪些突出的特点;清楚公共关系机构有哪些类型,分别有什么结构;应该能够知道作为一名公关从业人员应该具备的素质、需要学习的知识和增强的能力等。

案例导入

新媒体时代"故宫淘宝"的创新公关

早在 2010 年 10 月,故宫为售卖周边产品,上线了"故宫淘宝"的淘宝店,其销售的产品与故宫内外的"故宫商店"差不多,价格也是统一定价,运营两三年的效果并不尽人意。2013 年开始涉足新媒体,该运营平台招了一群"蛇精病"的创意人员,"故宫淘宝"正式走入大众视野,在微博、微信、淘宝、微表情、App 等各类渠道全面开花,现已拥有 30 多万淘宝粉丝。

故宫淘宝开通微信公众账号初期,正儿八经发了一段时间的故宫科普文章,反响一般。突然有一天画风大变,庄重严肃的故宫一夜之间走下神坛,变得开始卖萌耍贱,极具个性,会各种可爱的恶搞,制造热门话题,很快圈粉大量年轻用户,粉丝数量迅速增长,几乎每篇文章的阅读量都是 100 000+。不久又推出各式各样的故宫表情包,并先后发布 5 款不同特色的故宫 App,席卷各大下载榜。2015 年 8 月,故宫淘宝网上促销,1 500 个手机座在一个小时全部售罄,日成交量 1.6 万单,微信公众号的广告软文阅读量篇篇 10 万+,"故宫淘宝"已经成为爆款 IP。

故宫跳脱开历史,放下架子,诙谐幽默地讲故事,拉近了与公众之间的距离,重塑鲜活可爱接地气的故宫形象。故宫本是文物,对于当世,其存在和创造的价值大多是旅游观光,但随着科技发展,新媒体时代到来,经过创新后的传统文化得以重新焕发生机。陈列于展馆中的文物,将不仅仅供人参观,一副古画、一个瓷器、一把折扇都将会成为独一无二的创意来源,传统文化经过创新并进行价值再创造,迎来了新的发展机会。

案例讨论:新媒体时代的到来,科技发展给公关主体带来哪些冲击和机会?公共关系从业人员应如何适应新时代?

公共关系由三大要素构成,即主体、客体和传播媒介。其中公共关系的主体是公共关系的承担者和执行者,在公关三大要素中处于主体地位,具有主导性。社会组织是公共关系的主体,开展公关活动需要相应的组织机构,而组织实施公关活动的工作人员,他们所具备基本素质将影响公关活动开展的效果和质量。本章节主要介绍公共关系主体、公共关系的组织机构和公共关系人员的相关内容。

第一节 社会组织

一、社会组织的概念

社会组织是指基于某种共同目标,按照特定结构及运行方式,有目的、有计划建立起来的,并履行一定社会职能共同活动群体。现代社会中存在各种各样的社会组织,如政党、企业、学校、医院、政府机关、社团等。作为公共关系主体的社会组织,必须具备以下基本要素:

1. 组织目标

社会组织必须具有特定目标,各种不同类型的组织有不同的目标,企业的目标是利润最大化,学校的核心目标是为社会输出人才,医院的目标是治病救人。公共关系的目标是社会组织目标中的子目标、分目标,公共关系活动必须围绕着社会组织的总体目标来制订。

2. 管理体系

每个社会组织都要建立明确的管理体系,划分为决策层、行政管理层和执行层,每个层面的权力责任必须明确清晰,各有侧重,保证组织的正常运行和目标实现。

3. 规章制度

社会组织为实现其目标,必须制定一套科学完善的行动准则和规范,组织成员的行为依据规章制度进行管理。

4. 组织资源

任何社会组织要开展活动,必须具备一定人力、财力、物力等资源条件,社会组织应科学整合组织各类资源,为组织运行提供实际保障。

二、社会组织的类型

社会组织是多种多样的,不同的社会组织在性质、结构、功能和活动方式等方面都不相同,根据不同的标准可以将社会组织分成不同的类型。

(一)根据组织成员固定与否,可将组织划分为正式组织和非正式组织

(1)正式组织是指通过正常途径建立的社会组织,这类组织目的明确,结构完整,管理规范。正式组织的成员比较固定,成员关系比较稳定。作为社会组织设计出来的正式组织,不论其规模的大小和从事的是什么样的活动,其组建、运行都需要有三个基本要素:意愿协作、共同目标和信息沟通。如政府机关、学校、医院等均属于正式组织。

(2)非正式组织是"正式组织"的对称。最早由美国管理学家梅奥通过"霍桑实验"提出,是人们基于一定地理区域、感情、喜好等基础所形成的松散的、没有正式规定的群体。人

们在正式组织中工作、学习、交往,必然会因利益、性格、爱好等形成若干人群,这些群体不受正式组织的行政和制度约束,也没有明确规定的正式结构,成员之间关系比较模糊,组织较为自由松散,但在其内部也会形成一些特定的关系结构,自然涌现非正式组织的团队领袖,形成一些共同遵守的行为准则和规范。如大学里的同一地区学生组成的"老乡会",由具有相同兴趣爱好的人组成的"驴友俱乐部"等,都是非正式组织。

(二)根据组织竞争和营利情况,可将组织分为竞争性营利组织、竞争性非营利组织、独占性非营利组织与独占性营利组织四种

1. 竞争性营利组织

特点是以组织利益为目标,且身处激烈的市场竞争环境中。如公司、企业多为竞争性营利组织。这类组织重视消费者需求,希望与消费者建立良好的关系。

2. 竞争性非营利组织

这类组织不以营利为目的,但仍处于竞争的环境中。如公立学校、医院、研究机构等就属于竞争性非营利组织,这类组织的主要目标是服务社会,数量较多,又十分重视组织声誉和社会认可,因此这类组织之间也存在激烈的竞争。

3. 独占性营利组织

这类组织又被称为垄断经营者,以营利为目的,但因资源垄断而没有市场竞争压力。如天然气公司、电力公司等,这类组织一家独大,与竞争性营利组织相比,与消费者之间关系较为淡漠,因此与消费者常会发生矛盾。

4. 独占性非营利组织

这类组织不以营利为目的,且处于非竞争的环境中。如政府部门、法院、检察等行政机关,主要是为各类公众、团体进行服务,必须在人民大众心目中树立公正、廉洁、高效、开明的社会形象,运用传播手段将组织的宗旨、目标以及其他相关信息告知社会公众,不断地提升社会组织的影响力,获得广泛的知名度和美誉度。

(三)根据社会职能领域,可将组织分为经济组织、政治组织、公益组织、群众组织和宗教组织

(1)经济组织以经济活动为基本内容,为社会提供基本的物质生活资料和生产资料,包括工商企业、金融组织、交通运输组织、服务组织等。

(2)政治组织是为某个阶级政治利益服务的社会组织,为社会提供一定的政治管理服务,包括国家立法机关、司法机关、行政机关、监狱、军队等。

(3)公益组织不以营利为目的,主要为某个领域、某个行业或社会问题而工作,包括社会团体和事业单位。

(4)群众组织是由具有共同志趣的个体组织起来的群体,包括群众性协会、学术组织等。

(5)宗教组织是由具有共同信仰的人们所组合起来的群体,如佛教协会、道教协会等。

三、社会组织与环境

社会组织是社会环境的产物,任何组织都是在一定社会背景和条件下产生发展起来的。社会组织是具有一定目标、成员、结构和功能的系统,系统要生存和发展,必然要与环境进行信息和能量的交换,社会组织不可能脱离环境而独立存在。社会组织和环境的关系是:首先,组织依赖环境,环境为社会组织生存提供物质条件和信息要素,如办公场地、资金、人才等。其次,组织又反作用于环境,组织的存在发展影响、改造所处的环境,社会组织为社会提供所需的产品和服务。公共关系就是帮助社会组织更好地适应环境,创造有利于组织发展的环境。

第二节 公共关系组织机构

公共关系机构是专业从事公共关系工作的组织机构,代理着特定组织的公共关系工作,其实质是公共关系的实施主体。随着社会的发展,公共关系的职业化特点越来越明显,现代社会需要有专门的组织机构来从事公共关系工作。在现有的公共关系机构中,主要分为三类:第一类是社会组织内部设立的公共关系部门;第二类是公共关系公司;第三类是公共关系社团。

一、公共关系部

公共关系部指组织内部针对一定的目标、为开展公共关系工作而设立的专业职能机构。在当今时代,社会组织内部设立公共关系部非常普遍。

(一)公共关系部在组织中的地位

社会组织的信誉和形象,组织内部之间、内部与外部的信息交流,组织的战略目标和整体效应,都与公共关系部的工作有直接关系。公共关系部不仅是组织的一般管理部门,而且参与组织决策咨询,在组织中发挥着重要的作用。

(1)公共关系部是组织的资料储存和分析中心。公关部搜集、储存和处理同组织密切相关的各种信息。

(2)公共关系部是环境监测中心。通过公关部实时监测组织内部和外部环境的变化,以便及时做出应对。

(3)公共关系部是组织的信息发布中心。社会组织通过公共关系部对外发布组织信息,便于公众增进对组织的了解。

(4)公共关系部是趋势预测中心。社会组织公共关系部通过对内外部信息的分析,对组织发展趋势进行科学预测。

(5)公共关系部是联系公众的窗口和纽带。社会组织通过公关部与内外公众保持沟通和联系,公关部负责处理公众接待、答疑等相关工作。

(二)公共关系部的主要职能

随着社会的发展,各组织越来越重视公共关系部的作用,公共关系部担任着大量的工

作,具体概括起来有:

1. 信息收集和处理

公共关系部的首要职能就是采集和处理与组织生存发展有关的信息,这些信息包括:内部公众对组织的意见和建议;与组织发展密切相关的政治、经济、文化现状及变化;外部公众的舆论、态度、需求等。作为组织"耳目"的公共关系部应建立广泛和通畅的信息采集网络,综合运用各种调查工具,通过民间测验、媒体监测、内部报告、专家座谈等各种方法采集信息,并在此基础上进行分析,为组织决策提供科学依据和数据支持。例如,有些企业公共关系部熟知每一个职工的家庭状况、爱好及生日,每到职工生日那天,就会以企业名义送上一份小礼物,礼轻情义重,会让职工体会到企业对他的关心,从而增加职工对企业的归属感,促使他们更加努力地工作。

Morton牛排连锁店的品牌公关部十分注重顾客行为分析,通过顾客在线订单数据,对顾客行为进行预测,从而制定品牌推广活动计划。一位顾客开玩笑通过推特向位于芝加哥的Morton牛排连锁店订餐,要求送餐到纽约Newark机场(他将在一天工作之后抵达该处)。Morton公关人员从推特上得到订餐信息,通过分析,发现该顾客是本店常客,也是推特的忠实用户,Morton通过网络大数据分析推测出该顾客所乘坐的航班,安排一位身着燕尾服的侍者为客户提供晚餐。当侍者出现在客户面前时,可想见客户的惊讶和对Morton牛排品牌的好感,Morton通过对顾客信息的分析成功地塑造了积极正面的品牌形象。

2. 咨询和建议

公共关系部的职责不仅是收集和储存信息,还要对所采集的信息进行整理,并深入分析,发现其中的问题和规律,迅速反馈组织领导决策部门,为组织决策提出解决对策和建议。这方面的工作有:协调组织和外部关系而制定的行动方案;协助决策者分析权衡利弊得失;预测组织行为可能产生的正面或负面影响等。从某种程度上说,公共关系部是组织的"智囊团"和"思想库",为决策提供可选择的解决方案,通过咨询和建议帮助组织实现科学健康发展。

3. 对外传播

公共关系部的重要职责包括向公众宣传、解释组织政策和行为,对外传播有利于组织发展、建立组织和外界良好关系的信息,增加组织的透明度。这方面的具体工作包括:组织各类展览、联谊会、新闻发布会、交流会、新产品发布会等各类专题活动。随着组织与外界交往日益密切,组织与外部的摩擦和纠纷也会增多,需要公共关系部通过各种方式进行沟通和协调,以增进交流和减少摩擦。公共关系部既是组织的"耳目",又是组织的"喉舌"和"外交官",通过对外宣传和传播信息,创造良好舆论环境,帮助组织获得更多公众理解和支持,塑造正面和良好的组织形象,从而促进组织政策和行动计划的有效实施。

4. 协调和交往

公共关系部是组织与公众间的桥梁,是联系两者的纽带。随着组织与公众的交往日益增多,沟通和协调的工作就必不可少,公共关系部需要通过适当的途径,妥善处理各种关系,接待各类公众的来访、来信和投诉等。另外,还要为组织开展各种社会交往活动,广泛接触其他社会组织和人士,为组织创造良好的内外部发展环境。

5. 培训全员公关意识

公共关系部要对组织公关人员进行培训,提高公关人员整体素质和业务能力,培训内容包括公关理论、意识和公关能力训练等等。除此之外,要对组织全体人员进行引导和教育,强调组织公关不单只是公关人员的事,组织形象要靠全体人员的共同努力,每个人都应具备公关意识,担负组织的公关责任和义务,通过各自不同岗位塑造和维护良好的组织形象。

(三) 公共关系部的组织特点

1. 熟悉组织内部环境

组织设立的公共关系部对本组织比较熟悉,了解本组织的历史、现状和存在的主要问题,制定的工作方案更切合实际,计划实施也更加顺利。

2. 便于协调

组织内的公共关系部大多与最高管理层保持直接联系,同时公共关系部与组织内部各部门之间联系广泛,在开展实际工作时比较容易协调。

3. 效率高,成本低

与外包公关公司相比,公共关系部作为组织常设机构,在发生突发事件时能及时投入危机公共关系策划中,效率较高。由于内部公关比较容易控制预算和投入,通常聘请公共关系公司的成本比自己处理公共关系事务要高。

(四) 公共关系部的设置原则

1. 精简原则

所谓精简原则即要求能完成该机构所担负的任务,有最精干的成员配置,最简单的工作程序和组织机构。组织人员数量与所承担的任务相适应,它体现在两个方面:一是人员不多,精干高效;二是机构内部的层次不多,因事设职,因职设人,不搞小而全,将人员减少到最低限度。机构内部分工粗细适当,职责明确并有足够的工作量。

2. 自动调节的原则

公共关系部具有相对的独立性,能够在确定的范围内自主履行职责,并能适应客观环境的变化。在公共关系部内部也要给各工作环节一定的灵活性,使其能够在不断变化的客观环境中主动处理问题。当然,这种灵活性是以实现总目标为前提的。

3. 专业性原则

公共关系部是专门开展公共关系工作的机构,在组织上和工作内容上都要保证其正规性,同时还应做到队伍的专业化,即公共关系部的全体人员应具有强烈的公共关系意识,受过一定的专业训练,具有一定的专业水准和能力,具有开拓创新精神等。

4. 整体协调性原则

在实现公共关系目标时,公共关系部要依靠其他部门的配合。公共关系部主要起沟通、协调、组织的作用。通过公共关系部协调多方面、多层次错综复杂的关系。对外起到主动沟通的作用,对内能够维系组织各方面关系的平衡。

5. 服务性原则

公共关系部接受组织最高领导层的领导,并对其负责。它不是领导部门,也不是直接的经营管理部门,在指导思想上必须明确公共关系部服务的性质;否则,工作就会偏离正确的轨道。

6. 针对性原则

在组建公共关系部时,要根据不同的工作性质和组织面对的不同公众来设置机构,安排人员,不一定用一个固定的模式。只有这样,才能使机构富有特色,更加有效和实用。

7. 有效性原则

效率是衡量一个组织水平的重要标志。效率越高,说明组织机构越合理,越完善。实现工作的高效率,应该注意以下几个问题:首先要保证职权与职责相当;其次要保证信息渠道的畅通;再次要善于用人,充分调动人的积极性;最后要有行之有效的规章制度,没有规矩,不成方圆。

(五)公共关系部类型

公共关系部大致可以分为三种类型,即直接隶属型、部门并列型和部门隶属型。

1. 直接隶属型公共关系部

直接隶属组织最高领导层的管辖,由总经理或副总经理担任公共关系部的负责人,公共关系部的工作要与组织最高决策机构进行沟通。这种类型的公共关系部着眼于组织各环节,工作计划更科学,执行效果更好。在这三种类型中,直接隶属型公共关系部最为理想,更加利于开展公关活动。如图4-1所示。

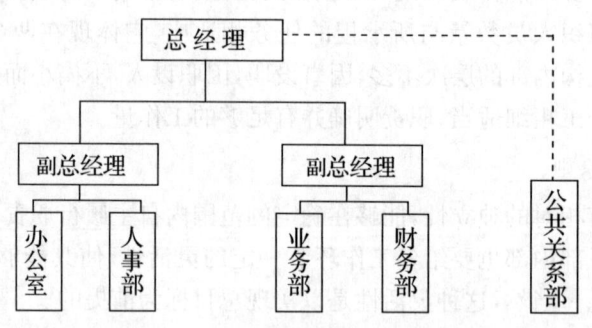

图4-1 直接隶属型公共关系部

2. 部门并列型公共关系部

公共关系部与组织内部其他职能部门并列,各司其职,公共关系部负责人属于组织中层领导,便于独立开展工作。但这种模式工作效率较低,需要层层汇报,影响工作开展的效率。如图4-2所示。

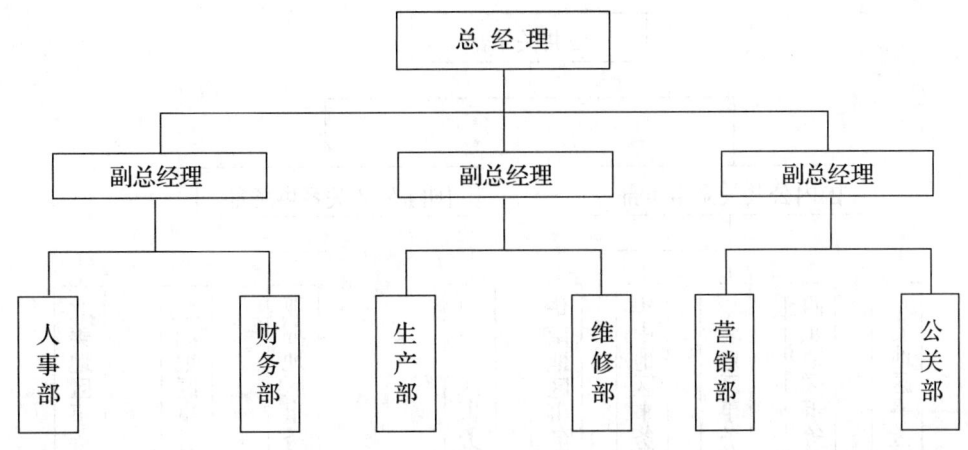

图 4-2 部门并列型公共关系部

3. 部门隶属型公共关系部

公共关系部隶属组织某一职能部门,如办公室、市场部、营销部、接待室等,所在部门负责人兼任公关部负责人。这种类型的公共关系部级别较低,作为营销或宣传的一部分,受其他部门管辖,不能独立发挥作用。如图 4-3 所示。

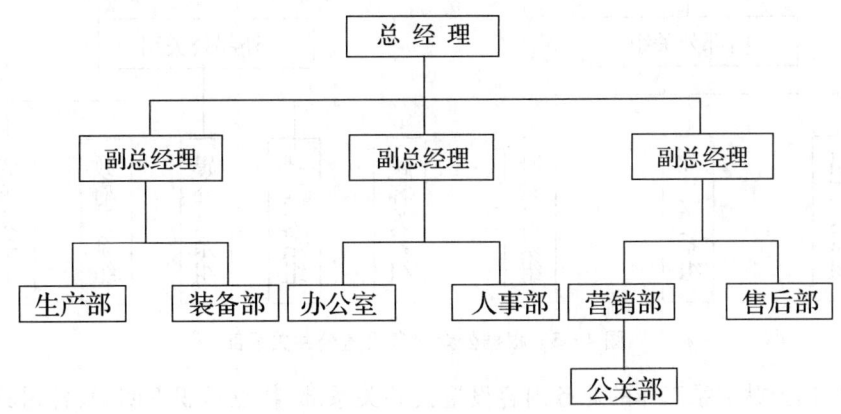

图 4-3 部门隶属型公共关系部

(六)公共关系部的内部结构

(1)根据公共关系工作区域设置公共关系部,适合规模较大的组织机构,优点是针对不同区域的公众,有针对地开展工作。如图 4-4 所示。

(2)根据公众对象设置公共关系部。将公众分为内部公众和外部公众,分别设立公共关系部事务部。针对外部公众的特点,下设顾客关系组、社区关系组、媒介关系组、政府关系组、竞争者关系组等;针对内部公众,下设员工关系组、部门关系组、股东关系组等。如图 4-5 所示。

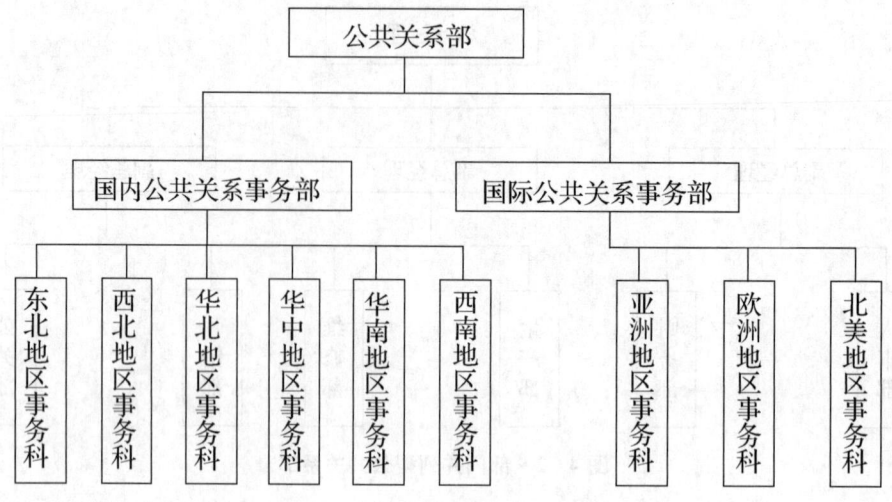

图 4-4 公共关系部的内部结构

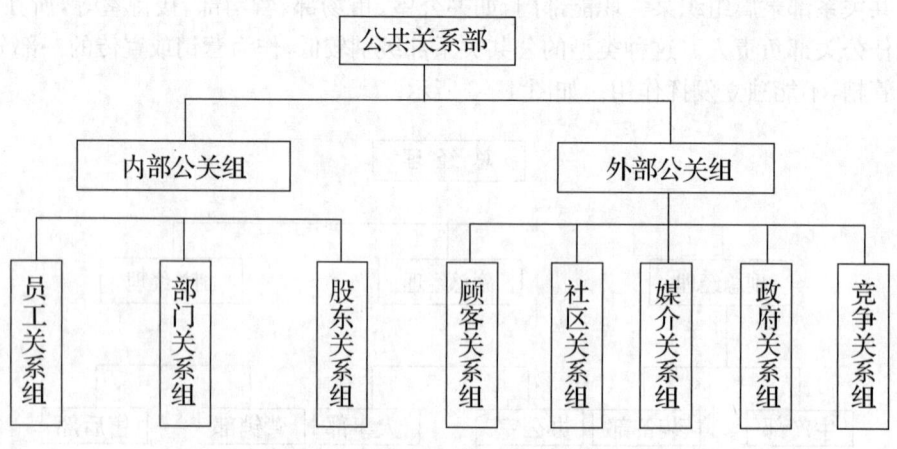

图 4-5 根据公众对象设置公共关系部

(3) 根据公共关系工作的业务内容设置公共关系部，特点是职责明确、各司其职，便于统一管理，分工协作。如图 4-6 所示。

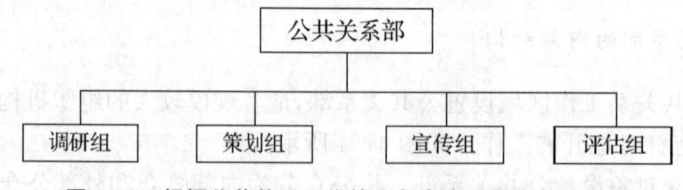

图 4-6 根据公共关系工作的业务内容设置公共关系部

二、公共关系公司

公共关系公司是指由公共关系专家和专业人员组成，主要从事公共关系咨询和公共关系实务活动，为社会组织提供公共关系服务的专业性机构。公共关系公司与组织内部的公共关系部不同，公共关系公司对所有寻求公共关系咨询的客户负责，公共关系部只是为实现本组织的目标而工作;公共关系公司具有独立法人资格,是具有营利性的经济组织,公共关系部只是组织的一个职能部门,它为组织的发展服务。

第一家公共关系公司诞生于20世纪初的美国。1903年,由被誉为"现代公共关系之父"的艾维·李开办了第一家公共关系事务所。1920年,N. W. 艾尔正式创办世界上第一家公共关系公司。1985年,美国伟达公共关系公司在北京设立办事处,我国自此开始出现专业的公共关系机构。1986年,中国环球公共关系公司成立,是我国大陆第一家专业性公共关系顾问公司,目前该公司客户遍及信息技术、通信、医疗保健、金融、机械、化工、房地产及日用消费品等各个领域。调查显示,2007年中国公关公司总数超过1 500家,从业人数超过15 000人。其中,TOP公司总营业额超过22亿人民币,整个行业呈现一派欣欣向荣的景象。

(一)公共关系公司的基本职能

公共关系公司为委托者提供全面或单项公关咨询服务,帮助委托者沟通相关关系,提高委托者声誉和形象。综合来看,公共关系公司的主要工作主要有:

1. 公共关系顾问咨询

根据客户要求,为客户提供市场、公众态度、心理倾向等情报信息,为客户进行公关问题的分析与诊断,帮助客户在形象设计、形象评价及公众政策等方面做出优化和改进。

2. 宣传推广

帮助客户进行宣传推广,传播信息。具体工作包括:为客户策划新闻事件、撰写新闻稿件、选择新闻媒体、组织新闻发布会、建立媒体关系等;为客户设计、印制宣传资料和纪念物品及统一的标识制品;为客户制作宣传影片、录像带或光盘等视听资料;为客户制定广告投资计划,设计制作产品广告及公共关系广告等。

3. 策划和组织活动

协助客户策划实施各种活动,帮助客户与公众联络沟通,建立并维持良好的关系。具体工作包括:安排、组织重要的交往活动,如贵宾和社会政要的参观访问等;策划组织各种专题活动,如剪彩仪式、庆典、联谊以及各种社会赞助活动等;组织各种会议,如信息交流会、产品展销会及洽谈、谈判会等等。

4. 公共关系培训

公共关系公司可为客户对各类人员开展公关培训,增强员工公关意识,帮助员工掌握公关实际业务技能,以适应组织发展的需要。

(二)公共关系公司的类型

和其他社会组织一样,公共关系公司也分为各种不同的类型。从规模上看,有大、中、小型公关公司;从地域上看,有全球性公关公司,有跨地区经营的公司,有专注某一区域的本土化公司;根据经营方式的不同,既有独立经营的公关公司,也有与广告公司合并的公关公司;根据业务范围的不同,可划分为综合服务型公共关系公司、专项服务型公共关系公司和顾问型公共关系公司。

1. 综合服务型公共关系公司

这类公司通常规模较大,实力较雄厚,拥有一大批经验丰富的公关专家,能为客户提供较全面和系统的公共关系服务。包括公关代理、大型公关活动策划实施、公关调查、企业公关策划咨询等。

2. 专项服务型公共关系公司

与综合服务型公关公司相比，专项服务型公关公司规模较小，服务项目单一，主要分两种：一种专为特定行业提供公关服务，如专为汽车行业、通信业、旅游业提供公共关系服务；另一种是为客户提供某一方面的公关服务，如收集和分析信息、策划活动、联系媒体、制作视听宣传材料等。

3. 顾问型公共关系公司

公共关系顾问公司也是一种专项服务型公司。它所开展的服务一般仅限于为客户提供咨询，作为客户的"参谋"，对其公共关系事务提出意见或建议。

（三）公共关系公司的专业优势

与组织内部的公共关系部相比，公共关系公司具有以下几方面的优势。

1. 观察分析问题更加客观

社会组织与公关公司是委托和被委托的关系，公关人员不是组织内部员工，没有直接利益关系，不受客户内部复杂人事关系影响。因而在信息采集、调查和分析问题时没有主观色彩，能够客观地进行评价，实事求是地提出解决问题的建议和方案。

2. 提出的建议和方案更加科学

公共关系公司的人员由各具专长的专家组成，客户请公共关系公司代理业务正是出于对公司的信任。公共关系专家有丰富经验，所以他们提出的建议和方案更具说服力，容易受到决策者的高度重视。"外来的和尚会念经"，公共关系公司提出的建议和方案更具权威性。

3. 信息网络更加完善

由于公共关系公司长期从事公共关系业务，已经建立起一套较为完善的信息网络，同政府部门、社会团体、新闻媒介有密切的联系，信息来源广泛，渠道通畅，客户可充分利用有关信息，作为决策的依据。现代化的公共关系公司用电脑储存和处理信息，能以最快的速度和最高的质量满足客户的需要。

4. 媒体资源更加丰富

公关公司经常与媒体打交道，与媒体建立了广泛和深度的合作关系，相比组织内部的公关部门，公关公司所拥有的媒体资源种类更多，质量更高，与媒体的沟通交流也更加方便。

5. 更加经济，成本更低

对于规模较小的组织，单独设置公共关系机构，必然要增加人员，从经济的角度来考虑，并非是最佳选择。针对组织的目标，如果开展专项公共关系活动，经过整体规划，委托公共关系公司代理，效果会好，经济上也合算。

美国著名公关学家卡特利普在其《公共关系教程》中，列举了组织为什么要聘请公关公司的几大理由：

（1）管理层先前没有开展过正式的公关活动项目，缺乏组织公关活动的经验。

（2）公司需要与外界进行更广泛的接触和交流。

（3）一家拥有自己公共关系部门的组织仍需要高度专业化的公关服务,这种服务内部公关部门不能提供,有时也不需要全日制和持续不断地提供。

（4）许多重要的决策需要外部旁观者独立判断,提出客观建议。

（5）外部公司可为有经验的行政主管和专家提供服务,这些行政主管和专家可能不愿意搬迁到其他城市,或者没有单独组织承担得起他们的工资。

（四）国际十大公关公司

1. 奥美公关

1980年成立于美国纽约的奥美公关是世界十大专业公关公司之一,它和奥美广告等姊妹公司分享同一企业品牌。

1995年开始在中国大陆设立分公司,目前已成为国内最大的国际公关企业。正是因为奥美公关拥有国际经验的优势,国外品牌抢滩中国时,很多都选择了奥美公关作为自己的公关代理,比如BMW、IBM、诺基亚、辉瑞、亚信等世界著名企业都是奥美公关在中国的长期服务客户。1999年,《财富》杂志在中国上海举行99财富论坛,奥美协助论坛的新闻媒体宣传工作,并负责管理大会的新闻中心,协调数十名著名企业CEO的采访安排,显示出奥美作为国际性公司在国际资源方面的优势。

2002年,奥美收购西岸公关,这是跨国公关公司向本土公关公司抛出的第一个绣球。奥美在本土化策略上迈出了重要的一步。奥美公关中国区董事总经理柯颖德认为:"在国外品牌到中国抢占市场的时候,我倒觉得中国的企业首先要想的是,如何在中国巩固住自己的市场。而利用好公关这个手段值得企业家们考虑"。

2. 博雅公关

1953年成立的美国博雅公共关系有限公司是全球最大的公共关系和传播咨询公司之一,也是最早进入中国的国际公关公司之一。1986年博雅公关和新华社合作成立了中国第一家专业公关公司——中国环球公关公司。目前,博雅中国通过其在大中华区内的北京、上海、广州和香港办事处,为客户提供公共关系与传播方面的全方位咨询和服务。然而,作为最早进入中国运营的国际公关公司之一的博雅公关还没有自己的中文网页。记者仅在一个公关论坛里发现了一段对博雅公关的介绍,在博雅公关的全球网站中也找不到更多它在中国市场表现的内容。类似的情况同样发生在一些在中国已经很有名气的国际公关公司身上,比如罗德、爱德曼、福莱灵克等。据罗德公关介绍,他们服务的客户绝大部分都是国际企业,所以一个全球网站也就已经足够了。

3. 蓝色光标

蓝色光标公关顾问机构,业内俗称"蓝标",1996年由几位志同道合的年轻人共同创立。8年的时间,蓝色光标已经发展成为中国本土规模最大的专业公关代理公司之一,在上海、广州、成都、西安等地设有分支机构,员工总数超过150人,上海蓝色光标,是上海地区口碑最好的公关公司之一;广州蓝色光标,以对媒体运作的深刻了解而著称。出很有创意的点子并能照样付诸实施,在项目执行方面非常出色。在这一层次也有一些很好的本土公司;第三层次则基本上是本土公关公司,业务主要集中在媒体关系上,竞争的主要优势在于执行。价格战也是发生在这个层次。

4. 伟达公关

伟达公关是第一家在中国开设分公司的国际公关公司，2018年将是它进入中国的20周年。在中国商业演变过程中，伟达有很多开创先例的公关活动，如1984年IBM在天安门广场举办的第一家办事处的开幕典礼，1990年中国第一家麦当劳餐厅在深圳开张剪彩等都由伟达公关来执行。

目前，伟达已在北京和上海分别建立了两个分公司，提供从宣传活动设计到政府关系和危机管理的全方位服务。其客户包括中国石油、高盛银行、宝洁公司、摩托罗拉和惠普公司。

虽然进入中国市场的时间很早，但今年2月伟达公关才推出其中文网站。伟达(中国)董事总经理石杰飞说："公共关系是一个十分人性化的行业，它的内容全都与人有关，包括了解他们对事物的看法，什么能够激发他们，以及怎样才能促使他们行动。我们试图将以上内容放到我们网站中来，相信这对满足客户的需求是十分重要的。"

5. 罗德公关

总部设于纽约的罗德公共关系有限公司拥有50多年历史，是世界第二大独立经营的公关公司。

罗德公关在中国发展业务已有12年时间，在北京、上海、和香港设有办事处，为许多行业的著名跨国公司开展公关活动，具有在全国各地管理公关项目的丰富经验。作为一家国际性公关公司，该公司主要业务骨干有很多中国雇员。

6. 宣亚智杰

2004年1月1日起，宣亚智杰公关顾问公司(PFT)开始启用新名称"博诚智杰公关咨询有限公司"，启动了全新品牌，建立了上海、广州、成都等分支机构。博诚智杰还编辑出版了一本公关行业杂志——《传播》月刊。摩托罗拉、爱普生、惠普、中国联通、新浪等国内外知名企业都是其服务客户。今年5月，爱立信(中国)有限公司也与博诚智杰开始了全面公关合作。代表案例包括紧急启动 化解危机——多美滋奶粉危机公关；魅·力·科技——一汽轿车MAZDA6；市场推广，谁颠覆了你的心？——摩托罗拉V70手机新品发布等。

7. 万博宣伟

万博宣伟公关顾问公司是全球最大的广告及市场营销集团Interpublic Group of Companies(NYSE：IPG)中的一员，在中国大陆设有三个办事处，分别在北京、上海、广州，员工总数逾60名。确保公关传播计划达到预期的效果是万博宣伟最为注重的公关传播理念。

万博宣伟曾经为北京申办2008年奥运会和上海申办2010年世博会提供了专业的公关支持。目前万博宣伟服务的长期客户有：万事达卡国际组织、宝洁、辉瑞制药、安捷伦科技、霍尼维尔、日立环球存储等知名企业。

虽然万博宣伟目前的客户90%都是外资跨国集团，但是中国公关市场的快速增长和强劲潜力使万博宣伟对本土客户投入越来越多的精力，"我们的目标是本地客户占到一半"，万博宣伟中国区董事总经理刘希平如是说。目前，万博宣伟(中国)加紧招兵买马开始了大规模的迅速扩张。

8. 嘉利公关

嘉利公关顾问公司成立于1996年，现已发展成为中国最具影响力的本土公关公司之一。2003年9月,嘉利公关成功并购了另一家本土公关公司——博能公关,开创了本土公关公司资本运作之先河。2004年初,嘉利公关在英国伦敦开设海外分公司,以加强与国际客户的沟通能力,开始本土公关公司国际化的尝试。同年4月,推出中国第一套海外版权公关系列丛书,得到业界人士的广泛赞誉。

嘉利公关总裁庞卓超较早认识到公关公司自身品牌的重要。在他看来,公关公司就像是给人"代工和贴牌",自身没有保障。于是他开始让一个个孤立的公关活动联系起来并相得益彰,以树立嘉利自己的品牌。笑称要比别人跑快半步的嘉利公关总裁庞卓超,可以说是最早为自己的公关公司做公关的践行者之一。代表案例包括:健康 美丽 时尚——第53届世界小姐总决赛全案推广案例;纵情广阔天地驾驭自由梦想——郑州日产帕拉丁新车上市活动案例;中国·财富——胡润《中国百富榜》系列推广案例。

9. 凯旋先驱

总部设在纽约的美国凯旋公关公司是全球十大公关公司之一。香港先驱公关公司成立于1980年,与凯旋结盟之前是香港最大的独资公关公司之一。

凯旋先驱在中国大陆、香港和台湾有5个办事处,开展公关业务已经有20多年的历史。对客户需求的倾力投入,以及在客户预算范围内提供最佳服务,是凯旋先驱的经营理念。"本热情,求精准"是凯旋先驱的价值观。凯旋先驱服务的客户包括宝洁、波音、古驰等,今年3月麦当劳(中国)指定凯旋先驱为其公共关系代理公司。

很多人认为公关工作的过程和结果难以被量化和监控,而凯旋则耗资开发了"凯旋公关策划流程(KPP)",致力于制定公关工作的客观标准,使公关工作更加"有形化"。凯旋先驱代表性案例包括:轻松上网"任你行"——无线宽频上网联合记者发布会;大熊猫"乐乐"和"丫丫"的美国之旅——"联邦熊猫快递号"公关;帕杰罗剧场——三菱帕杰罗速跑再上市等。

2009中国品牌与传播大会"品牌贡献奖"影响中国十大创新公关公司(按提名先后排序)泛太传播机构、东方仁德传播机构、关键点传播机构、信诺传播顾问集团、博雅公关公司、德本(北京)国际公关顾问有限公司、蓝色光标公共关系机构、宣亚国际传播集团、万博宣伟公关顾问公司。

三、公共关系社团

公共关系社团是指社会上自发组织起来的、从事公共关系理论研究、开展公关实务活动的非营利群众性组织或社会团体,通过出版自己的出版物、召开研讨会等方式进行活动。常见的公共关系社团主要包括:公共关系协会、学会、研究会、专业委员会等。1986年1月,我国成立了第一家公共关系民间团体——广东地区公共关系俱乐部;1987年5月,全国性的公共关系团体组织——中国公共关系协会在北京成立;1991年4月,中国国际公共关系协会在北京成立,标志着我国公共关系发展进入全新的时代。

(一)公共关系社团的特点

公共关系社团是一种群众组织,具有以下几个特点:

1. 非营利性

公共关系社团不是经济实体,本身的性质决定了它是非营利性组织,公共关系社团不能从事商业经营。

2. 松散性

公共关系社团没有严密的组织结构,其成员因为共同兴趣组织在一起,从事研究或理论推广工作;其成员较为广泛,包括公共关系机构、新闻媒体、科研机构、政府有关机构和企业界的公关从业人员等;社团组织结构较松散,主要通过社团召开定期或不定期的活动。

3. 社会服务性

公共公关系拥有一批有理论、有经验的专家,他们主要为社会提供咨询服务。为社会服务是社会服务性公关公司的宗旨,通过服务,既满足社会对公关的需求,又能提高社团的知名度和美誉度。

(二) 公共关系社团的类型

公共关系社团主要包括综合型、学术型、行业型、联谊型、媒介型等社团。

1. 综合性社团

主要指不同地区的公共关系协会。多为民办官助,主要职能是服务、指导、协调和监督。

2. 学术型社团

主要指公共关系学会、研究会、研究所等学术团体。这类社团总结研究公共关系的理论,通过研讨会、学术交流会总结公关活动的经验和问题,为公关实践提供理论指导。

3. 行业型社团

在某些行业内设立公共关系组织。名称名异,有公关俱乐部、公关沙龙等,根据本行业的特点有针对性地开展公关工作,保证公共关系在某行业深入系统发展,丰富公共关系的理论。

4. 联谊型公共关系社团

指以联谊为目的的公共关系社团。包括有公关俱乐部、公关沙龙等,没有固定活动方式,没有严密组织结构及严格的会员条例,主要作用是使成员之间沟通信息,联络感情,建立良好的人际关系。

5. 媒介型公共关系社团

通过报纸、杂志、互联网等媒介进行联络,以此为依托建立的公关社团,通过媒介探讨公关理论,普及公关理论知识和交流公关经验。

(三) 公共关系社团的工作内容

1. 联络会员和社团

联络会员、发展会员,是公共关系社团的一项具体工作。社团与内部会员建立经常性联系,将社团办成"会员之家"。同时,社团与其他公关社团建立横向合作关系,形成网络联络系统,便于社团之间的交流。

2. 制定规范

制定宣传公共关系人员职业道德、行为准则,并检查其执行情况。主要包括组织宗旨、工作任务、工作要求等。中国国际公共关系协会自1991年成立以来,制定了《会员行为准则》和《专业公关公司服务规范》等一系列行业规范。

3. 培训和技能认定

在条件允许情况下,公关社团可开展专业公关培训,并提供公共关系职业技能鉴定。有的公关社团本身就是一所公关培训学校。

4. 普及知识

公共关系社团有义务向社会公众宣传和普及公关知识,传播公共关系文化,介绍国内外公共关系行业的发展情况,为会员和公众提供公共关系技能的提升机会。

5. 编辑出版

编辑出版公共关系方面的书籍、报刊,是普及宣传公关知识的重要手段。国外许多国际公共关系社团编辑出版的刊物有:《国际公共关系评论》《国际公共关系通讯》《公共关系新闻》《公共关系简报》《公共关系年鉴》等等。

第三节 公共关系从业人员

公共关系人员指专门从事公共关系工作的人,他们是组织开展公共关系活动的主体,也是公共关系传播媒介之一。公共关系人员在公共关系活动中起着决定性作用。

案例

2016年9月1日,凌晨3点多,楚楚街副总裁蒙克在社交网络发布"救救救救"信息之后失联。据了解,他于前一晚刚参加完好友的生日聚会,聚餐结束后3小时失联,因其在朋友圈、微博、微信群中均有所发布,所以,事件迅速扩展,很多好友都担心其人身安全,并怀疑是被绑架,警方也介入调查。

当然,也有人根据其在多个平台和微信群中所发布的信息推论出,这极有可能是一场炒作。因为,有发布求救信号的时间,完全可以表明自己的地理位置和所处情况。

就在大家纷纷猜测并关心其人身安全的时候,蒙克在其朋友圈发布了声明。表明对大众的道歉,承认此举是在为楚楚街的9月9日大促做营销,最终也不忘添加广告。与此同时,一张与此事件紧密结合的海报也被发布,引起了公众的二次关注。

9月2日凌晨,蒙克在其微博发布了离职信息,再次为之前的行为表示歉意,表示此次事件营销从酝酿到发酵全是其一人操作,因事态发展超出可控范围,对公司品牌造成了负面影响而引咎辞职。

无论是作为公众人物,还是企业副总裁,蒙克此举确实不妥。一方面,利用了公众的同情心,得知真相的群众势必会对此表示愤怒;另一方面,蒙克作为广告圈某权威大奖的评委,做出此种宣传行为,实在不应该。

一、公共关系人员的基本素质

公共关系人员的基本素质是指公共关系人员在开展公共关系活动中,所展现出来的知识储备和应用、性格、心态等品质要素,主要包括公共关系意识、公关人员心理素质、知识结构、能力结构和职业道德等方面的具体内容。

(一) 公共关系意识

意识是实践活动在人们头脑中的反映和总结,它指导人们从事具体的实践活动。公共关系意识是对公共关系本质、特征、作用和活动规律的概括总结,是公共关系实践在人们思维中的反映。作为更深层次的思想,它引导公共关系行为。现代公共关系意识主要包括塑造形象的意识、服务公众的意识、沟通交流意识、创新意识、真诚互惠的意识、立足长远意识和法律意识。

1. 塑造形象的意识

公共关系活动的主要目标是塑造良好的组织形象,作为公共关系人员,首先必须具备极强的形象塑造意识,它是公共关系意识的核心。培养塑造形象意识主要包括两个层面:一方面是树立一切公关工作必须以组织形象为出发点和着眼点的观念;另一方面,个人在工作中注重自我形象,确立"个人形象即组织形象"的行为准则。

星巴克是一家十分注重形象塑造的公司,它的经营者认为,服务业最重要的行销手段就是店面本身,而不是广告。因此,星巴克提出口号"我们的店就是最好的广告"。星巴克的首席执行官霍华德舒尔茨说星巴克不仅仅是卖咖啡的,咖啡这个产品只是实现目标的手段,星巴克要代表超凡的客户服务、工作满意的员工和体验"高效的工作和家的自在"的独特氛围。星巴克成功贯彻这一经营理念,所以我们常常在一些其他领域听到星巴克的名字,比如在无线网络的标准领域,对新媒体的使用上,在品牌创新上等等。

2. 服务公众的意识

服务公众的意识是公共关系意识中最重要和最基本的意识,现代公共关系教育的先驱、美国著名公共关系学者爱德华·伯内斯早在1923年就指出:公共关系工作是为了"赢得公众的赞同","公共关系应首先服务于公众利益"。任何组织要塑造良好形象,必须得到公众的认可和好评,公共关系人员唯有拥有公众优先、理解公众需求、投公众所好、处处为公众着想、为公众服务的意识,他在工作中所付出的努力才有可能赢得公众赞同。当组织利益与公众利益发生冲突时,应首先考虑满足公众利益。

顾客在某家电器商场购买了一台吸尘器,回家使用发现有些问题,立即打电话给电器商场反映情况。不一会,商场经理就驱车赶到顾客住处,一进门就恭喜顾客中了奖,并解释说,商场准备了一台质量有点小问题的吸尘器,是专为顾客中奖预备的。同时奖一台优质的吸尘器给顾客,使坏事变成皆大欢喜的好事。此事广为流传,商场经理这一行为体现出服务公众的意识,首先基于顾客利益着想,而不是考虑自己的损失,这样的组织才能得到公众的认可和赞誉。

3. 沟通交流的意识

塑造组织形象过程中,必须要尊重和全心服务公众,要做好公众服务工作,其中一项很重要的工作就是要时刻保持组织与公众之间沟通渠道的畅通。所有公共关系人员都应具备沟通交流的意识,认识到沟通的重要性,学会各种与公众进行良好沟通交流的方法,以减少因沟通不畅而带来的误会,而增进公众对组织的认识,获得更多公众的理解和支持。

百事可乐新广告引民愤：为了在全球可乐市场上继续开疆拓土，百事可乐在2017年聘请超模肯豆·詹娜(Kendall Jenner)参与拍摄广告《Jump In》，而4月4日广告播出后却引起了巨大争议。在这支时长2分39秒的广告中，超模被主题为"爱与和平"的游行所吸引，加入队伍，她向游行队伍中的亚裔大提琴家小哥微笑，与黑人碰拳，戴着头巾的女性为她拍照，然后，大家一起看着她拿起一罐蓝色的百事可乐，递给了守在游行现场的警察，这时警察与游行人群瞬间就没有了矛盾，一瓶百事可乐结束了种族矛盾。广告播出引发了"众怒"，有人在Twitter上写道："百事可乐公司的新广告侮辱了50年来黑人或少数族裔群体所做的斗争。"另一篇讽刺地写道："你相信肯达尔·詹娜通过给警察一瓶百事可乐就解决了黑人种族问题吗？"广告评论区下最热门的头条评论表示："很好，现在我知道校园枪击案的凶手用枪指着我的脑袋时，我应该怎么做了。（递过去一罐百事可乐）"。百事公关部不得不做出应对，第二天将广告从YouTube主页上撤下，并发布道歉声明："百事原本想要传递一条世界性的友好信息，告诉大家要团结、和平、互相理解。但显然我们没有达成预期目标。我们向大家道歉。我们并非故意轻视一些严重的问题。"这体现了公关主体在向公众传递信息时，要注意沟通的内容与方式，否则适得其反；在出现公众负面反馈时，公关主体应及时做出回应，在第一时间消除矛盾，减少负面形象给公司造成的损失。

4. 开放创新的意识

公共关系既是一门科学，又是一项艺术，我们开展工作时既要尊重科学规律，认识到那些不变的东西，又要能在不变中突破程式，追求创新和变化，通过创新保持组织活力，塑造出具有与众不同、鲜明个性的组织形象。公共关系人员要拥有开放的心态，尊重创新精神，培养创新能力。创新能够帮助公关人员以更少的投入，创造更大的收益，获得四两拨千斤的效果。

2010年南非世界杯是第19届足球世界杯，这届世界杯爆红了一位超级大明星——德国奥博豪森水族馆的一只名叫"保罗"的章鱼，它准确预测了本届世界杯的八场比赛结果，在当年网络搜索排行上，保罗一直稳居前列。

"章鱼哥"之所以能准确预测多场比赛胜负，是因为其实这是德国奥博豪森水族馆的一场"公关营销"。保罗背后有一支强大的参谋团队，这支团队根据数据情报分析，基本能对一场比赛趋势做出判断。而"章鱼哥"的饲料是人为可以控制得，参谋团队利用"章鱼哥"的饮食习惯，可以将预判的结果，通过"章鱼哥"的行动来展现给全世界的球迷。

"章鱼哥"在全球引起轰动，德国奥伯豪森水族馆的知名度和影响力大幅提升。该家水族馆官方网站点击率暴增，欲前往该水族馆参观一睹"章鱼哥"真容的游客大幅增加，水族馆因此一炮而红。

正因该水族馆公关人员具备开放创新的公关意识，利用世界杯的全球影响力，方能成功实施组织精巧新颖的策划，获得品牌提升的巨大成效。

5. 真诚互惠的意识

公共关系经历过"愚弄和欺骗公众，通过编造假新闻以获得关注度"的阶段，但历史和事实证明欺骗尽管可能赢得关注，但一定会失掉人心，再也得不到公众的信任和支持。现代公共关系明确只有对公众保持真诚，才能最终赢得公众的理解和认可。成功的公共关系活动应该是组织、公众和社会三方都共同获利，公关人员应以真诚互惠的态度组织开展公关工作,追求多方共赢的公共关系效果。

2017年4月10日,美联航一名亚裔乘客在芝加哥机场的航班上因"超售"问题被强行从座位上拖拽,引发全球公愤。同日美联航官方发布了猪队友CEO Oscar Munoz声明,避重就轻只提到对于"重新安置的乘客"的道歉,但在随后曝光其在员工信中称员工行为是"好样的",邮件传出后进一步加剧了公众对美联航的愤怒。迫于压力,11日,Munoz又发布了第二份道歉声明,并承诺在30日之前完成此事件的调查。最终以美联航的天价赔偿达成私下和解,据说赔偿金高达1亿美元。这种愚弄和恶意对待公众的行为只会严重损害这家航空公司的信誉,这使他们为此付出沉重代价。

6. 立足长远的意识

塑造组织良好形象,不是一朝一夕、立竿见影的事,而是需要通过长期努力,不断积累。公共关系人员要目光长远,不能心浮气躁,要能够正确处理眼前和长远利益、个人与集体、组织与公众之间的利益关系。

7. 遵纪守法的意识

和其他任何工作一样,公共关系活动的开展必须建立在遵守国家法律的基础上,每位公共关系从业人员都应该具备高度法律意识,所有公关行为必须符合国家法律的规定。当组织与公众发生矛盾时,应依据相关法律法规,依法进行调解处理。

(二) 公共关系从业人员的心理素质

1. 积极进取

作为公共关系从业人员,首先要心态积极,有强烈的进取心,对个人发展有清晰的规划,并能够为之付出努力,遇到挫折和失败也不轻言放弃。公共关系是一项富有挑战的工作,其创造性强,复杂程度高,充满不可控因素,公关从业人员只有心态足够积极,对成功有强烈渴望,才有可能克服种种困难,妥善处理各种复杂问题,策划实施成功的公关活动,做出好的成绩。

2. 自信乐观

自信乐观是公共关系人员应具备的基本要求,一个自信满满的公共关系人员,意味着他已有既定目标,并正确评估个人实力,对个人能力给予积极肯定,这种自信心理有利于保持良好的精神状态,和多数人融洽相处。一个相信自己的人,才能获得更多人的信任和肯定,从而提高成功的概率。

对工作和生活永远保持乐观,可以帮助公关人员克服羞怯,主动打开交际之门,结识新朋友,建立新的人际关系;乐观的人往往能看到事物积极的一面,抗压能力更强,视野更开阔,更乐于尝试新思路新事物,在面临困境时能够打开新局面,这是开展公关工作十分需要的心理素质。

3. 热情开朗

公共关系从业人员的许多工作需要与人打交道,热情开朗的态度能使其他人感受到你的诚意和友好,为沟通交流营造融洽的氛围。同时对工作和生活保持热情,能够激发兴趣、想象力和创造力,找到更多成就和乐趣。

4. 兴趣广泛

优秀的公关人员应有广泛的兴趣爱好，在社交活动中，广泛的爱好能帮助公关从业人员与交流对象找到更多共同话题，拉近彼此心理距离，促进公共关系工作的顺利开展。

(三) 公共关系从业人员的知识结构

完整的知识结构是公共关系人员基本素质的重要组成部分，是其创造性地开展公共关系工作的保证。公共关系人员的知识结构包括公共关系专业知识和相关的一般知识，它应该是T字形结构，即系统深入的专业知识、广博的一般知识。概括起来主要包括四个方面的知识：

1. 公共关系的基本理论知识

如公共关系的基本概念、公共关系的由来、公共关系的职能、公共关系活动的基本原则，以及公共关系的三大要素——社会组织、公众和传播的概念和类型、不同类型公共关系工作机构的构建原则和工作内容、公共关系工作的基本程序等。

2. 公关的实务知识

如广告学、写作学、演讲学、社会调查学、计算机应用与社交礼仪知识等。

3. 与公共关系相关的学科知识

主要包括有管理学、行为科学、市场学、营销学、传播学、新闻学、广告学、社会学、心理学、社会心理学等。

4. 方针政策知识

应熟知党和政府的有关政策、法令、法规，了解社会的政治、经济、文化诸方面的现状及未来的发展趋势。

公共关系人员的知识结构应该是一种动态、开放的结构，它能够随时吸收新的知识，不断丰富和发展自己。静态、封闭的知识结构是没有发展前途的，它会因跟不上时代前进的步伐而被淘汰。

(四) 公共关系从业人员的能力结构

由于公共关系的活动涉及很多领域，因此对公关人员的能力要求也是多样的。主要包括：文字和口头表达能力、组织协调能力、创造策划能力、调查研究能力、随机应变能力、人际交往能力等。

1. 文字和口头表达能力

能写会说是公共关系工作对公共关系人员的最基本要求。公共关系工作中，需要撰写新闻稿件、编写宣传词、起草活动方案、写作年度报告等，这些工作都要求公共关系人员有很好的文书写作能力。同时，公关活动需要与公众直接接触，通过口头表达向公众传播信息，要求公关人员必须表达流利，吐字清楚，在沟通时讲究说话艺术，反应迅速，在公众场合能够从容应对，用准确、生动、幽默的语言进行信息传递，介绍组织的情况，以获得公众认可和支持。

雍正年间，江苏巡抚李卫推行"摊丁入亩"，官府的读书人写出一则告示：伏维伏羲设今,神农教民稼穑,舜承尧德,文王肇易。天道乃张,伦常始立……八股文把这个新政弄得晦涩难懂,李卫看后很不高兴,把写告示的人痛骂一通。他让兵丁到大街上找来一些测字算命、代写书信的人,李卫自己口述,由他们誊写,着手另起一份通俗易懂的大白话版告示:

你们都听了,本大人奉皇上旨意免了全江苏百姓的人头税。从本告示张贴之日起,不管你家里有多少人,每人每年二钱银子的丁税都不交了。那么这二钱银子的丁税到哪里去了呢?都到田里去了,以后每亩田加收二钱银子的税。田多的多交,田少的少交,没田的就不交了,这就叫摊丁入亩。本大人知道,这样一来那些田多的人就会不高兴了,就会变着法儿地不交我这个税。那不行,普天之下莫非王土,你们种了皇上的田土,哪有不纳税的道理。你们不纳税,朝廷拿什么来治国?拿什么来养兵?从明天起,你们都到衙门里登记,把税如实地交上来,有不来交税的,我就把朝廷养的兵和差役都派到你们家里去吃饭。一天不交派十个人去吃,十天不交派一百个人去吃,吃到你们交了税为止。招呼打了,你们好自为之。

——江苏巡抚:李卫

然后,李卫找了一帮民间艺人,用莲花落、说快板的方式,把这个政策编成歌谣,排练成节目,到各处表演。这样一来,大家都明白了摊丁入亩的政策,政策对老百姓有好处,大家自然支持,改革成功自然就是水到渠成了。

2. 创造策划能力

创造策划是公共关系工作的一个显著特点,一份富有创意的公关方案能帮助组织在关键时期出奇制胜,一鸣惊人。纵观国内外公关发展史,所有经典的公关活动都来自公关人员匠心独具的巧妙构思。公共关系创造策划能力可以说是公共关系人员最为重要的职业化能力之一,它集中体现公共工作人员的关键能力素质。公关从业人员可以通过分析创意公关案例、突破定势思维、联想组合等各种方式来训练创造策划能力,策划组织富有"新、奇、特"的公关活动,充分展现组织的创新能力和生机活力。

19世纪的某一天,英国各大报刊同时刊登一则令人注目的征婚启事:"本人喜欢音乐和运动,是个年轻而有教养的百万富翁,希望能找到和毛姆小说中的女主角完全一样的女性结婚。"

在当时,报纸登载征婚广告在那座城市还是第一次,因此广告立刻引起了轰动,许多人到处打听毛姆是谁,在哪可以买到毛姆的小说,尤其很多女性读者都去抢购毛姆的小说,想看看富翁心中的理想对象是怎么样的,而男性读者也希望通过本书研究女性心理。

短短几天,毛姆的小说被抢购一空,出版商多次加印,但书店仍然出现断货的情况,毛姆从此一举成名,奠定了在英国文学史上的地位。

而撰写和发布这则征婚启事的,正是毛姆本人,他巧妙地构思和组织了一场图书宣传推广活动,通过创新策划,以较小的成本,获得巨大的成功。

3. 调查研究能力

采集和分析信息是公共关系的重要职能,因此公关从业人员必须具有高度信息敏感性,培养采集和分析信息的能力,从信息中发现机会和灵感。公关调查研究能力的培养应做到几点:第一是尊重客观事实,实事求是对待信息;第二是训练多种信息收集的科学方法,并能熟练运用;第三是熟练应用各种信息处理分析的计算机软件,提高信息分析的质量和效率。

2016年3月19日,资讯aPP今日头条发布了一系列广告,因其新奇的文案画风,引起了大家的热烈讨论。

据了解,今日头条此次广告投放的规模上亿,覆盖面包括北上广深几座城市,楼宇、电梯、电影院、地铁站等地随处可见其广告。这一系列户外广告,背景统一为红色,且采取了"今天×××,看今日头条"的整齐文案,但与此同时,也结合了不同地点,针对不同人群,定制了不同的文案。比如,在机场的文案是"今天我要去远方,看今日头条";在北京中关村公交站的文案则是"今天不写代码,看今日头条"。甚至,汽车、电影、时政等各大微信公众号,也在头图或文末植入了今日头条的广告。

在通过刷屏迅速火爆之后,有人发现了一个问题,原来广告牌上的副标题出了问题,"4亿用户正在使用的资讯 App"中"4亿"的数据统计不准确,这令人大为不解。原来,两个月之前今日头条的数据组从成长曲线预估,3月份的用户量将达到4亿。万万没想到,在广告过审批量投放之后,今日头条的实际用户量已经达到4.5亿,这也从侧面印证了今日头条的发展趋势大好,面对这种情况,相关工作人员可能也是"哭笑不得"。

无论如何,今日头条通过"今天体"的刷脸和洗脑,带来了传播的广度和热度。这种针对不同场景不同人群的文案设计,符合其个性化推荐的定位。今日头条这次不按常理出牌的方式,使得不仅有一些市场品牌部找上门,希望利用今日头条的广告文案,在自己的渠道推广产品;还有很多普通群众也是用头条体来造句,还是吸引了不少的关注度。

今日头条这种户外广告文案,因其排版相近、看似口语化而自带槽点,针对不同人群设计的内容又令人耳目一新,确实是公关、广告行业文案界的创新。

4. 组织协调能力

公共关系活动涉及各个方面,工作繁杂。筹划一项公关活动要深思熟虑,精心准备,制定详细周密的计划、措施;活动过程中,公共关系人员要能上串下联,调配资源,协调各种关系;活动结束后要及时评估活动效果,总结经验教训。组织协调能力是公关从业人员必须具备的重要素质。

5. 沉着应变能力

公共关系工作事务繁重,又充满了变化性。公关人员在实际工作中需要面对许多复杂的公众场合,处理各种冲突或投诉,需要公关人员保持沉着冷静,有强大的自我控制能力,同时能够随机应变,灵活处理,有条不紊地解决问题。

2008年,刘翔退赛,震惊所有人,尤其是给刘翔代言的众多品牌商出了大难题,其中包括全球最好的运动品牌耐克。退赛第二天,耐克迅速做出反应,在全国各大主流媒体头版刊

登广告,依然使用刘翔的大幅照片,广告词换成"爱比赛/爱拼上所有的尊严/爱把它再赢回来/爱付出一切/爱荣耀/爱挫折/爱运动/即使它伤了你的心",表达对刘翔的理解、支持和关怀,赢得全体中国人的共鸣。

历史总是惊人的相似。四年后的2012年,8月7日下午5:45,伦敦奥运会110米栏预赛,刘翔首栏摔倒,再次"退赛"。以广告公司韦柯(W+K)为代表的耐克备战团队办公室里,所有人惊呆了,安静了近一分钟,安静背后的错愕来自整个团队的备案中,预设了"没有办法跑最好的成绩"或者"哪几种可能的胜利",但"退赛"并不在其中。短暂错愕,这个团队迅速回到各自位子,15分钟后,耐克官方微博"Just Do It"发出:"谁敢拼上所有尊严/谁敢在巅峰从头来过/哪怕会一无所获/谁敢去闯/谁敢去跌/伟大敢","让13亿人都用单脚陪你跳到终点"。微博发出24小时内,被转发13万次,收到26 000多条评论。

两次意外,耐克都表现出卓越的临场应变能力,大幅照片配上广告词,将人们遗憾、愤怒、失望的情绪,转化为理解、同情、鼓励的正面情绪,所有看到广告的人都会被感染,整个事件趋向正面化。

6. 人际交往能力

公共关系工作离不开人际交往,所以人际交往的能力是公关人员必不可少的基本能力。公关人员要善于待人接物,能够妥善处理工作中各种复杂的人际关系。在人际交往中,公关人员应关注社交对象的需求,遵循"平等原则""互利原则"和"信用原则",运用合适的交流技巧和方法,取得良好的双向沟通效果。

(五) 公共关系从业人员的职业道德素质

各行各业的从业人员都必须遵守基本的职业道德,医生要有医德,教师要有师德,公共关系人员塑造和维护组织良好形象,更要讲究公共关系工作的职业道德。各国的公共关系组织都制订了公关职业准则,影响较大的有《国际公共关系道德准则》《英国公共关系协会职业行为准则》和《美国公共关系协会职业标准准则》等,我国于2002年12月6日经中国国际公共关系协会第三次会员代表大会审议通过了《中国国际公共关系协会会员准则》,并于2003年1月1日实施执行。从这些准则规定的内容看,公共关系人员的职业道德标准可归纳为:

1. 遵纪守法,不损害社会和他人正当权益

每一位公关从业人员在从事公关活动时,必须遵守活动当地法律、法规和道德规范,这是公关人员最基本的职业道德。另一方面,开展公关活动时必须尊重社会和他人利益,协调组织、公众、社会利益,努力实现共同利益。当组织利益和社会利益发生冲突时,应以社会和公众利益为主,不能损害社会和他人的正当权益。

2. 忠于职守,不能损害组织形象

公关人员代表组织开展公关活动,应该时刻自觉维护组织良好形象,尽心尽责做好本职工作,不可借公关名义从事任何有损组织形象的活动。

3. 诚实公正,不传播虚假信息

公关人员在开展公关活动时,必须以客观事实为基础,以诚实公正的态度向公众传递真实信息,而不能为了个人利益或组织利益歪曲事实,编造谎言对公众进行欺骗,使公众产生

误解,从而伤害公众感情和损害公众权益。

2018年1月9日,全球最大的酒店集团万豪国际集团(Marriot International)向中国会员发布一份问卷调查,问卷中的选项将"香港""澳门""台湾"及"西藏"与中国并列为国家一栏,引起中国民众强烈不满。事态在各大社交媒体上持续发酵,1月11日17时40分,上海网信办官方微信号发布情况通告,万豪酒店行为涉嫌违反《中华人民共和国网络安全法》及《中华人民共和国广告法》相关规定,上海市网信办相关负责人紧急约谈万豪国际集团方面相关负责人,并责令万豪国际集团自11日18点起对官方中文网站、中文版App自行关闭一周,展开全面自查整改违规信息。

这是中国官方对万豪集团就中国领土划分问题进行首次严肃表态。1月11日19时,新华社也对此事件发表评论称,如果调查属实,其行为不仅违反网络安全法和广告法,还涉及国家主权,并强调"依法经营是企业的基本底线"。同时,国家旅游局也发布消息表示对此事高度重视,立即责成上海市旅游局尽快查明事实,配合相关部门做出整理。1月12日,外交部发言人陆慷也针对此事进行表态称,香港、澳门、台湾、西藏是中国的一部分,中国欢迎外国企业来华投资兴业,在华外国公司也应尊重中国主权和领土完整,遵守法律,尊重中国人民的民族感情。

本章小结

本章主要介绍公共关系主体即社会组织,根据社会生活的基本领域,可分为经济组织、政治组织、公益组织、群众组织和宗教组织。公共关系组织机构包括社会组织内部设立的公共关系部、公共关系公司和公共关系社团。

公关从业人员必须具备塑造形象的意识、服务公众的意识、沟通交流意识、创新意识、真诚互惠的意识、立足长远意识和法律意识。公关从业人员应培养积极进取、自信乐观、热情开朗、兴趣广泛等基本心理素质。

公关人员应该具备合理的知识结构,包括:公关基本理论知识、公关实务知识、相关学科知识和方针政策知识。公关人员应具备的公关从业能力主要包括:文字和口头表达能力、组织协调能力、创造策划能力、调查研究能力、随机应变能力、人际交往能力等。

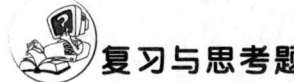
复习与思考题

一、问答题

1. 社会组织可划分为哪些类型?
2. 公共关系组织机构有哪些类型?
3. 公共关系部和公共关系公司的主要区别是什么?
4. 假设你将来要从事公共关系相关工作,结合公共关系从业人员应具备的知识、能力和基本素质,分析你的优势是什么,思考在哪些方面需要提高?

二、分析题

1. "荷兰宫"受到致命打击,因为新闻媒介在广泛传播一些权威的食品评论家对烹调酒的"攻击性言论"。

"请注意",食品评论家指出,"烹调食品时,用上等酒代替烹调专用酒作调料,做出来的菜味道会更好。"有一位食品评论家还干脆地说,"烹调酒只会让食品变质"。"荷兰宫"正是专门生产烹调酒的企业。

面对舆论界的强大攻击,该公司决定求助于公共关系公司。公共关系专家们认为最有效的办法是让权威说话。于是他们邀请了一些名牌大学酒店管理专业的教授进行品味研究,对烹调酒做出了公正的评价。

接下来是如何把权威说的话传播开去?他们特地到美国纽约的劳伦特大饭店,举行了一次别开生面的味道品尝新闻招待会。会上同时提供两份同样的菜肴,一份用上等好酒作调料,一份用烹调酒作调料,让记者们自己做"味道对比"。在记者们品尝时,专家教授们又当场宣读他们的研究成果以提供"理论指导",使品尝者们真正品尝出"门道"来。

在此基础上,他们还安排专家教授与公众对话,直接解答公众的疑问。很快,《烹调酒做菜,味道最佳》《教授们证明烹调酒做菜味道好》等一系列报道出现在全国各大报刊上,公共关系活动使舆论界出现了一百八十度的大转弯,使"荷兰宫"生产的烹调酒家喻户晓。

(1)"荷兰宫"烹调酒厂为什么要求助于公共关系公司?

(2)公共关系公司策划公共关系活动的思路和原理是什么?

2. 实施"健康补贴":

美国医院经营公司(HCA)有一项财政开支:定期向员工发放"健康补贴"。其条件是要做完公司规定的"健康定额"。即游泳1千米和跳舞1小时均补助0.96美元,跑步1千米补助0.24美元,打网球一场球补助1.44美元……这样,每人每年可得补助500美元,用以"维护身体健康"。公司的公关人员还反复向员工宣布:"每个人都必须进行健康管理,健康就是财富,有健康的身体才能经营HCA。"

请对该公司此项活动进行评价?你从中得到什么启发?

三、技能训练

1. 依据公关人员素质的要求,对自己的言行进行评价,提出改善的计划。

2. 深入某公司公共关系部进行考察,分析其设置属于哪种形式以及内部运转方式?

3. 请搜集资料查询中国有哪些知名的公共关系公司以及其主要业务实绩。

第五章 公共关系客体——公众

 学习目标

通过本章学习,你应该能够:了解公众的概念、特征及公众行为的若干心理现象;熟悉识别和细分公众的方法;掌握公众心理分析及对目标公众的处理方法和技巧;运用所学公众概念和理论,观察和分析现实公共关系问题。

开篇案例

松下电器"感情激励,凝聚人心"

著名的日本松下电器公司(以下简称松下公司),在内部员工关系的处理上是非常值得称道的。松下公司经过常年观察研究后发现:按时计酬的员工仅能发挥工作效能的20%—30%,而如果受到充分的激励则可发挥到80%—90%。于是松下十分强调"人情味"管理,学会合理的"感情投资"和"感情激励"。

【事件发展】

建立"提案奖金制度":由员工选举产生一个推动提供建议的委员会,在公司员工中广为号召,积极鼓励员工随时向公司提建议。公司对每一项提案都予以认真地对待,及时、全面、公正地组织专家进行评审,视其价值大小、可行性与否,给予不同形式的奖励,公司员工一共提出了66.3475万个提案建议,其中被采纳的多达6.1299万个,约占全部提案的10%。

拍肩膀:车间里、机器旁,当一个员工兢兢业业、一丝不苟操作时,常常会被前来巡视的经理、领班们发现。他们先是拿起零件仔细瞧瞧,然后会对员工的肩膀轻轻拍几下,并说上几句"不错""很好"之类的话。

送红包:当员工完成一项重大技术革新或员工的一条建议为企业带来重大效益时,老板会不惜代价地重赏。

请吃饭:凡是逢年过节,或厂庆、员工婚嫁,厂长、经理们都会慷慨解囊,请员工赴宴或上门贺喜、慰问。在餐桌上,上级和下级可以唠家常、谈时事、提建议,气氛和睦融洽,它的效果远远比站在台上向员工发号施令好得多。

案例总结:松下公司注重对内部员工的关系处理,通过情感的激励和员工奖励制度来激发员工的工作积极性,为公司带来更大效益,而不是一味出台各种严格的规章制度来严格约束员工、压榨员工。久而久之,松下公司就形成了上下一心、和谐相融的"家庭式"氛围。在与同行的激烈竞争中,松下公司的电器产品总是能够脱颖而出,格外受人青睐。这种管理模式很好地解决了公司管理者与其内部员工的紧张关系,使员工有更强的归属感和工作积极

性,是国内外企业公司内部公众关系处理的典范。

公共关系的客体是公众,也就是公共关系工作的对象。公众对组织的态度反映公关目标的实现程度,也是衡量公关工作成败的重要标准。要做好公共关系工作,必须认真研究和分析公众。本章主要介绍公众相关理论知识,包括公众的概念、特征和分类,公众的心理分析及基本目标公众关系。

第一节　公众的含义和特征

公众是公共关系学中的一个基本概念,正确理解此概念对于把握公共关系的真谛极为重要。随着社会的发展,社会组织所面对的公众越来越复杂,只有对公众具有正确的认识和分析,才能为社会组织制定公共关系目标、策略和措施提供科学依据。

一、公众的含义

在公共关系学中,公众是一个非常重要的概念。公共关系的英文表述是"Public Relations",其中"Public"的中文翻译就有"公众"的含义。"公众"一词在日常生活中使用得很广泛,但它不同于我们日常意义上的"人民""人群""受众""民众""群众"等概念。公共关系学意义上的公众泛指与公共关系主体具有直接或潜在利益关系或联系,相互影响、相互作用的个人、群体或组织的总和。

不同的社会组织,公众构成范围也不同。比如社会性服务组织,如政府机构、电信、煤气、交通、邮政等社会组织或企业的公众包括有社区公众、金融公众、媒介公众、政府公众、消费者公众、一般公众、内部公众;对于商业性社会组织来说,它的公众范围主要包括有顾客、媒介公众、政府公众、金融公众、员工公众;对于某旅游接待酒店,公众包括酒店住客、景区游客、酒店员工、媒介公众、周边居民公众等;学校的公众包括教师及辅助教学的群体、在读学生、学生家长、地方公众、政府公众等;医院公众有求诊的门诊患者、已经入院治疗的病人、患者家属、医护工作人员、地方公众、媒介公众、药品、医疗器械供应商等等。

假如有100人到某家商场购买电器,回去使用后发现电器有质量问题。这100人便成了这家商场的一类公众群体。他们面临的问题都是电器质量不行,他们的利益是购买到货真价实的电器,他们的要求是希望解决电器质量问题,或实在无法解决时进行退货或退款处理。

二、公众的特点

认识理解公共关系公众的特点,能帮助我们更好地把握公众需求,为建立良好的公众关系打好基础。总体来说,公众有如下突出的特点:

(一) 同质性

公共关系中的公众具有同质性,它与大众或群众的异质性相对应。公众的形成是因为公众成员遇到了共同的问题,或者有共同的需求、目的和兴趣等。由于这些共同点,公众与公共关系主体才发生联系并相互作用。这些共同点可能是国家大事,也可能是家庭琐事、工作业务等。在社会实践中,公众的同质性常表现为公众面临因组织行为而引起的共同问题,这种共同问题将群体和个体结合在一起,构成组织主体的公众,其行为具有比较一致的趋向。公众的同质性特点表明公关主体能够根据内在共同性确定公众,从而能基本判断公众规模,进而分析公众行为特点,开展有针对性的公共关系活动。

(二)广泛性

任何组织与个人都可能成为某一社会组织的公众,不是单一的组织、群体和个人,而是指与某一组织运行有关的整体人文环境,即公众环境,它是组织运行过程中必须面对的社会关系与社会舆论的总和。这些社会关系和舆论范围广泛,涉及组织内部、外部及社会各方面。公众的广泛性表明社会组织在处理公众关系时,必须全面系统地分析所面临的公众,不可只注意其中某一类公众,而忽略其他公众,要关注组织与公众环境之间的整体平衡和协调。

(三)相关性

公众的相关性包含三层含义:首先,公众总是与一定的社会组织相联系,没有脱离组织的公众;其次,公众的意见、态度和行为对组织目标的实现和组织的发展具有实际或潜在的影响,组织的决策和行为也对公众有作用力和影响力;再次,公众与一定的组织之间构成某种利益关系,组织所面对的公众,通常都是期望从组织得到某些权益的个人、群体或组织。所以,正因为公众具有相关性,所以我们说公众不是个模糊和抽象的概念,它是具体的,总是相对一定的组织主体而存在。社会组织必须探寻和分析自己公众的相关性,才能明确组织的公关目标,制定合理的公关计划。

同样是汽车行业,高端汽车品牌的公众和一般汽车品牌的公众就大不相同,比如德国大众集团奥迪汽车品牌和国产长安铃木奥拓汽车品牌;同样是高端汽车品牌,奔驰汽车品牌的公众也不同于宝马汽车品牌的公众。

(四)变动性

社会组织的公众不是一成不变的,它处于动态的变化中。首先,公众是一个群体,这个群体因共同问题而存在,共同问题发生了变化,那公众的性质、形式、规模等也会随之发生变化;另外,公众会随着组织主体的客观环境变化而变化,组织自身发生变化,也会对公众群体产生影响;再则,公众在与社会组织的交往中,其内部也是不断变化的,今天可能是这一组织的公众,明天就变成另一个组织的公众,而其结构和数量也在发生变化。认识到公众的多变性,有助于社会组织关注公众的变化趋势,分析公众范围和变化的关键点,以便随时调整公关活动方案,取得更好的公关效果。

某家商店出售一批摩托车,不到一个月顾客纷纷要求退换或退赔。商店了解后马上与厂家联系解决了这个问题,顾客满意而去。这个因摩托车质量问题而形成的公众群体很快便因这个问题的解决而消失了。假如这个问题不及时解决,这个公众群体的态度就可能会变得强烈,甚至可能上告有关部门或在其他顾客中散布不满言论、情绪,对商店自然会造成不良影响。其人数、性别、年龄等构成也会因时间的推移而发生种种变化。

(五) 多维性

虽然公众因为共同的问题形成,但组织公众的结构不相同,受教育程度、性格差异、职业背景等因素的影响,公众成员对组织行为的认识理解必然存在客观差异,这种差异就是公众的多维性特征。

首先,公众具有多层次的立体结构。公众由个人、群体和社会组织三个部分构成,这种多层次和多元化决定了公众的多维复杂性;其次,不同的公众具有不同的需求和目的。尽管面临共同问题,但公众成员的利益追求和价值取向存在差异,这种差异会影响公众内部的关系;最后,公众有各种类型,与组织之间发生直接和间接关系,如员工关系、员工家属关系,即使同一类公众,也有不同的存在形式。比如消费者公众,有的是松散个体,有的是特殊利益团体(如消费者协会),还可以是一个严密的组织(如使用产品的某家公司乃至政府)等。公众形式的多维性要求社会组织要理顺公众关系,评估各种关系对组织的影响程度,根据轻重缓急,有步骤有层次地开展公共活动。

第二节 公众的分类

公众分类的目的是为了使组织进行公关活动时更具有针对性。由于每个组织个体的性质、内容、服务对象、自身规模及地域的差异决定了与其相对应的公众是不一致的。一个组织会面对各类公众,他们因同质性直接或间接地联系在一起,是一个由各种规模和类型的公众所组成的集合体,是一个随时可以发生变化的复杂的公众网络系统。在该系统中的公众,其数量、范围、性质、态度是随时间而不断变化的。

(一) 按公众与组织之间的关系,可将公众分为内部公众与外部公众

内部公众,也就是社会组织内部的人群组合,它包括社会组织的全部成员,如股东、管理人员、技术人员、销售人员等。

外部公众,即由对组织生存发展有影响作用的组织主体以外的相关群体组成,他们在某些方面直接影响着组织的正常运营。依照组织主体性质不同,其所包括的范围有一定的差异。组织的外部公众主要包括有:社区公众、政府公众、媒体公众、同业公众、消费者公众等。一般来说,消费者公众是组织主体的最大公众群体,也是组织最主要的外部公众,组织策划实施的多数公关活动都是围绕消费者公众而进行的。

(二) 按照公众演变发展的阶段,可将公众分为非公众、潜在公众、知晓公众和行动公众

非公众,在特定的时空条件下,与组织主体无直接利益关系,不受组织行为的影响,该公众群体对组织也不产生影响力。例如,在一般条件下,家具店是汽修公司的非公众,服装店是钢铁厂的非公众。

组织明确区分非公众,能够减少公关活动的盲目性,减少人力、物力、财力的浪费,提高公共关系活动效率。非公众也是公关活动应关注的对象,在一定条件下,非公众有可能会发展成为潜在公众。

潜在公众,即指由于面临共同问题,使群体与组织形成某种利害关系,但自身尚未意识

到这一点的公众,它们与组织的关系尚处于潜伏时期。如某汽车生产企业质量管理不严,生产一批有缺陷的汽车,在发现问题时,已经卖出去5 000部问题汽车。这5 000名汽车买主将面临共同的问题,但他们尚未意识到问题的存在,他们就成为该汽车生产企业的潜在公众。该企业需要及时采取相应举措,及时发出道歉和召回,并给予相应补偿,这样该组织将能建立和公众的良好关系,赢得企业诚信经营的好口碑。否则,如果抱有侥幸心理,不主动及时采取行动,一旦问题时暴露,企业形象将会大受损害,再要弥补就十分困难了。

知晓公众,是指不仅面临着共同的问题,而且公众自身也意识到问题的存在,迫切期待与组织建立联系,以便进一步了解问题缘由及解决办法的公众群体。这部分公众由潜在公众发展而来,已构成对社会组织的舆论压力,已成为组织不能回避的沟通对象,组织公关人员应对知晓公众采取积极措施,建立畅通的沟通渠道和提供真实信息,不失时机解决问题。

例如,某航空公司航班发生了空难,遇难者家属得知亲人遇难后,完全沉浸在悲痛之中,还没有采取任何行动。这时潜在公众就成了知晓公众。

行动公众,是指不仅意识到因组织行为引起的问题,而且准备(或已经)自行采取行动以解决问题。行为公众由知晓公众发展而来,他们会对组织构成相当大的压力,对组织的生存发展构成直接威胁。在行动公众的压力下,组织如果处理不当,企业多年的苦心经营建立起来的形象很可能会毁于一旦。

2014年3月8日,马来西亚航空公司一架载有239人的波音777-200飞机与管理控制中心失去联系,该航班号为MH370,原定由吉隆坡飞往北京,应于2014年3月8日6:30抵达北京。2014年3月24日晚10点,马来西亚总理纳吉布在吉隆坡宣布,马航失联飞机在南印度洋坠毁,机上无一人生还。2015年1月29日,马来西亚民航局宣布,马航370航班失事,并推定机上所有239名乘客和机组人员已遇难。随后包括中国在内的多个国家对失事的MH370航班进行了为期两年多的打捞搜救工作,澳大利亚交通安全局(ATSB)2016年11月2日发布有关MH370搜寻的最新报告,飞机称在坠入海中时,处于无人控制的状态。

2017年1月17日,澳大利亚、马来西亚、中国三国政府表示,对失踪的MH370客机的深海搜寻工作已暂停。2018年1月10日在马航失事四周年之际,西澳大利亚州拟在珀斯为失踪航班马航MH370的239为遇难者建造纪念碑,但却遭到遇难者家属以尚未找到失踪客机和家属下落为由的集体反对。

从非公众到潜在公众、知晓公众,再到行动公众,是一个逐步发展的动态过程。在面对潜在的负面事件时,组织越早发现问题,越是积极主动采取措施,在潜在公众之前解决问题,越是能取得良好的社会效果。

(三)按照公众对组织的重要程度,可将公众分为首要公众和次要公众

首要公众是指与组织关系密切、对组织生存发展具有重要影响和起决定作用,并影响其他公众的公众群体。一般来说,组织的员工、股东,企业的用户、酒店的住客、意见领袖等都是首要公众,他们是公关对象最关键的群众,是构成社会组织结构和功能的基础。组织公关部门应该整合投入最多最优的资源来建立和首要公众之间的良好关系。

次要公众是指对组织的生存和发展有一定的影响,但不具有决定作用的公众。如社区公众、媒体公众等。次要公众虽不是组织公共关系的主要对象,但也不可忽视,因为首要公

众和次要公众的划分只是相对的,在特殊情况下次要公众会转化成首要公众。例如,如某市正计划投产兴建化工厂,化工厂选址市郊,筹建期间周边居民并无异议,此时周边居民是次要公众;当化工厂正式投产,排放的废水废气对居民生活造成严重影响,周边居民强烈要求该厂搬迁别处,或采取有效措施治理污染,此时居民转变为该厂的首要公众。

(四)根据公众对组织所持态度,可将公众分为顺意公众、逆意公众和中立公众

顺意公众,其意见和态度与组织的行为相对保持一致,认同和支持组织制定实施的政策。顺意公众对社会组织的生存和发展具有重要的影响和作用,是组织重要的无形财富,组织应对这部分公众精心维护,更加改进和加强和顺意公众的关系。

逆意公众对组织的政策与行为持反对、不合作态度,通常是由于组织政策和行为不当危害了公众利益,或者因沟通不畅造成公众对组织产生了误解。组织公关人员应加强和逆意公众的沟通和联系,尽可能做好转化工作,促使这部分公众改变态度。

中立公众,指对组织政策和行为持中间态度,没有明确态度和倾向的公众群体。中立公众群体数量最大,且态度具有可塑性,争取中立公众的支持理解,能增加组织顺意公众的力量,进而影响逆意公众的态度和行为。

(五)按照组织对公众的态度,可将公众分为受欢迎公众、不受欢迎公众和被追求公众

受欢迎公众,即主动接触组织、支持组织,组织对他们也极感兴趣、十分重视的公众。例如:主动前来进行新闻采访的记者、学校里自觉努力学习的学生、慕名前来购物的顾客等。这部分公众与社会组织是"两厢情愿""互利互惠"的合作关系,组织必须维系和加强这种联系紧密的关系。

不受欢迎公众,是指违背组织的利益和意愿,并对社会组织构成潜在或现实负面影响甚至威胁的公众群体。这部分公众对社会组织造成一定的压力和负担,例如反复纠缠索取赞助费的团体、追踪报道企业负面新闻的媒体、无理取闹或有意制造矛盾者等。对于不受欢迎的公众,社会组织应与他们保持适当距离,尽可能减少与其接触,将其对组织的威胁降至最低可能。

被追求公众,组织十分感兴趣,并努力接近,其行为与组织目标相吻合,但公众本身对组织并不十分感兴趣,缺乏主动交往的意愿。如新闻媒介、在学术上或社会生活具有影响力的人物。组织应积极与这部分公众建立联系,有针对地开展公关工作,形成对双方有益的氛围。

(六)按公众的组织状况,可将公众分为非组织公众和有组织的公众

非组织公众,是组织在公共关系活动中面对的无组织性的公众,包括流散性的公众、临时性公众、周期性公众等。

有组织的公众,是指公共关系活动中的特定社会组织与公众对象。包括社区性公众、环境性公众、管理性公众等。

公众的分类还有很多方法,在此就不一一列举。需要我们在实践过程中分析和把握。上述各种分类可以单独运作也可以综合交叉,甚至还可以在上述分类的基础上依据组织自身需要再进行详细分类。

第三节 重要目标公众分析

不同的社会组织有不同的目标公众对象。识别公众是组织进行公共关系工作的重要内容,组织的任何公共关系活动都必须从公众的利益出发,对各类公众对本组织利益要求做出分析和判断,并将其与组织目标和利益加以权衡和比较,以此作为组织制定公共关系策略的出发点。本节以企业组织为例,了解和分析各类公众关系。

一、内部公众

（一）内部公众的概念

内部公众是指社会组织内部沟通、传播的对象,具体对象包括组织内部的全体职员、工人、管理人员等。内部公众既是内部公共关系工作的对象,又是外部公共关系工作的主体,是与组织最相关的公众对象。员工是组织内部公众最重要的成员,因此是组织对内公共关系的首要对象。建立良好员工关系有利于增强组织成员的向心力、凝聚力,以及员工认同感和归属感,增强组织的核心竞争能力。

（二）内部公众的特点

1. 利益直接性

与组织其他公众相比,组织与其内部公众的利益关系最为密切,内部公众构成组织的主体,与组织共生存同发展,组织兴则内部公众兴,组织衰亡则内部公众解散。内部公众共同付出劳动,群策群力和组织一道创造价值,帮助组织壮大发展,组织必须给予内部公众以相应的利益回报,包括工资、福利、工作环境等。利益是内部公众普遍关注的焦点,它影响组织成员的士气,组织要搞好内部公众关系,必须妥善处理内部公众的利益分配问题。

2. 相对稳定性

与组织的外部公众相比较,组织的内部公众具有相对稳定性,内部公众保持稳定是组织健康发展的基础,一个人员流动性较大的组织意味着没有凝聚力,没有凝聚力的组织不会创造出很大的价值。组织应采取有效措施保持和增强内部公众的稳定,增强内部公众对组织的信心和归属感。

3. 组织严密性

内部公众受组织程序、纪律及规范的约束,与组织其他公众相比,内部公众更有秩序、更有条理,行为更有组织和规律,行动目标性更强。一个组织如果管理混乱、纪律松散,内部公众不受规章制度约束,这样的组织必然很快就会消亡而不复存在。组织要强大,必须使内部公众井然有序,有章可循,奖罚分明,这样才能使内部公众和组织具有创造力和生产力。

（三）内部公众关系的处理

(1) 建立内部公众基本资料数据库,及时了解内部公众数量、想法、需求的变化,及时发现内部公众存在的主要问题,是开展内部公众公关工作的基础。

（2）切实关心内部公众的核心利益，保障和尊重内部公众权益，满足内部公众的合理要求。制定科学合理的利益分配政策，努力增加内部公众物质利益，不断改善内部公众的工作生活环境；同时承认和尊重内部公众的个人价值，根据个人特点安排工作，鼓励全体内部公众参与组织管理，增强员工主人翁意识，全面发挥内部公众的积极性和创造性。

（3）组织需要建立激励机制，加强内部公众的培训、沟通，营造良好的人文环境，通过有效协调组织团体、个体之间的利益关系来调动内部公众的积极性，培养员工的认同感、归属感，以提高各部门之间的协作精神，增强组织的凝聚力和创造力，促进组织的健康发展。

（4）加强内部公众之间的双向沟通，增进了解和信任。主要有纵向沟通和横向沟通两种。纵向沟通是指领导和员工之间的交流，组织通过报告会、简报、广播等方式，让员工及时了解组织基本情况；组织相关部门也应将员工意见、要求和批评意见及时归纳反映给领导层，作为组织决策或工作的依据。横向沟通是指组织内部各部门之间的联系，以及员工之间的非正式的信息交流。通过纵向和横向沟通，增强组织领导和员工、员工与员工、部门与部门之间的相互了解，及时消除不利因素，创造和谐、融洽的组织人事环境。

（5）重视内部公众的非正式交流。组织内部一般都有非正式的公众组织，主要是以感情、爱好等为纽带自发形成的群体，这类组织通常以聚餐、旅游、运动等活动形式进行联系交流，对组织整体文化氛围的形成有重要的影响。组织应关注非正式公众的需求，鼓励和支持有利于组织健康发展的非正式交流活动，通过组织趣味体育比赛、徒步、秋游等活动促进交流，营造积极健康的组织文化。

企业内部员工的公关案例 1

美国的麦当劳公司是世界快餐业中最大的公司之一，自 1995 年创立以来，麦当劳苦心经营，不断发展，目前在全世界建有 30 000 多间分店，其品牌价值达到了 900 多亿美元，在 2017 年 6 月公布的《2017 年 BrandZ 全球最具品牌价值品牌百强榜》中，排名第 10。

麦当劳公司一直非常重视内部公共关系，为在企业内部创造一种积极向上、开拓进取的精神风尚，麦当劳不注重学历、资历，重在关注表现。麦当劳连锁分店每年举办岗位明星大赛，全世界举行各地岗位明星比赛，经理必须从普通员工做起，一方面增长了管理人员的真才实干，另一方面又给了最基层员工实现自身价值的机会。表现好的管理人员被送到芝加哥汉堡包大学，系统地学习作为一个经销商或者餐厅经理经营餐厅的专门技术知识。麦当劳除了给员工创造更多深造、晋升的机会外，还很重视在内部建立"麦当劳"大家庭的观念，创造和睦的大家庭气氛。在麦当劳无长幼尊卑之分，所有员工都互称名字；记住每个员工的生日，并根据员工的情况给予一定形式的祝贺。员工在麦当劳有一种不是家庭胜似家庭的归属感，其强大的凝聚力不言而明。另外，麦当劳很重视员工外观形象塑造。为了吸引顾客，麦当劳让每一位员工都穿上有明显花纹的制服。员工的服务态度也是一流的，只要你推开麦当劳的大门，就会听到亲切的"欢迎光临麦当劳"的问候，笑容始终在员工脸上，给顾客一种宾至如归的感觉。

企业内部员工的公关案例 2

为被打快递小哥维权，顺丰塑造良好企业形象回顾：

2016 年 4 月 17 日，顺丰快递小哥被掌掴辱骂的视频被广泛传播。从视频中了解到，快递小哥的三轮车与一辆汽车发生了刮擦,车主不断出言辱骂并先后六次掌掴快递小哥,掌掴声音十分清脆,快递小哥默默低头承受的样子,令网友大呼心疼,引发了强烈的社会关注。

当晚,顺丰集团总裁王卫在朋友圈转发此条新闻,并配以文字:"我王卫向着所有的朋友声明!如果这事我不追究到底!我配不再做顺丰总裁!"随后,顺丰集团官方微博也发表声明,称已经找到受委屈的小哥,会好好照顾。4月18日,官博还发布了长文,表示已经带小哥向警方报案,并坚定依法维权。如此霸气的回应,得到了20多万的点赞,更是令话题上升了一个新的高度。

随着电商事业的发展,快递员几乎是每个人都会接触的服务人员,他们风雨无阻地为大家送货,十分辛劳。视频中的汽车车主明显欺软怕硬,将原本的交通事故情绪化处理,出于善良和感同身受的角度考虑,广大网友十分气愤并想讨回公道。

顺丰集团的回应和做法显然顺应了民意,态度坚决、保护员工的努力令很多人为之动容。因此,网友纷纷为"霸道总裁"王卫点赞,更感慨于小哥有这样关心员工的公司,让原本就以快捷著称的顺丰,在品牌形象方面又上升到了一个新的高度,这绝对是一个典型成功的公关案例。

【分析】 张小龙有句话:让商业存在于无形之中。所谓的无形就是本质,回归初心,顺民心得民意。一个有责任的企业,有温度的企业,有人格魅力的企业,才是中国现在以及将来最需要的企业。

二、社区公众关系

(一) 社区公众的概念

社区是指人们共同生活的一定区域,如村庄、城镇、街道等,它是组织赖以生存发展的基本环境。社区公众包括当地的政府部门、地方团体组织、左邻右舍的居民百姓。社区关系就是组织与所在地的地方政府、社会团体和当地居民之间的睦邻关系。

(二) 社区公众的特点

社区公众的特点主要有三点:第一,与组织的空间距离相近,处于共同的生存环境;第二,因为共同生存环境,所以存在共同的利益背景;第三,社区公众直接影响组织公众形象。

(三) 社区公众关系的处理

组织必须重视与社区公众之间的公共关系,因为失去社区公众的支持,组织就会失去立足之地。组织建立良好的社区公众关系,应做好以下方面的工作:

1. 保护和改善社区生态环境

除了重视本组织内部的生产环境,同时也要重视组织生产对周边社区生活环境所造成的影响,主动采取有效措施预防环境污染,与周边社区居民一起共同创造美好的生活环境。

2. 参与支持社区公益活动

组织通过发展社区文化教育,赞助社区文化活动,资助建立社区敬老院、图书室等方式,主动参与和支持社区的各项公益活动,加强与社区公众的沟通交流,赢得社区公众良好的口碑,树立良好的组织形象。

3. 促进社区发展,维持社区秩序

组织可利用自身在经济、技术、人才和信息等方面的资源优势,帮助社区完善基础设施,优化社区管理模式,提高社区信息化水平;主动开展组织安全教育,协助社区公安部门维护治安,建立良好的社区秩序。

总之,组织要搞好社区关系,必须将组织和社区公众视同为一家人,以普通居民身份,与社区公众打成一片,积极主动参与到社区活动中去,与社区共同承担必要的责任和义务,营造祥和、融洽的社区环境。

三、顾客公众关系

1. 顾客公众的概念

顾客公众也称消费者公众、用户公众,是指购买、使用组织提供的产品或服务的个人、团体或组织,例如:超市的购物者、酒店的客人、电影院的观众、医院的患者等。顾客公众是组织数量最多的公众,是组织对外公关的首要对象。组织的生存发展必须要有顾客公众的参与和支持,良好的顾客关系是组织发展的生命线,它给组织带来直接的利益;如果顾客关系受到破坏,组织形象受到损害,组织将面临破产、崩溃的危险。

2. 顾客公众的特点

(1) 功利性。在市场经济条件下,组织之间的竞争加剧,竞争的焦点主要就是顾客公众,而顾客公众和组织之间是互利互惠的利益关系,顾客公众最关注的是组织能否提供令人满意的产品或服务。

(2) 差异性。同是一个组织的顾客公众,其需求特征也各不相同,不同年龄、性别、职业、教育的顾客,其购买和消费行为存在明显的差异。如男性顾客较多是理性购买,重视产品性能,对价格不太敏感;而女性顾客购买相对感性,更重视产品外观和价格因素。

(3) 变化性。随着顾客年龄、职业、教育程度、生活地域等方面的变化,顾客的需求会随之发生变化。对于组织而言,顾客规模、结构、特征都在发生变化,组织应高度关注这些变化的趋势。

3. 顾客公众关系的处理

组织的生存发展取决于其开拓市场的能力,在市场经济环境下,顾客是市场的主要角色,组织对外公关的第一重要任务就是建立和维护良好的顾客关系。

(1) 保证优质的产品和服务。这是吸引和留住顾客最基本的条件,也是顾客公众需求的本质,没有产品和服务,其他的一切都无从谈起。

(2) 了解顾客心理和需求。组织要建立客户数据库,了解顾客需求特点,做好顾客态度和行为调查,及时掌握顾客的变化动态,根据顾客特点及时调整。

(3) 传递组织信息,加强与顾客公众的交流联系。建立良好的信息渠道,便于向顾客及时传递组织政策和发展信息,增进组织与顾客公众之间的相互了解,争取顾客对组织的信任和支持。

（4）及时处理顾客投诉，消除误会，取得谅解。首先组织应建立通畅的顾客投诉渠道，认真对待顾客所反映的问题和提出的建议，及时做出回应，采取有效措施消除顾客误会，如果确实是组织所造成的问题，组织应积极诚恳地向顾客道歉，并进行赔偿，迅速解决问题。

"只有一名乘客的航班"

英国航空公司所属波音747客机008号班机，准备从伦敦飞往日本东京时，因故障推迟起飞20小时。为了不让在东京候此班机回伦敦的乘客耽误行程，英国航空公司及时帮助这些乘客换乘其他公司的飞机。共190名乘客欣然接受了英航公司的妥当安排，分别改乘别的班机飞往伦敦。但其中有一位日本老太太叫大竹秀子，说什么也不肯换乘其他班机，坚决要乘英航公司的008号班机不可。实在无奈，原拟定另有飞行安排的008号班机只好照旧到达东京后飞往伦敦。

一个罕见的情景出现在人们面前：东京—伦敦，航程达13 000公里，可是英国航空公司的008号班机上只载着一名旅客，她就是大竹秀子。她一个人独享353个飞机座席以及6位机组人员和15位服务人员的周到服务。有人估计说，这次只有一名乘客的国际航班使英国航空公司至少损失约10万美元。

从表面上看，的确是个不小的损失。可是，从深一层来理解，它却是一个无法估价的收获，正是由于英国航空公司一切为顾客服务的行为，在全世界各国来去匆匆的顾客心目中换取了一个用金钱也难以买到的良好公司形象。

四、媒介公众

1. 媒介公众的概念

媒介公众是指新闻传播机构及其工作人员，如报纸杂志、广播电视、互联网及其编辑、记者等。媒介具有的信息传播功能直接关系到组织的信息扩散及组织在公众舆论中的形象，所以新闻媒介关系对于组织来说就显得尤为重要。

2. 媒介公众的特点

新闻媒介专门从事社会公众信息传播，它一方面是组织向外界开展公共关系活动的对象，具有对象性的特点；另一方面，媒介公众与组织负有将组织的有关信息扩散、传播到社会上去的责任，具有工具性的特点。

3. 媒介公众关系的处理

组织应同新闻媒介保持长期联系，加强同新闻记者的关系维护，争取媒介对组织的了解、理解和支持，同时通过新闻媒介实现对外的广泛传播。

（1）大力支持新闻界的工作。主动邀请新闻界人士来组织参观，为新闻媒体机构提供有新闻价值的素材；礼貌热情地对待新闻人士的采访，真诚公平地对待各种新闻机构，为他们提供及时报道的便利条件，帮助媒体尽快准确了解事件的真相；适当给予新闻媒介经济、物质方面的支持，为新闻报道工作提供必要的方便。

（2）与新闻媒体保持长期联系，增进相互了解。主动研究熟悉各类新闻媒介的报道特色、版面安排、发行方式、读者特点等；了解新闻媒介工作者的职业特点，遵守他们的职业行为准则,尊重其职业道德;经常向新闻媒介提供组织新闻事件,如重大技术突破,新产品发布等。

(3) 主动采取行动吸引媒体的注意。组织可通过策划实施一些创意活动,结合当前热点,利用公众人物影响力,"制造新闻事件"吸引媒体和大众的注意,从而提高组织知名度和影响力。如阿里巴巴在"双11"期间的大型晚会上,发布其创始人马云拍摄的《功守道》电影等,都是为该公司双十一促销活动制造新闻话题,以吸引媒体和大众的关注。

"蒙牛——超女"轰动效应

2005年中国的演出市场上,最为引人注目的节目就是湖南卫视的"第二届超级女声大赛"了。然而湖南卫视举办的第一届超级女声虽然产生了一定的影响力,但并没有引起太大的关注。可这一次却达到了轰动全国的地步。除了早期的春节联欢晚会,估计还没有哪一个电视节目会像"超级女声"这样,让那么多的中国家庭的电视机同时集中到一个电视台上,让那么多媒体跟踪报道,成为全国城乡那么多百姓街头巷尾议论的话题。两届超级女声大赛之间为什么会有如此大的差异呢?关键就是在第二次大赛的背后,出现了一个中国商界的巨人——"蒙牛乳业集团"。

五、政府公众关系

1. 政府公众的概念

政府是管理社会公共事务的组织机构,同时是国家权力的执行机关,是对社会进行统一管理的权力机构,如工商管理部门、税务部门、审计部门、环境保护部门等。政府公众就是这类行政机构的工作人员,即组织与政府沟通的具体对象。

2. 政府公众的特点

(1) 公务性。政府组织基本职能是对社会公务事务进行组织管理,向全体国民提供服务,因此政府组织成员也称为公务员,政府公众具有公务性。

(2) 权威性。政府组织是国家行使立法、司法、行政权力的机构,任何社会组织都必须接受政府的管理和制约,在政府权力的范围内,任何组织均不得与之抗衡,政府公众是国家权力机关的执行公务人员,所以政府公众具有社会权威性。

(3) 合法性。政府组织的权力由宪法和法律做出明确规定,政府组织活动必须符合法律法规,政府公众的所有行为必须遵从法律法规的要求。

3. 政府公众关系的处理

政府公众关系是组织应处理好的最重要的外部关系,组织与政府保持良好关系,其目的是争取政府对组织的了解、信任和支持,从而为组织发展创造良好的政策环境、法律保障和社会条件。主要工作有:

(1) 加强与政府的信息交流,建立密切联系,实现有效沟通。组织公共关系部门要详尽分析研究政府方针政策和相关法律法规,使组织活动都保持在政府政策和法律许可范围内;另外,组织公关部应及时将组织运行情况向相关部门汇报,主动提出对政策的建设性意见,协助发现和纠正政策执行中的偏差和失误。

（2）熟悉政府机构工作范围、办事程序等。与各级主管部门保持稳定的联系，建立良好的关系，减少人为造成的"公文旅行""踢皮球"等现象，提高办事效率。

（3）把握一切时机，扩大组织在政府部门中的信誉和影响，增进政府对组织的了解，提高政府对组织的信心和重视程度。如组织可利用新产品发布、新技术研发、周年庆典、赞助公益、支持扶贫等机会，邀请政府相关部门领导出席组织活动，指导组织工作。

（4）协调组织利益和国家利益的关系，组织公关人员要善于从组织角度协调与国家之间的利益，尽量二者兼顾。当组织利益与国家利益发生冲突时，要顾全大局，维护国家利益。

"山西疫苗事件"

2010年3月的山西高温疫苗事件被媒体炒得沸沸扬扬，先是记者爆料，再是新华网出面澄清，接着又是爆料者证明调查的真实性，接着又是受害家长受到恐吓短信。一波高过一波的曝光率，大都来自民间，却没有一条一条是来自官方，为什么我们的相关部门不出来说话？你不说话，你就丧失了第一发言权，从危机公关的角度讲，这是授人以柄，欲盖弥彰。

危机公关的处理如果能够及时合理，就能转"危"为"机"，变"不利"为"有利"；如果处理不当，对企业来说就会产生灭顶之灾，对政府来说就会失去民众的信任。而山西疫苗事件的危机公关就是一次失败的政府公关。失败原因主要有以下几点：

1. 首先，政府处理危机公关的时机延误。事情已经发生好几天了，政府除了发布了一个不能令人信服的调查结果外，几乎没有表现出一个主动的应对态势。

2. 其次，政府对媒体这一渠道的运用不当。在突发事件中，媒体所担当的是"信息中介"的角色，它将政府的公关信息传递给广大人民群众，同时将人民群众的反应回馈至政府，起到政府与群众协调者的作用。

3. 虽然后面政府也采取了很多措施，比如山西省卫生厅从疾控中心及当地多家医院抽调精兵强将组成专家组，对15名儿童病例重新进行研究分析，警方也受理家属遭恐吓事件，但政府的形象在公众心中却已经大打折扣。

由此可见危机公关不仅对于企业、个人很重要，对政府而言也是至关重要的，当事态发生时，人们最渴望的是听到政府的声音，什么时间表态，怎样表态取决于政府对事态的了解所制定的危机公关方案，这是在最短时间内挽回政府在民众之中公信力的最佳办法。

六、名流公众

1. 名流公众的概念

名流公众是指那些对于公众舆论和社会生活具有显著影响力和号召力的社会名人，比如：政界、商界的首要人物，科技、教育以及学术界有影响人士，文化、艺术、体育等名人等。社会名流往往是新闻或社会舆论关注的热点，能在舆论中迅速"聚焦"，与社会名流公众建立良好关系，对扩大组织知名度和影响力有重要的推动促进作用。

2. 名流公众的特点

名流公众的突出特点是数量少，声望高，影响大。名流公众数量不大，但知名度高，传播范围大，对公众的影响力很强，社会能量很大，能够在社会舆论中起到焦点的作用。通过名流公众进行公众传播工作,具有事半功倍的效果。名流公众以宣扬社会道德、引导公民遵守各种法律、法规以及倡导良好的社会风尚作为自己的基本职责,但也有名流不注意名节而对公众产生误导,对此类因利益而产生的权利要求应该加以制约,以达到净化社会风气的目的。

3. 名流公众关系的处理

(1) 利用社会名流的智慧、专长和见识为组织经营和管理提供有益的意见咨询。社会名流或者见识多广,或是某一领域的专家和权威,在无形中能为组织增加知识财富和信息来源。

(2) 借助社会名流的社会声望影响社会公众,以提高组织的知名度和美誉度,扩大组织的社会影响。

(3) 通过社会名流的社会关系网络,为组织广结良缘,扩大组织自身安全交往范围,可收到事半功倍的公共关系效果。

(4) 在名流关系中要尽可能避免两种现象:一是名人泡沫;二是法律纠纷。

赵薇"军旗裙事件"

《时装》杂志2001年第9期在封面以"纽约街头明星作秀"为导语隆重推出了一组有关赵薇的专辑。其中第28页是赵薇穿着一件 HeatheretteNYC 的单肩上衣。这件上衣的图案是一个红色太阳射出十几道红色的光芒,和二战时期日本侵略军军旗的图案几乎一模一样。

当"小燕子"身穿这身戎装从大洋彼岸的天空从容地飞回国内并一经《时装》亮相后,最先发起回应的是无数被震惊、被震怒的网友。他们用上万条帖子来回敬这位"如日中天"的当红明星,各大网站也纷纷转载了这张惊世骇俗的"玉照"。紧接着,全国许多媒体纷纷转载了这幅照片,并向赵薇发起了强劲的舆论攻势。面对公众铺天盖地的愤怒"声讨",赵薇的公众形象发生了严重的危机,由最初的不以为然,到坐立不安,到后来认识到问题的严重性,并站出来向全国人民公开道歉。从赵薇此次着装引发的公关危机中,我们看到社会公众人物由于身份特殊,社会影响大,其个人形象管理已经不仅仅是个人问题。

【事件处理】

在媒体和观众读者的质问下,赵薇的第一反应仅仅是由经纪人发出三点声明:

第一,《时装》杂志是国家新闻出版广电总局的正规出版杂志,如果这幅照片有明显的军国主义倾向,是不可能被审定出版发行的。

第二,这次拍摄的主题是年轻人崇尚自由、健康、和平、向上的精神。这件服装只是此次拍摄中的一件。因为上面正好有中文字样——健康、和平、幸福、卫生,而这几个名词正好符合本次的主题,因而被选中。模特穿什么服装参加拍摄是由设计师和编辑共同策划商定的。纽约的造型师表示该服装是美国设计师最新设计的一系列服饰产品,而这位美国设计师可能不太理解我们中国人民的那段历史和民族情结。

第三,赵薇不可能有军国主义立场,赵薇的爷爷是当年的新四军战士,30岁出头就牺牲在抗日战场上,家中至今尚珍藏有陈毅元帅亲笔签署的烈士证书。赵薇奶奶也是当年协助解放军渡江的老革命,对中国近代史、对国仇家恨有着深刻的切身体会与认识。

然而,赵薇的解释性"声明"非但没有平息事态,反而激起了公众的不满情绪,人们要求赵薇正式、公开、严肃地向全国人民道歉。12月5日,南京大屠杀幸存者发表致赵薇的公开信,要求赵薇正视自己的错误,并勇于道歉。与此同时,12月6日《江苏现代快报》率先对赵薇进行了封杀,12月8日,部分南京大屠杀幸存者表示,如果军旗事件中相关责任人仍拒不认错,他们将把赵薇和《时装》杂志社告上法庭。

12月10日,沉默数日的赵薇终于公开道歉。赵薇的经纪人将赵薇亲笔写的道歉信,通过传真发往全国各大媒体和网站,并接受一个电视节目的采访,在镜头前以直接的方式再次道歉。

对于赵薇的道歉,南京大屠杀幸存者们表示欢迎,但是也指出赵薇不能够仅仅道歉,还应该好好反省自己,并以一些实际行动来弥补这件事给大家造成的伤害,只有这样,赵薇才能得到人们的谅解。

案例总结:(1) 作为一个公众人物,必须对公众负责。明星是公众人物,比普通人知名度高,其一举一动对社会影响颇大。所以其形象就不仅仅是个人问题,而是与时代脉搏和社会生活密切相关。在这个案例中,赵薇的确表现出了她的某种无知和麻木。她不认得有这样的"军旗",不了解那段屈辱的历史,更不明白社会已经加于她比别人更重要的道德和楷模责任。事情发生后,当事人力辩此乃"流行元素"而与"政治"无关,显然是徒劳而愚蠢的。

(2) 作为一个公众人物,在危机发生之时应积极应对。因为明星的高知名度,媒体绝不会轻易地放过如此具有新闻价值的消息,试图用"鸵鸟政策"对付公众是最愚蠢的办法。在这个案例中,我们看到赵薇的无知还在于,她以为有些事情是可以随便打发过去的,其实不然。当媒体已经追问"军旗裙"照片时,她就应该立刻警觉起来,并采取尽可能的措施予以弥补。而那时,她居然还是表现出一副与己无关的姿态,好像她只是任由造型师摆布的一具没有灵魂的木偶。在众人的质问之下,仅仅由经纪人发表了几点毫无悔意、强词夺理的声明,这样的解释性"声明"非但得不到人们的谅解,相反只会使自己陷于更深的难堪和更被动的境地。最终,更大的"暴风雪"来临,这时她终于意识到了自己的错误,站出来公开道歉。

七、国际公众关系

1. 国际公众的概念

国际公众是指组织在国际性活动中面对的不同国度和不同文化背景的公众,包括政府、媒介和顾客等。

2. 国际公众的特点

国际公众是一种跨文化传播与沟通的对象,涉及公关主体所在国不同的语言、文字、历史、风俗、社会制度和公众心理。国际公众具有与政府公众、媒介公众以及顾客公众相同的权利要求。

3. 国际公众关系的处理

随着世界经济的全球化和信息化,世界各国和地区经济呈现许多新情况和新特点,国际公共关系逐渐成为组织公关活动中的重要内容。处理好国际公共关系能够帮助组织塑造良好的国际形象,为组织发展开拓更为广阔的空间。

开展国际公共关系,需要运用跨文化传播手段,对公关人员综合素质要求更高,他们不仅需要熟练掌握语言技能,还需要了解对象国历史文化、风俗习惯和心理,懂得国际商法和国际交往的惯例。组织可自己设立国际公关部门,培养内部国际公关工作人员,也可通过国际公关机构处理国际公关事务。组织应综合运用本国和对象国新闻媒介和广告媒介,与对象国传媒建立良好的关系,及时向国际公众发布本组织相关信息。

公共关系中的公众是一个包罗万象的群体,不同的情况就会有不同的公众,不同的公众组合必然存在各种差异,这给公共关系的工作带来随时的变化。所以,首先要了解公众才能做好与公众的沟通,熟悉公众才能使公关工作落到实处,干出成效。

 **复习与思考题**

1. 简述公众的含义、特点与分类。
2. 如何评价"顾客永远都是对的"这句话的含义?
3. 分析内部公众在社会组织中的重要作用。
4. 如何看待"没有满意的员工,就没有满意的顾客"这一管理思想?
5. 举例说明名流公众对组织的重要性。

第六章 公共关系传播

学习目标

通过教学,使学生对公关传播的模式有个基本的认识,着重了解各种传播媒介,并对他们各自的优缺点有深刻的认识,尤其要把握新媒体的特点及应用。并且了解公关传播过程中,传播效果的好坏会受哪些因素的影响,从而在公关传播过程中尽量避免这些不利的因素,进而更好地为公关活动服务。

在广告费越来越难以承受、媒体的种类与数量越来越多、消费者产生资讯焦虑的今天,公关成了企业品牌传播的重要武器,就好像几年前曾经流行的"公关第一,广告第二"所讲的那样,公关手段在很多企业的传播手段中起着越来越重要的作用。然而,公关的手法同样有高明与低下之分,就目前的企业公关手段来看,不同级别的手段都在占据着公关的舞台。

开篇案例

直播全程记录锤子新品发布会,播放量破千万

2017年11月7日,锤子科技2017秋季新品发布会在成都大魔方演艺中心召开,罗永浩携新一代手机坚果Pro2惊艳出场。此次发布会的亮点,除了老罗的相声外,目光更多地聚焦于新一代坚果Pro2全面屏手机和畅呼吸空气净化器上。发布会现场,锤粉们依旧热情澎湃。一直播全程记录了此次发布会的盛况,截至11月9日8时,该视频累计播放量突破1 706万。

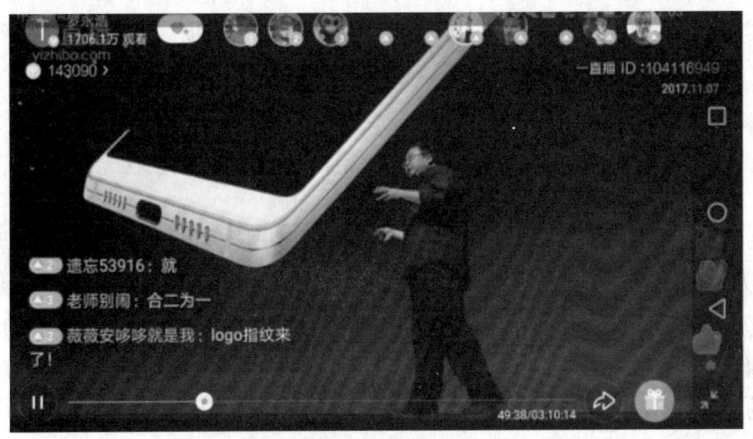

11月5号,资深锤友在微博发布锤子科技成立以来大事件时间轴,详细记录了锤子科技用"情怀"发展的全过程。到今天,锤子科技已成立2 004天,一直坚持用完美主义的工匠精神,打造用户体验一流的数码消费类产品。锤子团队擅长软件的图形界面和用户体验设计,并精通硬件的工业设计,以创新和情怀打动锤友。

随后,锤子科技用户体验副总裁朱萧木又在应用操作部分带来了充满情怀的演讲。此次Smartisan OS 4.1有131项新增,63项优化。闪电胶囊、一步模式等优化,带来了更加便捷的操作体验。最具情怀的当属坚果Pro2将目光聚焦于残障人群,针对第三方App内各种图片信息未加标签的缺陷,坚果Pro2在最新的系统版本中添加OCR的识别功能,帮助视觉障碍人群通过系统级的文字识别功能来获取屏幕上按钮或图片中的文字信息,真正为残障人士做了实事。

二十一世纪,科技的力量最是震撼人心,此次锤子科技新品发布会将情怀落实,透过一直播的镜头让未能亲临现场的锤友仍能全程参与,共同体验锤子的新科技。随着越来越多的优质内容资源入驻、国内外精彩发布会纷纷选择"一直播",一直播已日渐成为各大发布会的标配。一直播以其全民直播的视角实现了差异化优势,成了中国最具影响力的主流直播平台。未来,还将呈现更多精彩!

除了手机,锤子科技也开始布局硬件。此次发布会另一大亮点当属首款智能硬件产品——畅呼吸空气净化器,这也成为锤子科技"一系列智能硬件规划"中的第一款产品。外形主打简约风,细节精致搭配隐藏式脚轮,可谓"谦卑气质,一心只为百搭",为雾霾天气新增了一道保障,这也是锤子科技全资子公司畅呼吸科技(成都)有限公司的最新产品。

作为成都主场,段子手老罗以"没有想到锤子会发展到西南地区,来到四川,在方言中成了这样的意思。"火热开场,引发全场爆笑。在过去的6个月中,坚果Pro的销售量达到了100万台,成了锤子科技的一剂强心针。时隔半年迎来全新坚果Pro2,不仅在外观设计上带来了不少创新,如单独提供的胶囊案件、背面Logo融合指纹识别、隐藏式听筒等,硬件上也搭配高通骁龙660八核处理器,配备1 200万+500万双摄像头,没有让众多锤友失望。驱动中国曾评价坚果Pro:"通过对坚果Pro的续航和快充体验测试,可见坚果Pro有着优秀的续航能力,这种优秀的程度是我们测评数据库里从未有过的。"而此次坚果Pro2在续航神机的基础上,续航能力再提高了15.97%,真正实现了"野蛮性能,腼腆功耗"。

案例总结:锤子科技公司在传统的新品发布会中,借助于时下年轻人最流行的直播这一传播方式,视频累计播放量突破1 706万,起到了很好的产品推广和宣传的效果。

第一节 公共关系传播的概述

公共关系传播,是信息交流的过程,也是社会组织开展公共关系工作的重要手段。离开了传播,公众无从了解组织,组织也无从了解公众。如果我们把社会组织看作是公共关系工作的主体,把公众看作是公共关系工作的客体,传播就是二者之间相互联系的纽带和桥梁。组织与公众的沟通,在很大程度上依靠信息传播;组织与公众之间的误解,也往往是由于信息不畅造成的。因此,一个社会组织不但要有明确的目标、符合公众利益的政策和措施,还要充分利用传播手段开展公关活动,赢得公众的好感和舆论的支持,获得良好的经济效益和社会效益。

一、公共关系传播的定义

公共关系传播是组织通过报纸、广播、电视等大众传播媒介,辅之以人际传播的手段,向其内部及外部公众传递有关组织各方面信息的过程。

这个定义至少包括三个方面的内容:
- 公共关系传播的主体是组织,不是专门的信息传播机构。
- 公共关系传播的客体由两部分组成,一部分是组织内部公众,另一部分是组织外部公众。
- 公共关系传播以大众传播媒介作为主要手段,以人际传播作为辅助手段。

二、基本要素

1948年,美国著名的政治学家哈罗德·拉斯韦尔补充提出了传播过程五因素的公式:"谁?说什么?通过什么渠道?对谁说?产生了什么效果?"这个公式描述的虽然是单向传播现象,却为我们提供了一个分析传播过程的简易模式。因为其中包含了构成传播的基本要素:传播者、传播内容、传播渠道、受传者和传播效果。

公共关系传播是组织运用传播手段向公众传递信息的过程,它经历了由传播者到受传者的全过程,因此,也应当包含传播过程的五个要素。

对哈罗德·拉斯韦尔的传播五要素稍加改变,就形成了公共关系传播的基本要素:公共关系传播者、公共关系传播内容、公共关系传播渠道、目标公众以及公共关系传播效果。

1. 公共关系传播者

公共关系传播者是组织信息的采集、发布者,是代表组织行使传播职能的人。在我国政治组织中,该角色一般由党和国家的新闻发布机构、新闻发布人以及各级党和政府的新闻、宣传部门担任(在其他一些国家还包括政府中的公共关系人员);在各种福利组织和营利性组织中,该角色由组织内部的宣传部门、公共关系部门或宣传人员、公共关系人员担任。

公共关系传播者是公共关系的主体,因为它是构成传播过程的主导因素。在协调公众关系、改善周围环境的过程中,在树立自身形象、提高信誉的过程中,在沟通内外联系、谋求支持与合作的过程中,公共关系传播者居于主动地位,起着控制者与组织者的作用。它的任务,是将外部的信息传达给组织内部公众,将有关组织的信息发布出去,传递到目标公众那里。

2. 公共关系传播内容

公共关系传播内容是指传播者发出的有关组织的所有信息。它大体上可以分为如下两类:

一类是告知性内容,即向公众介绍有关组织的情况:它的目标、宗旨、方针、经营思想、产品和服务质量等等。在信息传播过程中,告知性内容往往以动态消息或是专题报道的形式出现。前者是关于组织新近发生的某一事件的基本事实的描述,通常包括五个"W",比如关于商店开业、展览会闭幕、新产品问世、超额完成产值等情况的报道。后者是对事件全景或某一侧面进行的放大式描述，它不但包含五个"W"，而且包括对基本事实具体情节的勾勒。例如介绍新产品的设计过程、制作工艺、用途、专家鉴定情况等等。

另一类是劝导性的内容，即号召公众响应一项决议，呼吁公众参与一项社会公益活动，或者劝说人们购买某一种牌子的商品。在利用大众传媒进行宣传的过程中，政党、政府及其他非营利性组织发布的劝导性的内容，往往以社论、评论、倡议书的形式出现；而营利性组织发布的此类内容，则多以商业广告的形式出现。

3. 公共关系传播渠道

所谓传播渠道，是指信息流通的载体，也称媒介或工具。人们通常把用于传播的工具统称为传播媒介，而把公共关系活动中使用的传播媒介，称之为公共关系媒介，可供公共人员利用的传播媒介有两种：一种是大众传播媒介，一种是人际传播手段。

具体来说，公共关系传播媒介是各种各样、丰富多彩的。常见的是语言媒介，如报纸与杂志、书籍与纪念刊、海报与传单、组织名片与函件等；有电子媒介，如广播、电视、录音、录像、幻灯和电影等；有标识，如摄影与图片、商标与徽记、门面与包装、代表色等；此外还有非语言传播媒介，如表情、体态、目光等等。

我们也可以把公共关系媒介分为基本媒介和综合媒介两种。所谓基本媒介，主要包括人与人之间的传播、广播、电视、印刷品、摄影作品、电影等；综合媒介则包括与新闻界的联络、特别节目、展览、会议等。显然，所谓综合媒介是各种基本媒介的集大成。

4. 目标公众

目标公众（即组织外部公众）是指那些与组织有着某种利益关系的特定公众。它们是大众传播受传者中的一部分，是组织意欲影响的重点对象。这类公众的特点是：

第一，目标公众是有一定范围的，是具体的，可知的，也是相对稳定的，即每个组织都有自己的特定公众。

第二，公众是复杂的。尽管某些个人由于某种共同性构成了某一组织的公众，但他们之间还是有着明显的差异。

第三，公众趋向集合。党组织与公众之间的利益关系变得突出时，原来松散的公众集合体就会趋于集中，显示出它特有的集体力量。

第四，公众是变化的。党组织与公众之间的利益关系结束了，这一类公众就不复为该组织的公众。

组织要想有效地开展公关工作，分辨自己面对的公众是十分重要的。一般说来，辨认公众可分几个步骤，层层深入。比如，首先把组织面对的公众无一遗漏地罗列出来，然后按需要对它们进行分类。根据组织内外有别的原则，可以把公众分为内部公众和外部公众；根据公众对组织的影响程度，可以把它们分为潜在公众、知晓公众和行动公众；根据公众对组织重要性的不同，可以把它们分为主要公众和次要公众。当组织开展一项具体活动时，还可以对公众做出更进一步的分类，以便确定具体活动针对的目标公众。

5. 公共关系传播效果

公共关系传播效果，是指目标公众对信息传播的反应，也是公共关系人员对传播对象的影响程度。

人们对传播效果的研究经历了半个多世纪的历程，先是提出"传播万能论"，继而提出

"有限效果论"(以"两极传播"为主要内容),后来又由"两极传播模式"发展为"多级传播模式"。传播效果理论的演变告诉我们,大众传播媒介固然能够改变受众原有的观念,但其效果不是无限的。在实际工作中,公共关系人员不能把大众传播媒介作为唯一的手段,而应当将它与人际传播、组织传播等多种方式结合起来,以便收到更好的效果。

同时,受众的被动地位是相对的,他们对信息的注意、理解和记忆都是有选择的。公共关系人员可以通过各种调查手段(如观察、访问、文献分析、抽样调查等)了解公众对信息的接受程度,知己知彼,百战不殆。此外,在信息传播过程中,还要重视专家、学者、社会名流等"意见领袖"的中转作用,设法通过他们影响公众。

三、公关传播 5B 原则

1. Binding point 结合点

品牌传播是为品牌的长期发展打造服务的。品牌传播的方向是否正确,最根本的取决于是否符合品牌的个性;而品牌传播是否有效和有力,则取决于有没有挖掘出品牌的核心内涵,有没有找到与品牌之间最牢固的结合点。否则,就会南辕北辙,达不到传播的目标并造成对品牌的伤害。

2. Backstop 支撑点

品牌建设不是空中楼阁,传播不是空穴来风,一切传播都必须有落地的措施予以支撑。

3. Bright point 亮点

如何才能事半功倍,四两拨千斤? 必须要有能引起公众关注、媒体兴奋的亮点。黄健翔为何曾成为最热的明星主持之一? 就因为他在世界杯赛解说中的那一声嚎叫。

4. Boiling point 沸点

水即使烧到 99 度,如果没有加最后一把火让水烧到 100 度,也不是沸水。品牌传播同理,一定要保证足够的传播量,才能达到预期的传播效果。

5. Bodyguard 保护点

在媒体多元化和"草根媒体"时代,在公关传播的过程中引起关注的同时,势必引发一定的质疑。如何才能处变不惊,化危为夷? 凡事预则立,不预则废。要真正使舆论始终按照预定的方向进行引导,使一切尽在掌控之中,就必须在事前找到各个层面及各个环节的保护点,做好危机管理,为品牌传播当好保镖,保驾护航。

四、公关传播的隐含要素

1. 时空环境

从时间上看,真正衡量传播效果的是单位时间内所传播的有效信息量。主要注意"预约守时"和"把握时机"。从时机上看,应避免在"体内时间"(即身心处于低潮时)进行传播。

从空间上看,不同的环境条件会使人对信息有不同的感受,并产生不同的传播效果。这种影响一般有两个方面:一是座位的设置排列;二是交流环境的气氛,包括音响、照明、室内温度和整洁程度等。

2. 心理因素

主要指信息接收者的情感心理状态。

在不同的情感状态下，人们接收信息的效果是不一样的。心理学揭示了这样一条规律：凡是在一定活动中伴随着使人"愉悦"的情绪体验，都能使这种活动得到强化；而"不满意"的情绪体验，则使这种活动受到抑制。

3. 文化背景

传播是一种文化现象。在传播过程中，传受双方的文化差异，必然会对传播效果产生影响。不同的经济环境（背景）、风俗习惯、民族心理、性格特征、思维方式和价值观念、文化水平、生活环境、个人阅历等，使人们对同一信息内容可能产生不同的主观感受。

4. 信誉意识

一是指传播内容的可信度；二是指传播者被受众所信赖的程度。

五、公共关系传播的界定

为了弄清楚公共关系传播的基本内涵，有必要将它与含义相近的几个概念进行比较，找出它们的"同中之异"。

1. 公关传播与人际传播

人际传播泛指人与人之间的相互接触与彼此往来。它与公共关系传播有许多共同点：两者都属于社会范畴，都是能动的交流行为，都是以人为主体的活动过程，都具有相互作用的功能。而且，人际传播可以作为公共关系传播的辅助手段。

但是，它们也有着明显的不同之处。

首先，人际传播和公共关系传播的主体——人的含义不同。前者指单个的个人，后者指组织化了的个人；前者研究的是人与人之间的交往及信息交流活动，后者研究的则是代表组织的个人有目的、有计划地传递组织信息的过程。

第二，从社会关系的总体上看，人际关系是一种较低层次的社会关系，而公共关系则是从社会群体或组织的基础上建立起来的一种较高层次的社会关系。与此相适应，它们所采用的传播手段各不相同。人际传播手段一般比较简单，而公共关系传播手段相对复杂一些。

第三，人际传播的对象可以是一群人，也可以是一个人，而公共关系的传播对象则是与组织有着某种特定联系的群体。

2. 公共关系传播与大众传播

大众传播是专业化群体通过各种技术手段向为数众多的读者、听众、观众传递信息的过程。它具有公共关系传播的一般特性，是公共关系传播的组成部分。

但是，它们之间又有着明显的区别。

首先，大众传播的主体是以传播信息为职业的团体或个人；公共关系传播的主体则是一般的社会组织，是代表组织行使传播职能的公共关系机构或公共关系人员。

其次，大众传播的内容是由职业传播者根据新闻价值规律采编的、需要告知公众的信息；公共关系传播的则是由组织部门行使传播职能的人根据公共关系计划编制的对组织有利的信息。

第三，大众传播的渠道一般不大由感受器官和简单的表达工具组成，而是包括大规模的、以先进技术为基础的分发设备和分发系统。因此，专门的信息传播机构既需要充足的资金、设备，又需要大量的专业化人才。公共关系传播则不受技术水平和专业化政府的限制，它的制作过程也相对简单一些。

第四，大众传播的流程在很大程度上说是单向的，因为它的主导者始终是传播者，受传者既不确知，也不稳定，很难取得直接的反馈。而公共关系的传播对象是可知的和相对稳定的，它的传播过程具有明显的双向性特点。具体表现在：组织通过信息传播将自己的目标、政策和具体措施告诉公众，公众则通过被调查或主动回报两种方式把自己的要求、意见和建议告诉组织。与大众传播相比，公共关系传播能够更加及时、有效地取得反馈。

六、公关传播的类型

1. 人内传播

传播学中有一句名言"你不得不传播"。这说明传播是人类特有的一种基本的社会行为。公共关系传播是一种综合性的传播行为，它基本上属于组织传播层次，但又具备各种传播类型的特点。从这个角度上讲，研究一般传播的不同类型，将有助于公共关系传播活动的开展。

人内传播又称自传，指传播双方为一体的信息交流沟通方式，如个人自我反省、回忆思考、自言自语、自我发泄、自我安慰、自我陶醉、思想斗争、内心冲突等。凡是心智健全的人，都存在着自传现象。通过自传，可使人在受到外界的各种冲击时，达到自我的心理调节，导致成功和谐的对外传播沟通。人内传播是人类一切传播行为的基础。

2. 人际传播

指人与人之间直接的信息交流沟通方式。这种传播，双方参与度高，传播符号多样、手段丰富，信息反馈灵便，感情色彩强烈，但是，这种传播范围小、速度慢。例如，男女之间感情的交流就属于人际传播。

3. 组织传播

指组织机构同组织机构之间、同公众之间、同社会环境之间的信息交流，这种传播的主体是社会组织。当组织利用其封闭沟通时，是组织的内部传播，具有层次性、有序性等特点；当组织利用其开放沟通时，是组织的外部传播，具有公众性、大众性等特点，但必须借助传播媒介来进行。无论是内部传播还是外部传播，组织传播都具有明确的目的性，即为实现社会组织的目标；具有严格的可控性，即服从组织总目标且良好的控制性能；具有综合性的特点，即由于传播对象既有个体、群体，又有更广阔的公众。故其传播手段集人际传播、小组传播、公共传播和大众传播之大成。这是典型的公共关系传播。

4. 大众传播

指职业的传播者通过大众传播媒介将信息大量的复制传递给分散的大众的传播方式。优点是：能够在最短的时间内获得最大的传播面；由于职业新闻工作者作为"把关人"，大众传播媒介具有"过滤性"，所以传播的信息权威性大，说服力强；个人情感因素介入较少，有高度的公开性。缺点是：信息反馈缓慢、零散，评价传播效果的工作量较大。鉴于大众传播量大面广，影响力强，对迅速建立组织形象，扩大组织的知名度有重要的作用，因此是公共关系传播的主要手段。

5. 国际传播

指国家与国家之间的信息和观念的交往和传递。国际传播具有多方面的作用：① 为了交换各方所需要的情报，如科学技术的引进和输出，学术观点的交流和探讨；② 为了宣传自己的主张，如发表声明，递交照会，制造国际舆论等等；③ 为了建立和加强国与国之间的关系，如进行国事访问，参加国际活动，开展文化和艺术交流等等。正因为国际传播作用巨大，"两国交战，不斩来使"几乎成为自古至今一条不成文的规定，所以即使在兵戎相见之时，国家与国家之间信息的交流也是必须保障的。在国际传播中，一定要充分考虑语言、文字、风俗习惯、伦理观念、宗法道德、政治经济等跨文化因素的影响。搞好国际传播对一个国家塑造良好的国际形象，建立良好的国际环境十分重要，是开展国际公共关系的重要手段。

七、公关传播的星级标准

1. 一星级

传播方式——王婆卖瓜，自卖自夸

策略思想——自我宣讲

表现方式——自己组织公关活动，自己说自己好

传播思路：处于这个级别的公关传播思路，基本方式就是自我宣讲，通过媒介发稿件，举行以产品发布为主题的新闻发布会，来向社会证明自己的东西就是好。这类公关手段充斥着各种报纸的版面，看那些报纸上说的："××企业近期发布了一款××产品，质量处于世界先进水平"，就是这类公关的经典写照。这类公关手段通常用于企业刚起步，或者产品刚上市时，无人知晓，所以只有自己夸自己。

2. 二星级

传播方式——不管好坏，只要曝光

策略思想——全面曝光

表现方式——正面新闻负面新闻夹杂讲

传播思路：很多企业或品牌希望在短期内就提升自己的知名度和影响力，因此不管什么手段似乎都可以使用，典型的表现方式就是用一些公关事件营销，制造一些轰动效应的话题，引起社会关注。比如某广告公司在北京造个防弹厕所，一下成为社会新闻的焦点，也有类似很多的不知名的人突然曝光跟某名人的恋情等方式，或者恶意泄漏他人隐私等，都是这种公关手段的体现。对于一个可以不认真考虑长远的品牌形象，而且当前处于弱小状态的品牌来说，全面曝光无疑是一个可以四两拨千斤的策略，不过也不能滥用，否则后期有些负面东西如果被放大了，很难消除。

3. 三星级

传播方式——让别人说自己好

策略思想——证言策略

表现方式——寻找形象代言人、找意见领袖夸自己、找"托"

传播思路：公关有时候需要做得看不出破绽，就不能自己夸自己，自己夸自己是初级阶段的公关，聪明的公关应该知道利用别人的嘴巴来讲自己想讲的话，因此，这类公关的最常态就是找"托"，往高里说就是找形象代言人，找专家，找意见领袖来说自己好，这种"证言"方

式威力不小,特别是当很多消费者很难区分两个品牌差异的时候,有一个品牌有权威人士或者同样的消费者推荐,就会让消费者的信心倍增。对于那些想提升自己品牌价值的企业来说,让别人说自己好无疑是一种不错的方式。

4. 四星级

传播方式——声东击西

策略思想——迂回策略

表现方式——不提跟自己产品太多的东西,而是用其他活动表现自己的形象

传播思路:大部分的公关手段都做得太功利,明眼人一看就知道是厂家的故意炒作,这种情况下,有一半消费者会跑掉。而高明的公关常常不露声色,比如要卖药品的,常常邀请你参加一些什么健康检查活动,又是给你上课,又是请你参加活动,还给小礼品,直到你要离开那一瞬间,才将广告小心翼翼地塞进你的口袋,甚至有些人到跟你混熟了,才说要不你买点什么吧,这个时候你因为企业开始的活动搞得没有了防备,于是就容易接受。迂回策略永远比直接的策略要有威力,因此这种活动满街都是,之所以普及也自然是因为有点策略了。

5. 五星级

传播方式——说行业,说责任,不说自己

策略思想——置入策略、关联策略

表现方式——不提自己,不提产品,而是说社会责任,说行业价值

传播思路:最高层次的公关莫过于高瞻远瞩,表现自己是行业领导企业,达到忘我的境界的公关。因为,当你在做一个具有社会责任的传播的时候,你可以不提竞争对手,你也不用说自己,因此你可以得到更多的社会支持,于是大家都会认为这样做的企业其实是一点都不功利的企业,但是实际上你传递的是一种隐形的高端形象。人们因为你做的事情而把你当作一个有高端价值的企业看待,从而把你跟别的企业区分开来。赞助活动、支持公益事业、支持关于目标消费者的研究、冠名行业指数研究都是这种策略的最佳体现,既提升了品牌,又得到了传播,还得到了支持,而且还有助于企业品牌的长期建设。这种方式自然是最高明的。

总结下来,不难发现,高效的公关传播,应该少关注自己,多关注行业与社会;少宣讲与曝光,多迂回与置入。

第二节 公共关系传播媒介

公共关系传播可以利用的媒介很多。比如,各种会议和讲演可以聚集数十、数百人,发传单、贴海报可以让成百上千的人看到,用扩音器做报告可以让成百上千的人听到,举办展览或表演可以吸引成千上万的人。

一、传播媒介的分类

1. 报纸

优点:

(1)报纸在编辑方面的优势。报纸的版面大、篇幅广、可供广告主充分地进行选择和利

用;报纸的特殊新闻性,能够增加报纸广告的可信度;报纸的编排灵活,使得广告文稿改换都比较方便。

(2)报纸内容上的优势。报纸的新闻性强、可信度较高;报纸的权威性较高;报纸具有保存价值;

(3)报纸在印刷方面的优势。报纸能够图文并茂;印刷成本较低。

(4)报纸在发行方面的优势。报纸的发行面广,覆盖面宽。在我国,报纸历来是主要的媒介形式。发行量大,传播面广,读者众多,遍及社会的各阶层;报纸的发行对象明确,选择性强。报纸的发行区域和接受对象明确,发行密度较大;报纸的信息传播迅速、时效性强。在我国,报纸有旬报、周报、日报、晚报、晨报等形式。报纸的出版频率高和定时出版的特性,使得信息传递准确而及时。

缺点:

(1)报纸在编辑方面内容繁多,易导致阅读者对于广告的注意力分散。加之由于版面限制,经常造成同一版面的广告拥挤不堪,也会影响读者的阅读。

(2)报纸在内容上众口难调。报纸并不是根据人的职业和人的受教育程度来发行和销售的,因此,在不同年龄、性别、职业和文化程度的人那里,报纸的作用是不尽相同的。

(3)报纸在印刷上比较粗糙,色彩感差。在我国,报纸多黑白印刷,彩色印刷尚未普及。受到印刷水平的限制,在文字和图片质量上较粗糙,在图片色彩上比较单调。

(4)报纸在发行上寿命短暂,利用率较低。由于报纸出版频繁,使每张报纸发挥的时效都很短。一般情况下,许多读者在翻阅一遍之后即顺手弃置一边。

2. 杂志

优点:

(1)杂志面向的对象明确,针对性较强。杂志一般是针对某一专业、某一读者群进行宣传、出版,其内容不同于报纸、电视、广播那样包罗万象。

(2)杂志的编辑精细,印刷精美,图文并茂。杂志广告的编辑极少不规则地划分面积,力求整齐统一,编辑较报纸精细。

(3)杂志的有效使用期较长,保存期久。在四大媒介中,杂志广告的寿命最长。

(4)杂志读者比较固定,易接受杂志宣传。杂志具有明确的稳定的读者群体。一般来说,其读者文化层次较高,对于杂志有比较持久的兴趣。

缺点:

(1)杂志的周期较长,灵活性较差。杂志的版周期少则七八天,多则半年一年,容易失去许多广告传播的最佳时机。

(2)杂志的专业性强,传播面窄。除少数杂志具有百万份以上发行量外,大多数杂志发行量较小,影响面比不上报纸、广播、电视。

(3)杂志的制作比较复杂。杂志广告多为彩色印刷,制版费、加色费均高于报纸,同时杂志广告刊发在封面、封底、封二、封三的位置上,才会起到显著的效果。

3. 广播

优点:

(1)广播的信息传播迅速,时效性强.在四大传播媒介中,广播是最为迅速及时的媒介。

(2) 广播的信息受众广泛，覆盖面大。由于广播不受时间和空间的限制，只要有收音机就可以收听。

(3) 广播的信息传播方便灵活，声情并茂。广播信息传播方便灵活，可以运用语言的特点吸引听众。

(4) 广播的制作简便，费用低廉。广播广告从写稿到播出也同样可谓制作简易，花费较少，在各种广告媒介中，广播广告收费最低，最为经济。

缺点：

(1) 对于需要表现外在形象的产品，广播媒介难以适应。因为广播毕竟无形，听众不能看到产品的外观、色彩和内部结构，难以引起人们对产品的视觉印象。

(2) 广播的信息转瞬即逝，不易存查。广播广告传播及时迅速，但稍纵即逝。特别是在听众对广告内容无心理准备的情况下，难以记忆下来广告的内容。

(3) 广播盲性大，选择性差。在西方国家的一些传播学和广告著作中，把报纸、杂志等印刷媒介称为："选择性媒介"，把电子传播媒介，如广播、电视称为"闯入型媒介"。他们之所以这样称谓，是因为报纸、杂志等印刷媒介，读者一拿到它，就会尽可能有选择地去阅读自己感兴趣的节目和内容。

4. 电视

优点：

(1) 电视集字、声、像、色于一体，富有极强的感染力。电视是综合传播文字、声音、图像、色彩、动态的视听兼备媒介。既具备报纸、杂志的视觉效果，又具备广播的听觉功能，还具有报纸、杂志、广播所不曾具备的直观形象性和动态感。

(2) 电视媒介覆盖面广，公众接触率高。在我国，随着现代化科技的发展，电视传播网已经形成，电视台的覆盖面极广，收看率也很高。

(3) 电视媒介信息带有较强的娱乐性，易于为受众接受。电视媒介在四大媒介中，最具有娱乐性。电视在我国已经成为家庭中不可缺少的娱乐工具。

缺点：

(1) 电视媒介信息稍纵即逝，不易存查。电视媒介作为特殊的电波媒介，带有电波媒介转瞬即逝，难以存查的局限，当观众不是聚精会神地观看广告节目时，电视这一局限就十分明显。

(2) 电视媒介的费用昂贵，制作成本较高。所谓费用昂贵，一是指电视广告片本身制作成本高，周期长；二是租借这种媒介的费用高。

5. 网络

网络无论是在国外还是国内，都是一个蓬勃发展的产业。互联网这个被喻为继报纸、广播、电视以后的第四媒体，以其快速、高效的优势将信息传递带到了一个全新的境界。同时也为企业创造出前所未有的商机。各大企业需要向广大消费者宣传自己的商品，使消费者认同并且购买。广告在构筑品牌的知名度和影响消费者做出购买决定过程中，正起着更加重要的作用。互联网的成熟与发展，为广告提供了一个强有力的、影响遍及全球的载体。它超越地域、疆界、时空的限制，使商品的品牌传播全球化。

网络具有交互性、持久性、多元性及密集性四大特点。

网友的交互性:比如在网上参与活动、发奖、征集发言等等,电视报纸是无法直接同步的;持久性:比较传统媒体,网络对于人文的表达更直接,所以才会有网恋、网婚等社会现象的出现。

网友对网络有惯性,一旦认定了一帮人群,他就会长期黏在网上,而不像传统媒体那样,任何一个好的内容都可能吸引一帮人走,他们对于网上的广告同样产生一定的黏度;形式的多元化:网络广告在尺寸上可以采取旗帜广告、巨型广告,在技术上还可以用动画、flash、用游戏方式,在形式上可以在线收听、收看、试玩、调查等等,可以集各种传统媒体的精华,而传统媒体却无法互相沟通;信息的密集:这是网络最早被大众认可的作用和意义,从美国雅虎到中国新浪,均以提供及时全面的信息获得最大的网友群。网络营销更加趋于主流媒介。电子商务一路向前开拓,将更多、更广泛的商品吸纳进来,也将给对网络广告投入较多的大厂商提供更多的选择机会。

6. 自媒体的发展

自媒体(外文名:We Media)又称"公民媒体"或"个人媒体",是指私人化、平民化、普泛化、自主化的传播者,以现代化、电子化的手段,向不特定的大多数或者特定的单个人传递规范性及非规范性信息的新媒体的总称。自媒体平台包括:博客、微博、微信、百度官方贴吧、论坛/BBS等网络社区。

在自媒体时代,各种不同的声音来自四面八方,"主流媒体"的声音逐渐变弱,人们不再接受被一个"统一的声音"告知对或错,每一个人都在从独立获得的资讯中,对事物做出判断。

自媒体有别于由专业媒体机构主导的信息传播,它是由普通大众主导的信息传播活动,由传统的"点到面"的传播,转化为"点到点"的一种对等的传播概念。同时,它也是指为个体提供信息生产、积累、共享、传播内容兼具私密性和公开性的信息传播方式。

早在20世纪,著名传播学家麦克卢汉就提出过"媒介即讯息"的相似理论。其含义是:媒介本身才是真正有意义的讯息,即人类只有在拥有了某种媒介之后才有可能从事与之相适应的传播和其他社会活动。媒介最重要的作用就是"影响了我们理解和思考的习惯"。因此对于社会来说,真正有意义、有价值的"讯息"不是各个时代的媒体所传播的内容,而是这个时代所使用的传播工具的性质、它所开创的可能性以及带来的社会变革。

自媒体之所以爆发出如此大的能量和对传统媒体有如此大的威慑力,从根本上说取决于其传播主体的多样化、平民化和普泛化。

(1)多样化。自媒体的传播主体来自各行各业,这相对于传统媒体从业人员单个行业的知晓能力来说,可以说是覆盖面更广。在一定程度上,他们对于新闻事件的综合把握可以更具体、更清楚、更切合实际,位于"尾部"的他们的专业水准并不比位于"头部"的媒体从业人员差,甚至还更有优势。在华南虎事件中,位于"尾部"的动物学、植物学专家以及非政府组织、摄像家以及图片处理专业人士等都在揭发假华南虎的过程中发挥了重要作用。他们或从老虎的体态出发,或从老虎周围的植被出发,利用各自专业知识,做出了详细的技术论证。

(2)平民化。自媒体的传播主体来自社会底层,自媒体的传播者因此被定义为"草根阶层"。这些业余的新闻爱好者相对于传统媒体的从业人员来说体现出更强烈的无功利性,他们的参与带有更少的预设立场和偏见,他们对新闻事件的判断往往更客观、公正。

（3）普泛化。自媒体最重要的作用是：它授话语权给草根阶层，给普通民众，它张扬自我，助力个性成长，铸就个体价值，体现了民意。这种普泛化的特点使"自我声音"的表达愈来愈成为一种趋势。然而伴随着自媒体主体普泛化程度的日益提高，这条"尾巴"的力量愈来愈积聚成长。

自媒体具有以下几个特点：

（1）平民化个性化。2006年年底，美国《时代》周刊年度人物评选封面上没有摆放任何名人的照片，而是出现了一个大大的"You"和一台PC。《时代》周刊对此解释说，社会正从机构向个人过渡，个人正在成为"新数字时代民主社会"的公民。2006年度人物就是"你"，是互联网上内容的所有使用者和创造者。

从"旁观者"转变成为"当事人"，每个平民都可以拥有一份自己的"网络报纸"（博客）、"网络广播"或"网络电视"（播客）。"媒体"仿佛一夜之间"飞入寻常百姓家"，变成了个人的传播载体。人们自主地在自己的"媒体"上"想写就写""想说就说"，每个"草根"都可以利用互联网来表达自己想要表达的观点，传递自己生活的阴晴圆缺，构建自己的社交网络。

（2）低门槛易操作。对电视、报纸等传统媒体而言，媒体运作无疑是一件复杂的事情，它需要花费大量的人力和财力去维系。同时一个媒介的成立，需要经过国家有关部门的层层核实和检验，其测评严格，门槛极高，让人望而生畏，几乎是"不可能的任务"。但是，在这个互联网文化高度发展的时代，我们坐在家中就可以看到世界上各个地方的美丽风景、就可以欣赏到最新的流行视听、就可以品味到各大名家的激扬文字……互联网似乎让"一切皆有可能"，平民大众成立一个属于自己的"媒体"也成为可能。

在像新浪博客、优酷播客等所有提供自媒体的网站上，用户只需要通过简单的注册申请，根据服务商提供的网络空间和可选的模板，就可以利用版面管理工具，在网络上发布文字、音乐、图片、视频等信息，创建属于自己的"媒体"。其进入门槛低，操作运作简单，让自媒体大受欢迎，发展迅速。

（3）交互强传播快。没有空间和时间的限制，得益于数字科技的发展，任何时间、任何地点，我们都可以经营自己的"媒体"，信息能够迅速地传播，时效性大大的增强。作品从制作到发表，其迅速、高效，是传统的电视、报纸媒介所无法企及的。自媒体能够迅速地将信息传播到受众中，受众也可以迅速地对信息传播的效果进行反馈。自媒体与受众的距离是为零的，其交互性的强大是任何传统媒介望尘莫及的。李亚鹏于2006年8月12日在其博客上发表承认李嫣兔唇的博文《感谢》，发表仅六小时后，就有近1 600条回复，浏览量达到近112 000。

自媒体也存在着很多的问题及不足，主要表现在以下几个方面：

（1）良莠不齐。个人有千姿百态，代表着个人的自媒体也良莠不齐。人们可以自主成立"媒体"，当媒介的主人，发布的信息也完全是按照自己的意愿随心所欲地编辑。这些信息有的是对生活琐事的流水账式的记录，有的是对人生境遇的深刻感悟的集锦，有的是对时事政治的观察评论，有的是对专业学问的探索与思考。

优秀的自媒体可以让受众得到生活的启发或者有助于事业的成功，让人们发现生活的意义与价值。但大部分的自媒体只是一些简单的"网络移植"，记录一些不痛不痒的鸡毛蒜皮的内容，甚至是一些不健康的东西。李某是博客"夜色朦胧"的博主，因为在自己博客上转贴了数十篇色情小说而被北京警方刑拘,他也是国内首个因为在博客上传播色情内容而被刑拘的博主。这些内容虽然给他的博客带来了很大的点击率,但其影响却是负面的。

(2) 可信度低。网络自媒体的数量庞大,其拥有者也大多为"草根"平民,网络的隐匿性给了网民"随心所欲"的空间。在平民话语权得到伸张的今天,"有话要说"的人越来越多。有的自媒体过分追求新闻发布速度或者说为了追求点击率而忽略了新闻的真实性,导致部分民间写手降低了自身的道德底线,进一步导致了自媒体所传播的信息的可信度低。

(3) 法律不规范。让个体声音得到充分释放的同时,势必也会让一些与宪法、社会道德规范相悖的声音得以散播。

自媒体从宪法上来看是个人言论自由权的延伸,从一诞生就受到了诸多法律的限制。作为一种权利,自媒体当然有很多的界限是不能突破的。2005年10月,南京大学陈堂发副教授一纸诉状将中国博客网告上法庭。原告在中国博客网上发现一个名为"长套袜"的博客网页上有一篇《烂人烂教材》的文章,指名道姓地对他进行"辱骂和攻击"。该案被称为"中国博客第一案"。

虽然我国已经有很多法令管制网上活动,但是还只是停留在对网站的管理上,这些法令就显得不够全面。如何在法律上对自媒体进行规范与引导,迫切需要全社会来共谋良策。

相对于西方"自媒体"的迅猛发展,中国的"自媒体"显然处于起步阶段。网民应该学习在这个言论最自由的地方如何作负责任的表述,行使权利的同时不忘义务,使我国自媒体朝着健康的方向发展。

二、传播媒介的选择

选择什么样的传播媒介,要根据所传播的对象、内容及传播者本身的一些具体条件而定,如需要的程度、目的、经济实力等等。科学的选择媒介,可取得事半功倍的效果。

(一) 对传播对象的考虑

性质不同或性质相同但工作任务或目标不同的组织,面临的公众也存在差别,选择媒介时应予以分析研究和区别。

(1) 公众受教育程度。一般来说,受教育程度较高者多选用印刷媒介,而受教育程度较低者多选用电子媒介。

(2) 公众年龄结构。年龄水平较高者多选用印刷媒介,而年龄水平较低者更喜欢电子媒介。

(3) 公众生活、工作习惯这些方面的不同,使得他们所接收信息的时间和采用方式不同。生活不规律的公众无法在规定时间内收看或收听电子媒介的节目的直播,更适合选择印刷媒介。

(4) 公众经济状况。有的能接近费用较高的媒介,有的只能接触费用较低的媒介。

(二) 对传播内容的考虑

1. 信息的复杂程度

如果传播的信息是难以理解的,适合用印刷媒介,便于深入思考和理解;相反,使用电子媒介即可。

2. 传播信息保存价值大小

如有较大参考价值，必须保存的，宜用印刷媒介；而电子媒介没有记录性，不便保存。

3. 传播信息内容详细程度和趣味性

要求较详细但趣味性较小的，宜用印刷媒介。反之以声像较易感人和引起兴趣，通过电子媒介传播即可。

4. 传播信息内容的性质

内容不同，会吸引不同的公众。总的来看，随着年龄增长，公众更愿意接受知识性、政治性、公共事务性较强的信息，宜较多使用印刷媒介；而年龄水平低者更愿意接受趣味性较强的信息，宜多使用电子媒介。

（三）对经济因素的考虑

费用水平与传播效果大小成正比。如电视效果最好，但费用最高，其他媒介效果较差，费用水平也低。公关人员要考虑组织的经济负担，尽可能降低传播费用，但同时也不能因噎废食，失去传播信息的良好时机。

第三节 公共关系传播效果

公共关系传播效果，是指目标公众对资讯传播的反应，也是公共关系人员对传播物件的影响程度。人们对传播效果的研究经历了半个多世纪的历程，先是提出"传播万能论"，继而提出"有限效果论"（以"两极传播"为主要内容），后来又由"两极传播模式"发展为"多极传播模式"。

一、传播效果的层次

各类传播者对受者都会产生一定的影响、作用，这就是效果。但是效果并不都是等值的，它们有作用范围大小与作用程序深浅不同的区别。对于公共关系工作者来说，由于各类传播形式都要使用，更应该了解传播发生作用的不同层次。针对公共关系的目标和公关传播的日标评估，传播对于受者的影响可以达到四种程度，也就是四层次传播效果。

1. 信息层次

即将所要传递的信息传到受者处，使之完整、清晰地接收到，并且较少歧义、含混、缺漏，这是简单的传到、知晓层次，是任何传播行为首先应达到的传播效果层次。

2. 情感层次

指传播者传出的信息从知晓进而触动受者情感，使受者在感情上与传播内容接近、认同，对这一传播活动感兴趣，从而与传播者接近，这是传播达到的较为理想的效果。但是需要注意的是，情感有正负之分，只有正面情感才是传播者所需要的，负面情感如反感、厌恶等，应予以以避免。

3. 态度层次

态度是人对事物或现象认识的程度、情感表达和行为倾向的总和。它已从感性层次进入了理性层次,是在感性认识基础上经过分析判断、理性思考而产生的,一经形成就非常难以改变。传播如果能达到这一层次,对受者的影响就非常深入了。态度除有正负——肯定与否定之外,也不一定与情感有必然的同方向联系。有些人和事,人们在感性上同情,而在理智上则不赞成。

4. 行为层次

这是传播效果的最高层次。它是指受者在感性、理性认识之后,行为发生改变,做出与传播者要求目标一致的行为,从而完成从知到行的认识——实践全过程,使传播者的目标不仅有了同情、肯定者,而且有了具体实施、执行者。实验研究证明,态度对行为的改变有着较密切的关系。应该看到,随着效果层次的提高,受者由于各种原因而逐渐减少;同时只有能达到较高的效果层次,才能使哪怕是初级效果得以较长时间的保持,否则受者很快淡忘,一个传播行为也就以无效告终。几种传播效果不是直线相连、必然上升的,它们之间的互相影响是复杂的,关系是辩证的。

二、影响因素

在传播过程中,有很多因素同时作用于受者,并对受者产生程度不同的影响。了解主要的影响因素,并有针对性地加以引导和应用,会使传播效果得到改善、提高。研究证明,影响传播效果的因素主要有四个:

1. 传播媒介

公众对传播媒介的要求一是要使用简便,易于掌握,易于得到;二是比较有效,即它的使用效果受到普遍的重视与承认,特别有效时,即使使用、驾驭上有一定难度,人们也会努力去得到或掌握它。

公众对媒介选择的这两个因素可以概括为一个方式:选择或然率= 报偿的保证/费力程度。

从这个公式可以看出,选择或然率与报偿的保证成正比,而与费力程度成反比。所以公关工作要注意选择适当的媒介传播信息,选择不当就有可能接收不到或者没有影响。

2. 信息的内容与表现方式

信息的内容即传播者传播的信息是否为受者所关心、感兴趣,是否重要、新鲜,是否可靠、可信,这一点是受者价值判断的中心点,也是决定传播效果的关键所在。公关人员在传播信息时要注意内容的趣味性、与受者的相关性以及信息来源的可靠性,内容的真实性,观点的客观性、科学性。除去内容自身的要求外,内容的表现方式也非常重要。形式、方法不当,再好的内容也难以传播出去,可能还会引起误解甚至反感。表现方式包括从传播者的形象、权威性、内容的结构、节奏、变化,到遣词造句的方法、语气、语调等方方面面。

3. 信息的曝光频率

一个人接触某一信息的次数越多,越容易接受它。同样的信息多次发出,受者就会逐渐由生疏到熟悉、由漠然到亲切,甚至在长期接触后,会把这一特定的内容形式融入自己的生活。所以同样的信息在相当长的时间里重复出现,是取得以至增强传播效果的重要因素。

4. 受者接收信息的条件

时间、空间对受者接收是否有利,对传播效果也有相当大的影响。受者接收环境存在各种干扰或没有足够的时间接收,这些因素都会影响受者投入接收,会使效果大打折扣。从传播类型来说,不同种类的传播其效果也不相同。个人传播在各类传播形式中的传播效果最好,传播率最高,而其他传播形式的传播效果都还不及它的一半,但个人传播的影响非常有限。随着传播群体的增大,传播内容的针对性、具体性下降,反馈的质量、数量下降,群体传播与大众传播的效果就比较模糊、不太明显了。因而传播学家提出这两类传播只是有"适度效果",即一次具体的传播活动对某一个受者来说,效果是有限的。其中的影响因素一是受者本人的思维定式,二是受者周围团体、个人的影响。

三、传播效果的评价

传播效果的评价,就是指对传播对象影响的范围和程度进行分析与衡量,对传播效果的评价可采取两种方法来进行:

1. 传播前评价法

这种方法是在传播前进行的一种事先评价法。公关信息都有一个特定的目标。传播前,可根据这个既定的传播目标进行直接评价,即邀请部分受传者对备好的几种传播方案(包括传播方式、媒体选择、传播内容、传播时间等),进行直接评价,比较哪一种传播方案与传播目标最为接近。各种传播方案的"形象差距"有多大,据此改进,最后确定实施最佳传播方案。

2. 传播后评价法

具体做法有两种:一是收集反馈意见,检查传播对象的接受程度,以评价传播效果;二是认识程度测试,抽样调查传播对象,让他们回忆信息的中心内容,以测定传播对象对公共关系信息的认识程度,找出传播目标的形象与公众认识形象的差距,以此来评价传播效果。传播效果在很大程度上受到传播要素的影响制约,任何一个传播要素不能正常发挥功能,都会导致传播效果的失衡。因此,在评价传播效果时,应对传播诸要素的功能正常程度进行检测并做出综合性分析,以提高传播效果。

第四节 网络时代公共关系的变化

1. 公关对象的变化

在互联网的影响下,公关对象实现了从群体性向个体性的转变。传统意义上的公关对象广泛存在于社会上,是由不同个体所组成的公众群体。而在网络时代,公关对象具有个体性特征,借助互联网,公关组织可以将未知的、模糊的个体转变为已知的、明确的公关对象。这使得公关对象的范围扩大,原来只针对公关群体的对象演变为公众和个体并重,增加了面对个体公众的体验。所以,网络时代的公关组织需要研究这些新增的对象,研究他们的兴趣、爱好和特点,并根据这些对公关方式做相应的调整,以吸引这批公众,赢得他们的支持和喜爱。

2. 公关部门的变化

在传统的公关活动中,公关部门是企业对外联系的核心和中枢,承担着联系客户、美化企业的重要任务。而互联网的运用使得公关部门与公众的信息交流处于不对称的状态,这不利于公共关系的发展。不过,互联网的运用为公关部门及时掌握公众的信息提供了便利,也使得公关部门与公众在交流上处于平等地位,有利于公关部门收集、分析和发布信息,这为公关部门的发展提供了广阔的天地。

3. 公关运作方式的变化

一方面,互联网便利了公关部门收集、分析和发布信息。另一方面,互联网为公关的具体运作带来了变化,如企业可以运用互联网召开新闻发布会、进行广告策划、网上展览、专题活动等等,这要求企业熟练运用高科技的电子传播手段,掌握电子商务技术。

二、网络对组织公共关系的影响

(1) 公共关系可充分利用网络传播突破时间限制的优势,用极少的成本增强公关活动的时效性、推动公关实践的全球化。网络可以使信息实现无限量"实时传播",具有传统媒介无可比拟的快速及时性,为公共关系活动实现及时有效奠定了基础。对于公共关系来说,速度不仅仅是尽快地获得信息,还意味着迅速地向社会公众扩散组织的信息,与他们一起进行更为有效的互动沟通。传统公关媒介受到时间的约束,使得公共关系难以实现沟通的快速有效,而网络传播具有无可比拟的快速与及时性优势,为公共关系实现真正及时有效的沟通提供了可能。网络突破了许多传统媒介地域性传播的局限性,用极小的成本极大地推动了公共关系实践的全球化。公共关系实践的全球化是以公共关系研究的全球化和公共关系工作开展的全球化为主要标志的。而要实现这两者,除了要求公关从业人员具备全球性的战略思维和开发新的战略、战术外,还要求物质方面有所保障。同时网络的经济廉价,使得沟通成本大大降低。

(2) 网络重新定义了社会组织与媒介的关系,使公关人员在传播活动中处于前所未有的有利地位。传统公关活动必须借助广播、电视等大众传播媒介来实施,大众传播媒介手中掌握稀缺资源、享有支配信息资源的行业特权,这使得它们具有特殊的身份和地位,拥有一种媒介权力——一种对个人或社会进行影响、操纵、支配的力量,具有事件得以发生和影响事件怎样发生,界定问题以及对问题提供解释与论述,因此形成或塑造公共意见的种种能力。从理论上说,网络给所有人提供了一个可以自由向大众发表言论的渠道,传统媒体对信息的垄断被打破,并为公关人员提供了一个新的、强有力的可控媒介,从而使公关人员在传播活动中处于前所未有的有利地位,他们可以在不违背法律和职业道德的前提下,按照自己的意愿向包括媒体在内的各类公众发布信息,并与他们进行有效的互动,而不必经过第三方的"解释"和"过滤"。这样,组织就能掌握公关的主动权,对公众(客体)产生直接影响的同时与各种媒介建立良好的关系。

(3) 网络"多对多"的沟通保证了传播的双向互动。这使组织实现公共关系实践的双向对称型模式成为可能,有利于公共关系的主—客体即组织与公众建立长久关系。网络的出现实现了一种"多对多"的传播,从本质上保证了传播的双向性和对称性。这种互动特性使得公众真正参与整个公关过程成为可能,公众不仅参与的主动性增强,而且选择的主动性也得到加强,使组织能够为不同需求的公众提供个性化的信息服务。

(4) 网络使公共关系面临着前所未有的不确定性与复杂性,大大增加了公关业务的难度和风险及环境监测的难度。网络社会的信息的过量和无序给公关人员识别有价值的信息带来了极大的障碍。互联网使组织与公众在信息的交流沟通上处于平等的地位,公关部门失去了独有的信息来源,这对公关部门的影响是,它必须重新确定自己在组织运营中的位置,由传统的信息发布者的角色向信息管理者的角色转变。在这个信息过量和无序的网络社会,如何区分有用信息和无用信息,如何确定信息的流向、流量和流程就成为一个至关重要的问题。网络安全的先天不足和脆弱性使组织开展公共活动的风险增加,给组织带来许多安全隐患。网络具有高度开放性、虚拟性和交互性等特征,人的真实行为和真实身份不再具有明显的对应关系,这种模糊性加大了网络公关的难度,使网络的信息安全出现先天不足和脆弱性。病毒的入侵尤其是网络黑客的攻击会极大地损害组织尤其是营利性组织的利益。同时,不利信息传播迅速,危机形成和蔓延的速度大大加快。

(5) 网络时代对公关人员提出了更高的技术要求,同时也加剧了当前公关行业人才短缺的问题。在网络时代,新闻发布、广告策划、专题活动等公关活动融入了越来越多新的通讯和传播手段,使传统公关模式中的一套业务体系,向网络时代的网络工具的操作系统发展。这种转变要求公共关系人员不仅要有高度的公关意识,超常的敬业精神,还必须更加深入地了解网络,掌握网络时代高技术传播手段,熟悉电子商务,包括 ERP、CRM 的基本运作手段和运行规律,最大限度地发挥其优势,从而使公共关系工作更加有效。

三、网络与政府公共关系

政府公共关系是一种以双向信息交流为特点的行政管理活动,一方面它向公众传递有关政策、法令和政府相关活动的信息;另一方面,又接受公众的信息反馈,并根据反馈回来的信息制定相关措施用以影响或改变公众的思想和行为。过去政府公关的双向交流,往往只能停留在理论意义上。一方面是政府各级之间的上行传播与下行传播;另一方面,横向传播主要是政府机构内部各部门和人员的直接交流,政府机构与其他行政部门、政党、社会团体、公民的信息交流,政府与其他国家政府或国际组织之间的信息交流。政府上网一方面有利于政府机构准确地把握自身与社会环境的真实信息,有利于政府机构增强选择判断能力,提高决策水平;另一方面,有利于政府机构科学制定、实施攻关计划。它将网络的交互、快速、开放等特点与政府职能相结合,拆除了传统的、人为的沟通障碍,使政府更富有效率。

网络时代的公共关系呈现新的特点,即政府的公关以相对私人的名义,即形式上的私人名义——微博方式,而不是大众媒体的方式加强公关。政府公关形态在渠道上呈现传统大众媒体与微博形态相结合的格局,网络催生了政府公关的新形式,同时增强了沟通的效率,网络媒体在政府公关中发挥越来越大的作用。特别是面对突发性公共事件的时候,政府微博公关能够及时地引导舆论,发挥微博积极的公关作用。政府作为突发事件公关的主体,它的公信力就来自于政府天然的责任,同时也来自对突发事件的及时的公关。

就当前我国各级政府特别是一些地方政府网络公关实践而言,网络的公共关系一定程度上的作用是为了危机的解除、为舆论引导、种种辟谣,以及政府与被服务对象之间的各种互动。政府网络公关的潜能在未来具有较高的提升空间,这种建立在互联网上的交流平台,

案例

奥运运动员变身"网红",体育营销走向娱乐化

回顾:里约奥运会开赛以来,国内各大媒体一改对举办国的质疑,开始了对赛事和运动员的密切关注。与往届奥运会相比,中国观众逐渐以一种更为开放的态度对待赛事结果;同

时,针对参赛运动员的营销和公关模式也发生了明显的转变。

最典型的就是"洪荒之力"少女傅园慧,作为最好成绩取得铜牌的选手,她的迅速走红有个人性格开朗的原因,其对于比赛追求超越自我的态度,更使得其微博3天内暴涨400多万粉丝。

随后,傅园慧在映客一小时的直播中,更是受到了极大的关注。不仅在线观看人数打破了该平台的记录,而且她共收到了折合约10万元人民币的打赏,送礼物的队伍中不乏明星大腕。

里约奥运会中成为网红的运动员不仅傅园慧一人,这届中国游泳队的多名队员,更是因为在直播采访中的金句频出,包括孙杨、宁泽涛在内,集体都收获了大批的粉丝。

这种现象的出现,一方面,是由于大众的聚焦方式已经发生了改变,对运动员的评判标准不再拘泥于一块奖牌,而是更加注重他们的个人性格或外貌;另一方面,还要得益于社交媒体的快速发展,人人可以发声,尤其是微博上众多段子手和大V的跟踪热点,以及微信公众号文章和朋友圈的品牌借势营销,都造就了以傅园慧为代表的运动员成了体育行业的IP。

【分析】 网红和直播营销的火爆,主要是因为受众逐渐分散,以及互联网信息碎片化造成的。实际上,一方面,这种变化对媒体造成了很大挑战;另一方面,媒体面对网红直播营销这种形式,也是一种新的机会。我们希望能够抓住这个时机,展开对该内容新模式的探讨。

案例

2015年10月中旬,一则有关"女子救人被狗咬"的新闻,引起了网友的热议。消息称,李某为了救一个小女孩,被两条大狗扑倒撕咬,伤情严重。而小女孩儿的家长和狗的主人,都没有出面解决此事。李某的男友张某表示,希望爱心人士能够伸出援手,帮助女友渡过难关。

此事被各大媒体报道之后,李某陆续收到了众多好心人士的捐款。然而,随着媒体和警方对此事的不断跟进,事件竟发生了惊天逆转。

@记者柯南爆料,张某曾希望自己报道此事,并表示事成之后愿意感谢。由于证据不足,再加上可疑语言,记者怀疑是假新闻,并没有报道。面对多方证据,张某也终于向警方承认,李某是在喂狗时被咬伤,而非见义勇为,一下子舆论哗然。

部分爱心人士表示,不会追回善款,希望女孩儿早日康复。另一种声音,则认为此事涉嫌违法,尤其是利用善心骗取欠款,实在难容。

而后,一手策划该新闻的张某,因涉嫌诈骗被警方刑拘,而该县电视台的一位工作人员和"证人"闫某,也因是"实施诈骗的共同犯罪嫌疑人"而被警方控制。此外,警方正在核实涉案的80余万元捐款,会根据报案情况启动退款程序。

最初的新闻报道人员,涉嫌编造虚假新闻,以收取不当利益。这种严重伤害社会公益信任的行为,实在可恶。网友纷纷表示,希望有关部门彻查,并加以整治此类"策划新闻",希望媒体不再卷入此类负面事件,降低自己的公信力。

【分析】 我们理解的新闻,是通过媒介传播信息,更应是基于事实的报道。案例中的信源(张某)、信道(电视台工作人员)和"证人",因为涉嫌诈骗或编造虚假新闻,而被依法处理,纯属咎由自取。该类"新闻欺诈",是对民众善意的"恶意消费",其破坏性远远超出对个人的责罚。容易使得人们不敢献出爱心,社会的"爱"与"良心",会变得孱弱。

> **案例**
>
> 2015年4月23日,小米手机4i发布会在印度新德里召开,小米CEO雷军别开生面地秀了一把英文。他以中国人最熟悉的"How are you?"开场,紧接着归属地定位发生错误(I'm very happy to be in China),现场一度欢乐非常。随后,雷军公布小米为到场粉丝带来的惊喜——免费的小米手环以及多彩腕带,并一声声询问大家对此是否满意"Are you OK?",一句Are you OK让雷军再次成为话题焦点。
>
> 该视频传回国内后,在微博上引起热议。连雷军自己都没想到,简单的几句英文秀,让全国人民都笑了。有网友感叹雷军的勇气,称这种方式能拉近与印度网友的好感。"国民老公"王思聪也吐槽其英文太烂。而雷军当天也连发两条微博调侃自己,称要好好学习学习英文。
>
> 此后,有网友还将发布会视频重新剪辑,编制了一首英文单曲《are you ok》,将其变成符合现代人传播的"呆萌贱",其魔性的旋律引得其他网友在网络上疯传。这段恶搞视频也上升到神曲地位并被广泛传播。
>
> 有人说,雷军是故意用"雷氏英语"赚足眼球,这是小米的宣传策略,是集自黑、卖萌、娱乐、站队于一身的"长线营销"。的确,雷军是个公关能力超强的人,和他有关的热点层出不穷。众所周知,小米海外战略重中之重就是印度,在这么重要的场合下,他怎么可能出此大"错"?
>
> 当网友们还在嘲笑"雷式英语"的时候,小米已经和印度最大的电信运营商之一达成了全面合作。
>
> 【分析】 没有话题和争议,就没有雷军和小米。雷军作为小米教父,最善于把握用户心理和操纵人性。在印度小米新品发布会上,雷军秀出的蹩脚英语,又是一次精心策划的新媒体时代经典事件公关。他把握住了人性弱点中的大多数,通过类似小丑般的表演,挑起众人的起哄和嘲弄心理,又用自己的真性情,展现了名人也是常人的可爱一面,激发情感共鸣,快速拉近了和用户的距离。

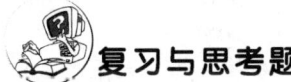
复习与思考题

1. 试分析各种传统的公关传播媒介的优缺点。
2. 试讨论互联网的发展对公共关系发展的影响。
3. 自媒体的发展对于公共关系的意义是什么?
4. 公关传播效果会受到哪些因素的影响?
5. 在公共关系活动中,应如何选择合适的传播媒介?

第七章　公共关系四步工作法

学习目标

通过教学，使学生了解公共关系的工作方法，掌握四步工作法的工作流程，掌握公共关系调查的方法、流程及公共调查报告的书写；并能利用调查结果，运用各种公关策划技巧，探讨公关活动方案的策划，按照策划书的书写格式及活动策划流程，完成一次公关活动方案的策划。

案例导入

OPPO携手浙江卫视在2017年6月10日打造"反正都精彩——浙江卫视年中盛典暨OPPO R11新品发布会"。这场与众不同的发布盛典不仅众星云集精彩纷呈，浙江卫视也将于黄金档全球直播。

"浙江卫视OPPO年中发布盛典"全明星阵容名单：

林俊杰、李易峰、蔡依林、孙燕姿、李宇春、林忆莲、陈伟霆、陈赫、郑恺、迪玛希、古巨基、黄贯中、叶世荣等，以及高能少年团的五位"高能少年"张一山、王俊凯、刘昊然、董子健、王大陆。

"反正都精彩——浙江卫视年中盛典暨OPPO R11新品发布会"，不仅聚集了OPPO明星家族成员，也正式发布了OPPO最新拍照手机R11。

陈伟霆作为开场嘉宾，以一曲吉他演唱《我门》燃爆全场，更是以酷炫与热血完美融合的劲爆舞蹈打动了现场的观众。

李易峰深情演绎了《记得我爱你》《请跟我联络》两首歌曲。

蔡依林一连表演了《大艺术家》《Play我呸》等热辣舞曲，劲歌热舞燃爆现场。她以帅气的唱跳、强劲的唱功，无可比拟的气质，征服了现场的众人。

孙燕姿献唱了《开始懂了》《逆光》等歌曲。

除天王天后之外，娱乐圈一众小鲜肉也登台表演。

华语乐坛天王周杰伦作为压轴嘉宾，演唱了《Now You See Me》和《告白气球》。

盛典当天更是Beyond乐队主唱黄家驹的55岁冥诞，叶世荣、黄贯中在现场以《光辉岁月》《海阔天空》两首经典歌曲缅怀黄家驹，引得全场合唱。

当红小生王俊凯演唱了一首《摩天轮的思念》，引得一众迷妹欢呼。同时和自己的偶像周杰伦同台演唱，更是合影、拥抱并一起宣布了OPPO最新拍照手机R11的价格。

而以标志性的海豚音著称的"进口小哥哥"迪玛希也来到了盛典的现场。

在本次盛典上,郑恺摇身一变"清晰队"队长,与张一山带领的"颜值队"互相比拼,清晰队和颜值队两小队激烈 PK,互摆 Pose,并使用前后 2 000 W 双核的拍照手机 OPPO R11 拍照,双方轮流模仿对方成员的表情,引来全场阵阵爆笑。

发布会共持续 3 个多小时。年中盛典以 OPPO 全新拍照手机 R11 为中心,展开了各种各样的歌唱表演。并在各个环节插入大量 OPPO 元素,无任何的违和感,足以见发布会策划者、组织者的用心程度。

公共关系成为科学的标志之一,是它已成为一种运用科学理论和有效方法来解决问题的程序化活动。许多著名的公共关系专家都立足于能从大量的个案活动中归纳出公共关系实务过程的一般程序。其中最具代表性的有英国公共关系专家弗兰克·杰弗金斯的六点规划模式,以及 1952 年卡特里普和森特等人在《有效公共关系》一书中提出的"四步工作法"。这四个基本阶段是公关调查、公关策划、公关实施、公关评价。这四个步骤相互衔接、循环往复,形成一个动态的环状模式。公共关系专家马斯顿将这一广为流传的公共关系实务活动的四个环节的程序概括为"RACE"公式,R(research)——研究,A(action)——行动,C(communication)——传播,E(evaluation)——评估。本章内容即围绕这四步展开。

第一节 公关调查

公共关系调查是全部公共关系工作的起始点,它为公共关系目标的确立和公共关系计划的制定提供了基本依据,也为公共关系方案的实施提供了根本保证。它是社会调查的一种表现形式,是指社会组织通过运用科学方法,搜集公众对组织主体的评价资料,进而对主体公共关系状态进行客观分析的一种公共关系实务活动。

公共关系调查指通过运用定性和定量的研究方法,准确地了解公众对组织的意见、态度和反应,发现影响公众舆论的因素,并从中分析和确定社会环境状况、组织的公共关系状态及其存在的问题,为组织制定切实可行的公共关系筹划方案提供客观的依据。

一、公共关系调查的原则

1. 全面原则

调查对象应具有代表性、普遍性,调查资料应做到翔实可靠。

2. 客观原则

公共关系人员要注意信息的来源渠道,收集的资料应是"第一手信息",同时要把握调查对象的客观态度。

3. 时效原则

公共关系人员要把握信息的时效性,注意新闻的价值,做到及时调查收集,及时加工处理,迅速提供有价值的线索。

二、公共关系调查的内容

公共关系调查的内容主要有以下方面:

1. 组织基本情况调查

主要是对组织内部情况的调查与了解。组织的公共关系人员必须对组织的历史与现状等各方面情况了如指掌。对企业而言,主要应调查分析组织的就业方针、管理政策、生产计划、财务制度、资金运转、营销状况、人员结构、人才培训、领导及管理人员素质、科研实力、无形资产等。

2. 组织形象调查

组织形象是组织内外公众对组织的整体印象和评价,也是组织的表现和特征在公众心目中的反映。因此,公共关系调查的目的就是以了解组织的知名度和美誉度两项指标为依据。

知名度指一个组织被公众知晓、了解的程度,是评价组织名气大小的客观尺度,侧重于"量"的评价,即是组织对社会公众影响的广度和深度。

$$知名度 = 知晓人数 / 调查人数 \times 100\%。$$

美誉度指一个组织获得公众信任、好感、接纳和欢迎的程度,是评价组织声誉好坏的社会指标,侧重于"质"的评价,即组织的社会影响的美丑、好坏。即公众对组织的信任和赞美程度。

$$美誉度 = 赞美人数 / 知晓人数 \times 100\%。$$

可以从这几个方面展开调查:

(1) 公众对象分析。组织的公众处于不断变化之中,首先应该明确组织的调查对象,获得准确信息,对本组织的公众范围、公众类别、目标公众等进行调查分析,确定调查对象和范围。其次,再进一步掌握所确定调查对象的自然状况,如年龄、性别、文化程度、经济收入、职业、家庭状况等;知晓度资料,对组织的基本情况的了解程度;态度资料,对组织的肯定、不置可否、否定等态度;行为资料,对组织的产品或服务等有接纳与否之类的行动。最后,对公众动机进行分析,查明公众对组织的认识与评价的主客观因素。

(2) 形象地位测量。综合分析公众评价意见,根据知名度与美誉度两项指标,运用形象评估坐标图,测定组织的实际形象地位。如图7-1所示。

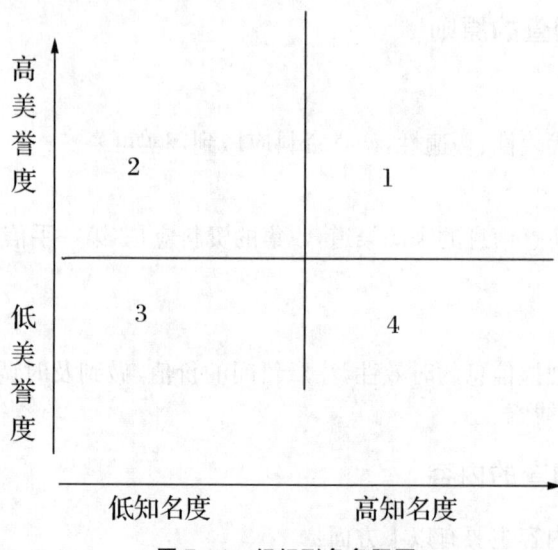

图7-1 组织形象象限图

Ⅰ象限表示高知名度、高美誉度。这是比较理想的组织形象位置,也是组织公共关系所努力追求的目标。

Ⅱ象限为低知名度与高美誉度。"是养在深闺人不识"。处于这样的形象地位,说明组织有良好的基础,公共关系活动的重点应该是提升知名度。

Ⅲ为低知名度与低美誉度。组织形象不佳,公共关系工作需要从零做起,首先要完善自身,在传播方面低姿态。有了很好的基础再在提升知名度方面下功夫。

Ⅳ象限为高名度与低美誉度。所谓"臭名远扬"不为过。

组织应从扭转坏名声方面做起,踏踏实实修炼内功,逐步提高信誉。

(3) 形象差距与因素的比较分析。将组织的目标(自我期望的形象)与公众的意见(实际形象)进行比较,寻找两者间的"形象差距"。在哪一点上差距大?具体的因素又是什么?通过资料的对比分析,寻找差距与原因,这是制定公共关系计划的前提。

3. 社会环境调查

公共关系的社会环境是指与组织有关的各类公众和各类社会条件的总和。组织为了实现与社会环境的和谐一致必须时刻关注环境的变化,收集环境信息,及时发现其中对自己有利或不利的方面。调查的主要内容有:

(1) 对社会背景的宏观调查,了解社会政治、经济、科技、文化等方面的走势;政府机构的政策、立法部门法令的制定和实施情况;媒介的传播效果。例如经济合同法、环境保护法、劳动法、广告法、商标法及有关内容;一个国家或地区的经济制度、经济结构、物质资源、经济发展水平、消费结构和消费水平,以及未来的发展趋势等状况。

(2) 对组织的微观环境的调查:与组织有关的各类公众信息;组织活动开展的场所、设备、交通等。如一个国家和地区的人口结构、家庭状况、文化教育水平、生活习俗、社会规范和文化观念等。

三、公关调查方法

公共关系调查的方法按公共关系调查人员是否与公众直接接触,可分为直接调查法和间接调查法。

1. 直接调查法

是指公共关系人员与公众面对面地沟通,直接了解情况、掌握信息。其中具体方法包括个人接触、深度访谈和公众座谈会三种。

(1) 个人接触。个人接触是政治家们为增进与公众的沟通,对某种倾向或趋势做出预测的常用方法之一。它也是公共关系人员与社会公众直接接触,掌握第一手材料的最佳途径。要使个人接触能够获得大量的、有益的信息,公共关系人员应该注意那些能够提供关键信息的公众,诸如报纸的编辑、记者、劳工领袖、知名人士或意见领袖。因为他们的见识、文化知识、思辨与分析能力应高于一般公众,更具代表性。同他们进行有益的接触,往往能获得有关问题的信号和行之有效的处理方法。

(2) 深度访谈。有时为了了解公众做出某一反应的深层次心理原因,公共关系人员可以有目的地选择一些有代表性的公众对象进行深度访谈。这是个人接触的进一步深入。访问者要具备一定的采访技能,并事先熟悉被访者的背景资料。

(3) 公众座谈会。这种访谈的形式和对象是多种多样的,组织根据发生的事件或要解决的问题,选择有代表性的公众到组织中来进行座谈。在会谈时要注意把握主题,调节会谈气氛,对发言要进行记录、录音或录像。

2. 间接调查法

是指公共关系人员不直接与公众接触,而是通过某些中间环节达到调查目的的方法。具体方法有媒介研究、民意测验和抽样调查。

(1) 媒介研究。是确定和系统地分析媒介所报道的具体内容,并进行整理和分析,以掌握对组织有价值的资料的一项活动。1967年美国未来学家奈斯比特成立了"都市研究公司",对206种大都市报纸进行系统的内容分析,然后每季度发布全国性的新闻公告——趋势报告。奈斯比特通过这种努力向政府和许多企业提供了"早期警报系统",并用来预见社会与经济发展的趋势。媒介研究的基本步骤有:① 搜集资料;② 分类检索;③ 资料保存;④ 资料分析。

(2) 民意测验。是运用一定的技术和手段了解民众的态度和意见的一种社会调查方法。民意测验为社会组织的理性决策找到了可靠的依据,也为内外公众的参与提供了现实的可能途径。

民意测验的基本步骤有:

① 确定测验内容。

② 确定调查总体。可将那些与调查内容无关或关系不大的人排在总体外。

③ 拟定问卷内容。

④ 确定调查方式。面访、信访、通过电话和网络是常见的调查方式。

⑤ 抽取调查样本。

⑥ 统计测验结果。

⑦ 撰写调查报告。

(3) 抽样调查。是从调查对象总体中抽选出部分样本,以这部分样本作为对象实施的调查,其结果可用于推论对象总体。

① 非随机抽样。非随机抽样,就是调查对象被抽取的机会不均等的抽样方法。这种方法虽然排除不了调查者的主观影响,样本代表性也不够精确,但由于其操作简便、省钱省力,因此在公关调查中使用也较普遍。非随机抽样又分为偶遇抽样、判断抽样、配额抽样、雪球抽样。

偶遇抽样。指的是公关调查者将其在一定时间、一定环境内遇见或接触到的公众对象选入样本进行调查。比较常用的是"街头拦人"法,即在街头路口、车站码头等处拦住过往行人进行访问。

判断抽样。指根据调查者个人的知识和经验,确定要调查的公众对象样本。

配额抽样。即根据所有研究对象的某些特征(如年龄、性别、文化、职业收入等),将对象中所有个体分成若干类,然后在各类中非随机地抽取样本研究,样本中各类所占比例与他们在总体中的比例是相同的。如一个1 000人的学校,老年、中年、青年的人数分别为300人、300人、400人,要抽取100人作为样本,则应在老年人中抽30人,中年人中抽30人,青年人中抽40人,如图7-2所示。

雪球抽样。即公关调查者先访问自己周围熟悉的公众对象,然后再访问由他们推荐和

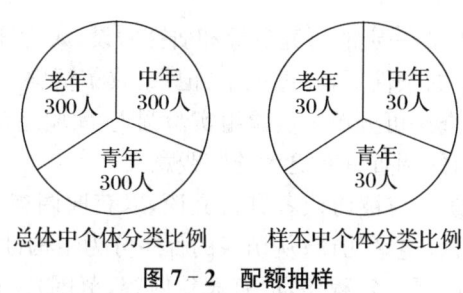

图 7-2 配额抽样

介绍的其他公众对象。依次类推,使样本数越来越多,像滚雪球一样,越来越接近于公众对象总体。

② 随机抽样。随机抽样又称概率抽样,就是指在抽取样本时,总体中每一个体被抽中的概率相等。以概率为依据,能避免抽样过程中的人为误差,代表性最强。它又分为简单随机抽样法、分层抽样法、系统抽样法和多段抽样法。

简单随机抽样。即对总体中的所有个体按完全符合随机原则的特定方法抽取样本,我们日常生活中的抓阄、抽签等方法就是简单随机抽样。一般在总体异质性不很大且所取样本数量较小时采用这种方法。

分层抽样。和配额抽样相似,也是将总体按观测单位的特征分成若干类别或层次,然后按事先确定的样本大小及各层或各类在总体中所占的比例提取一定数量的基本单位。分层抽样和配额抽样的差别在于抽取样本时,分层抽样是随机抽取,而配额抽样是非随机抽取。

系统抽样法。又称等距抽样法。如调查总体为1 000,抽取样本100,样本间距为10,从1 000中随机抽出一个号码,以此为起点,每隔10个数就抽取一个号码,这就是系统抽样法。如抽取的是5,那样本为5,15,25,35,……,直至抽满100个为止。

多段抽样法。是将抽取样本的范围在总体内逐步缩小,直至最后在一个较小范围提取样本。例如以公司员工作为研究对象时,可以分以下几段抽样:第一段通过随机方法抽取某一公司作为原始单位,第二段通过随机方法从该公司中抽取某工厂,第三段通过随机方法从该厂抽取某车间,第四段通过随机方法从某车间中抽取某班组为调查单位。

3. 公关调查的常用方法

一次成功的公关调查需要运用各种各样的调查方法。有时要综合运用,有时可单独运用。下面推荐公关调查的10种常用方法。

(1) 蹲点调查法。选择一个点(某一单位或某一地方),深入到那个点,与那里的人们一起工作生活,观察了解他们的情况,从中发现他们成功或失败的原因,总结概括出具有普遍性的经验、教训,揭示出规律性的启迪。比如,改革开放时对"深圳速度"的调查。

(2) 追踪调查法。对调查对象的过去、现在和未来进行调查,是一种不间断性的长期调查,以把握事物的动态发展、变化规律及趋向。如通过对公关专业学生的在校情况调查、毕业后工作状况调查,发现学校公关专业教育中存在的问题,研究改进措施。或者发现和概括公关专业学生成功人群的共同特点,将他们的成功方法传授给新的公关专业学生。

(3) 观察调查法。调查者有目的、有计划地运用自己的感觉器官或借助科学观察仪器,去直接观察调查对象,在积累大量生动具体的感性材料和记录数据的基础上,进行理论分析,找出调查研究对象的规律性。如某种动物生长规律的观察、获得。

(4) 实验调查法。指根据一定的研究目标和研究假设,人为地控制某些因素和条件,突出某些主要因素,在"纯化"的条件下,经过观察、记录、收集资料,以证实和研究客观现象间因果关系的方法。实验调查法可分单一实验组实验调查、实验组对照组实验调查、多组实验调查。其中,实验组对照组的调查具有更大的实践意义。

　　(5) 访谈调查法。访谈者与被访谈者进行交谈,以获取调查资料。公关访谈调查从访谈媒介上可以分面对面访谈、电话访谈;从访谈的程序分为结构性访谈(依访谈提纲提问、回答)和非结构性访谈(访谈时无一定程序,但有大致内容,范围)。非结构性访谈又分为重点访谈和非引导性访谈。

　　(6) 专家调查法。邀请公关专家,采用小型座谈的方式,讨论问题或传递信息;或者成立专家小组,其成员包括与某种事件有关的专家,以咨询他们的意见,对情况做出判断,作为调查结果。比如对某市各单位标志形象质量的调查,就可向标志形象设计专家进行访谈调查或问卷调查。

　　(7) 文献调查法。通过搜集各种有关调研内容的文献资料,达到某一调研的目的。比如调查中国公关书籍出版情况,就可通过图书馆、书店、网络等途径,采用查阅相关文献资料的办法,了解公关书籍出版的种类、数量、作者、出版单位等等。

　　(8) 问卷调查法。事先将有关公关调查内容印制成调查表发(寄)给调查对象,待调查对象填好表后,收回、整理和分析,以获得调查结论。问卷法可分四种:报刊问卷、邮政问卷、送发问卷、访问问卷,其回收率分别为:$10\%\sim20\%$、$30\%\sim60\%$、$80\%\sim90\%$、$90\%\sim100\%$。问卷题目设计分为开放式(可任意回答)、选择式(单项选择、多项选择)、等级填答式。

　　(9) 抽样调查法。通过调查同类的部分情况,以了解同类的整体情况。抽样统计包括简单随机抽样(如抽签法)、等距随机抽样、类型随机抽样、整群随机抽样等等。

　　(10) 民意调查法。民意是通过科学方法取得的公众对调查问题的意见,这是世界上十分流行的社会调查方法。民意调查的一般做法是:一是做好民意调查的问题(问卷)设计(参见本章后面附件)。二是选择好调查对象(样本),要求其具有代表性(随机抽样除外)。三是对调查者(访员)进行调查规范的培训,使其掌握一致的调查程序和比较成熟的调查技巧。四是由访员(调查者)打电话(或面访或邮寄)给被调查者,询问他们对某一项公共议题或政治人物表现的看法(如赞不赞成、满不满意)。五是由调查者或专家分析受访民众的意见分布情形(通常包括全体受访者对各个问题的支持或反对的百分比例,以及不同性别、年龄、教育程度、党派或利益团体、行业、社会阶层等在各项问题上的意见分布状况),并形成调查报告(初稿)。六是通过调查分析或专家研讨,发现调查缺陷,采取措施,进行补充调查,弥补调查缺陷。七是修改、形成最终调查报告。并分成对内版与对外宣传版。八是对外发布调查结果(散发对外宣传版)。

四、公共关系调查设计

　　公关调查技术指标准设计技术、统计技术等,还包括录音、摄像、电子计算机的使用等。下面是两种最常用的技术设计:

1. 问卷设计

　　问卷设计是问卷调查的关键技术。问卷设计的主要原则是:扣题、清晰、精练、有特色。一个好的问卷必须多角度、多层次地考虑问题,并运用一些特殊的措施,使答卷者无从作假或不愿作假,同时进行效度和信度测定,保证其科学性和实用性。

问卷的形式可以根据不同的角度分为多种,一般以出题的方式分为两种:开放式问卷和封闭式问卷。

开放式问卷,要求回答者自由地发表意见,有详答和简答的区别。

封闭式问卷也叫固定问卷,就是事先把有关答案都准备好了,答者只要从中选择一项或几项认为适当的答案即可。具体可分为以下几种:

(1) 是否式。答案只有"是"与"否"两项,只要在括号内打钩即可。

(2) 选择式。列出答案至少在两个以上,回答者只要在他认为对的地方的括号内打钩即可。

(3) 排列式。要回答者把答案按其重要性或时间性等排列起来,通常用数字1、2、3……表示。

(4) 填入式。直接以数字或特定的文字把答案填入问卷的空格即可。

(5) 尺度式。即把答案描述成两个极端,中间分为3等、4等或5等心理距离,要求答者在适当的地方或程度上打钩即可。总之,不管什么类型的问题调查,都有四个基本要素,即题目、说明信、问卷的具体内容、统计性资料(即登记表)收回方法。

公关调查问卷设计的关键在具体内容,内容编制可按下列步骤进行:

第一步,根据研究题目与假想,找出所需资料;

第二步,决定采用问题的类型;

第三步,列出问卷的标题或提纲;

第四步,列出有关题目,即把抽象的理论命题变为具体的经验命题,把调查纲目中的概念变成一系列变量和指标,用指标作为衡量变量的标准和尺度。比如性别是变量,则男女性别是指标。

而设计题目则要考虑以下问题:(1) 问题是否有意义? (2) 问题是否范围太广?是否可分解成几个小题目,有纲有目? (3) 问题是否抽象,难以回答得明确? (4) 篇幅是否太长?太长容易引起答者厌倦,一般控制在30分钟左右;(5) 问题能否使用计算机处理?

问题的次序。一是可以按时间顺序;二是按内容顺序,容易回答的应放在前面,不容易回答的应放在后面,并且敏感性、开放性的一般放在后面。总之要由浅入深、由易到难、由小到大、由因到果地排列。

除了问卷调查这种形式以外,调查很多时候还采用访谈的形式。关于访谈,我们需要知道下面的内容:

2. 访谈方案设计

访谈方案是指按公关调查课题进展的逻辑顺序或空间、时间顺序,把所要调查的问题整理记录下来,以备访问时发问或回答的过程。设计方案时,要遵循访谈的原则:

(1) 自由联想原则。被调查对象思路越开阔,意见就越表述得充分。

(2) 非指示原则。其他人介入的程度越低,表述含调查者个人意见的成分就越高。

(3) 行为抽象原则。在不能直接对某一现象考察时,可以抽出一些与此现象相关的行为来考察,从这些彼此相关的行为研究中认识某一现象的真实情况。

(4) 影射原则。在出现被访者不真诚合作时,设计某种情境,使被访者有所反应,从而打破僵局。

公关调查的访谈要注意谈话技术。引导被访者接受访问,可采取开门见山、旁敲侧击、投石问路、引水归渠等方法启发。要尊重被访问者,开诚布公,取得信任。从对方感兴趣的问题开始;听对方谈话要全神贯注,深入交谈时应表示出兴趣;用短暂的停留表示对某一问题的重视;用重复加强表示对某一问题的理解。对某部分表示不赞同意见时要用商讨的、平易近人的、相互磋商的方式进行。按预计方案顺序发问。言谈要轻松,要准确把握要点。切忌用暗示答案的方式发问。答非所问时要追问,如对方搪塞,可用"激将法"鼓励对方。

此外,在公共关系调查中,还有文献法(也称"间接资料分析法",即利用人们专门建立起来储存与传递信息的载体——文献进行分析和调查)等调查方法。

五、公共关系调查程序

公共关系调查的一般过程也就是公共关系调查的程序,按照时间先后依次安排和进行的调查活动步骤。公共关系调查作为一种实践性的活动与操作过程,具有明显的阶段性。将公共关系调查活动的全过程区分为不同的步骤,有利于调查活动的程序化、规范化和科学化。了解公共关系调查的程序,有助于认识、理解和掌握公共关系调查的操作性特点及其相关的方法和技巧。

公共关系调查的全过程可以划分为以下 5 个基本步骤。

1. 调查准备阶段

调查准备阶段是公共关系调查的起始阶段和基础环节。能否通过调查获得开展公共关系活动所需要的信息,在很大程度上取决于调查的准备工作是否充分。调查准备阶段的工作主要包括以下三项。

(1) 确定调查任务。确定调查任务是公共关系调查准备阶段的第一项工作。公共关系调查的任务是由调查的内容确定的,根据不同的调查内容,确定不同的调查任务。开展公共关系活动所需要的信息有可能千头万绪,与此相对应,公共关系调查的内容就可能十分广泛。但任何一次公共关系活动都有具体目标、具体对象、具体要求和规定,因此,调查的内容就没有必要包罗万象。也就是说,需要根据开展公共关系活动的目标、对象、要求和规定确定调查内容,再根据调查内容确定调查任务。确定调查任务的意义在于使调查具有针对性,做到有的放矢、突出重点。

(2) 制订调查方案。明确调查任务以后,接下来的工作就是制订调查方案。一个全面完整的调查方案应该包括的内容有:第一,调查研究的课题及调查的目的和意义;第二,调查研究的公众范围和目标公众;第三,调查研究准备采取的方式和方法;第四,调查对象的选择方案或抽样方法;第五,调查内容、调查指标和调查项目;第六,调查的场所、需要的时间和进度;第七,需要的经费以及其他物品的计划;第八,选择调查人员,并进行提前培训。调查方案的制订或设计必须全面考虑以上 8 个方面的问题。

(3) 做好物质准备。开展公共关系调查活动还需要具备相应的物质条件。相应的物质条件主要涉及调查人员、所需经费、设备器材三个方面。

第一,调查人员。公共关系调查人员的条件包括知识、能力、素质等方面的质量要求,也包括一定的数量要求。应该根据调查活动的实际需要,有针对性地对调查人员进行培训。

第二,所需经费。应该做好经费预算,确保经费到位。

第三,设备器材。即开展调查活动需要的器材,如录音机、录像机、摄像机、摄影机、电话机、传真机、计算机等。

2. 搜集资料阶段

搜集资料阶段就是具体的调查阶段,是公共关系调查过程中的核心阶段。搜集资料阶段的主要工作是:实施现场调查,取得支持配合。

(1) 实施现场调查。收集资料阶段是公共关系调查的现场实施阶段。应该按照公共关系调查方案的要求,深入调查现场,接触目标公众,采取各种调查方法,实际搜集相关资料。在公共关系调查中,可以从不同的角度将搜集资料的方法分为:直接搜集和间接搜集;正式途径搜集和非正式途径搜集;公开搜集和秘密搜集等。现场搜集的资料基本上可分为两类:原始资料和现成资料。原始资料也叫作第一手资料,是指调查者深入现场实地调查所搜集到的资料,这类资料应该成为搜集的重点。现成资料也叫第二手资料,是指经他人搜集、整理过的相关资料。现成资料可以避免重复劳动,减轻调查负担,用于核对原始资料。

(2) 取得支持配合。现场实际调查需要得到被调查者及其相关组织或人员的支持与配合,才能顺利进行,并能搜集到真实、准确、全面、丰富的资料。因此,调查人员必须注重处理好各种关系,争取相关人员的支持与配合。首先,要处理好与被调查者的关系,争取得到被调查者的真诚支持与通力合作;其次,处理好与被调查者相关的组织或人员的关系,争取得到这些组织或人员的支持和帮助。

在现场搜集资料的过程中,必须注意恰当合理地应用调查的策略技巧和技术手段,因为这将直接影响搜集资料的数量和质量。

3. 整理分析阶段

整理分析阶段是运用科学的方法,对搜集到的各种调查资料进行去伪存真、去粗取精并加以归类、排列的信息处理过程。通过对搜集的资料进行整理分析,实现由此及彼、由表及里、由感性认识上升为理性认识的飞跃。本阶段的主要任务是整理调查资料和分析调查资料。

(1) 整理调查资料。一般来说,从现场搜集到的调查资料具有以下特点:其一,真伪混杂,良莠并存,真实性和准确性都需要加以确认。其二,内容分散,形式各异,完整性和条理性都需要加以提高。其三,主次无序,冗余量大,针对性和概括性都需要增强。显然,根据这样的调查资料难以准确地判断组织现时的公共关系状态,难以清晰地反映组织存在的公共关系问题,也难以有效地预测组织未来的公共关系趋势,因此,对现场调查搜集到的资料,必须加以整理。整理资料是对资料进行分析研究的基础性工作,是从具体调查阶段过渡到研究阶段,由感性认识上升为理性认识的中间环节。

整理调查资料的工作内容主要包括以下三点。

第一,按照真实性、准确性、完整性的要求对调查资料进行审核;

第二,按照科学性、针对性、实用性的原则对调查资料进行分类;

第三,按照条理性、系统性、概括性的标准对调查资料进行加工。

(2) 分析调查资料。对调查资料的整理为调查资料的分析奠定了基础。调查资料的分析是指调查人员运用一定的科学方法,对调查资料的内容进行深入加工的过程。分析资料所运用的科学方法可以概括为定性分析方法和定量分析方法两类。调查人员应该对经过整理的调查资料由此及彼、由表及里、由现象到本质地进行深入的比较、归类、推测、判断、概括、统计,从而发现其中的重要信息,揭示其中的关键问题。在此基础之上,形成调查的认识成果,提出解决问题的对策。

分析调查资料是对调查资料的认识、深化和提高的过程,也是决定调查结果能否充分发挥作用的关键环节。

4. 形成结果阶段

当对调查资料进行整理分析后,一般应该形成书面形式的调查结果,即形成一份完整的公共关系调查报告。公共关系调查报告是指用以反映通过公共关系调查所获得的主要信息成果或初步认识成果的书面报告。调查报告集中地反映了调查过程中所获得的信息成果和认识成果,便于组织的领导人员或决策人员参考,便于将调查成果应用于公共关系活动。

(1) 写作调查报告的工作内容。写作调查报告实质上是调查者对获得的信息资料的加工处理过程。这一过程的具体工作内容如下。

第一,分析经过审核和处理的信息资料,确定调查报告的主题。

第二,汇集相关信息资料,概括出存在的问题及其变化的情况。

第三,对重要信息资料进行综合研究,从中概括出明确的观点。

第四,选择应用信息资料,说明公共关系工作应该注意的问题。

(2) 写作调查报告的基本要求。公共关系调查报告既应该体现调查者的调查能力和写作水平,也应该体现调查在公共关系活动中的重要地位和巨大作用。因此,写作公共关系调查报告应该符合以下基本要求。

第一,确保调查报告内容的客观性和真实性。这是对调查报告最基本的要求。这一要求的基本含义是写作调查报告必须以调查所获得的信息资料为依据,包括以信息资料为依据确定主题,以信息资料为依据概括情况,以信息资料为依据提炼观点,以信息资料为依据说明问题等。

第二,确保调查报告体例的系统性和完整性。系统性是指调查报告的体例安排和内容表述应该具有严谨的逻辑性;完整性主要是指调查报告的结构应该包括题目、目录、概要、正文、结论、建议和附件等几个部分。

第三,确保调查报告表述的准确性和通俗性。调查报告的语言表达主要要求做到准确、通俗。准确是指行文要把握好分寸,恰如其分地反映事实;通俗是指用语要简洁、朴实、易懂,不需要修饰和美化。

5. 总结评估阶段

调查报告形成以后应该对整个调查过程和调查结果进行总结评估。总结评估是公共关系调查中一个必不可少的重要步骤。通过总结评估,调查人员可以在以下三方面取得新的收获:其一,可以清楚地了解本项调查的完成情况;其二,可以准确地掌握本项调查取得的成果;其三,可以总结出本项调查的经验和教训。总结评估的主要内容通常是以下两个方面。

(1) 评估调查成果。评估调查成果主要是指衡量调查成果的价值。衡量调查成果的价值通常使用学术价值和应用价值这两个指标。在学术价值方面,应该对调查所提供的事实资料和数据资料的完整性、真实性、可靠性做出客观的评价,应该对提出的理论观点和研究结论的科学性、合理性、创新性等做出客观的评价;在应用价值方面,一般需要根据调查成果被采用的情况、调查成果对公共关系活动的实际指导作用和所取得的实际效益做出具体的评价。对调查成果进行评估,大致可分为调查人员自己评估、成果应用者评估、同行专家评估、组织领导评估等4种情况。这4种形式的评估各有利弊,应该综合其中的优点,克服其中的弊端。

对调查成果进行评估的具体方法主要有:定性的、定量的,集中的、分散的,面对面的、背对背的等,在实践中可以根据具体情况选择使用。

(2)总结调查工作。总结调查工作是指对整个调查活动的工作过程和有关情况进行回顾并加以归纳概括。其内容主要包括:其一,调查工作的完成情况,如是否按时完成了调查任务,是否真正达到了调查目的,是否需要补充或重新调查等;其二,调查所取得的经验教训,如本项调查有哪些成功之处和不足之处,调查的各个阶段取得了哪些具体成绩和收获,事先确定的调查目的、任务、范围、过程是否妥当,调查的条件、方法、手段是否适用等。

总结调查工作的主要目的是积累成功经验,吸取失败教训,为以后的调查活动提供参考与借鉴的依据。

北京长城饭店日常调查案例

(一)案例介绍

北京长城饭店是1979年6月由国务院批准的全国第三家中外合资企业,是北京五星级饭店中开业最早的饭店,是北京80年代十大建筑之一。长城饭店成为京城饭店的佼佼者之一,除了出色的推销工作和优质的服务外,饭店的公共关系工作在塑造饭店形象方面发挥了重要作用。

长城饭店的大量公关工作,尤其是围绕为客人服务的日常公关工作,首先源于它周密系统的调查工作。长城饭店日常的调查研究通常由以下几个方面组成。

1. 日调查

(1)问卷调查。每天将表格放在客房内,其中的32项调查内容涉及客人对饭店的总体评价,故地重游再来北京时住长城饭店的可能性有多大,对十几个类别的服务质量评价如何,对服务员服务态度评价如何等等。

(2)接待投诉。几位客务经理24小时轮班在大厅内接待客人反映情况,随时随地帮助客人处理困难,并受理投诉,解答各种问题。

调查表和投诉意见每天集中收回,由客房部与公关部进行统计整理,其结果当晚交于饭店总经理,使决策层及时了解情况,次日早晨在各部门经理例会上通报情况。

2. 月调查

(1)顾客态度调查。每天按等距抽样向客人发送喜来登集团在全球统一使用的调查问卷。每日收回,月底集中寄到喜来登集团总部,进行全球性综合分析,并在全球范围内进行季度评比。根据量化分析对全球最好的喜来登饭店和进步最快的饭店给予奖励。

(2)市场调查。前台经理与在京各大饭店的前台经理每月交流一次游客情况,互通情报,共同分析本地区的形势。

3. 半年调查

喜来登总部每半年召开一次世界范围内的全球旅游情形调研会,其所属的各饭店的销售经理从世界各地带来大量的信息,相互交流、研究,使每个饭店都能了解世界旅游形势,站在全球的角度商议经营方针。这种系统的全方位调研制度,宏观上可以使饭店决策者高瞻远瞩地了解全世界旅游业的形势,进而可以了解本地区的行情;微观上可以使他们了解本店每个岗位、每项服务乃至每个员工工作的情况,从而使他们的决策有的放矢。

1989年6月以前,长城饭店的客人90%以上来自欧美,饭店主要提供欧美式服务,服务员以讲英语为主,饭店的简介、价目表也一直是用英文印刷的。欧美人习惯喝自来水,饭店便提供再次处理的自来水,而没有主动送茶水的服务程序。1989年6月以后,调研表明,亚太地区的华侨、华裔和港澳台胞客人的比例明显增加,于是饭店改变了原有服务程序与项目,增加中文简介、价目表和宣传片,为适应亚洲人和中国人的习惯,增加主动送茶水的程序。电话服务的问候也改为先用中文、后用英文,以便适应大多数宾客的心理习惯,使他们感到亲切、舒适、方便。

(二)案例分析

1. 高度重视信息采集与调查研究

长城饭店把自己的信息采集与处理放到信息社会的大背景中,放到世界级的激烈竞争中,因而他们的工作不同凡响。

2. 高质量地采集信息

长城饭店的调查卡不但外形设计精美、雅观,而且内容设计层次分明、逻辑性强。他们高质量地采集信息还表现在采集信息的方式具有起点高、系统化和全方位的特色。他们没有把眼光局限在每天到店的客人身上,而是注意到信息采集的空间扩展,看到影响客流量的多种因素,宏观立于全市、全国、全世界的范围,微观至每位客人、每个岗位、每项服务。

3. 及时、高效地处理信息

长城饭店可以说是天天在搞调查研究,天天在搞"现场办公"。他们每天对调查问卷及时进行统计分析,发现问题马上行动,体现了及时、高效的特点。

第二节 公关策划

公关策划即"公共关系策划",是公共关系人员根据组织形象的现状和目标要求,分析现有条件,谋划并设计公关战略、专题活动和具体公关活动最佳行动方案的过程。公关策划的目标是指组织通过公共关系策划和实施达到理想的形象状态和标准。

公关策划的核心,就是解决以下三个问题:一是如何寻求传播沟通的内容和公众易于接受的方式;二是如何提高传播沟通的效能;三是如何完备公关工作体系。

一、公关策划的原则

1. 求实原则

实事求是,是公关策划的一条基本原则。公关策划必须建立在对事实的真实把握基础上,以诚恳的态度向公众如实传递信息,并根据实事的变化来不断调整策划的策略和时机等。

2. 系统原则

指在公关策划中,应将公关活动作为一个系统工程来认识,按照系统的观点和方法予以谋划统筹。

3. 创新原则

指公关策划必须打破传统、刻意求新、别出心裁,使公关活动生动有趣,从而给公众留下深刻而美好的印象。

4. 弹性原则

公关活动涉及的不可控因素很多,任何人都难以把握,留有余地才可进退自如。

5. 伦理道德原则

伦理道德准则的核心内容是:组织公关活动及其策划与从业人员行为的道德要求日趋加强。

6. 心理原则

要运用心理学的一般原理及其在公关中的应用,正确把握公众心理,根据公众的心理活动规律,因势利导。

7. 效益原则

要以较少的公关费用,去取得更佳的公关效果,达到企业的公关目标。

二、公关策划的层次

公关策划的内容是多层次的统一体。在系统内部可分为高层次、亚层次、表层次三方面的策划内容。

(1) 高层次的策划内容是指对政治的总体、宏观战略规划的设计和构思,最能体现公关策划人员创新意识和创造力的成果。以工商企业发展战略的公关策划为例:现代化大生产使工商企业的市场预测、产品开发、原料加工和经营销售联成一体,因而,企业策划要按照社会整体效益来制订组织发展战略及规划的总目标,注重整体效果,把社会效益、经济效益、人才效益、生态效益有机地统一起来,使企业行为的结果能对社会产生积极的影响。

(2) 亚层次公关策划内容是指公关实务的专题活动策划。它包括媒介性专题活动的记者招待会、新闻发布会;会议性专题活动的会场布置、起草决议、整理会议纪要、发送简报、落实接送工作等;庆典性专题活动的开幕式、纪念会、厂庆、校庆及各种节日庆祝活动,包括拟订贵宾邀请名单、安排活动程序、组织节目演出和参观访问、发放纪念品等;联谊式专题活动,一般可分感情型、信息型和合作型。感情型以联络感情为主,信息型以沟通信息为主,合作型以促进合作行为为主。这类联谊会的公关策划要把握好文化品位,热情周到,可适当穿插些文娱节目,以活跃联谊会的气氛。此外,还可组织公关广告、营销、谈判等专题活动的策划。

(3) 公关专题活动策划可以是单个专题活动,也可以是一组或一个系列专题活动。比如,盛产杨梅的浙江余姚市,在每年6月杨梅成熟季节举行杨梅节公关专题活动,在将近两周的时间里,推出实物展览、文化传播、宣传演出、文明服务、市场推广等一系列公关专题活动,一环扣一环,形成连锁反应,从而产生较好的整体效应。

(4) 表层次的公关策划内容是操作性的具体公关活动,通常是为了完成某一项公关活动的任务,设计某一项公关活动方案而选择的公关技巧、技能、谋略、招数、点子等。比如,公众交往中的接待工作,主持节日晚会,举办鸡尾酒会、舞会,组织参观游览,节假日互相祝贺,编写简报通报情况等。从事这些表层次公关策划的工作人员只要知晓一般的礼仪规范和接待程序,态度认真、热情负责、举止大方,掌握人际交往的技巧即可。

三、公关策划的程序

(一)确定公关目标体系

公关目标体系是指一组相互连贯、包含有不同类型、用以分别指导不同具体公关工作的指标系统。这些不同的工作指标有的抽象、有的具体,但相互间却存在着由低到高、由浅入深、环环相扣、层层递进的紧密联系。低层次的、具体的工作指标是从高一层次的较为抽象、概括的工作目标分解而来的,达成这些目标一定有助于较高层次目标的实现,而较高层次公关目标的达成则完全依赖于下一级低层次工作指标的圆满完成。

1. **公共关系策划目标是一种复合的目标系统**,由以下具体内容构成:

(1) 提高组织的知名度,树立组织的形象及信誉;

(2) 使组织与公众保持经常化的信息沟通与交流,设计并不断完善组织与公众进行信息沟通与交流的正常渠道;

(3) 检测社会环境及舆论变化的趋势,根据这种趋势督促、协助组织的决策者及时调整组织的政策与行动;

(4) 利用各种渠道和途径,争取公众舆论的支持与协作,在发生公共关系纠纷时,利用有效的传播手段,获得公众的谅解,变敌视为友善、化冷漠为关心,妥善解决各种公共关系纠纷;

(5) 积极开展组织内部的公共关系活动,强化组织的凝聚力和向心力,为组织创造良好的内部人际关系;

(6) 为组织推销产品和服务进行公共关系营销活动,帮助组织提高产品及服务的市场占有率。

2. **公关策划目标的重要性**

公关策划目标是公共关系全部活动的核心,整个公共关系活动可以理解为"制定公共关系目标→实践公共关系目标→评价公共关系目标"的过程。明智的决策者都有这样的体会,"目标一旦确定,决策问题就已经解决了一半。"因此策划目标十分重要。在公关策划过程中,目标的重要性表现在以下几个方面:

(1) 目标明确了公关策划的方向。公关策划目标是企业形象战略目标的具体化,它把组织公关项目的目标以生动具体的文字、图表或模型方式摆在公关人员和决策者的面前。对于公关策划者来说,如果缺乏明确的目标,策划只能是盲目的策划。没有明确的目标,策划者就无法拟定策划方案。如果目标出了问题,也会失之毫厘而谬之千里,造成难以挽回的损失。而有了明确的策划目标,策划所要解决的问题就具有了清晰的边界和详尽具体的内容,从而有了拟订方案的依据。

(2) 目标是组织内部协调的依据。在组织内部,组织决策者、公关策划者、公关部成员以及具体执行实施运作的人员之间由于各自的经历、学识、信息以及对问题的观察、理解不同,必然会形成许多意见分歧。这就需要一个明确的目标来引导方向,统一认识,统一行动,使所有参加工作的人心往一处想,劲往一处使,各尽所能,各司其职,相互配合,协调一致。即使遇到意外情况,也能心中有数,在总目标的指导下加以调整、解决,做到既灵活处理,又不失原则。因此,策划目标是组织内部协调统一的依据。

(3) 目标可以激发人们的斗志。公关目标是策划活动的一种理想,对人们有很大的动员和鞭策作用。目标如果能够内化,就可以变成人们的坚定信念和意志,使人产生一种使命感,推动人们百折不挠地为其实现而奋斗。

(4) 目标可以提高工作效率。由于建立了公关目标系统,使组织的一切工作都以确定的目标为中心,都为公关目标而努力。在实施过程中不仅能根据目标对工作进行及时的控制和调整,纠正各种错误,同时还可以避免重复、无效的劳动,从而大大提高工作效率。

(5) 目标是评价公关活动效果的准绳。目标为组织决策者、方案实施者和成果评价者都提供了一根准绳。

3. 公关策划目标的体系结构

所谓公关策划目标的体系结构,就是指组织的目标是一个由总目标、分目标和子目标构成的多元性、层次性、时序性的总体。也是一个由各种不同侧面和重要程度组合而成的统一体和集合体。

(1) 目标体系的多元性。从横向上看目标体系,组织的战略目标,是由包括组织形象战略目标及其具体公关策划目标在内的并且相互联系的一个目标群。这个目标群由各种因素构成,大体上可分为外部目标和内部目标。

组织外部目标包括建立组织信誉和塑造良好形象的形象战略目标;决心为用户服务,扩大服务领域,提高市场占有率的市场目标;为增强实力,提高竞争能力而确定的发展目标。

组织内部目标包括加强组织文化建设,增加组织凝聚力和向心力的精神目标;组织调整内部结构增强功能的效能目标;以较少投入取得较多产出的效益目标;加强成本管理,强化成本控制所应达到的成本目标;产品数量和品种要求的产量目标;加大产品技术含量,提高产品功能的质量目标等。

组织所涉及的问题越复杂,时间、空间跨度越大,其战略目标所包含的内容的方面就越多,目标群的结构就越复杂。组织目标作为一个体系,其内部的各方面除了相互依存和相互作用的一面外,还有相互制约甚至相互冲突的一面。在某些情况下,追求这一目标,可能要部分地牺牲另一目标。如果不加限制、不择手段地对某一目标过分追求,可能会影响其他目标的实施,甚至会使某些目标无法实现。因此,作为策划者,必须清楚地了解组织目标的构成,正确处理好其中各个方面的横向关系。

(2) 目标体系的层次性。从纵向上看目标体系,它是一个多层次的体系。目标体系的最高层次是组织总目标,最低层次是组织具体行动目标,在两者之间是中间层次。企业的中间层次目标是组织总目标和具体行动目标联系的中介。组织总目标规定并制约着组织形象战略目标和其他中间目标,为组织公关策划目标和其他低层次的具体目标指明了方向。公关策划目标是形象战略目标的具体化,并从属于组织经营总目标。只有通过实现所有低层次的目标,才能保证形象战略目标的实现,进而实现组织的总目标。因此,组织公关策划目标和其他低层次的目标,必须根据和围绕组织总目标来确定。

(3) 目标体系的时序性。从时间上看,在组织总目标的制约下,可以把组织目标看成是一个由长期目标和若干相联系的中期目标、短期目标组成的目标体系。这些目标合起来,构成时间上的目标体系,在这一目标体系中,长期目标规定短期目标,短期目标服从并服务于长期目标。

(二) 设计活动主题

活动主题是与会者关心的,感兴趣的,和他们有关系的。主题特点:简洁,耐人寻味,幽默风趣,过目不忘,震撼人心。主标题是否会令你想去读副标题的第一句话,而副标题的第一句话是否能使你想去第二句话,当你看完整个主画面后,能否让你保持微笑和打动。

主题的选择,关系到活动整个流程和基调。一个好的主题,是活动的灵魂。

主题设计常用方法有:

1. 抽象

重在给客户的第一印象符合此次活动的意境和气氛,符合客户想要传达的信号。如在2011年三生中国三万人大会活动选用的主题"创世纪"给人的感觉就是非常霸气和大气,因此整场活动场面也是大气磅礴的气氛,同时,最主要公司新的品牌理念,新的VI和定位,新的品牌战略,从宁波三生到三生中国,这一系列的变化都符合主题,通过创世纪来达到给活动参会人一种全新的,大气的感觉的目的。

2. 具体

通过文字,巧妙直接的表达活动目的,如西蒙电气2012年三亚经销商大会主题:"店亮未来",西蒙电气结合公司市场营销发展的战略,针对经销商的年会活动,巧妙直接地说出了自己最想说的话,"店亮未来",顾名思义就是西蒙电气将在中国大力发展加盟店、直营店的策略。我想说的是西蒙电气是一家国际化的大公司,进入中国短短几年就发展为在全国有上千家直营加盟店。

有一个杂志刊登内衣广告,标题是:穿××牌紧身内衣,尽显您理想身材。我觉得不够吸引眼球,我同样看到,在一家美国的广告公司,也在为一家女士紧身内衣做广告攻势,广告中的女人只穿着紧身内衣,在人来人往的大都市街头旁落无人的行走,标题是:我梦想,身上只穿着××紧身内衣,穿过纽约闹市。

(三) 界定目标受众

公关的策划对象是指社会组织的公众对象,公众对象一般分为一般公众和目标公众。一般公众对组织的影响是间接的,但却是广泛而全面的。目标公众对组织的影响是直接的、迅速的。一般公众和目标公众之间并没有截然的界限,它们只是相对的。

在广告业中,有这么一段话:

给小孩看的广告,成人不喜欢有什么关系?

给女人看的广告,男人不喜欢有什么关系?

给农民看的广告,城里人不喜欢有什么关系?

给俗人看的广告,高雅之士不喜欢有什么关系?

公关策划最重要的是取悦目标公众,而不是所有人。

界定公众应遵循下列几条原则:

1. 相关性原则

公关策划所选择的公众对象必须是与公关策划目标相关,是影响公关策划目标实现的公众。一般地说,矫正型公关策划目标主要是为了向公众说明事实真相,消除公众的误解,恢复组织的信誉,重新树立组织的良好形象,因此,公关策划的对象应选择对组织持怀疑态度和对立情绪的公众。维持型公关策划目标主要是组织开展连续不断的公关活动,与公众保持良好的公关发展状态,维持组织在公众中的良好形象,因此,公关策划通常选择对组织情况比较了解的公众和准备采取行动的公众作为对象。发展型公关策划目标主要是为了提高社会组织的知名度和信誉度,取得公众对组织的信赖和支持,它的公众选择范围比较广泛,因此,不论对组织了解与否,只要可能与组织发生利害关系的个体、群体,都可以作为被选择的对象。

2. 层次性原则

社会组织在确定公关策划的公众对象时,既要考虑公众的代表性,又要注意公众的广泛性,使公关策划活动既有中心公众,又有一般公众。所以,公关策划活动在重点解决中心公众问题的同时,还应扩大其一般公众的辐射范围,改善社会组织整体的公关状态。

3. 复合性原则

社会组织在确定公关策划的公众对象时,应注意公众区域的合理跨度,除了邀请本地区的公众外,还应邀请其他地区的公众;在开展社会组织内部公关策划活动时,应适当邀请外部公众;而开展外部公关活动时,则可委派部分内部员工前去助兴。此外,还要注意公众的年龄、职业种类,以扩大社会组织在全体公众中的影响。

(四)选择公共关系活动的媒介

在公共关系实施传播过程中的一个重要问题,就是如何选择恰当的媒介,使公关传播更有效和更经济。

1. 选择媒介可根据以下原则来进行

(1)符合目标原则。根据公共关系的具体目标和工作要求来选择和使用传播沟通媒介。即选择和使用的手段和方法必须符合公关工作的性质和要求,以便充分发挥媒介的功能。

(2)适应对象原则。根据公共关系对象的特征来选择和使用传播沟通媒介。即根据不同的公众对象选用不同的传播手段,才可能使信息有效地到达目标公众,并被公众所接受。

(3)区别内容原则。即根据传播内容的特点和要求来选择和使用传播沟通媒介。只有根据传播的内容来决定传播的形式,才可能充分发挥传播媒介的优势。

(4)合乎经济原则。即根据组织具体的经济能力和最经济的条件选择和使用传播沟通媒介。根据公关预算和传播投资能力,量力而行;并精打细算,争取在最经济的条件下获取尽可能大的传播效益。

2. 具体策略

(1) 媒介有不同的特点。不同的媒介有不同的特点,因此适用的传播类型也不同。报纸、广播、书籍、杂志、电视、电影等适合于大众传播;信函、电话、电报、传真等适用于人际传播;内部报刊、闭路电视适用于组织传播;灯箱、广告牌、布告适用于公共传播;互联网既适合于大众传播、组织传播,也适合于人际传播。媒介选用得当,在传播过程中可收到事半功倍的效果。

(2) 传播内容。不同的传播内容应选择不同的传播媒介。一般说来,比较形象浅显的内容应选用电子媒介,而难以理解的信息内容适合用印刷媒介。同样是印刷媒介,要传播系统的理论、深奥的知识,应选择书籍;内容不太多、但专业性很强,应选择杂志;内容相对通俗易懂、易引起普通公众关注,应选择报纸。同为电子媒介,靠美好悦耳的声音就能打动公众,可选择广播;有丰富多彩的画面,有变化多端的动作,则可选择电视和电影;如果要求场面宏大、气势磅礴,则更适宜选择电影。如果传播内容有一定保密性,则宜选择电话、信函;如果内容要求迅速广泛传播,则选择广播、电视、报纸、互联网。

(3) 受传者的特点。受传者是传播的目标和对象,传播效果取决于受传者接收信息的多少和对信息的理解程度,因此应对受传者进行全面细致的考察。根据受传者的文化层次进行选择:对文化水平高、喜欢思考的知识分子,宜采用书籍、杂志、报纸;对文化程度不高的农民和生产一线的工人,宜采用电影、电视、杂志、连环画。根据工作性质进行选择:对经常加班加点的出租车司机和从事简单劳动的农民,宜采用广播;对从事复杂劳动且时间比较紧张的公司白领,宜用报纸。

(4) 根据年龄特征进行选择:对于中老年人,宜采用广播、报纸作媒介;对于青年人,宜采用电视、互联网作媒介;对于儿童宜采用电视,如果能拍成动画片的形式,效果会更佳。

(5) 讲究经济效益。各种传播媒介的成本和使用费用相差极大。因此,在选择传播媒介时,公关人员应进行成本效益分析,遵守"花最少的钱争取最大的传播效果"的信条。以电子传播媒介为例,若效果相当,选用广播比选用电视经济得多。

(6) 注重时间安排。有些信息传播,其目的是为了吸引公众的短时注意,有的则为了引起公众的持久注意;有的信息要求迅速传送出去,有的则无要求。因此,选择媒介应注意时效性和频率上的合理性。如重大新闻、短期展销广告就宜选用电子传播媒介;而树立组织形象的系列内容,则应选用印刷传播媒介有规律地连续刊出。

(五) 选择活动时机

任何公关专题活动必须要抓准时机,适宜的时机是公关专题活动成功的开端,所谓"机不可失,时不再来",一般时机挑选是社会大众一起重视的突发性的社会事件,具有较强的社会影响力,比方突发性的社会灾难,安排公司代表性人物进行资助活动,突发性危机公关发生要及时举行新闻发布会;或者是每年固定常规性周期性的社会广泛重视的日子,比方新年、国庆、劳动节、高考,政府每年固定举行的博览会等等;或者是安排组织自身值得纪念和庆祝的节日来开展专题活动,比方安排周年庆典、新技术创新、产品上市的新闻发布会等等。

（六）具体公关活动项目的策划

公共关系活动策划需要做到动静结合，高低潮结合，快慢速结合的合理安排。其目的是为了有效地激发公众情绪，持久地调动公众的注意力，合理地把握事件发展进程，科学地控制公关活动的全过程。公共关系活动策划需要注意技巧性，所谓的技巧就是公关活动过程中表现出来的独创性、灵活性、思想性的结合。公关活动策划要把握的问题有：

（1）如何借助有利条件，避开不利因素；
（2）如何尽可能地吸引公众；
（3）如何扩大活动的影响力；
（4）如何防范意外事故的发生；
（5）如何使活动在公众心目中留下深刻的印象；
（6）如何使活动紧扣目标主题；
（7）如何使活动过程井然有序。

（七）经费预算

在整个公关计划方案的策划中，预算是一种以货币和数量表示的计划，是关于为完成组织公关目标和计划所需要资金的来源和用途的一项书面说明。由于组织的任何公关活动都离不开资金的运动，通过预算就可以使计划具体化，从而更富有控制性。

1. 经费预算的意义

作为一种传统的广泛运用的控制手段，预算的作用体现在以下几个方面。

（1）帮助公关管理者掌握全局，控制整体公关的运作情况。对于任何组织而言，资金财务状况都是举足轻重的。通过对资金的运筹，控制组织公关的整体活动。由于预算是用货币量来表示的，这为衡量和比较各项活动的完成情况提供了一个清晰的标准，从而使公关管理人员可通过预算的执行情况把握组织公关的整体情况。

（2）有利于公关管理者合理配置资源和控制组织中各项公关活动的开展。资金作为一种重要的杠杆，调节着各项公关活动的轻重缓急及其规模大小，预算内的资金收支活动可以得到人力和物力上的支持而得以进行，而预算外的情况由于不能开展而引起警觉从而被控制。管理者可以通过预算，合理配置公关资源，保证重点公关项目的完成，并控制各项公关活动的开展。

（3）有助于对管理者和各部门的工作进行评价。由于预算为各项活动确定了投入产出标准，因此，只要正确运用，就可根据执行情况来评价各部门的工作成果。同时，由于预算还规定了各项资金的运用范围和负责人，因此通过预算还可控制各级管理人员的职权，明确他们各自应该承担的责任。

（4）预算还便于培育勤俭节约、精打细算的工作作风。由于预算一般不允许超支，并且常作为考核的依据，因此，预算可迫使管理者在收支的考虑上都尽可能地精打细算，从而有助于杜绝浪费，严肃和严格的预算可促使成本下降、效益提高。

在进行公关预算时，正如公关计划的制定一样，一是不能过繁过细，否则会失去灵活性，而无灵活性是预算中的最大危险。二是不能把手段当成目的，预算是公关管理和实现公关目标的手段，不能将其凌驾于组织公关目标之上。不能热衷于自己某个环节的费用情况而无视整体公关目标的实现。当预算目标与公关的整体目标的实现不能相一致时,应该调整的是预算目标。

2. 费用项目

(1) 行政开支。行政开支属于基本固定的例行开支,主要包括以下几项费用:

人工费用。主要是指专职、兼职公共关系人员的工资、奖金及各种补贴。

管理费用。是指维护公共关系部门的日常工作而支付的费用。包括房租、水电费、保险费、取暖费、降温费、电话费、办公文具费、交通费、差旅费、维修费和折旧费等。

设施材料费用。公关活动所需的设施材料依照公共关系活动所运用的传播技术手段而定,一般包括各种摄影设备和材料、音响器材、电脑、复印机、展览设施和所需各种实物、印刷品、纪念品、书报杂志等的购置、使用费用。

(2) 项目开支。指实施各种公共关系活动项目所需的费用。越是大型的活动项目所需经费就越多。项目开支有:调研费、赞助费、公共关系广告费、重大庆典费、专家咨询费、场地设备租赁费、接待应酬费、突发事件处理费等。这些费用光靠日常的行政开支难以支撑,需要做单独的预算,应留有较大的弹性空间。

3. 预算方法

(1) 销售额抽成法。企业从其年度计划销售总额中抽取一定的百分比作为年度公共关系预算经费。这种方法只能计算出年度公共关系活动经费的总额。因此,只适用于年度公共关系预算。

(2) 项目作业综合法。即先列出公共关系项目计划及每项公共关系计划所需的费用细目和数额,核定单项公共关系活动预算,然后将年度内各个公共关系项目预算汇总,便可得出全年公共关系预算经费总额。这种方法具体、准确,既适用于年度公共关系活动经费的预算,又适用于项目公共关系活动经费的预算。但需要留有余地,以预防意外情况的发生。这里的留有余地主要表现在时间安排上和经费预算上。

(3) 平均发展速度预测法。即运用历史资料计算出公共关系经费实际开支总的发展速度,并计算出平均发展速度。按照这一平均发展速度确定公共关系活动经费预算数额。采取这种方法,可以保证公共关系活动经费每年都有所增加。这对于持续地开展公共关系活动,并已经积累一定经验的组织比较合适。

4. 注意事项

(1) 公共关系预算要以公关实际需要和机构的承受能力为准。同样类型、同样大小的组织机构,公关状态不同,公关工作的需要差别很大,甚至完全不同。同一个机构每年的公关需要也可能不一样。公关预算时一定要以本单位的实际需要为依据,不可盲目或机械进行,采用比率抽成预算的组织应随实际变化不断调整比率;预算要充分考虑机构的实际承受能力。

(2) 公关预算要有弹性,留有余地。公关形势变化莫测,紧急情况随时发生。组织应随形势变化改变公关的重点和方向,预算时应设置临时费用,以备不期之需。预算时还应考虑人工费用、物价变动等因素,适当留有余地。

(3) 专款专用。公关预算以完成预定目标为依据,其预算拨款仅能用于公关,其他部门或事项不可随意留用。如果预算执行出现短缺,就应请职能部门协助分担。

(4) 主动争取公关预算。预算的大小通常取决于公关负责人说服组织的效果。此外，争取公关经费还要注意借助外部组织、社会机构的力量。

(八) 公关策划书的撰写

公共关系策划书一般可分为五个部分：封面；序文；目录；正文；附件。

1. 封面包含标题、署名及成文日期

(1) 策划书的标题。策划书的标题必须详细清晰，让人一目了然。策划书标题字号稍大于正文，居中排列。其表现形式有三种：

① 公关主体＋事由＋文种。由组织聘请的公关顾问、公关公司策划公关活动方案，其策划书一般用这种形式的标题。如：东方商厦第十届香水文化节策划书、实桥公司开业庆典策划书、巨能钙公司消除"双氧水事件"影响的公关活动策划书。

② 事由＋文种。由组织内设公关机构策划公关活动方案，其策划书一般用这种形式的标题。如：爱美奖学金计划10周年纪念活动策划书、心理健康知识宣传活动策划书。

③ 主标题＋副标题。主标题一般是公关活动主题，副标题即常用策划书名称。如："感恩生活，关注心理健康——心理健康知识宣传活动策划书""节奏狂飙 炫音魅影——百事可乐炫音飞车音乐活动计划"。

(2) 策划书署名。策划书署名为策划者单位或个人名称。如方案系群体或组织完成，可署名"××公关公司""××公关部"；对其中起主要作用的个人，也可在单位名称之后署名，如"总策划×××""策划总监×××"。方案如系个人完成，则直接署名"策划人×××"。

(3) 策划书成文日期及其他。

① 成文日期。在署名下面注明策划文案完成的具体日期，一般加括号。如：(2008年11月18日)。

② 编号。对策划书进行编号，便于存档和查找。比如根据策划方案顺序编号，根据方案的重要程度或保密程度编号，根据方案治理的分类编号等。编号标识一般位于策划书标题右上角。

③ 版记。如策划方案尚属草稿或初稿，还应在标题下括号注明，写上"草稿""讨论稿""征求意见稿"等字样。假如前有"草稿"，决策拍板后的策划方案就应注明"修订稿""实施稿""执行稿"等字样。

2. 正文

策划书正文可分为活动背景、活动方案和效果预测三个层次展开。

(1) 活动背景。活动背景分析的目的主要是让公关主体领导者、公关活动方案实施者了解这次活动要解决什么问题及其鲜明的记忆点是什么。因此，活动背景分析应是公关策划者在综合分析公关主体面临的公关问题基础之上，对制定公关活动方案的依据、主要目的和创意的简要说明。

这部分内容应根据策划书的特点在以下项目中选取内容重点阐述：

——组织面临的公关问题及环境特征

——组织的发展历史及组织立场

——实现组织既定目标需要克服的障碍
——开展公关活动的原因
——开展公关活动的目的动机等。

（2）活动方案。这是公关策划书的核心部分。其主要内容有：

活动目标；活动主题；活动内容；经费预算。

这一部分的写作需要周到，但以纲目式为好，不必过分详尽地去加以描述渲染，也不要给人以头绪繁多杂乱或干涩枯燥的感觉。

（3）效果预测。活动效果预测的主要目的是让公关活动主体领导者和公关活动实施者明确公关策划希望获得什么样的结果，以及公关活动能否获得预定的效果。这部分写作只要回答清楚我们在策划论证时提出的几个问题即可。

3. 附件

这部分内容不一定每份策划书都需要，应根据具体情况而定。重要的附件通常有：

——活动筹备工作日程推进表
——有关人员职责分配表
——经费开支预算明细表
——活动所需物品一览表
——场地使用安排表
——相关资料
——注重事项等。

四、公关策划方法

1. 热点大挪移

是事件营销中最常用的方法。必定能够产生带有煽动性的"灵感"，引发成功的商业行为。

2. 争当第一法

成功的策划必须争当第一，才能引起市场的关注与厚爱，使消费者强化地位感和信任度，淡化市场价格敏感度，企业才能最终获益。

3. 概念提升法

就是为策划对象提供更多的"附加价值""体验价值"。概念之所以成功是因为它能带来"1+1＞2"的聚合效应，同样一个产品，由于新概念的提出，可以使消费者产生更多的想象。

五、公关策划范文

王老吉危机公关活动策划。

1. 公关目标

澄清事实，消除顾客疑虑，重塑王老吉安全、健康的形象。

2. 活动主题

安全品质，健康共享。

3. 目标公众的确定

中央电视台、《人民日报》《南方日报》、部分消费者、内部员工、政府相关部门。

4. 项目活动方案设计

为了实现企业"澄清事实、消除疑虑、重塑形象"的公关目标,首先我们会召开一个新闻发布会,然后利用这次发布会的内容在新浪、搜狐、腾讯等网络上进行宣传;同时为了消除此次事件的负面影响,扩大销售量,我们还将在后期举行王老吉配方大揭秘和抽奖活动。

(一)新闻发布会

我们要澄清夏枯草事件的事实,获得政府以及社会上权威专家、学者的认可与支持。

活动项目:联合广州食品协会、卫计委等权威部门召开新闻发布会,与此同时邀请著名养生专家、中医学者座谈。

活动对象:中央电视台、《人民日报》《南方日报》、部分消费者、政府相关部门。

时间:2010年1月16日

地点:北京长城饭店

媒介:中央电视台、《人民日报》《南方日报》

活动具体流程:

王老吉企业相关领导向各位与会媒体记者说明此次发布会的相关背景和目的。

自由提问阶段,由与会记者和部分邀请与会的消费者对王老吉"夏枯草事件"进行相关提问,由王老吉企业领导、卫计委相关发言人以及专家、学者对记者所提问进行解答,以消除消费者对企业产品的误解。

解答完毕后,企业领导向受邀的嘉宾,学者以及与会的媒体记者和消费者进行答谢,由主持人宣布发布会结束。

报道阶段及区域划分:

中央电视台对王老吉新闻发布会进行报道,澄清事实,这种具有权威性的媒体将会很好的消除顾客的疑虑,并且其他地方性媒体也会纷纷效仿,为王老吉做出澄清。与此同时《人民日报》《南方周末》等权威媒体立即头版刊登王老吉的澄清报道。

(二)网络媒体推广

我们利用刚刚召开的新闻发布会的信息资源,选择新浪、搜狐、出国留学网易等主流门户网站发布新闻报道以及王老吉的相关广告,澄清"夏枯草事件"的事实,并附上王老吉企业为消除消费者心中疑虑所采取的一系列措施。广大网民就会看到王老吉企业为了维护广大消费者合法利益所做出的努力。让消费者进一步了解王老吉,真正从内心把王老吉定位为一个安全、健康的产品,提高消费者的忠诚度,同时增加销售额。

媒介:新浪、搜狐、腾讯。

(三)举办"王老吉配方大揭秘"活动和抽奖活动

活动对象:北京、上海、广州繁华地带的广大消费者

时间:2010年2月1日——2010年4月1日
地点:北京,上海,广州等城市的大型超市以及卖场内。
活动具体流程:

(1) 在北京王府井百货、上海联华、广州中天购物等知名购物广场,对买王老吉的顾客赠送印"王老吉配方"及"健康知识"的台历(六瓶绑定送一个台历,台历上印有王老吉配方中各个中草药的作用以及不同体质人群的注意事项)。

(2) 在北京,上海,广州各销售点举行抽奖活动:

奖项设置:

一等奖笔记本电脑一台(三个城市共10台)

二等奖数码相机一部(三个城市共100部)

三等奖再来一瓶(中奖率10%)

抽奖方式:将奖项设置、兑奖方式写在瓶身上,将奖项写在拉环上。对于中一等奖、二等奖的消费者凭拉环及身份证复印件到就近网点确认个人信息,奖品将在三天之内邮寄到消费者家中;对于中三等奖的消费者,可直接凭拉环上的中奖信息到就近销售点换取奖品。

通过购买王老吉送台历的方式,使消费者更多地了解王老吉的产品配方以及保证自己身体健康的注意事项,消除消费者对王老吉的疑虑,解除危机。同时也体现出王老吉最根本的价值观——关心我们所处的社会以及生活在这个社会中的消费者,获得消费者的感情认同,竖立在消费者心目中的良好形象。

经费预算

(一)召开记者招待会

1. 场地租赁

(场地、桌椅、灯光、音响设备等)20 000元

2. 场地布置

横幅:3元/条×80元=240元

海报:500元

共740元

3. 聘用人员

a. 卫计委相关负责人:30 000元

b. 媒体记者(邀请中央电视台20 000元、《南方周末》15 000元、《人民日报》10 000元等多家权威媒体):共45 000元

c. 聘用招待会主持人:3 000元

d. 聘请相关专家、学者:40 000元

e. 接送、就餐合计 6 000元

(二)网络澄清

利用新浪(45 000元)、搜狐(30 000元)、腾讯(25 000元)等网络资源进行全面、快速的信息传递:共100 000元

(三) 促销费用

1. 制作宣传台历

3 元/本×300 000(本)＝900 000 元

2. 抽奖活动

a. 一等奖:价值 5 000 元笔记本电脑一台(共 10 台)共 50 000 元

b. 二等奖:价值 1 000 元手机一部(共 100 部)共 100 000 元

c. 三等奖:再来一瓶(中奖率 10%)共 4 000 000 元

费用总计:5 244 740 元

效果评估

(一) 对于消费者

经过一系列的澄清,心理上得到一定的满足和慰藉。消费者会逐步恢复对王老吉的态度,并再次购买从而有助于成为王老吉的忠实顾客。

(二) 政府部门

努力澄清事实,政府将会大力支持和帮助王老吉。

媒体跟踪报道,帮王老吉澄清形象,重新树立美誉度。

(三) 内部员工

经过此次事件,内部员工将会形成更强的凝聚力。

企业自身(王老吉)成功的危机公关恢复消费者对品牌的忠诚度,提升自己的美誉度。

第三节　公关实施

公关实施是将公关策划变为实际行动的过程,主要是对自己计划的检验和修正的过程。公共关系策划是公共关系工作过程的先导,而公共关系实施乃是整个公共关系活动的中心和关键环节。因为,策划是对未来行动的一种预见和设想,只有经过努力,将它转变为现实,才有实际意义,否则,只是一纸空文。因此,公关实施将更为重要。

它包括三个阶段:第一,计划的传播阶段;第二,计划的反馈阶段;第三,计划的修正阶段。

一、公关实施的传播阶段

因为公关工作是一个有准备的工作,所以,在执行的过程中前期就会比较主动。主要是一个计划的传播过程。那么在这个阶段主要注意哪些工作呢？

1. 如实的执行计划

一个公关计划从它的萌芽、产生,到研究、反复、成型,结束,都经历了一个过程,都有一定的科学性。所以,在执行公关计划时,一定要有坚决性。不能情况稍有变化,就动摇对计划的执行力度。

人们常说：计划赶不上变化。就是形容战场上瞬息万变，所以，有时候为了应对急剧变化的形势，要当机立断，临时改变计划，以应对变化了的形势。这主要是说的是战术上的改变。战略就是计划，战术就是机动。所以，执行计划的决心就是战略，而具体的细节的改变不能影响对战略的把握，这就是对计划的执行过程的一个坚决性。只有这样才能保证前期大量的工作不至浪费，也才能保证工作的顺利展开，并取得预定的成绩。

2. 准备应对忽然的变化

所有的计划都会面临变化的形势，这时只要执行计划的决策者能够正常应对，应该都不会从根本上改变计划的正确执行，并取得预定的成绩。最可怕的就是对形势不做变化的估计，盲目应对，从而给计划带来没有的负面效果。

比如最平常的房展会中的演出。正常情况下，只要计划中安排的节目精彩，就能博得客户的欢迎，从而给公司取得好的公关效果。实现预定的目标。

但有些露天的房展会，往往会受到天气的影响，从而使预定的公关活动在传播阶段大打折扣。这时其实只要应对得当，同样可以取得好的效果。比如，如果展会期间演出当中下雨了，我们是可以正常的中断演出。但我们能不能更进一步，赶紧去弄一些雨伞。现场在客户中发放，是不是更会取得意想不到的公关效果。这就是当事的计划执行者能不能采取好的应对方式，从而使公关效果锦上添花的关键。

相比之下，有些应对显得就比较苍白。比如2008年的春节联欢晚会。在全国都在密切关注几十年不遇的雪灾时，中央电视台仍然如期举行了所谓的春节联欢晚会。而只是加了一个朗诵的抗雪灾节目。虽然这个创意很好，但力度明显不够。毕竟，你是中央电视台，是一个国家的电视台，当你的人民正在严寒中与恶劣的天气搏斗时，他们更需要的是精神和物质上的双重支持，而不是一个所谓的感动的精神支持。

相比之下，湖南电视台早早就宣布将春节联欢晚会改为慈善晚会。因为他们身处雪灾第一线，他们更能感受什么样的支持，才是最需要的，而不仅仅是一些口号。所以，虽然他们是地方电台，但我觉得中央电视台的相关人员反倒应该向他们学习。在这场抗雪灾的公关行动中，中央电视台的应对无疑使其形象大打折扣。

二、公关实施的反馈阶段

计划的反馈阶段就是检验传播效果的阶段。计划制定的好坏，关键就看能不能得到公关对象的认可，这是实施过程中最关键的一环，也是最重要的一环。同时还是制定者最关心的一个环节。

1. 反馈阶段的重要性

记得我在一个房地产项目工作时，房价是一个项目成功与否的关键，也是买卖双方最关心的。因为当时房价到底定多少，连老板心里也没底。正好一个当地的房展会要开。为了第一时间了解房价到底定多少合适，使其不但能够保证利润，而且能够保证畅销。所以老板决定在没有拿到预售证的情况下，提前参加房展会。目的就是为了验证房价到底定在多少合适。

当时我们代理公司专门研究拟定了一份调查表，以了解消费者对项目的认可度，以及心理价位等。为了拿到第一手资料，房展会当天，老板不惜亲自出马，既当组织者，又当售楼员,真是费了一番苦心。由此可见,计划的反馈阶段的重要性。

2. 注意反馈的沟通方式

因为反馈阶段的重要性,所以,在执行反馈任务时,一定要注意沟通的方式。要想办法得到客户真实的反馈信息,而不能让客户牵着鼻子走。

仍然以我所在的那个项目为例。当时,因为对房价迫切性的需求,所以老总也不断让售楼员试探客户的意思。因为前期培训工作不到位,有的售楼员就犯了沟通不到位的毛病。

当时正好我在场,一个售楼员在接待一个客户时,直截了当地问客户,我们的项目应该卖多少钱。这样当然得不到好的答案。一方面反映了我们自己对项目的无信心,露了我们最核心机密的底。另外,客户即使认为你值多少钱,他也不会如实告诉你。毕竟买卖不同心,价格又是一个项目核心的问题,也是客户最关心的秘密,客户怎么会轻易告诉你他的价格底牌呢?所以,客户很轻松地就把皮球踢给了我们的售楼员。房子是你们的,我说多少,不是白搭。售楼员送走客户后,我赶紧召开会议,给他们提出了这个问题,并一起商量了解决办法,以便在以后的工作中能够有一个好的结果。

3. 反馈的及时性

公关工作时而较小,可能就是一个可有可无的事情;但时而也大,关系着整个公司的形象,甚至生死存亡。所以,对于客户的反馈一定要及时处理。不能耽搁。

如著名的三株公司就是在这方面犯了错误,最后,公司竟然发生了多米诺骨牌效应,因此而倒闭,实在是给不重视公关反馈的人上了经典的一课。

三株的滑铁卢其实很偶然。就是一个客户吃了三株后,发病死了。家属以为是三株的质量问题,于是就找三株闹。三株因为当时生意正是顶峰,也没太在意。于是谣言起来了,说三株吃死了人。三株为此甚至将制造谣言的家属送上了法庭,并且打赢了官司。但打赢了官司却失了消费者的心。到最后从一个地方事件,发展到全国,整个三株因此也被谣言整垮了。所以,后来研究这个案例的很多专家都认为,如果当时三株公司能够对反馈及时处理,也许三株不会从那么高的位置,一下子跌得那么惨。

相比之下,北京的潘石屹应该算是公关的高手。潘石屹自有的第一个项目现代城可谓是一波三折,走进了弯路。现在老潘终于洗脚上堂,修成正果了。股票都上了市。目前的成功,不能不说得益于当初成功的公关。

现代城先是因为和第一商城的竞争,差点被员工集体炒了鱿鱼。但潘总不愧是公关的高手。不但迅速采取了公关手段,稳定了员工的心,而且挥戈一击,成功击退竞争对手,自己项目还落了个好市场、好前景。真是反馈及时、得当,功在第一。

然后建成后又是甲醛事件,又一次将潘石屹推向了公关第一线。这一次,经过公关市场血的洗礼的潘总又是打了一个漂亮的公关战。先是对于客户进行安抚,然后又帮助客户想办法解决问题,实在不行,又答应无条件给客户退房,几个快速反馈的组合拳,漂亮地结束了现代城甲醛危机。所以,从中不难发现,及时的反馈,为自己赢取时间,对于公关的实施过程起着多么重要的作用。

三、公关实施的修正阶段

计划的修正阶段,也是实施过程的扫尾阶段。在第一时间得到了消费者的反馈,也就为计划的成功实施扫清了障碍。修正阶段的主要任务就是第一,及时收集反馈信息和总结效果。第二,进行必要的改进和反馈。

1. 收集反馈信息

收集反馈信息的过程,也是一个自我检验的过程。任何一个计划在实施过程中都不可能百分百实现计划,肯定会有成绩,也会有问题。所以,成功地将信息收集上来,是修正阶段的第一要务。

收集反馈信息的最重要的一条就是不能有好恶观。好消息喜上眉梢,坏消息就想找茬收拾人,计划的执行肯定就会报喜不报忧。那么,公关的效果就会大打折扣,甚至因此耽搁了公关下一阶段的任务。

而且因为现在是利益在牵制着一切执行的过程。所以,如果计划的制定者不能以开放的心态去看待一次公关活动。那么,你所得到公关信息将一次比一次成功,但实际上可能也一次比一次效果糟糕。因为第一次不能收集到有效的反馈,执行者可能就会尝到甜头,次次报喜不报忧。那么,可能只有大厦倾倒的那一天,你才会最后一个知道真相。

前几天看前清秘史,就看到这样一个案例。明朝东北的边将李成梁是一个立过功劳的战将。但有一次不小心打了败仗,因为皇帝不理朝政,所以,他就冒了一次险,说胜了,立了什么功。因为明朝的体制边将立功,整个体制都可以得益,所以,这份冒功的奏章不但成功送给了皇帝,而且大家还都因此得到了表彰和实惠。所以,自此以后,这位边将不断地冒功,直到将灭亡明朝的靖朝的太祖努木哈赤送上了皇帝的宝座。

由此可见,收集反馈信息的正确方法的极端重要性。

2. 总结效果

只有收集到了正确的第一手信息,才能保证效果的真实可信,并且为下一阶段的反馈奠定坚实的基础。像我所在项目的老板那样,亲自上阵,以确保信息的真实性、可靠性,并及时总结效果,固然好。但老板毕竟不能事必躬亲。所以,依靠合理的制度来保证才是长期有效的收集信息的合理方法。有了正确的方法,效果总结就会好做得多了。

其实我们这里的总结效果只能是对执行过程的一个简单理解。不可能是对整体公关效果的评估。所以,这里的总结只是对计划的执行进行的战术上的修改,而不是对整个战略的总结和修正。

总结效果的一个重要的方法就是一定要让计划的制定者的群体参与。只有这样,才能保证总结的效果是合理的,并且能够得到迅速的修正和再反馈。

这里我还讲一个潘石屹的故事。老潘在卖 SOHO 尚都时碰上一个 6 000 万的撞单事件。两个客户看上了一套房,并且都想拿下。6 000 万的单子不管是对于他公司内部的销售人员来讲,还是对于客户来讲,都不是一个小单子。而且,还事关单位两个销售部门的合作,以及老潘公司的信誉。所以老潘迅速结束了休假,进行了一次事关内部的小的危机公关。老潘在召集了有关人员,并认真研究公司的制度后,做出了合理的决定。结果不但维护客户的利益了,还维护了公司内部的团结。所以,由此不难看出,如果不是结合当事人,以及公司的制度,盲目决策,肯定会产生意想不到的结果。老潘有钱,损失 6 000 万可能不算什么,但因此再让人把人挖走,那可就丢人丢大了。

3. 计划的改进和反馈

计划实施阶段的改进和反馈，一旦得到完善的执行，那么，计划的实施就能完美和成功。这就像过去说的打飞机一样，肯定不是一下子瞄准，就发射了。飞机就像执行中的计划一样，它是一个变化的事物，而不是一个死的东西，换一个地方就可以了。所以，要想公关计划得到完全的成功，没有实施过程中的改进和反馈，肯定是不完美的，也是经不起实践考验的。

改进了的计划就会更加贴近实际，更富有弹性，也更有利于执行者的执行。这个过程的最重要的方法就是要敢于打破计划的科臬，勇于实践，让事实来说话，就会有好的实施结果。

比如著名的辽沈战役就经历了这个阶段。当时中央和东北的林彪关于东北的具体战术有分歧。中央让林彪先关门，再打狗。林彪总想先打一部分狗，再关门。所以，在辽沈战役上是先打长春还是先打锦州，四野的部队是来回在两关奔波了几回，最后才下定决心打锦州。锦州一打，不但长春很快解决了，而且还使战争越打越顺，解决了整个东北的国民党军队。那么，是不是一上来就打锦州，问题会像最后的结局那样完美呢？很多人认为并不一定比现在的结局好。所以，计划的改进和反馈阶段，就要勇于打破计划的科臬，根据现实，采取变化了的手段，才能使计划更趋完美地被执行，并取得预期的成绩，实现当初的目标。

这个阶段实际上变成了一个熟能生巧的过程。计划的改进和反馈就不是一个新问题了，而变成了如何完美的实现计划的过程，并且取得比预期更加完美的结果的过程。也就是俗话说的：蓐草打兔子，两不耽搁。

第四节　公关评估

公共关系评估是"四步工作法"的最后一步，对公共关系活动起着总结、衡量和评估的重要作用。

所谓公共关系评估就是根据特定的标准，对公关计划、实施及效果进行检查、评价，以判断其优劣的过程。它在整个公关计划实施过程中都具有重要作用。

一、公关评估的作用

（1）公共关系评估是改进公共关系工作的重要环节。
（2）公共关系评估是开展后续公共关系工作的必要前提。
（3）公共关系评估是鼓舞士气、激励内部公众的重要形式。
（4）公共关系评估能使组织领导人看到公共关系工作的效果，从而重视公共关系工作。

公关评估的目的就是取得关于公关工作过程、工作效益的信息，作为决定开展、改进公关工作和制定公关计划的依据。

二、公关评估的内容

公共关系专家学者在对公共关系评估工作进行研究的基础上，根据公共关系过程的不同阶段，提出了公共关系评估的标准及内容。

(一) 准备过程的评估

1. 背景材料的充分性

评估的主要任务是检验前几个程序中是否充分占用资料和分析判断的准确性,重点是及时发现在环境分析中被遗漏的对项目有影响的因素。

2. 信息的组织与项目战略的合理性

整个评估过程要紧紧围绕公共关系活动是否适应形势要求而展开,分析公共关系活动中准备的信息资料是否符合问题本身、目标及媒介的要求;沟通活动是否在时间、地点、方式上符合目标公众的要求,有没有对沟通信息和活动的对抗性行为,有没有制造事件或其他行动配合这次公共关系活动,人员与预算资金是否充分等。

3. 信息和项目的有效性

检验有关信息传递资料及宣传品设计是否合理、新颖,是否能引人注目,具体包括文字语言的运用,图表设计,图片及展示方式的选择等。这是对公共关系活动组织者专业技能的检验,会受到主观因素的影响。

(二) 活动实施过程的评估

(1) 检查发送信息的数量。
(2) 信息被传播媒介所采用的数量。
(3) 检验接收到信息的目标公众的数量。
(4) 注意到该信息的公众数量。

(三) 活动影响效果的评估

(1) 了解信息内容的公众数量。
(2) 改变观点、态度的公众数量。
(3) 发生期望行为和重复期望行为的公众数量。
(4) 达到的目标和解决的问题。
(5) 对社会和文化发展产生的影响。

三、评估方法

评估控制着公关实践每个活动及环节。不管评估的内容和方法如何,最终都需要解决的一个问题是到底是由谁来评估。谁来评估决定了评估的公正性、可靠性和评估成本有多大。就像跳水比赛一样,人们一方面需要完全由第三方组成的评委会来打分,给众多选手的表现评出个高低上下;另一方面,对于达致这个结果的过程的评估,则还是有赖于运动员和教练员自身,这是裁判员无法代替的工作。从成本和效率方面考虑,自身的评估是必要的;从公正性和客观性的角度考虑,则必须借助第三方的评估结果,此时第三方的专业性和公信力以及在行业里的影响力尤为重要。有效把自身评估和第三方评估相结合,就可以知道自己排在什么位置和下一步应该如何改进。不管是奥斯卡、诺贝尔奖,还是财富500强排名和IDG市场占有率排名,都是在不同领域内的第三方评估,都被企业在各自的行业领域作为评估自己的标杆。在公共关系行业还没有这样权威的机构或奖项存在，人们在期待中。无论如何，企业欲让公共关系带来更大的价值，公关部门欲得到更多的支持，甚至公关这个行业欲得到更大的发展，效果评估必须走向前台并且落到实处。正像公关专家 Linda Childers Hon 说的："在一个精简机构和零基预算编制法的组织环境中，没有可测定的结果做依据，公共关系很难信服地说明这一功能是有效的。"

常见的公关评估方法有：

1. 自我评定法

自我评估法是指开展公共关系活动的组织对自己所开展的公共关系活动效果进行评估。具体可以通过方案与实绩的对比进行评价；也可以通过了解公共关系活动对象来评估。还可以通过搜集对比各种统计数字进行评估。采用这种方法要尽量做到客观、公正、实事求是，尽量消除主观色彩。

自我评定法主要可以从以下几个方面来进行：

（1）个人观察反馈法。这是指组织的主要负责人亲自参加公关活动，观察其进行情况并估量其效果，以便同公关人员所作的报告相比较。这种方法简单、常用，通常也比较直观。缺点是很难测出公共关系活动的长期效果。

（2）目标管理法。这是由组织的公关人员自我评价的一种方法。采用这种方法时，应在制定计划时就考虑到反馈评价。在确定公共关系的活动目标时，最好能把目标具体化，用可以度量的方式明确规定下来。那么在实施活动后，将测量到的结果与原定目标相比较，就能衡量和评估出公共关系的成果。

（3）内部监察法。这是由组织内部其他人员对公关部的表现进行调查和评估。主要范围有：所进行的工作和取得的成果，目前存在的问题，将来的计划安排。

2. 专家评定法

专家评定法也称德尔菲法，这是指请有关专家对公关工作提出自己的观点和意见，从不同角度来分析公关工作的效果。

德尔菲法依据系统的程序，采用匿名发表意见的方式，即专家之间不得互相讨论，不发生横向联系，只能与调查人员发生关系，通过多轮次调查专家对问卷所提问题的看法，经过反复征询、归纳、修改，最后汇总成专家基本一致的看法，作为预测的结果。这种方法具有广泛的代表性，较为可靠。

这种方法的优点主要是简便易行，具有一定科学性和实用性，可以避免会议讨论时产生的害怕权威随声附和，或固执己见，或因顾虑情面不愿与他人意见冲突等弊病；同时也可以使大家发表的意见较快收集，具有一定程度综合意见的客观性。

3. 目标管理法

目标管理提出以后，便在美国迅速流传。时值第二次世界大战后西方经济由恢复转向迅速发展的时期，企业急需采用新的方法调动员工积极性以提高竞争能力，目标管理的出现可谓应运而生，逐渐被广泛应用，并很快为日本、西欧国家的企业所仿效，在世界管理界大行其道。目标管理的具体形式各种各样，但其基本内容是一样的。所谓目标管理乃是一种程序或过程，它使组织中的上级和下级一起协商，根据组织的使命确定一定时期内组织的总目标，由此决定上、下级的责任和分目标，并把这些目标作为组织经营、评估和奖励每个单位和个人贡献的标准。目标管理指导思想上是以 Y 理论为基础的,即认为在目标明确的条件下,人们能够对自己负责。具体方法上是泰勒科学管理的进一步发展。

4. 舆论调查法

此法可分为两种类型:

(1) 比较调查法。即在一次公共关系活动的前后,分别进行一次舆论调查,比较前后调查的结果,从而分析公共关系活动的效果。

(2) 公众态度调查法。即在一系列公共关系活动之后,对主要公众对象进行调查,了解他们对组织的评价和态度的变化,分析公共关系活动的效果。

四、公关评估流程

(一) 制订评估计划

公关评估计划是评估主体为有效开展评估活动而制订的行动方案,是进行公关评估的必要准备。不论何种类型的评估计划,一般都要包括以下内容。

1. 评估的具体目的和任务

包括明确评估对象的类型、数量、时间、地域范围以及评估结果的等级。

2. 评估的原则

包括导向性、客观性、动态性、同一性、公平性、定性和定量结合等原则。

3. 评估的内容和指标体系

包括完整的指标系统、权重系统和评估标准系统三个方面。

4. 评估的方法、程序

5. 评估的机构、人员组成及分工

6. 其他要求

包括经费的预算和使用、完成计划的时限和进度要求,等等。

(二) 收集分析数据

收集分析材料和数据实施是公关评估的两个关键环节。评估材料和数据收集的方法大致有现场观察、召开会议、个别访问、问卷调查等。

各项材料和数据汇总后,要组织专家和有关人员对这些材料和数据进行审核、归类、比较、分析和整合,初步确定评估对象的得分或等级。

(三) 确定评估结果

评估结果要经过专家的确认,有的还需要经评估领导小组或专家委员会投票决定。

(四) 编制评估报告

公关评估结束后,将评估的过程和结果整理成评估报告。

五、评估报告

公共关系评估报告是公关人员根据市场情况对公关目标及公关预测效果等上报主管部门的书面资料。

1. 公共关系评估报告的特点

（1）评估目的的明确性。首先,公关评估是公关管理的一个重要环节,其根本目的就是通过对公关工作的检查和评估,发现问题,判断优劣,找出差距,为修订或制订新的公关计划提供依据,从而实现公关管理的目标。其次,每一次具体的公关评估都有明确的目的,或评估组织形象,或评估活动成效,或评估公众对组织的政策、产品的态度,等等。

（2）评估内容的专业性。如评估一项公关专题活动,必须围绕活动主题、参与范围、时间、地点、服务、宣传、成本、社会效果和经济效益等方面展开,涉及公关管理的各项业务。因此,评估内容和手段都具有很强的专业性。

（3）评估指标的系统性。公关评估指标是反映公关管理和公关活动基本要素和本质特征的数量体系。任何一种评估主体在进行某项公关评估前,都要根据评估的目标制定切实可行的评估指标体系,包括完整的指标系统、权重系统和评估标准系统,以使评估的结果能够全面真实地反映公关管理和公关活动的实际,体现公关评估的目的。

（4）评估方法的科学性。公关评估不同于一般的公关工作总结,它必须运用一系列科学的方法对各项指标进行分析和评价,比如,运用历史的方法、统计分析的方法、定量分析和定性分析相结合的方法,等等。实践证明,只有采用科学的方法,才能保证公关评估结果的科学性。

（5）评估材料的客观性。公关评估的正确性是建立在材料全面、客观的基础上的。片面、失实的材料,导致片面、错误的评估结论。因此,公关评估必须以公关调查为前提,以客观真实、全面系统的材料为依据。

2. 报告的内容

陈述公共关系活动及成果,比较实际活动与预期目标,预测今后工作。

3. 报告的形式

非正式报告。公共关系人员通过电话、会见、简短书面报告的形式向组织负责人汇报活动的进展。这种形式占用时间不多,可以真实地反映工作状况。

正式报告。关于公共关系活动成果的正式报告,一般有四种形式。

（1）定期备忘录;

（2）小组或委员会议;

（3）汇报会;

（4）年度报告 公司整个会计年度的财务报告及其他相关文件。中国《公司法》第175条规定,公司应当在每一会计年度终了时制作财务会计报告,并依法经审查验证。并规定,财务会计报告应当包括下列财务会计报表及附属明细表:资产负债表;损益表;财务状况变动表;财务情况说明书;利润分配表。

4. 公共关系评估报告的结构与写法

公关评估报告的写法有两种:一种是文章式评估报告,即按文章的一般结构来写,有一定的文字描述和分析,而且提出结论和建议;另一种是表格式评估报告,即通篇以表格出现,各项评估结果均以数据表或曲线图来表示。

文章式评估报告的结构安排与具体写法如下。

(1) 标题。一般由评估项目或性质和"评估报告"组成,如《××公司2007年经销商大会评估报告》。

(2) 署名。评估报告可以由主办单位撰写,也可委托专业评估机构编制。署名一般置于标题之下。

(3) 正文。① 开头。开头有两种方法:一种是介绍评估的目的、背景、过程与方法。如果委托专业评估机构撰写,撰写人要对评估的由来或受委托进行该项评估的具体原因加以说明。另一种是简要介绍评估项目的基本情况。② 主体。主体部分具体表述评估报告的各项指标和结果。表述方法既可对应各项评估标准列出评估结果的各项数据,也可以采用各种形式的图表,辅以文字说明,将预期数、实际数和以往的数据加以对比。要求做到数据准确,材料与观点统一,语言简练。③ 结尾。要用简洁明晰的语言做出结论,提出建议。比如,要阐明评估结果说明了什么问题,有何实际意义。建议必须针对评估结论,提出可以采取哪些措施以获得更好的效果。

(4) 附件。有的评估报告将说明性图表或资料作为附件,这样的话,必须在正文下方依次标注附件的名称。

(5) 日期。在正文右下方写明提交的具体日期。

复习与思考题

1. 什么是公共关系调查,公共关系调查有什么价值?
2. 公共关系调查的方法有哪些?
3. 公共关系活动策划应该遵循哪些原则?
4. 公共关系策划的程序包含哪些?
5. 公共关系实施包含哪几个阶段?
6. 公共关系评估报告应包含哪些内容?

第八章 公共关系专题活动

学习目标

　　通过教学,让学生对常见的几种公关专题活动有所了解,并掌握庆典型公关专题活动、赞助型公关专题活动、新闻发布会这几类公关活动策划的要求及原则,并能够把学习到的理论知识应用到实践中去,提升自己的公关思想,锻炼自己的公关策划能力。

　　成功的企业离不开公关活动。公关活动是企业市场活动中的一项重要内容。公关活动可以提升企业形象,扩大企业知名度和产品知名度,促进产品销售,挤对竞争对手,提高产品市场占有率。不同的市场时期,公关活动的目的和作用也不一样。市场启动初期,公关活动的主要目的是缩短市场开发时间,使其尽快进入成长期。市场成长期,公关活动主要是为了进一步促进产品销售,对市场发展推波助澜。市场成熟期和衰退期,公关活动的主要目的是延长产品生命周期。并非所有的公关活动都能实现上述目的和作用。如果策划不当,组织欠缺,实施不力,公关活动也可能会起到相反的作用。

开篇案例

　　2018年1月13日,"动能·突破"总统慢跑鞋2018Q3鞋服新品发布会在厦门国际会展中心隆重举行。本次发布会可谓星光璀璨、意义非凡,不仅得到全国1 000多名来自终端的品牌事业伙伴们的热烈响应,发布会上更是惊喜不断,众多明星通过视频送来祝福,人气明星赵涛和陆翊莅临现场助阵,奉献了精彩绝伦的节目表演,备受瞩目的2018Q3鞋服新品时尚模特秀,在世界小姐中国区冠军关思宇的领衔演绎下,携手打造了一场赏心悦目的视觉盛宴。

　　作为本次发布会的特邀嘉宾,中国针织工业协会副秘书长蔡剑华先生为发布会献上饱含深情的致辞。蔡剑华先生十分认同总统慢跑鞋国际化的经营理念,充分肯定了总统慢跑鞋的品牌影响力,并表示总统慢跑鞋是一个敢于创新、敢于突破、敢于走向世界参与国际竞争的品牌,相信在未来,总统慢跑鞋一定能够在国际舞台提高中国品牌的话语权,展示来自中国的品牌力量。

　　新动能,新突破,新征程。注入新动能的总统慢跑鞋,就像装上了全新升级的动力马达,朝着更伟大的品牌梦想全速飞奔。新征程的号角已经吹响,在新时代的舞台上,总统慢跑鞋敢于争当时代的主角! 2018,动能不止,砥砺前行!

　　着眼于品牌未来的可持续发展,总统慢跑鞋将坚定打造国际自主品牌的决心,走向世界,实现总统慢跑鞋的全球化布局。未来,总统慢跑鞋将以更广阔的视野格局,整合优质的

国际化平台资源,和更多的国际知名设计师开展合作,共同打造时尚慢跑的IP生态圈,布局全产业链,倡导"时尚慢跑"生活方式,致力成为时尚慢跑新风尚的弄潮者。

总统慢跑鞋品牌总经理胡义强先生分享了2018年品牌策略。胡总指出2018年是品牌发展的重要战略期,充满机遇与挑战,总统慢跑鞋将以"时尚慢跑生活方式输出"为品牌使命,从产品、品牌、渠道和零售运营四大方面着手,坚定品牌国际化战略,全力推进鞋品、服装、配件全品类发展,聚焦市场,推动渠道终端优化升级,与全体事业伙伴们一起,携手同行,全力以赴,同心共筑品牌梦。

作为本次盛会的压轴大戏,总统慢跑鞋2018秋季新品时尚秀点燃了全场的激情。《快乐女声》人气歌手陆翊和《中国有嘻哈》人气明星赵涛先后登台献唱,在现场掀起一阵又一阵的高潮。在磅礴大气的舞台上,在炫彩梦幻的灯光和动感十足的音乐中,世界小姐中国区冠军关思宇闪亮登场,与国际范模特携手演绎集时尚魅力与动感美学为一体的总统慢跑鞋新品秀,为现场观众带来一场无与伦比的视觉盛宴,为本次发布会画上了圆满的句号。

【分析】 总统慢跑鞋品牌利用新品发布会这一形式的专题公关活动,把其品牌推向市场。本次新品发布会主题明确,紧扣其产品的特点,提出"动能•突破"这一主题,推出"新动能,新突破,新征程"的理念。同时借助于明星效应和权威效应,让公众熟悉其品牌,接受其产品。

第一节 公共关系专题活动概述

一、定义

公关专题活动又名"公关专门事件",是社会组织围绕某一明确的目标而开展的活动,是一项操作性、应用性和技术性很强的工作,是为提升主体形象,利用特定的时机,举办有特定主题的公共关系活动。公共关系专题活动对于改善组织的公共关系状态有着极为重要的意义,它往往能够使组织集中地、有重点地树立和完善自身的形象,扩大自己的社会影响,使组织形象出现意想不到的飞跃,也是塑造组织形象的有力驱动器。成功的公关专题活动能持续提高品牌的知名度、认知度、美誉度、忠诚度、顾客满意度,提升组织品牌形象,改变公众对组织的看法,累积无形资产,并能从不同程度上促进销售。

二、原则

公共关系专题活动有常规的方法可供遵循,但也有不少技巧。成功的公关专题活动应遵循十大原则:

1. 时代精神

公关活动的主题应与社会大环境相适应,紧跟时代发展步伐,符合时代精神,与时俱进,符合当前的国际国内形势。

2. 遵守法律法规

公关活动的内容应当遵守国家的法律法规,违反国家法律法规的公关活动寸步难行。

即使得到实施,也可能事与愿违,结果适得其反。

3. 遵守社会公德

公关活动的内容应符合社会公德,违背社会公德的公关活动势必会引起人们的非议,遭到社会舆论的谴责,对企业形象和产品造成负面影响。

4. 社会文明

精神文明建设是各级政府都极为重视的一项重要工作。只要有利于社会的精神文明建设,各级政府都会积极支持。公关活动如果能得到政府支持,活动的效果常常是事半功倍。

5. 新闻炒作

公关活动的主要目的是扩大企业知名度和产品知名度,媒体的参与不可或缺。这就要求公关活动在策划时必须有所创新,公关活动的主题和内容要有新意。创意新颖、内容独特的公关活动才具有新闻炒作性,才有新闻报道的价值。

6. 可操作性

公关活动不能脱离社会现实。策划时一定要考虑国情、民情和民风,充分考虑操作中可能会遇到的种种困难,制定好相应的应对措施。与政府部门或权威部门合作可以大大降低操作难度,提高活动成功率。

7. 可延续性

市场开发和维护是一项长期的艰巨的工程,不可能一蹴而就。一次公关活动即使是很成功的、轰动性的,其影响也是有限的,远远不能满足市场的需要,因此公关活动在策划时一定要注意连续性。在主题统一的前提下,几个甚至十几个公关活动连绵不断,环环相扣,承前启后,对市场形成一波接一波的冲击。

8. 紧扣产品内涵

公关活动应与产品宣传相结合。公关活动的主题和内容应与产品内涵、特点密切相关。公关活动的参与对象也应与产品的目标人群基本相符。

9. 提升形象

提升企业形象是举办公关活动的主要目的之一。正面的、积极的、与时俱进、符合时代精神、遵守国家法律和社会公德、有利社会物质文明和精神文明建设的公关活动可以迅速提升企业形象。有损企业形象的公关活动无疑是搬起石头砸自己的脚。

10. 促进销售

企业经营的最终目的是销售产品、获取利润。公关活动的目的同样如此。如果公关活动对企业形象没有正面的提升,对产品销售没有明显的促进作用,即使社会影响巨大也不能算是成功的公关活动。

三、特点

社会组织举办各种类型的公共关系专题活动,有利于协调组织与各方面公众的关系,有利于树立良好的组织形象和产品形象,所以,社会组织应该经常举办各种公共关系专题活动。但是,要想成功地策划并实施各种公共关系专题活动,并非易事,它有以下特点:

1. 吸引力大

社会组织举办各项公共关系专题活动,其目的是为了让公众了解、认知组织或企业产品,达到扩大社会影响的目的。因此,公共关系专题活动策划必须抓住公众心理,吸引公众积极参与。

2. 创新力强

每一次公共关系专题活动,都应策划的新颖别致,富有特色,大胆创新,力戒平淡。公共关系专题活动创新的主要表现是:在创意上新,在形式上新,在内容上新,在方法上新。

3. 影响面广

一般情况下,公共关系专题活动的影响越大,说明其专题活动办得越成功;如果没有什么影响,则说明公共关系专题活动是失败的。

四、注意的事项

在公共关系专题活动策划实施过程中,需要注意以下几个方面的问题:

1. 目的明确

任何公共关系专题活动都应该有明确的目的,要设定影响哪方面的公众,要达到怎样的公共关系目标,要取得哪方面的效果,以及公共关系专题活动的主题是什么都应事先确定。

2. 方案具体

应该把公共关系专题活动作为一个整体和系统工程来设计、规划。对于时间、地点、参加者、活动方式、环境、交通、经费、宣传报道、效果评估等各方面因素和细节都要考虑周全,事先要制定实施方案并请有关人士论证批准,然后按照活动方案进行操作实施,并且在实施过程中收集反馈信息,如有必要可根据实际情况和反馈信息对方案进行合理调整。

3. 传播计划完整

应根据主题设计一个既令人耳目一新又利于传播的标题或口号。标题或口号犹如一篇文章的题目,既要能反映文章的内容,又要有创意。在公共关系专题活动开始之前,就要把有关专题活动的消息传播出去,以便渲染气氛,创造良好氛围。还要事先与新闻媒介进行联系,并且为记者采访报道提供一切便利条件。专题活动之后,要注意收集反馈信息和报道成果。

总之,公共关系专题活动要有与之配合紧密的传播计划。离开了传播,公共关系专题活动的效果就会大打折扣。

4. 专人负责

公共关系专题活动不仅要请专家精心策划,而且要有专人负责实施,最好是组成专门机构一抓到底,善始善终。

第二节 庆典型公共关系专题活动

常见的庆典活动有法定节日庆典,比如"五一"国际劳动节庆祝活动、国庆节庆祝活动;

某一组织的节日庆典,比如中国人民解放军的"八一"建军节;特别性"日、周、月、年"的庆典活动,如清华大学一百周年校庆、2001年7月13日北京申奥成功大型系列庆祝活动;还有企业为了扩大形象宣传,利用奠基、开业、周年等时机举行的典礼仪式,以及利用人们喜闻乐见的节日举行的别开生面的公共关系活动。

庆典活动的种类繁多,规模有大、小之别,但是,它们的共同特点是突出喜庆气氛和隆重气氛。

我们常见的庆典型公关活动有:

一、小型庆典活动

1. 典礼仪式

典礼仪式包括奠基典礼、落成典礼、揭幕典礼、开工典礼、开业典礼,以及签字仪式、剪彩仪式、就职仪式等。

2. 喜庆活动

喜庆活动包括周年志庆、庆功会、颁奖会、庆祝宴会、节日舞会、节日联欢会等。喜庆活动可以利用社会组织的特殊日期或事件,也可以利用社会生活中的各种盛大节日或有意义的纪念日。

3. 综合型庆典活动

综合型庆典活动包含典礼和喜庆双重内容,如酒店推出的美食节活动,啤酒厂推出的啤酒节活动等。综合型庆典活动是社会组织创造机会为自己做宣传,通俗地说是没有机会创造机会,有机会则乘机利用,自己搭台,自己唱戏,这充分体现了公共关系工作的主动性。

(一)小型庆典活动的准备工作

1. 成立庆典筹委会

以便专门策划并落实庆典工作。

2. 确定庆典活动主题

以便围绕主题进行精心策划,如提炼宣传口号,写出活动方案。

3. 进行宣传铺垫

确定宣传内容,制作并发放海报、宣传品,适当做广告,送请柬等。

4. 拟定出席庆典仪式的宾客名单

一般包括政府要人、社区负责人、知名人士、社团代表、同行代表、员工代表、公众代表和新闻界人士。对邀请出席典礼的宾客要提前将请柬送到其手中。

5. 拟定庆典程序

一般有签到、宣布庆典开始、宣布来宾名单、致贺词、致答词、剪彩等。

6. 事先确定致贺词人名单、致答词人名单,并为本单位负责人拟写答词

贺词、答词都应言简意赅,起到沟通感情、增进友谊之目的。

7. 确定关键仪式人员

如剪彩、揭牌、挂牌等，除本单位负责人外，还应有来宾中德高望重的知名人士共同参加。

8. 安排各项接待事宜

应事先确定签到、接待、剪彩（或揭牌）、放鞭炮、摄影、录像、扩音等有关礼仪服务人员。这些人员应在庆典前到达指定岗位。

9. 安排必要的余兴节目和堂会

可在庆典过程中安排如锣鼓、鞭炮礼花、舞狮耍龙、乐队伴奏、民间舞蹈、歌舞节目等。还可以邀请来宾为本组织题词，以便留下永久纪念。

（二）庆典的操作程序

（1）升本组织的旗帜。
（2）鸣鞭炮、敲锣鼓、放彩带、飞鸽、气球等。
（3）剪彩、揭牌、授奖、签字等。
（4）致辞。宾主分别致贺词和致答词。
（5）礼成。安排助兴节目。
（6）庆典结束后，可组织来宾参观，如参观本组织有纪念性的馆室、店堂及建筑设施、商品陈列等，增加宣传组织、传播信息的机会。
（7）通过座谈、留言形式广泛征求意见，并综合整理，总结经验。
（8）适当安排宴请来宾。

二、签字仪式

（一）签字仪式的准备工作

（1）文本准备。内容由双方商量，然后定稿、校对、印刷、装订、盖印，正式文本要一式若干份。
（2）准备签字现场用的文具、国旗等物品。
（3）决定参加签字仪式的人员。与对方商定签字人员和助签人员，并安排双方助签人员洽谈有关细节。
（4）布置签字厅。

（二）签字仪式的操作程序

（1）双方签字人员进入签字厅，按事先排好的位置图就位。
（2）双方代表入场就座，其他人员在各自位置按身份排列后站立或在前就座。
（3）助签人员分别站在签字人员左边，翻开文本，指明签字的地方。
（4）各方先在各自保存的文本上签字，然后与对方交换签字，助签人员在旁用吸水纸按压签字处。
（5）各方签字人员互换文本，并互相握手。

（6）合影留念。

（7）举行庆祝宴会。

一般庆典活动并不复杂，用时也不多。但要办得热烈隆重，丰富多彩，给人以深刻的良好印象并不是件容易的事。举办庆典活动，公共关系人员应做到准备充分，接待热情，善于鼓动，指挥有序。应详细安排有关程序、交通安全和接待上的细节，稍有不慎，不但会破坏庆典活动，还会影响组织的形象，使组织蒙受巨大损失。

庆典活动的成败与否，综合反映了企业管理者的组织能力、社交水平和企业的文化素质的高低，是衡量企业公共关系人员素质的一个重要标准。

×××公司成立10周年庆典策划方案

2015.04.13

目　录

一、活动要素

二、活动主题思路

三、活动目的

四、活动方案内容

　　1. 方案构思

　　2. 预期效果

　　3. 物料设计清单及要求

　　4. 会场布置

　　5. 庆典活动流程

　　6. 活动费用预算

　　7. 嘉宾邀请

　　8. 活动参与人员

五、活动组织人员分工表

一、活动要素

活动主题：

活动时间：

活动地点：

二、主题思路

依据答谢老客户，营销新客户，见证×××发展壮大历程这一特性，庆典活动将围绕以下思路进行：

1. 通过一系列宣传，为十周年庆典活动制造氛围。
2. 以十周年庆典活动为活动由头进行品牌宣传和网络推广。
3. 通过×××发展历程展示，体现公司发展实力和未来趋势，让员工和合作伙伴对公司发展更有信心。
4. 通过活动造势宣传，在消费者群体中赢得口碑。
5. 借助活动感谢一直支持、关注我们的政商界领导、合作伙伴和社会各界人士。

三、活动目的

1. 通过本次活动大力推广×××的社会责任感、建立品牌美誉度。
2. 通过本次活动中×××发展历程展示，让社会各界人士共同见证×××实力和对未来发展充满信心。
3. 通过活动弘扬公司"×××，××××"企业文化，展现公司团队拼搏氛围。
4. 让与会者参与活动的各个环节，充分了解×××，见证×××严把质量关的生产、经营理念。

四、方案内容

1. 方案构思

（1）宣传造势：以网络媒体为主，终端门店门头悬挂条幅，辅助宣传，将门头转化成宣传阵地，再配合媒体宣传造势；

（2）×××文化长廊：分为×××历程、×××实力、×××未来、×××文化四个篇章，让公司员工、政商界群体、新闻媒体、消费者等社会人士见证×××发展轨迹的同时对×××充满信心；

（3）×××感恩：文艺演出、答谢宴会、礼品馈赠；全省各门店开展"××××××"活动。

2. 预期效果

通过事件营销宣传，扩大公司产品知名度，聚揽活动当天人气，拍摄庆典活动场景为后期宣传提供材料；社会各界人士共同见证×××实力和产品清真特色，树立×××产品安全、营养、放心的形象；门店促销提高月度销量。

3. 物料设计清单及要求

整理梳理公司信息，设计所需图文和相关材料，对接设计公司进行设计审稿，具体设计项目和相关要求如下：

十周年庆典物料设计要求一览表

物料用途		设计项目	数量	设计说明
厂区布置物料	厂区门口布置	拱门条幅	1条	热烈祝贺××××××十周年庆典隆重举行
		气柱条幅	2条	×××，×××
	×××文化长廊（易拉宝）	×××历程	实际情况再定	十年大事记，图片结合
		×××荣誉	1个	所有企业荣誉证书和获得日期
		×××未来	1个	厂区规划图

(续表)

物料用途		设计项目	数量	设计说明
厂区布置物料		×××文化	2个	×××,×××
		×××产品	2个	×××,×××
	办公楼布置	条幅	实际情况	××(相关单位)贺×××十周年×××为主题
	导视指引	办公楼导视		
		会议厅导视		×××十周年庆典在×××举行
		签到本		购买专用签到册,便于存档
		会场楼层导视		参加×××十周年庆典请上X楼,电梯或步梯
	会场氛围	背景板	1块	简单大气标准色应用"热烈庆祝××"十周年庆典隆重举行
		台花	4个	鲜花视会场情况而定
		展板	5块	企业文化、企业广告语、欢迎语
门店	门头	条幅		××公司十周年庆典感恩回馈大型促销活动指定店
	促销海报	促销海报		公司十周年感恩回馈,针对××商品促销
庆典物料	嘉宾	邀请函	200个	标准VI应用
		厂庆画册	300本	现有企业画册
		厂庆手提袋	300个	标准VI应用
		厂庆活动议程	200份	A4幅面,双面,彩色数码印刷

注:1. 尺寸由行政办公室依据实际情况统计　2. 所有物料和设计品由采购部统一安排制作

4. 会场布置

(1) 厂门口:拱门一个,气柱两个。

(2) 门口红地毯,尺寸根据入厂门口到办公楼实际情况衡量。

(3) 礼炮8门,寓意财源广进。

(4) 办公楼垂挂祝贺条幅和欢迎条幅约20条。

(5) ×××文化长廊(历程、实力、未来、文化,视天气情况和会场大小决定,文化长廊设在室外或室内)。

(6) 入口至活动会议室导视指引,会场楼层导视,签到处、活动地、就餐地点导视。

(7) 签到处也可设置在会议室入口,或一楼办公大厅。

　a. 签到处背景:易拉宝"签到处"。

　b. 签到台,台花,购买专用签到册,油性笔,活动后存档保留。

　c. 两名礼仪定点服务、接待、指引参会人员礼仪身穿旗袍,淡妆。

(8) 会场布置。

　a. 主背景:"纯净、大气",公司VI标准应用"×××十周年庆典活动隆重召开!"。

　b. 舞台、灯光、音响。

　c. 会场内装饰:以KTV版的形式招贴在墙上,美观且利于后期拆除。

5. 庆典活动流程

8：00　　　　　　活动现场一切准备就绪,进行最后一次检查(红地毯,会场背景版、拱门、气柱、礼仪、礼炮、人员到岗等)。

8：00—9：00　　嘉宾签到领取礼品袋,由礼仪引导参观文化长廊后入会议室落座,礼仪应身穿旗袍,披绶带"×××,××××",礼仪讲解×××发展史和×××文化。

9：18　　　　　　主持人宣布,庆典活动正式开始,礼炮响起。

9：20—9：25　　主持人宣布,全体员工整理队形,和参会人员一起共唱×××。

9：25—9：30　　主持人介绍与会嘉宾。

9：30—9：50　　董事长致辞。

9：50—10：00　　邀请××领导致贺词。

10：00—11：30　文艺演出(专业演出团队,二级演员)。

10：40—10：50　主持人宣布抽奖(待定)。

12：00　　　　　主持人宣布活动结束,并向嘉宾说明宴会地点及到达方式。

签到礼品袋：×××手提袋、×××企业手册、会议流程单。

会后礼品：凭邀请函可领取。

媒体礼金：媒体人员除常规礼品外付礼金1 000元/人。

6. 活动费用预算

采购类租赁类费用

物品名称	数量	单价	合计(元)	备注
拱门租赁	1个	300元/个/天	300	
气柱租赁	2个	150元/个/天	300	
礼炮租赁	8门	150元/个/天	1 200	
红地毯	100米	10元/米	1 000	
台花	4个	200元/块	200	
礼仪	15人	0	0	公司内部挑选
礼仪服装租赁	10套	50元/套	500	
绶带制作	10条	20元/条	200	
胸花	40个	5元/个	200	
音响	0	0	0	公司设备
宴会	10桌	1 000元/桌	10 000	
演员费	团队	20 000元	20 000	来回接送
主持人	2人	1 000元/人/场	2 000	来回接送
摄像/拍照	0	0	0	公司人员
			合计：36 500元	

设计类费用

物料编号	项目用途	项目名称	数量	单价	合计(元)	备注
1	厂区门口布置	拱门条幅	1条,10米	7元/米	70	
2		气柱条幅	2条,10米		140	
3	×××长廊	×××历程	实际情况定	90元/个	90	
4		×××荣誉	1个		90	
5		×××未来	1个		90	
6		×××文化	2个		90	
7		×××产品	2个		180	
8	办公楼布置	条幅	实际情况定	7元/米	1 400	
9	导视指引	办公楼导视	KT板	35元/平方	150	
10		会议厅导视	实际情况定	35元/平方	100	
11		签到册	5本	40元/本	200	
12		会场楼层导视	实际情况定	35元/平方	150	
13	会场氛围	背景板	1块(约30平方米)	25元/平方	750	
		装饰用展板	约5块	35元/平方	400	
14	门头	条幅	营运部结合			
15	促销海报	促销海报	营运部结合			
17	嘉宾	邀请函	300个	4元/个	1 200	
18		厂庆画册	300本			用公司已有画册
19		厂庆手提袋	1 000个	5元/个	5 000	
20		厂庆活动议程	200份	3元/份	600	A4幅面,双面彩色数码印刷
					合计:18 680元	

礼品类费用

物品名称	数量	单价	合计(元)	备注
牛肉礼盒	200箱	279元/盒	55 800	以实际到场人数为准
媒体红包	20人	1 000元/人	20 000	
合计			75 800元	

费用预算合计:(1) 采购类和租赁等费用:36 500元
　　　　　　(2) 物料设计制作费用:18 680元
　　　　　　(3) 礼品类费用:75 800元
　　　　　　(4) 不可控费用:2 000元

合计:132 980元

7. 嘉宾邀请：由公司领导负责出面邀请

嘉宾邀请，是仪式活动工作中极其重要的一环，为了使仪式活动充分发挥其轰动效应及舆论的积极作用，在邀请嘉宾工作上必须进行对象选择，设计精美的请柬，尽力邀请有知名度的人士出席，制造新闻效应，提前发出邀请函（重要嘉宾应派出专人亲自上门邀请）。

嘉宾邀请范围：

A. 政府领导。

B. 新闻媒体。

C. 合作伙伴。

8. 活动参与人员

(1) 活动组织策划人员。

(2) 布场工程人员。

(3) 专业主持人。

(4) 礼仪小姐从公司员工中挑选。

(5) 工作人员。

(6) 到场嘉宾。

(7) 公司全体员工，特殊情况需留岗人员除外。

五、十周年庆活动组织人员分工明细表

进程	工作项目	项目明细	工作要求	负责人
物料筹备	会务总监	现场协调、督促、人员调度、工作把关	熟悉公司，熟知活动流程	
	会议用品设计	依照《十周年庆典物料设计要求一览表》，拟定工作进程，经由会务总监认同后执行	保质、保量、保时完成工作任务	
	会议用品采购	参照活动方案拟定《十周年物料采购清单》		
人员筹备	嘉宾邀请	发请柬到嘉宾手中，并及时提醒会议安排，保证其准时、准点到达现场，并对其发放红包	嘉宾准时到达现场	
	媒体邀请	发请柬到新闻媒体手中，及时提醒，保证其准时、准点到达现场，并对其发放红包		
	礼仪选拔培训	挑选员工中形象好、气质佳者为礼仪人员，15名，并培训接待事宜，监管调度活动接待工作	做好嘉宾接待工作	
	合作伙伴邀请	拟定被邀名单，组织人员发放请柬，保证合作伙伴准时到达活动现场	嘉宾准时到达现场	
	主持人选聘	选定谈妥主持人，并提前沟通会议流程，监管主持台词		
文字材料筹备	领导发言稿	会议前三天给到领导	沟通至意见一致	
	新闻媒体稿	配合新闻媒体报道、公司网络宣传等书写宣传材料	准时保量配合宣传	
	主持人串台词	会议开始前三天给到会务总监	沟通至意见一致	
活动日工作安排	布场人员对接	谈妥布场工程人员、协助施工、检验质量、维护活动当天所有设备正常工作	按时交工，负责检验达标	
	礼仪接待	负责安排礼仪到厂门口接待嘉宾，引导至签到处	流程清晰，不冷落嘉宾	

(续表)

进程	工作项目	项目明细	工作要求	负责人
活动日工作安排	嘉宾签到	两名礼仪定点服务(嘉宾签到—领取资料袋—告知会后凭请柬领取礼品)	不漏签,不重签	
	嘉宾指引	两人在签到处等待,负责嘉宾引导工作(参观文化长廊、到大会议室、落座)	以客户意愿为主	
	会场服务	五人负责会场内嘉宾服务和茶水工作	确定组长及成员	
	演艺公司对接	谈妥演艺工作、沟通节目单、负责演员整体调度、会后用餐、接送工作	全程跟踪服务	
	会后礼品	提前与领导、生产部协商礼品数量、提前筹备、对接签到处礼仪、发放礼品、登记备案	不漏发一位嘉宾	
	答谢宴会	宴会预定、菜品选择、安排礼仪接待等全程协调	全程跟踪服务	
	司机	随时待岗,服从会务总监调度	高效安全	
	拍照、摄像	全程跟踪、会后剪辑给到行政办公室和营销策划部	图片清晰、有代表性	

注：未尽事宜,以实际情况而补充

第三节　赞助型公共关系专题活动

一、定义

公关赞助是指组织通过无偿地提供资金或物质对各种社会公益事业做出贡献,以提高社会声誉,树立良好社会形象的公关专题活动。公关赞助是举办专题活动最常见、最重要的形式之一,因为它既可以为社会公益事业的顺利进行提供保障,同时又可以为各类组织的不断发展创造和谐的社会环境。因此,越来越多的营利性组织纷纷将自己收益的一部分回馈社会公益事业,以表示它们乐于承担一定的社会责任和义务。

二、赞助活动的目的

(1) 出资赞助社会公益事业,为企业经济效益的提高创造了社会大环境,因此提高社会效益是赞助活动的重要目的。

(2) 关心和支持社会公益事业,表明企业作为社会的一员,为社会做出贡献,从而树立企业的美好形象,因此承担企业的社会责任和应尽义务是赞助活动的主要目的。

(3) 赞助可以证明企业的经济实力,赢得社会公众的信任,谋求社会公众的好感,因此增进感情的交流是赞助活动的主要目的。

(4) 赞助活动可以扩大企业知名度,增强企业商业广告的说服力和影响力,因此扩大影响是赞助活动的主要目的。

三、赞助活动的类型

从赞助的形式来看,赞助的类型可以分为：

一是组织参加赞助,即对其他组织或企业的赞助邀请做出响应。

二是组织发起赞助,即一个组织为实现某项公关目的而主动发起的赞助活动,是创意性的。

常见的赞助形式有以下几种:

1. 社区赞助

这是对企业或公司总部所在地事业的赞助。这些赞助可能是广稀薄收,也可能是颇有成效的。杭州娃哈哈集团在当地组织了儿童艺术团,出版了娃哈哈画报,筹建娃哈哈大厦,从事儿童艺术教育,这样,进一步提高了企业的市场竞争力,扩大了影响范围。

2. 慈善赞助

这种赞助往往与企业的营销目标无明显联系,但具有社会价值和社会需要。上海大伟力鞋业有限公司,向上海福利院捐款,助养一名孤儿,企业内部员工热情高涨,在社会公众中也引起了很大的反响。

3. 市场开发赞助

这种赞助与市场营销战略和企业整体国标有关,它通常以一种限定时间、指定具体项目的方式制定出周密计划,或是一个长期的企业发展战略的一部分。如国外某家电脑公司,在几年中向全国的学校系统赠送了一大批计算机,经过这段时间的赞助,公司为其产品开拓了迄今为止最大的学校市场,同时还为将来的产品奠定了消费基础。

4. 文化赞助

这种赞助主要是利用文艺界、体育界的名人效应,提高企业的声望。文化赞助的成功诀窍是企业应把握社会倾向和公众心理,支持和赞助具有充分公众基础的艺术形式和体育项目,立意创新,体现了企业对发展文化、体育事业的赤诚之心和社会责任感,在公众心目中树立起良好的形象,企业的经济效益也会大大提高。

5. 其他事业赞助

例如:赞助学术理论研究活动,赞助建立某一职业奖励基金,赞助各种展览和竞赛活动,赞助事业单位组织等。

四、公关赞助的基本原则

赞助是一种技术性和政策性很强的公共关系宣传活动,开展赞助活动必须遵循以下基本原则:

1. 社会效益原则

企业开展赞助活动的目的是树立企业的社会形象,表明企业积极承担社会责任和义务。因此,开展赞助活动必须着眼于社会效益,以获得公众的普遍好感。一般来说,企业应优先赞助社会慈善事业、福利事业、教育事业和公共设施的建设。

2. 合法原则

合法原则是开展赞助活动的基本要求。企业开展赞助活动时必须遵守党和国家的政策法律。违背政府的经济政策法规,利用赞助活动搞不正之风,这会削弱赞助活动的宣传效果。

3. 实力原则

一般地说,企业的赞助活动应当量力而行,根据企业利润额、经济实力和市场发展战略,支出合理的赞助经费。赞助经费的数额,必须在企业能够承受的范围之内,同时又要达到一定的额度,以形成较大的影响规模。

4. 相关原则

企业赞助的活动对象应当与公众生活或自己的经营内容相关联。例如运动饮料厂赞助体育事业,这样的赞助活动自然和谐,既可赞助经费,又可提供饮料,实惠方便,容易取得公共关系宣传的良好效果,强化企业的品牌形象。

五、赞助活动的开展

1. 明确目的

组织开展赞助活动必须是有目的的,从原则上讲,组织赞助的目的与其公共关系总目的是紧密相连的,那就是提高组织的声誉,增进公众的理解,塑造良好的组织形象。

2. 调查研究,确定对象

为了取得良好的赞助效果,社会组织应事先组织调查研究工作。在明确赞助的情况下,从本组织的经营管理目标、政策、公共关系政策入手,调查外部需要赞助的公益事业情况,考察活动本身是否对公众有益,是否对组织有益,从而确定本组织的赞助方向和政策,以指导赞助活动。

企业的赞助活动可以自选对象,也可以按被赞助者的请求来确定。调查研究的主要内容应包括:企业自身的公共关系状况、赞助活动的影响力、被赞助者的公共关系状况、社会公共的意愿、企业经济状况等。

3. 制定计划,落到实处

在调查基础上,根据组织的赞助方向和政策制订出年度赞助计划,该计划一般包括赞助对象的范围、费用预算、赞助形式和宗旨等。为达到最佳的赞助效果而选择的赞助主题和传播方式;赞助活动的具体实施方案等。

4. 完成计划,争取效益

组织应派专人负责各项具体赞助方案的落实。在实施过程中,应充分运用各种有效的公共关系技巧,使社会组织能尽量帮助该活动扩大其社会影响;应该建立经常性的检查制度,使计划能保质、保量地完成,同时亦可避免费用超出预算。同时,应以企业的广告和新闻传播等手段强化赞助的影响,使赞助活动的效益达到最佳峰值。

5. 评价效果,以利再战

赞助活动的效果应由自我评价与专家评价共同完成。对评价的效果应有信息反馈报告,在报告中,应将实际效果与计划的比较、成果与不足、问题出现的原因和补救措施、今后的方向等一并纳入。

六、赞助活动的注意事项

1. 组织参加赞助

对于组织参加的赞助应注意以下几个方面的问题：

（1）要考虑所赞助的活动与本组织能否很和谐自然地被公众联想在一起，能否对本组织产生有利的影响。

（2）要考虑所赞助的活动的社会影响，如媒介报道的可能性、报道频率和报道的广泛性，受益人是谁，受影响的公众的分布情况，影响的持久程度，活动本身能否引起人们的注意，能否产生"轰动效应"等。

（3）要考虑本组织在活动中与公众见面和直接沟通的机会有多少，以及赞助费用的多少和赞助的形式。

（4）要考虑赞助的监督情况，如通过何种方式对赞助活动予以控制？赞助活动是否合法？发起单位的社会信誉如何？赞助费用如何落实到受益人等等。

（5）应考察赞助活动对本单位的产品销售有无赞助价值。如果发现值得赞助，便可着手落实赞助。在具体落实赞助时应有专人负责，落实过程中要主动了解活动的筹备与进展情况，争取把握有利机会。

（6）赞助活动结束后，还应对参加赞助的效果进行评价。一方面依据媒介报道和广告传播的情况测定，另一方面要对参加赞助的全过程进行回顾和总结。

2. 组织发起赞助

对于组织发起的赞助应该注意以下几个方面问题：

（1）主办单位要有良好的形象。在举办赞助时通常有发起者（或倡议者）、主办者、协办者之分，这仅仅是角色和所起作用不同而已，无论哪种角色都应有良好的组织形象，使公众感到企业确实是在参与社会公共事务。

（2）赞助活动本身要有吸引力和周密的计划。赞助的目的是什么？赞助的时间是怎样安排的？主协办单位名称是什么？赞助的性质和方式以及活动方案的设计等都必须有一整套的策划。一般来说可用发邀请信或公开募捐两种形式争取赞助。无论哪种形式，让对方了解活动本身是很重要的。

（3）应争取得到媒介及各种权威性公众的支持。媒介和权威性公众通常会成为很好的舆论领袖，左右着其他人的思想行为。

（4）赞助活动的具体负责人（直接与赞助人打交道）应该有良好的个人形象，以期在具体的游说、解释、沟通和宣传过程中得到公众的接受，并能在最大程度上影响公众的支持程度。

（5）赞助活动必须给赞助人（单位和个人）可以看得见的"实惠"。如果是无偿赞助，应发给捐助纪念证书；如果是有奖赞助，应发给对号券，使之有中奖机会等等。这样，赞助就会成为互益性的活动，这是争取赞助的重要手段。

第四节　新闻发布会

作为一种集中、便捷、高效的公关活动方式，新闻发布会越来越受到企业的重视。新闻发布会不仅能够提升一个企业品牌的影响力,甚至还能对一个行业的发展产生深远的影响。然而,并不是所有的新闻发布会都能产生预期的效果。有的新闻发布会在举办之后便无声无息,高额投入也付诸东流。

一次成功的新闻发布会的举行,需要对新闻发布会的全程进行有效的传播管理,传播管理是一项系统工程,只有在会前准备、会中控制以及后续工作这三个方面都做到精细化管理,才能让新闻发布会的传播效果发挥到最大。

一、会前准备

好的开始是成功的一半。对于新闻发布会传播而言,前期的准备工作是非常重要的,它直接决定了后期的传播效果。总体来看,新闻发布会传播的前期准备工作可归为策划和媒介两部分。

1. 传播内容策划

任何一次新闻发布会都应当有一个明确的目标。对于新闻发布会来说,受众群体是既定的,关键在于影响的广度和深度。因此传播的内容及其表现形式的确定至关重要。传播策划最能体现新闻发布会服务的专业水准,它需要我们具备相当的深度和洞察力,在充分考虑客户需求和行业发展趋势的基础上,准确地把握新闻传播的核心信息。

一般说来,传播内容的确定是一个反复沟通、不断提炼的过程,需要与客户进行多次深入沟通,同时进行相关的市场调查和媒体调研后,才能确定下来。内容确认后,就需要根据发布会的需要设计出不同的表现形式。通常新闻发布会的内容准备包括如下几个方面:现场演讲的 PPT、其他演讲稿、新闻通稿、背景资料以及专访的相关资料。在上述工作完成之后,我们还需要与客户进行一次重点沟通,沟通对象是在发布会上进行演讲和接受采访的人,共同提炼传播点。

2. 媒体管理

新闻发布会是媒体专业素养集中展现的舞台。在发布会举行之前,公关人员有大量的工作要做,包括制定媒介计划、媒体调研、媒体邀请和媒体沟通等。这需要公关人员对企业所属行业有相当的了解,同时对于该行业媒体有深入的把握。

按照专业新闻发布会流程:在拟定发布会策划案的同时,就应当开始制定媒介计划。前期的媒介计划相对简略,只需要列出媒体名单,但是千万不要认为这是一项简单的工作,实际上它需要相当的媒介工作经验。一方面是对发布会内容的提炼,另一方面是对于媒体内容和风格的把握,这样才能确保媒介计划的有效性,为新闻发布会传播搭建平台。

媒体调研和媒体邀请两部分工作,在多数时候其实是可以同步进行的。通过媒体调研我们可以了解媒体近期关注重点、撰稿安排,并根据这些信息及时调整、确定新闻发布会的传播内容。媒体邀请工作需要相当的技巧,既要和媒体进行充分的沟通,又要保持信息传递的尺度;既要让媒体了解发布会的重大意义,同时又要留下悬念、制造神秘感,必要时可以采取策略,向媒体故弄玄虚,吸引媒体记者到新闻发布会现场,提升媒体到场率。

在发布会的大致内容和日期确定之后,就需要启动媒体邀请工作。此时,媒介人员需要与记者就发布会的大致内容进行初步沟通,探讨可能的刊发情况,同时确认参会的记者。另外,为媒体提供详细资料,一般包括会议议程、新闻通稿、演讲发言稿、公司宣传册、有关图片、纪念品、企业媒体关系负责人名片。

在媒体邀请之后,还有一件很重要的事情——重点媒体的深度沟通。所谓重点媒体,是指能够进行深度报道或者参加会后专访的媒体。沟通方式以面谈为好,内容包括发布会的详细内容、媒体的兴趣点可能的报道角度以及参加专访时需要注意的问题。

经过初步的媒介工作以后,工作人员对前期拟定的媒介计划进行修订,形成一个更具执行性的传播计划。

二、会中控制

细节把控——传播效果的关键。经过精密的前期策划,发布会就可以如期按计划举行。在发布会当天,媒介工作应从三个方面展开:记者到会确认、记者现场参与、专访控制。在这个过程中,对细节的把控最为关键。

1. 记者到会确认

一般新闻发布会都是在下午举行,在当天上午,公关人员要与记者确认发布会的时间和地点,这样可以提升媒体的到会率。在有效沟通的情况下,发布会的媒体到会率通常可以保证在95%以上。

2. 记者现场参与

让记者充分参与到发布会中去也是传播管理的重要内容。除了传播策划以外,还需要在发布会的流程设计中充分考虑记者参与的元素,如可以设计互动问答、抽奖等小环节来有效提升记者参与的积极性。而这些环节的设计和安排,也很有讲究。正常来说,互动问答和抽奖,在内容设计上应与发布会传播目标紧密结合;记者提问时间安排在新闻发布会的中段为妙,因为一部分记者可能赶时间发稿而提前离场;另外,记者提问的内容应该预先准备,必要时可以安排相熟的记者提出重要问题。

3. 专访控制

发布会后的专访也是传播管理工作的重点,有几个方面需要注意:时间安排、人员协调、现场气氛调节和节奏把控、专访内容记录和整理(尤其是重点发言的记录和整理)。

以上都是新闻发布会中期传播管理步骤,在此基础上,信息现场直播、新闻同步发布等服务,也是力求做到新闻传播效果最大化的方式之一。

信息现场直播:邀约权威、知名门户网站对发布会进行现场直播,让您的新闻信息以最快的速度出现在各大网站。新闻同步发布:发布会现场联络各大网媒编辑,传输发布会相关文字、图片资料,待到新闻发布会结束时,客户的新闻稿件已经覆盖各大门户网站。

三、后续工作

持续聚焦——传播效果的放大。发布会结束后,有两项工作非常重要,直接影响到新闻发布会的总体传播效果。第一项是新闻发布会相关资料的及时发送,稿件发布情况的积极跟进,同时媒体需求变化的掌握也很重要。在这个基础上,传播结果是可以保证的。但是,要追求传播效果的最大化,还需要对传播结果进行持续聚焦。

所谓持续聚焦,就是对传播结果进行深入挖掘,并利用其他途径对已形成的传播结果进行二次发布,扩大传播覆盖面、提升影响层次。传播结果的持续聚焦可以有如下几个渠道:

网络转载、企业内刊转载、独立销售工具制作等。

一般企业都会有内部刊物,新闻发布会的重点稿件同样可以在企业内刊上转载,实现内部公关的目的。此外,还可以在新闻发布会的剪报基础上,制作针对渠道、客户的销售或企业形象的展示工具。这会产生比传统企业宣传册更具影响力的直接效果。

另外,在一般的新闻发布会中,网络媒体的邀请都不会占太大的比例。但是网络媒体的影响力与日俱增,其快捷性和互动性是传统媒体所不具备的,这使其可以和传统媒体形成有效的互补。在获得初步的传播效果后,公关人员需要及时联系网络媒体,有计划地安排转载,使传播效果进一步放大。

四、新闻发言人"五度"法则

1. 高度

作为公众人物,必须在以下两点有认识上的高度:(1) 公众人物拥有更多的社会资源,理应承担更大的社会责任。(2) 引导社会舆论、实现社会正义是媒体的责任。

2. 态度

人们会原谅一个犯错误的孩子,但不会原谅一个不认识错误的孩子。每个公众人物,在面对媒体时,得始终记住最重要的一件事情:第一是态度,第二是态度,第三还是态度。

3. 风度

保持低调谦逊,不要忘本,任何时候都不要得意忘形。

4. 气度

得饶人处且饶人。宽容是宽容者的通行证,狭隘是狭隘者的墓志铭。

5. 尺度

不要过激反应,不要自我纠结,不要给大家任何理由,让自己成为话题,更不要让自己成为关注的焦点。因为只要你在话题中心,就会继续遭受伤害。

新闻发布会文案
目　录

一、会议议程安排

二、场地布置布展

三、参会应邀人员

四、新品发布会提供给媒体的资料

五、发布会组织

六、发布会资料袋内容

七、发布会筹备

八、新品发布会所需人员、物料及使用位置

九、产品发布会邀请人员清单

十、产品发布会费用预算
十一、预期效果

一、会议议程安排
特邀嘉宾、来宾、媒体签到(赠送礼物)
引导特邀嘉宾、来宾、媒体就座(进场背景音乐)
播放企业宣传片
主持人宣布新品发布会开始并介绍公司领导特邀嘉宾、来宾与媒体
董事长致辞欢迎
主持人串场(其中主持人均需短暂串场)
记者来宾提问,市场营销负责人、项目负责人、公司领导作答
来宾自由讨论(成交环节)
会议结束,安排来宾退场,指引转至用餐区,请媒体记者稍候
研究所领导、市场营销负责人和媒体详细交流
与媒体交流结束,安排媒体退场,指引转至用餐区
共进晚餐
欢送来宾

二、场地布置布展
酒店正门大堂内,接待人员佩带单位绶带迎宾,设标明新品发布会场、就餐区、签到地点的指示牌。
宾客接待台,设接待人员三至五名,登记来宾和发放会议标准资料袋和参会证、企业画册,并配二名礼仪向导。
酒店门口和会仪厅门口各摆放X展架多个。
巨型喷绘做主会场背景墙、采访区背景墙,舞台一旁区域为产品展架区、新闻采访区,演讲台正面贴公司名、LOGO,上面摆笔记本电脑、麦克风、鲜花。
会场演讲台两侧摆放花篮各两个,走廊前台两旁X展架。
主席台放嘉宾名片座,桌上摆茶杯和纯净水,文件夹DM封尾页,贵宾名签。
企业宣传片或纪录片以及产品宣传幻灯片等视听材料。
调试好音响设备,指定好录像人员。

三、参会应邀人员
邀请嘉宾:政府官员、银行高管
各行业来宾人数:每家企业限制1—2人参加
邀请媒体:网络、报社、电视、杂志等主流媒体。总人数共20人。

四、新品发布会提供给媒体的资料
新闻媒体单位报道时即发放资料,包括会议时间项目安排流程、新闻通稿、演讲发言稿、发言人的背景资料介绍、公司宣传册、产品宣传资料、有关图片、纪念品礼品领用券、企业新闻负责人名片(新闻发布后进一步采访、新闻发表后寄达联络)和空白信笺、笔(方便记者记录)等。

五、发布会组织

1. 总指挥(负责整个活动与酒店协调)
2. 场内外指挥两人(协调员由研究所营销部门组成,负责各小组的协调工作)
3. 领导小组下分各个项目组分别为:
a. 会场接待(6人负责来宾登记、礼品发送、资料袋的发放及各种接待等)
b. 与媒体联系(媒体发稿、媒体接洽、礼品费用支付)
4. 场务维护及服务(负责现场设备能够正常使用,排除外界干扰)
5. 广告宣传(由策划公司与市场部组成)主要负责:
a. 主题背景墙设计制作及安装
b. 宣传DM、X展架、海报、礼品赠送手提袋、企业新品画册的设计制作
c. 媒体所需文章内容及主题、软文撰写、新闻通稿撰写
d. 领导、来宾演讲稿撰写和新品阐述资料的撰写
6. 就餐(主要负责来宾、经销商的餐饮服务安排)
7. 主持人(主要负责各个环节串词及开场主持)
8. 演讲助理(主要协助嘉宾PPT演讲)

六、发布会资料袋内容

1. 会议手册 2. 新品文字资料 3. 相关图片、笔、信笺 4. 礼品

七、发布会筹备

发布会策划方案定稿。

初步落实会议场地、来宾人数。

确定企业宣传片、宣传单、宣传册、台卡、背板、邀请函、新品展示资料图片、风格设计方案。

上述材料印刷品交货。

相关新闻稿及软文撰写完毕,交由相关媒体发布预热。

确定参会领导、经销商及媒体人员名单。同时,发邀请函。将发布会策划方案交由会议主持方,以便其提前排练。

联系酒店方,会议所需物品到位,礼品、签到本、签到笔、台卡、背板等展示资料准备布展。

最终确定场地布置,餐饮地点、住宿房间、物料运送、气氛、背景、设备调试、桌椅安排(来宾位置)等。

物品检查、人员检查、资料检查、礼品检查、会场检查。

全程摄影摄像协调落实,签到开始、赠送资料袋、嘉宾媒体佩带胸花、来宾卡、会场资料发放、会场引导、分别入座。

主持人宣布新品发布会开始。

继续发布新闻稿和媒体软文。

八、新品发布会所需人员、物料及使用位置

礼仪小姐(6人;会场门口)

主持人(2人;会场)

摄影师及摄像设备(1人1套;场内)

数码相机(3 人 3 部;场内)
鲜花(8 篮;主席台)
嘉宾名片卡(×张;嘉宾座位)
签到本 2 本,名片盒 2 个(接待台;会场门口)
笔记本电脑(2 部;演讲台,后台)
主会场大型喷绘背景(1 张)
采访区喷绘背景(1 张)
新品展示台(1 张)
X 展架(6 个;大堂和会场)
产品展示架(2 个;展台)
赠送礼品(100 份;来宾赠送)
产品 VI 会标(1 块;演讲台)
资料袋、笔、信笺(各 100 份;应邀来宾)
请柬(120 份;邀请来宾)
指示牌(6 张;会场门口、大堂)
招待烟(10 条;宾客接待)
矿泉水(10 箱;宾客接待)
苹果、香蕉、葡萄(各 5 箱;来宾招待)
企业宣传片幻灯片、新产品讲解幻灯片(各 1 段;介绍)
来宾证(100 个;来宾识别)
新品海报(20 份;会场布置)
胸花(20 份;部分来宾)

九、产品发布会邀请人员清单(略)

待定

十、产品发布会费用预算

序号	项目	数量	金额	备注
1	平面物质			包括所有相关展示物资设计印刷等
2	礼仪主持等			
3	礼品			每人一份百元礼品
4	招待品、香烟、纯净水等			
5	会议场所租金			酒店选择不同价格会有不同
6	晚宴			宾馆选择及就餐人数变化而定
7	其他费用			文具纸笔胸花等
8	机动费用			意外及临时性费用
9	合计			

十一、预期效果评估

第五节 展览会

一、定义

展览会(Traditional Exhibition)是一种综合运用各种媒介、手段,推广产品、宣传企业形象和建立良好公共关系的大型活动。其特点是:它是一种复合性、直观、形象和生动的传播方式;它提供了与公众进行直接双向沟通的机会;是一种高度集中和高效率的沟通方式;是一种综合性的大型公共关系专题活动;是新闻报道的好题材;带有娱乐的性质,可吸引大量公众。一般来说各社会组织都非常重视利用这一形式来塑造和展现他们的最佳形象。

二、作用

之所以成熟参展商能够拥有企业参展的准确定位的能力,是因为他们对展览会的价值具有几乎一致的价值观,我们通过调查研究发现,企业对展览会价值的认知主要集中在"信息传播价值""第三方认证价值""体验价值""理念价值""精神领袖价值"等五个方面。

1. 信息传播价值

所谓展览会的信息传播价值,指的是展览会具有快速反馈高效率、高质量的市场信息,高效传播的特点,一个知名展览会实际上就是一次行业年会,从行业协会到产业链的各个环节均被聚集在一个时空里,是行业信息量的大潮到来之际,是行业海量信息的尖峰时刻。我们不难发现,世界上一流的品牌展览会的一个主要标志,就是能够聚集行业内最有影响力的媒体参与,大部分的展览会都有市场政策发布新闻会和行业市场宏观走势分析与专题论坛,50%以上企业会通过展览会把最新的产品信息发布给目标消费群体,因此,信息传播是展览会最基本的价值,任何参展企业都知道这个道理。

2. 第三方认证价值

关于第三方认证价值,目前国内企业的认识不是很深刻,在论作《21世纪中国会展经济与会展产业》中有一个观点,展览会是一个市场经济发展的阶段性产物,分析展览会产生的历史原因,可以知道展览会实际上是一个公平买卖的市场,是提供企业进行商业交易的特定场所,其所处地位就是一个中立的第三方,其对展览产品的认证相当于第三方认证,具有一定的客观权威性。一个简单的例子就是贵州的茅台酒,之所以在20世纪70年代被周恩来总理点名定"国宴酒"招待美国总统尼克松,是由于贵州茅台酒厂1915年在美国旧金山参加巴拿马世界博览会期间被评选为金奖,因此产品在展览会上被评奖和认证成为企业参展市场营销的主要目的之一。

3. 体验价值

展览会的体验价值,表现在展览会地聚集人气功能,由于展览会的直接参与性和体验性,一次参展常常成为一次深刻难忘的体验。展览会作为一个行业盛会,可以将来自行业的各方人士在短短的3~5天内汇集到一个展览场馆中,大家平等交流,联络老客户,结识新客户,发现潜在客户,刺探竞争对手,观摩新产品,所有的活动均以个人调动五官全力体验为基础,与他人进行平等沟通为纽带,成为企业决策者最直接地对各类信息综合分析的第一手资料依据,这样的体验价值具有唯一性、时效性和前瞻性,是展览会作为市场营销工具区别于其他市场营销方式最重要的不可替代的特征之一。

4. 理念价值

所谓的理念价值是为许多参展商较难以理解的一种价值。在展览会上,倡导、传播一种理念,这种理念能够左右消费行为,在消费市场上可能引爆流行,在生产资料市场上可能引起生产方式的革命。这是因为消费观念是巨大的消费动力。例如,汉诺威工业博览会,就能够给参观者带来强烈的体验,使得参观者心灵上形成一种"极化""磁化"作用,这种作用足够强烈,就固化为一种"观念",只要我们企业参加了这个展览会就足以说明我们的企业紧跟着消费市场的步伐,有能力在本行业与竞争对手"逐鹿中原"。

5. 精神价值

成熟的参展商对此均懂得善于运用展览会的这个价值去影响自己的消费群体和与竞争对手进行较量,因为展览会的最高境界是成了一个消费者群体的精神领袖。一个达到精神领袖境界的展览就是按照已经设定的一套清晰的价值观念,成为某种生活方式的鉴定者和护卫者。通过展览会及其多种相关活动的举办,带来人们对所倡导的概念理解,为广大参展商"制造"一个通用型的价值观念或者价值信仰平台,从而带来巨大的商业效果。例如,法兰克福的照明展览会,被称为"世界照明行业的麦加",是全球照明行业毕生追求的圣地,是反映世界照明行业最新动态和市场的晴雨表。成熟的参展商总是为能够参加这样的展览会而自豪和骄傲,这不仅是企业实力的佐证,最关键的是这样的展览会令成熟的参展商有了一种精神上的归属感。

成熟的参展商由于在精神上和价值观上与所选择的展览会取得一致,更容易获得参展的成功感和实现企业参展目标并圆满完成企业市场营销计划。而大凡成功的参展商,也必定具备较高的参展素质和参展能力,能够准确判断展览会的价值,做出具有明智而科学的参展决策,其参展目的明确,参展目标定位十分准确,参展效果明显,参展满意度较高。相对而言,其他两类参展商的参展意识与行为则可以通过培训等方式改变。

三、展会的选择

1. 选择合适的地点和时间

企业通过参加展览会拓展新市场是事半功倍的方式,一则可以了解同行信息,二则可考察当地的市场需求和潜力,三则可通过参展期间与当地代理经销商的广泛接触,物色合适的合作伙伴。

2. 判断展会性质

会展业竞争到一定程度时难免出现良莠不齐的情况,因此,正确判断展会性质是否适合企业参加,是参展前必做的功课。

3. 考察主办方和承办方的资质与水平

由于展会成功举办并取得良好成果,取决于主办方和承办方在各个环节上的工作细节、配合和绩效,参展企业可以在与展会主办商的反复接触中,观察和了解主办人员在操作中的表现,以判断主办方和承办方的资质和水平是否有能力举办高成效的展会。

4. 了解展会的历史和推广

展会的宣传广告占据了展会举办成本中很大的比例。一个展会最终能取得多大的效益，往往取决于展会宣传和广告的进行程度和成效。参展企业在决定是否参展前，应全面了解展会的宣传力度，并由此判断展会主办方的计划可能带来怎样的效果，这是企业参展前最应了解的事项之一。如果是举办多年的、影响力强的知名展会，这一点就仅供参考了。

5. 了解同行态度

行业名牌产品参加展会，既可提高展会的档次和吸引力，也能带动其他产品的参展效益。企业在计划参展时，应多向业内企业和人士了解参展态度和评价，从而确认该展会可能达到的规模与影响。

四、展会

1. 展前的准备：精心策划

工作人员接到公司的参展通知时，就开始准备本次参展的前期工作。首先就是：客户的邀请。展位确定下来后，其中很重要的一项工作就是遍发英雄帖，邀请客户届时参观公司的展位。邀请函要注明展会的名称，时间，公司的展位号，参展人员及联系方式，也可附带一下最新推出的产品。邀请的时间一般在展会前一个月左右。这样做的优点是：

首先，你告诉客户你参展了，是在传递你有实力参展的信息。

其次，参展商由被动地等客户变成主动请客户，效果更加明显；再者，面对面的沟通要比电话或邮件沟通容易得多。参展时公司往往配备专业的技术工程师，面对面的沟通更能了解客户的产品需求及应用，能获得事半功倍的效果。

再其次，产品知识再学习：对于参加专业产品的展示会，参展人员一定要对自己本公司参展的产品知识有更多的了解，以便我们在会议期间正确的引导客户。我们公司与其他公司不同，产品领域涉及比较广泛，因此要针对此次参展的重点来学习相关的产品。

2. 展中要求：保持斗志，胆大心细

参展前的各项细致的准备都是为展会做铺垫的，参展中与客户的交流至关重要。细节决定成败，在参展过程中需要注意一些细节：

首先保持斗志：参展人员一定要注意自己在展会中的形象，站立迎宾，精神抖擞，良好的精神面貌不但体现了公司的活力和蓬勃向上的氛围，更能向客户展示自己的良好素养，提升客户与我们合作的信心。

其次胆大心细：面对光顾展位的客户，不要胆怯，要主动打招呼，欢迎他们进来参观。但是专业性的展会会有很多同行参展，所以对于与竞争对手的交流，要做到有所保留，但更需要互相的沟通交流，尽力从对方的言谈中，了解到行业信息。做到知己知彼，方能百战不殆。因此参展也是对同行进行全方位了解和摸底的关键时刻。

接待老客户要求：询问客户对以前使用的产品有何建议；询问客户将来需要的产品及具体的数量；了解客户与公司后续合作的份额及规划。

接待新客户：了解对方是厂家还是经销商，主要生产产品，所需求产品的数量。因为在展会期间来访人员比较多，不会沟通很长时间。因此要留下对方详细的联系方式，若来访人员不是采购，请对方推荐并索取采购人员的联系方式，以便后续跟踪联系。

再次资源收集:公关人员信息渠道非常重要,因此在参展难得的机会中,建立后续行业信息来源的渠道。与媒体或客户互留产品宣传资料,索取样本,起到资源互补共享的效果。

谨防探子:展会上经常会碰到同行中的探子,他们会扮作客户来套我们的价格和我们的产品宣传资料及技术甚至客户资料,所以对此我们的参展人员要保持高度的警惕性。对于索取我们资料的人员,我们需要详细询问他的需求及他们公司的情况,根据判断来分析是否进行后续的进一步接洽。

3. 展后总结:整理资料,及时跟进

参展结束,只能说工作进行了一半,真正起作用的是展后及时跟进。这时我们需要做到的是:

客户分类:根据展会上与客户谈判的过程及结果,将客户分为正式客户,潜在客户,无效客户。这里的正式客户是指老客户。潜在客户即指对我们的产品有明确的订购意向,只需进一步跟进,确定一些细节即可订货的客户。无效客户指仅在展会留下名片,没有进行过交流,且对方仅是收集一些资料的客户。将展会期间的客户记录进行梳理,与客户对应起来,再做进一步的沟通接洽。

联系客户:给客户发邮件,邮件中体现出参展的内容,感谢客户的关注。对重点客户要重点联系,先联系重点客户,分清主次。若参展中有与客户的合影照片,顺便发过去,作为纪念。回复客户:邮件发出去以后,陆续会收到一些回复。对这些回复要认真阅读,掌握客户的真实的想法,针对客户的回信内容及时复信。如果客户需要某产品的报价,那就专门为客户制作报价单。

再次跟进:如果客户对我们的产品及价格比较满意,我们就诱导他购买产品,按照公司销售程序,进行初期合作。如果我们发了邮件,客户没有反应,一个礼拜后再发一封与上次有所变化的邮件或电话询问结果。以便我们确定与此客户后续合作的可能性。

企业参加专业性的行业展,不但能在同行业中秀出本公司产品实力,更贴近地服务于客户,也能从相同参展的客户当中,看到自己的不足,不断完善自己。

大型展会策划方案

一、确定举办目的

举办一场展览会,首先要确定其目标。活动项目能准确达到目标的展览会才是成功的。通常我们的目标为:宣传公司形象、促进产品的销售、展示新产品、密切联系用户、对市场的信息动态和市场需求的深度把握等。

二、选择合适场地

选择合适的场地是参展计划中重要的一部分,首先须考虑的是人群流动的方式,了解人潮在整个展览会场移动的方向,再依此挑选摊位。是否将摊位设在竞争对手隔壁引起颇多厂商的争论,厂商可将这样的摊位有效利用,积极展示自己产品优于竞争者的地方。如果在展览期间需要使用悬挂牌示或罩盖,则须选择有足够高度的地点,避免挡住可见度。

三、参展背景分析

例如：专业性、品牌性、权威性、国际性。

四、参展安排

（一）展前准备

1. 参展主题的确定；
2. 展位的确定；
3. 展台设计与搭建；

明确的参会主题、优质的展位就一定能达到我们预期的效果吗？如果没有专业细致的展位布置，怎样体现出专业性、品牌性、权威性、国际性？

大家参展的目的都是一样的，参加展览会是提升企业知名度，宣传与推介新产品或服务的好机会，而参加展览会也已成为部分企业经营战略的一部分，如何有效地充分利用展览会，让展览会成为现代企业最佳的销售与营销工具，实现企业的长期经营目标，则是许多企业关注的核心问题。

在展台设计与搭建时就要围绕这个中心，总结如下：

展台的设计要突出主题、强调个性，同时要在空间和气氛上给观众一种亲和力而且要方便交谈。充分利用各种可能的要素，例如，展台的形成、材料、音响、光线、色彩和其他装潢用品，不断给观众以新鲜感，刺激其好奇心，使他们对展台产生兴趣，进而产生与展览者谈话的愿望。通常，"展位布置"我们会外包给专业的 av 设备租赁公司，选择信誉好、责任心强、价格合理的租赁公司会给我们减少很多工作量。我们公司通常外包给光点（北京）传媒，010-52472633 可以咨询一下。

4. 如何有效的邀请准客户：

① 尽量早一些通过发送邀请函的方法约准客户参加，也方便对方安排日程。会展开始前一天进行提醒。

② 准备一些可以一分为二的礼品，并印有公司标志（等于许多流动的广告牌在免费为公司做宣传），把其中之一在展前先随邀请函寄给准客户，让他们必须到展位上才能凑成完整的一份礼品。

（二）展中促销

1. 产品促销活动：

当场签订合同的客户给予一定的优惠或给予有分量的礼品，促使有意向（犹豫）的客户当场签单，毕竟夜长梦多。

2. 展中的注意事项：

细节决定成败，在参展过程度需要注意一些细节：

① 参展人员除统一着装和佩带公司标识的胸牌外，需特别注重自己的形象。避免给客户不好的印象。只要能到你展位驻足一下，起码他还是有一定的兴趣，你就应主动表示欢迎。

② 主动拜访一下这些同行，这里指的同行，并非指同一种产品的企业，而是指同一类产品的企业。向他们推荐你的产品，将样本留给他们几份，也向他们索取样本，起到资源互补共享的效果。

③ 展会上经常会碰到同行中的探子，他们扮作客户来套你的价格和技术甚至客户资

料,所以要保持警惕。

④ 每天参展结束后,要对当天的客户进行归类整理,并将谈话要点记录下来。另外,根据客户谈话中所提出的需求判断今年的产品流行趋势,展后和公司决策层讨论新产品的开发及推广。

3. 每日工作流程

7:30:早饭后,负责人安排当日工作,各人领取当日所用物质

8:30:准时到达布展地点

9:00—11:30:招商工作进展

11:30—13:00:负责人安排轮值午餐

13:00—17:00:招商工作进展

17:00:清理物资,及时递交日总结报告,填写报表

18:30:自由活动,或根据公司安排其他工作

4. 展示会中的接待步骤

(1) 登记(客户的姓名、单位部门、联系电话、落实责任人等)

(2) 现场演示

(3) 介绍公司及产品背景

(4) 展示其他样机

(5) 将意向客户请至洽谈区促成成交

(6) 如有客户当场签单,尽力渲染,制造高潮

(7) 发放资料、礼品

(8) 礼貌周到地送客户出门,并预约下次拜访时间

(9) 到签到处记下客户意向及责任人

5. 媒体报道:

① 公司网站进行同步报道

② 深圳、北京等国内和国外行业媒体报道

6. 调动展位现场人气的活动策划:

展会上人流量大,加上人都有喜欢向人多的地方聚集的习惯,好的现场造势能吸引人群进入展厅,增加展厅人气,有人气才有财气。例如烤面包、抽奖、发放小礼品、免费样品检测、有奖知识问答、成交锣、文艺表演、led 广告宣传片+活动主题播放、拍卖等。因展会是众多品牌聚集在一起"打擂台",进行终端拦截就显得尤为重要和必要,展会期间要做到及时掌握竞争对手动态,确保1—2小时更新一次,并迅速做出调整。如聘请临时导购在展馆入口处、竞争对手展厅附近派发单张与举牌游行进行拦截效果十分明显。

(三) 展后

1. 代理商的追踪跟进。

2. 把在展会上的火热场面刻成光盘,进行形象整合、再包装。

3. 网站的后续报道。

复习与思考题

1. 公关专题活动策划需要遵循哪些原则？
2. 小型庆典活动准备工作分为哪些？
3. 签字仪式的操作程序分为哪几步？
4. 新闻发布会前期的准备工作有哪些？
5. 对于企业来说，展览会有什么价值？
6. 以小组为单位，自选主题，进行一次公关专题活动的策划。

第九章　危机公关

学习目标

通过教学,让学生认识到危机公关的重要性,从而了解危机公关的类型及其处理的几大原则。并且掌握在企业中,如何建立危机管理机制,如何迅速面对危机并很好地处理。同时,在互联网高速发展的今天,网络危机的处理也应引起企业的高度关注。

案例导入

2015年10月23日,扬州举办了一场"最大份炒饭"的挑战赛,300名专业厨师共同参与,炒出约4吨重的扬州炒饭,成功刷新了吉尼斯世界纪录。

随后,网友曝光的图片显示,现场工作人员脚踩炒饭,并将炒饭装进卡车运走,该事件再次掀起热议,大家纷纷怀疑这四吨炒饭的去向。主办方事后回应,由于长期存放,确有150斤炒饭无法食用,被送到了养殖场,其余炒饭送到了相关接收单位。

舆论普遍认为此举过于浪费。针对强烈的质疑,10月26日,吉尼斯世界纪录官方发布消息:因"最大份炒饭"存在浪费的情况,此次挑战纪录无效。

据了解,举办"最大份炒饭"活动,主要是为了庆祝扬州建城2500周年,相关部门想借此次活动,宣传扬州古城的美食文化。实际上,早在大赛前夕,扬州市质量监督局,就出台了一份扬州炒饭的官方标准。据统计,按照官方标准,此次"最大份炒饭"的成本约14万元。

近年来,吉尼斯世界纪录在中国大受欢迎,并陆续成为众多品牌和城市的宣传窗口,很多大型活动都有政府部门的参与或支持。"世界最长鞭炮""世界最大月饼"等纪录陆续出现,不禁让人怀疑这类纪录的价值所在。

此次"申吉"风波,一方面给那些热衷于举办"最大""最长"活动以赚取噱头的主办方一个提醒:城市宣传无可厚非,可复制此类模式,毕竟不是长远之计,再好的纪录,都不如踏踏实实为百姓办事,提高城市管理能力,打造良好的人文环境来得更为直接和踏实。

另一方面,在此次事件中的吉尼斯世界纪录,其公信力也受到了很大的质疑,长期维护的公正形象,也大受批判。即便取消此次纪录,未来的恢复公信之路,依然要走很久。

【分析】正向的品牌形象,必将成为引爆社会新风尚的领军者!一场有效的公关活动,确实需要引发热议。但是,水能载舟,亦能覆舟。主流社会群体大都经历过互联网的锤炼,有思想、有判断力,是正能量的传播者。因此,背离群众心理需求的行为,必遭唾弃。从活动策划的角度出发,必须明确活动本身的出发点,公关活动的核心,是为企业树立品牌知名度,赢得美誉度。知名度的提高,一向不是公关的唯一目的。没有美誉度的知名度,相当于把大楼建立在沙滩上,一点风吹草动就会根基动摇;一旦企业有很高的反面知名度,就将是反向作用力。公关不能违背社会主义基本价值观,不能逆反公众认知,这就是"扬州炒饭事件",给我们的深刻启示。

第一节　危机公关的概念

危机公关是公共关系的一种特殊形态,是组织公共关系水平的综合显现。在危机爆发之后,不同的企业或者政府会采取不同处理方法,这会导致危机对企业的影响有很大的差异。有的企业在遭遇危机后一蹶不振,而有的企业在经历危机之后反而更加强大。这是为什么呢?毋庸置疑,危机对任何一个企业的发展都有着直接的影响,而且大部分情况下是消极的影响,但企业对危机事件和新闻进行了有效的处理,就可以把危机的损害降低,甚至能把危机转化为机遇。危机管理大师诺曼·奥古斯丁对此是这样评价的,他说:每一次危机本身既包含导致失败的根源,也孕育着成功的种子。发现、培育,以便收获这个潜在的成功机会,就是危机管理的精髓;而习惯于错误地估计形势,并令事态进一步恶化,则是不良的危机管理的典型特征。

一、定义

危机(crisis)被韦氏大字典诠释为:"一件事的转机与恶化的分水岭",又可阐释为"生死存亡的关头"和"关键的刹那",可能好转,可能恶化。由此可知,"危机"是在一段不稳定的时间,与不安定的状况下,急迫需要做出决定性而有效的措施,所以危机处理往往存在于一念之间。达尔文说:"适者生存,不适者灭亡",用危机处理的角度思考"适者"是指能够面对危机,解决危机,最后能够继续生存下来的主体,"不适者"正是那些无法适应危机挑战而被淘汰的主体。危机公关是指应对危机的有关机制,具体是指企业为避免或者减轻危机所带来的严重损害和威胁,从而有组织、有计划地学习、制定和实施一系列管理措施和应对策略,包括危机的规避、控制、解决以及危机解决后的复兴等,不断学习和适应的动态过程。

二、公共关系危机分类

从不同的角度划分,公共关系危机分为不同类型:

1. 从存在的状态看,公共关系危机可划分为一般性危机和重大危机

(1)一般性危机。一般性危机主要是指常见的公共关系纠纷。从某种意义上说,公共关系纠纷还算不上真正的危机,它只是公共关系危机的一种信号、暗示和征兆。只要及时处理,做好工作,公共关系纠纷就不会转向公共关系危机,以至于造成危机局面。

(2)重大危机。所谓重大危机,主要是指企业的重大工伤事故、重大生产失误、火灾造成的严重损失、突发性的商业危机、大的劳资纠纷等。它是公共关系从业人员面临的必须及时处理的真正危机。如产品或企业的信誉危机、股票交易中的突发性大规模收购等,公关人员必须马上应付处理,最好在平时就有所准备。

2. 从危机同企业的关系程度以及归咎的对象看,公共关系危机可分为内部公关危机和外部公关危机

(1) 内部公关危机。发生在企业内部的公共关系危机称为内部公关危机。内部公关危机发生在企业之内。或者,这种危机的发生主要是由该企业的成员直接造成的,危机的责任主要由该企业内部的成员承担。

(2) 外部公关危机。外部公关危机是与内部公关危机相对而言的。它是指发生在企业外部,影响多数公众利益的一种公关危机。本企业只是受害者之一。

从这一角度具体划分公关危机的类型时,内部和外部是相对的。因为有些公关危机的发生,内部和外部原因都有,所承担的责任大小也相差不多。故对具体公关危机的划分与处理必须具体分析,恰当处理。如,谣言引起的危机;政府政策引起的危机;有关团体或机构公布某些信息而导致的危机;由于恐怖破坏活动引起的危机;涉及法律问题(如打官司)而引起的危机;涉及种族、宗教、文化差异、性别歧视等社会问题而引起的危机;涉及一些有争议的问题而引起的危机;敌意收购带来的企业重组危机;组织的计算机网络被"黑客"袭击而导致的危机;自然灾害或其他不可控因素导致的危机;环保问题引起的危机。

3. 根据危机给企业带来损失的表现形态看,公共关系危机有两种,即有形公关危机和无形公关危机

(1) 有形公关危机。这种危机给企业带来直接而明显的损失,凭借肉眼即可观测到这些损失。如房屋倒塌、爆炸、商品流转中的交通事故等造成的人员伤亡或财产损失。1989年6月,成都市最大百货商场成都人民商场被烧毁,造成上亿元损失。成都人民商场遇到的危机就属于有形危机。

(2) 无形公关危机。给企业带来的损失表现得不明显的危机,称为无形公关危机。给任何一个企业的形象带来损害的危机,皆属于无形公关危机。如果不采取紧急有效的措施阻止,已受损害的企业的形象将使企业蒙受更大的损失。

三、公关危机的特点

1. 必然性和普遍性

危机的必然性是指危机是不可避免的,只要有公共关系就会有公共关系危机。这是因为:

首先,由于人们主观认识的局限性和客观规律的隐蔽性,使人们认识规律、驾驭规律的能力必然会存在偏差,所以任何的错误都可能变为现实。

其次,公共关系是一个层次众多的大系统,包括了许多彼此联系的复杂的子系统,是一个多输入、多输出、多干扰的主控系统,不确定因素的复杂性增加了危机产生的必然性。

再次,信息传播是公共关系不可或缺的因素,公共关系过程,是一种信息传播过程,更是一种控制过程,从信息论的角度看,就是信源通过信道向信宿传递并引发反馈的过程。信息传递的过程中由于噪音的干扰势必产生失真现象,失真即有误差,误差导致错误,错误导致危机。

最后,任何策划和决策都以信息为基础,而且方案的执行过程也是一个信息传播的过程,信息经过多层系、多渠道、多阶段的传输之后,其失真现象必趋严重,导致系统的稳定性

减弱,一旦震荡度加大,危机便接踵而至。

所以任何一个社会组织在它的发展过程中都会遇到性质不同,表现形式各异的危机。1985年,美国莱克西肯传播公司对美主要企业领导人的一项调查表明,89%的领导人认为"企业发生危机如同死亡和税收一样,都是不可避免的"。

2. 突发性和渐进性

公共关系危机事件是一种突发性事件,但往往是渐进式的形成。它的发生常常是在意想不到,没有准备的情况下突然爆发的,它是不可预见的或不可完全预见的。由于公共关系大系统是开放的,每时每刻都处在与外界的物质、能量、信息的交换和流动之中。其任何一个薄弱环节都可能因某种偶然因素而致失衡、崩溃,形成危机。它具有突发性特征,也具有不可预测性的特征。从本质上讲,公共关系危机的爆发是一个从量变到质变的过程。危机从其自身发展来说,一般有四个阶段:前兆期——加剧期——处理期——消除期。

前兆期:危机的隐患初露端倪,向组织发出警告。大量事实表明,它是一个转折点,这时危机处在一个不稳定的状态,此时重要的是如何使这种状态向好的方面转化,扼制住它向坏方向转化的可能,化险为夷,转危为安。如果对前兆期的危机信号熟视无睹,它就会膨胀,到一定程度后,就会形成组织公共关系危机的爆发,并迅速蔓延,产生连锁反应,使公众与组织关系突然恶化,使企业措手不及。

加剧期:危机的加剧期已经到来,就不会自行消失。这时,问题暴露,公众投诉,媒介追踪,声誉大降。这个时期,企业或社会公众已较清楚地了解到到底发生了什么事情。有关当事人介入行动,同时安排抢救工作。一旦进入危机加剧阶段,只能使任何控制危机的努力变成对损失程度的控制。

处理期:处理期是危机灾难发展到顶峰的时期,抢救工作进入关键阶段。在此时期,公关机构设立信息中心,按时把抢救工作的最新消息传送给媒介人士。抢救期短则一两天,长则持续几个星期或更长时间。在发表各种消息时,一定要坚持"公开事实真相"的原则,以避免新闻媒介和社会公众的猜疑、质询。危机的处理期一般包括调查情况,自我分析,安抚公众,联络媒介等工作。

消除期:消除期是指评估工作开始,抢救工作告一段落。在这一时期,除着手准备详细的调查报告外,主管部门和公关部门都还需要做一些具体的事,妥善处理危机后期工作,安抚人心。同时,依靠公共关系手段消除影响,矫正形象。

3. 严重性与建设性

危机事件作为一种公共事件,任何组织在危机中采取的行动和措施失当,将使企业的品牌形象和企业信誉受到致命打击,甚至危及生存。由此,为了应对各种突发的危机事件,西方现代企业一般都将其纳入管理的内容,形成了独特的危机管理机制。例如,伦敦证券交易所为避免企业危机对股市的冲击,就提出了新规定,要求上市公司必须制订危机管理计划,建立危机管理机制,并要定期提交危机预测分析报告。

危机在本质上或事实上对社会组织产生的破坏性是巨大的,必须尽力防范和阻止。但是既然危机爆发了,暴露了组织存在的问题,更是给组织提供了一个检视自我应对风险能力的机会,危机的恰当处理也会带给组织新的收获。从辩证法的角度来看:危机=危险+机遇。

公共关系危机爆发之后,组织的公共关系系统处在不稳定的状态中,有效的公共关系工作必定会在原本无序的公关状态中建构更牢固的公共关系大厦,使无序走向有序。认识危机的建设性,才会采取主动姿态,沉着冷静,满怀信心地面对危机,从中寻找和抓住任何可能的机会;认识危机的建设性,才有可能认识到公共关系危机在破坏公共关系良好状态的同时,也为组织建立富有竞争力的声誉,树立组织的形象和为组织的重大问题的解决创造了机会。

4. 紧迫性和关注性

公共关系危机总是在短时间内突然爆发,使组织立刻处于备战状态,这就要求公关人员第一时间全面掌握事实真相。危机爆发所造成的巨大影响,又令人瞩目。它常常会成为社会和舆论关注的焦点和讨论的话题,成为新闻界争相报道的内容,成为竞争对手发现破绽的线索,成为主管部门检查批评的对象。

总之,组织公共关系危机一旦出现,它就会像一颗突然爆炸的炸弹,在社会中迅速扩散开来,对社会造成严重的冲击;它就会像一根牵动社会的神经,迅速引起社会各界的不同反应,令社会各界密切注意。

第二节 危机公关处理

经过多年发展,我国已形成较为完善的危机公关处理体系。

一、危机公关 5S 原则

1. 承担责任原则(SHOULDER THE MATTER)

危机发生后,公众会关心两方面的问题:一方面是利益的问题,利益是公众关注的焦点,因此无论谁是谁非,企业应该承担责任。即使受害者在事故发生中有一定责任,企业也不应首先追究其责任,否则会各执己见,加深矛盾,引起公众的反感,不利于问题的解决。另一方面是感情问题,公众很在意企业是否在意自己的感受,因此企业应该站在受害者的立场上表示同情和安慰,并通过新闻媒介向公众致歉,解决深层次的心理、情感关系问题,从而赢得公众的理解和信任。

实际上,公众和媒体往往在心目中已经有了一杆秤,对企业有了心理上的预期,即企业应该怎样处理,我才会感到满意。因此企业绝对不能选择对抗,态度至关重要。

2. 真诚沟通原则(SINCERITY)

企业处于危机漩涡中时,是公众和媒介的焦点。你的一举一动都将接受质疑,因此千万不要有侥幸心理,企图蒙混过关。而应该主动与新闻媒介联系,尽快与公众沟通,说明事实真相,促使双方互相理解,消除疑虑与不安。

真诚沟通是处理危机的基本原则之一。这里的真诚指"三诚",即诚意、诚恳、诚实。如果做到了这"三诚",则一切问题都可迎刃而解。

(1) 诚意。在事件发生后的第一时间,公司的高层应向公众说明情况,并致以歉意,从而体现企业勇于承担责任、对消费者负责的企业文化,赢得消费者的同情和理解。

(2) 诚恳。一切以消费者的利益为重,不回避问题和错误,及时与媒体和公众沟通,向消费者说明事件处理进展情况,重拾消费者的信任和尊重。

（3）诚实。诚实是危机处理最关键也最有效的解决办法。我们会原谅一个人的错误,但不会原谅一个人说谎。

3. 速度第一原则(SPEED)

好事不出门,坏事行千里。在危机出现的最初 12—24 小时内,消息会像病毒一样,以裂变方式高速传播。而这时候,可靠的消息往往不多,社会上充斥着谣言和猜测。公司的一举一动将是外界评判公司如何处理这次危机的主要根据。媒体、公众及政府都密切注视公司发出的第一份声明。对于公司在处理危机方面的做法和立场,舆论赞成与否往往都会立刻见于传媒报道。

因此公司必须当机立断,快速反应,果决行动,与媒体和公众进行沟通。从而迅速控制事态,否则会扩大突发危机的范围,甚至可能失去对全局的控制。危机发生后,能否首先控制住事态,使其不扩大、不升级、不蔓延,是处理危机的关键。

4. 系统运行原则(SYSTEM)

在逃避一种危险时,不要忽视另一种危险。在进行危机管理时必须系统运作,绝不可顾此失彼。只有这样才能透过表面现象看本质,创造性地解决问题,化害为利。

危机的系统运作主要是做好以下几点：

（1）以冷对热、以静制动：危机会使人处于焦躁或恐惧之中。所以企业高层应以"冷"对"热"、以"静"制"动",镇定自若,以减轻企业员工的心理压力。

（2）统一观点,稳住阵脚：在企业内部迅速统一观点,对危机有清醒认识,从而稳住阵脚,万众一心,同仇敌忾。

（3）组建班子,专项负责：一般情况下,危机公关小组的组成由企业的公关部成员和企业涉及危机的高层领导直接组成。这样,一方面是高效率的保证,另一方面是对外口径一致的保证,使公众对企业处理危机的诚意感到可以信赖。

（4）果断决策,迅速实施：由于危机瞬息万变,在危机决策时效性要求和信息匮乏条件下,任何模糊的决策都会产生严重的后果。所以必须最大限度地集中决策使用资源,迅速做出决策,系统部署,付诸实施。

（5）合纵连横,借助外力：当危机来临,应充分和政府部门、行业协会、同行企业及新闻媒体充分配合,联手对付危机,在众人拾柴火焰高的同时,增强公信力、影响力。

（6）循序渐进,标本兼治：要真正彻底地消除危机,需要在控制事态后,及时准确地找到危机的症结,对症下药,谋求治"本"。如果仅仅停留在治标阶段,就会前功尽弃,甚至引发新的危机。

5. 权威证实原则(STANDARD)

自己称赞自己是没用的,没有权威的认可只会徒留笑柄。在危机发生后,企业不要自己整天拿着高音喇叭叫冤,而要曲线救国,请重量级的第三者在前台说话,使消费者解除对自己的警戒心理,重获他们的信任。

二、公众攻略 4S 原则

公众作为公共关系工作的对象,在危机公关处理过程中,企业要注意争取社会公众的理解支持与信任,防止社会信任的丧失。关键点董事长游昌乔首创了"公众攻略4S原则"。

1. SORRY

公众不仅关注事实真相,在某种意义上更关注当事人对事件所采取的态度。在危机发生后,企业以最快的速度与受害者接触,了解情况,坦诚相待,并积极查明事实真相,给消费者以圆满解释,履行企业的社会责任与承诺,并尽力做出超过有关各方所期望的努力。同时,企业要冷静地倾听受害者的意见,向受害者道歉,给受害者以安慰和同情,诚恳地对待受害者及其家属。

2. SHUT UP

务必闭嘴。始终把企业形象放在首要地位,了解公众,倾听他们的意见,确保企业能把握公众的情绪。并设法使观众的情绪向有利于自己的方面转化。不要和消费者争论,永远不要和公众去辩论谁对谁错。

3. SHOW

值得注意的是,沉默并不是金。之所以闭嘴,是不与消费者争辩。但务必重视与消费者的沟通,建立有效的沟通渠道,与新闻媒体保持良好的合作关系,主动把自己所知道的和自己所想的,尽量展示给公众,不要试图去愚弄公众。否则会给人留下傲慢和不尊重消费者的印象。

4. SATISFY

让公众满意。"公众利益至上"是公众攻略的根本。制定对策时,要尽量站在消费者的角度考虑问题,结合企业实际使解决方案能与消费者的期望值相一致。企业从消费者的思路出发考虑问题,会有助于解决投诉危机。

三、危机公关处理策略

企业应对公关危机,必须严谨地处理好每一个细节。

(一)组织内部对策

(1)迅速成立处理危机事件的专门机构。假如企业已成立危机管理小组,可在该小组的基础上增加部分人员。这个专门小组的领导应由企业负责人担任。行政部公关事务人员必须参加这一机构,汇同各有关职能部门的人员组成一个有权威性、有效率的工作班子。

(2)了解情况,进行诊断。成立专门机构,应迅速而准确地把握事态的发展,判明情况。确定危机事件的类型、特点,确认有关的公众对象。

(3)制定处理危机事件的基本原则、方针、具体的程序与对策。

(4)急需援助的部门,共同参加急救。

(5)将制定的处理危机事件的基本原则、方针、程序和对策,通告全体职工,以统一口径,统一思想认识,协同行动。

(6)向传媒人士、社区意见领袖等公布危机事件的真相,表示企业对该事件的态度和通报将要采取的措施。

(7)危机事件若造成伤亡,一方面应立即进行救护工作或进行善后处理;另一方面应立即通知受害者家属,并尽可能提供一切备件,满足其受害者家属的探视或要求。

(8) 如果是由不合格产品引起的危机事件,应不惜代价立即收回不合格产品,或立即组织检修队伍,对不合格产品逐个检验。通知有关部门立即停止出售这类产品。

(9) 调查引发危机事件的原因,并对处理工作进行评估。

(10) 奖励处理危机事件的有功人员,处罚事件的责任者,并通告有关各方。

(二) 受害者对策

(1) 认真了解受害者情况后,诚恳地向他们及其家属道歉,并实事求是地承担相应的责任。

(2) 耐心而冷静地听取受害者的意见,包括他们要求赔偿损失的意见。

(3) 了解、确认和制定有关赔偿损失的文件规定与处理原则。

(4) 避免与受害者及受害者家属发生争辩与纠纷。即使受害者有一定责任,也不要在现场追究。

(5) 企业应避免出现为自己辩护的言辞。

(6) 向受害者及受害者家属承诺补偿方法与标准,并尽快实施。

(7) 应由专人负责与受害者及受害者家属谨慎地接触。

(8) 给受害者安慰与同情,并尽可能提供其所需的服务,尽最大努力做好善后处理工作。

(9) 在处理危机事件的过程中,如果没有特殊情况,不可随便更换负责处理工作的人员。

(三) 新闻媒介对策

(1) 向新闻界公布危机事件,公布时如何措辞,采用什么形式,有关信息怎样有计划地披露等,应事先达成共识。针对新闻媒体公布企业需要通过权威媒体渠道发布企业最新的信息,知名企业新闻策划传播机构通常的处理流程是第一时间通过"新闻"的方式,多角度多层次地为企业、产品或人物进行正面宣传,吸引公众的注意,澄清企业信任危机。消除公关危机对企业形象的影响。精准企业新闻联播,能让信息从"焦点"变为"记忆点",进而产生"卖点",无论是短期还是长期都能为企业带来积极的效应和价值。

(2) 成立记者接待机构,专人负责发布消息,集中处理与事件有关的新闻采访,向记者提供权威的资料。

(3) 为了避免报道失实,向记者提供的资料应尽可能采用书面形式。介绍危机事件的资料简明扼要,避免使用技术术语或难懂的词汇。

(4) 主动向新闻界提供真实、准确的消息,公开表明企业的立场和态度,以减少新闻界的猜测,帮助新闻界做出正确的报道。

(5) 必须谨慎传播。在事情未完全明了之前,不要对事故的原因、损失以及其他方面的任何可能性进行推测性的报道,不轻易地表示赞成或反对的态度。

(6) 对新闻界表示出合作、主动和自信的态度,不可采取隐瞒、搪塞、时抗的态度。对确实不便发表的消息,亦不要简单地"无可奉告",而应说明理由,求得记者的同情和理解。

(7) 不要一边向记者发表敏感言论,一边又强调不要记录。这种习惯很不好。

(8) 注意以公众的立场和观点来进行报道,不断向公众提供他们所关心的消息。

(9) 除新闻报道外,可在刊登有关事件消息的报刊上发歉意广告,向公众说明事实真相,并向公众表示歉意承担责任。

(10) 当记者发表了不符合事实真相的报道时,应尽快向该报刊提出更正要求并指明失实的地方,同时,向该刊提供全部与事实有关的资料,派重要发言人接受采访,表明立场,要求套平处理。特别应注意避免产生敌意。

(四) 上级领导部门对策

(1) 危机事件发生后,应以最快的速度向企业的直属上级部门实事求是地报告,争取他们的援助、支持与关注。

(2) 在危机事件的处理过程中,应定期汇报事态发展的状况,求得上级领导部门的指导。

(3) 危机事件处理完毕后,应向上级领导部门详细地报告处理的经过、解决方法、事件发生的原因等情况,并提出今后的预防计划和措施。

(五) 客户对策

(1) 危机事件发生后,应尽快如实地向有关客户传达事故发生的消息,并表明企业对该事件的坦诚态度。

(2) 以书面的形式通报正在或将要采取的各种对策和措施。

(3) 如有必要,还可派人直接与重点大客户面对面地进行沟通、解释。

(4) 在事故处理的过程中,定期向各界公众传达处理经过。

(5) 事故处理完毕,应用书面形式表示歉意,并向理解和援助的单位表示诚挚的谢意。

(六) 消费者对策

(1) 迅速查明和判断消费者的类型、特征、数量、分布等。

(2) 通过不同的传播渠道向消费者颁发说明事故概况的书面材料。

(3) 听取受到不同程度影响的消费者时事故处理的意见和愿望。

(4) 通过不同的渠道公布事故的经过、处理方法和今后的预防措施。

(七) 消费者团体时策

(1) 所有的对策、措施,都应以尊重消费者权益为前提。

(2) 热情地接待消费者团体的代表,回答他们的询问、质询。

(3) 不隐瞒事故的真相。

(4) 及时与消费者团体中的领导以及意见领袖进行沟通、磋商。

(5) 通过新闻媒介向外界公布与消费者团体达成的一致意见或处理办法。

(八) 社区居民对策

(1) 社区是企业生存和发展的基地,如果危机事件给社区居民带来了损失,企业应组织人员专门向他们致歉。

(2) 根据危机事件的性质,也可派人到社区居民家庭中分别道歉。

（3）向全国性的报纸和有影响的地方报刊发谢罪广告。其内容包括：作为谢罪广告对象的有关公众；公众了解的事项；明确而鲜明地表示企业敢于承担社会责任、知错必改的态度。

（4）必要时应向社区居民赔偿经济损失或提供其他补偿。

除上述关系对象外，还应根据具体情况，分别对与事件有关的交通、公安、市政、友邻单位等公众采取适当的传播对策，通报情况，回答咨询，巡回解释，调动各方面的力量，协助企业尽快渡过危机，将企业形象的损害控制在最低限度。

第三节 危机公关管理

一、危机管理 6C 原则

1. 全面化（Comprehensive）

全面化可归纳为三个"确保"，即首先确保企业危机管理目标与业务发展目标相一致；二是确保企业危机管理能够涵盖所有业务和所有环节中的一切危机；三是确保危机管理能够识别企业面临的一切危机。

2. 价值观的一致性（Consistent value）

危机管理有道亦有术，危机管理的"道"根植于企业的价值观与社会责任感，是企业得到社会尊敬的根基。危机管理的"术"是危机管理的操作技巧与方法。危机管理之"道"是企业危机之术的"纲"。

3. 关联化（Correlative）

有效的危机管理体系是一个由不同子系统组成的有机整体，企业危机管理的有效与否，在很大程度上取决于它所包含的各个子系统是否健全和能有效运作。

4. 集权化（Centralized）

集权化的实质是在企业内部建立起一个职责清晰、权责明确的危机管理机构。同时，企业应确保危机管理机构具有高度权威性，并尽可能不受外部因素的干扰，以保持其客观性和公正性。

5. 互通化（Communicating）

危机战略能否被正确执行受制于企业内部是否有一个充分的信息沟通渠道，如果信息传达渠道不通畅，执行部门很可能会曲解上面的意图，进而做出与危机战略背道而驰的行动。

6. 创新化（Creative）

危机管理既要充分借鉴成功的经验，也要根据危机的实际情况，尤其要借助新技术、新信息和新思维，进行大胆创新。切不可墨守成规，故步自封。

二、化解危机策略

有些公关危机无可避免而爆发之时，企业态度经常会直接影响结果。当面临公关危机时应当果断采取应对策略,以便有效地化解危机或把危机带来的负面效应控制到最低。

1. 把危机公关上升到一个战略的高度

当今许多危机公关失利的主要原因是,没有把看起来小型的事件当回事,所谓"千里之堤,溃于蚁穴",然而此种态度将导致事件影响与危害不断递增,甚至不可收拾、发展到完全失控的地步。所谓正确的做法是当发生公关危机时不管事件大小如何全都要高度重视,站在战略的角度,并谨慎对待,具体处理方式要有整体性、系统性、全面性和连续性。只有这样才能把危机事件迅速解决从而把危害控制到最低。危机发生后活动主办方与运营方要由上至下全员参与其中,最高领导尤其要高度重视,只有所有决策都由最高领导亲自颁布或带头执行,才可以确保执行的有效性。

2. 发现问题的本质与根源

许多危机公关人员处理不利的原因多数是只看到了表面现象,哪儿出了问题就抓那儿,而本质性的根源问题却没有得到解决,最终导致了只治标不治本,按下葫芦起了瓢,不能迅速彻底解决危机,甚至会导致事态不断地扩大。所以当发生危机时应该先客观全面地了解整个事件,然后冷静的观察问题的核心,找到问题的关键与根源,研读相关法规与规定,把问题完全参透,或聘请专业公关公司把脉支招,切忌急于拿一支扫帚就去救火,哪儿有火哪儿扑一下。

3. 比救火的速度更快些

发生公关危机时反应速度要比救火的速度更快些,因此这比大火烧毁企业的厂房更危险,危机在吞噬的是企业品牌的信誉。速度是危机公关中的第一原则。堤坝出现一条裂缝,立即修补很简单,假如速度缓慢,几十分钟就可能发生溃坝,当企业发生危机时就像堤坝上的一条裂缝一样,立即上前修补可以避免许多损失,但是因为看似很小的问题,没有引起重视或缺乏危机处理经验等,从而错过了最佳处理时机,结果就会导致事件不断扩大与蔓延。

4. 所有问题一肩挑起

危机事件发生后的第一时间应该把所有质疑的声音与责任都承接下来,不可以含糊其词,不可以态度暧昧,不可以速度迟慢,然后拿出最负责任的态度与事实行动迅速对事件做出处理。其实很多危机事件发生后媒体与受众甚至是受害者并不十分关心事件本身,他们更在意的是责任人的态度。冷漠、傲慢、推诿等态度会增加公众的愤怒,把事件本身严重放大。

5. 沟通,沟通,还是沟通

矛盾的80%来自缺乏沟通,很多事只要能恰当的沟通都会顺利解决。当发生公关危急时沟通就是最必要的工作之一。首先要与全体员工进行沟通,让大家了解事件细节,以便配合进行危机公关活动,比如保持一直的口径、一致的行为等。接下来就是与媒体进行沟通,必须第一时间向媒体提供真实的事件情况及随时提供事件发展情况,因为如果你不主动公布消息,媒体和公众就会去猜测,而猜测推断出的结论往往是负面的。所以,这个时候必须及时坦诚的通过媒体向大众公布信息与事件处理进展,这样可以有效填补此时舆论的"真空期",因为这个"真空期"你不去填补它,小道消息、猜测,甚至是竞争对手恶意散布的消息会填满它。而后就是与政府及相关部门进行沟通,得到政府的支持或谅解,甚至是帮助,对控制事态发展有很大的帮助。同时也要对合作伙伴等进行沟通,以免引起误解及不必要的恐慌。

6. 让别人为自己说话

发生危机时若自身没有问题,通常都会急于跳出来反驳,与媒体、受众,甚至政府打口水仗,这样的结果往往是即使是弄清楚了事实的真相也失去了公众对其的好感,更容易导致事件的扩大,拓展到企业诚信问题,社会责任问题等方面,导致有理的事反倒没了理。这时应该以一个积极的态度,对媒体及公众的质问不做过多的言辞,而后马上请第三方权威部门介入,让权威部门为自己说话,有了证据之后再主动联系媒体,让媒体为自己说话,必要的时候再让消费者为自己说话,但尽量自己不要在事件还未明朗、大众还存在误解的时候去说话。如果自己确实有责任与过失,那就更不要自己出来说过多的话,只说一句:"对不起,我们将承担全部责任"。而后用事实来证明,在稳定了公众情绪后借助媒体与相关部门进行危机公关,比如发布企业的改正进程,不会对消费者造成太大危害等,消除消费者的不满情绪,博取同情,而后尽快让事件过去。

7. 转移视线

当企业发生公关危机时,在妥善处理后要尽快把公众视线吸引开,否则纠缠下去对企业会十分不利,但这种方式不是推诿责任与瞒天过海,而是在正确采取措施并得到妥善处理后让事件的余震尽快结束。比如推出新产品,新发明,企业捐助公益事业等相关新闻,以转移大众的视线。

8. 化患为利,危机中创造商机

当企业发生公关危机事件后媒体与大众的关注度很高,这时若企业危机公关手法得当,不仅可以化解危机,还可以提高企业或品牌的知名度,树立良好的企业形象。

因此,作为危机公关公司运营企业,全部的活动都是与公众息息相关的,平时企业就应当防患于未然,建立完善的危机防范预案机制,设立一条危险线,当企业的一些行为触及这条危险线时立即引起重视,马上处理,通常可以防范绝大部分危机的发生,至少可以把危机控制在最低范围内。如果活动规模、声势较大,此时就应当设立专门负责处理企业危机的危机公关公司部门,以便敏感迅速地做出反应,有效地控制或回避风险。

三、建立危机管理体系

危机管理体系对政府和企业的形象进行管理,这是影响企业生存最重要的方面之一。

1. 危机管理体系的组织架构

以企业为例,主要分为由总经理、副总经理担任企业危机管理小组组长,以及公关部、市场部、销售部、综合部、其他部门担任企业危机管理小组成员。

2. 危机管理体系内容

主要包括 34 个模块的内容,分别为:企业形象定位、公关传播预算制度、年度公关传播方案、危机分级制度、舆情监测制度、新闻发布制度、新闻发言人制度、媒体采访接待制度、信息员制度、新闻报道和公文稿件词汇规范制度、新闻发布会、媒体分级管理制度、意见领袖管理制度、恶性竞争自律制度、明星代言管理制度、广告宣传规范制度、促销活动规范管理制度、投诉处理制度、微博管理制度、论坛管理制度、政府事务管理制度、法律事务的公共关系管理、员工礼仪规范、危机之中的沟通准则、危机管理的财物资源准备、危机的应变指挥程序、危机管理人力资源、培训与演习计划、恢复和发展计划、危机管理的评估、危机公关方案、突发事件应急处理机制、危机管理执行手册、PACE清单等主要内容。企业在生产经营中面临着多种危机,并且无论哪种危机发生,都有可能给企业带来致命的打击。企业通过危机管理对策把一些潜在的危机消灭在萌芽状态,把必然发生的危机损失减少到最小的程度。虽然危机具有偶然性,但是危机管理对策并不是无章可循。我们通过对企业危机实践总结,不难发现危机管理对策主要包括如下几个方面:

3. 做好危机预防工作

危机产生的原因是多种多样的,不排除偶然的原因,多数危机的产生有一个变化的过程。如果企业管理人员有敏锐的洞察力,根据日常收集到的各方面信息,能够及时采取有效的防范措施,完全可以避免危机的发生或使危机造成的损害和影响尽可能减少到最小程度。因此,预防危机是危机管理的首要环节。

(1) 树立强烈的危机意识。企业进行危机管理应该树立一种危机理念,营造一个危机氛围,使企业的员工面对激烈的市场竞争,充满危机感,将危机的预防作为日常工作的组成部分。首先,对员工进行危机管理教育。教育员工认清危机的预防有赖于全体员工的共同努力。全员的危机意识能提高企业抵御危机的能力,有效地防止危机发生。在企业生产经营中,员工时刻把与公众沟通放在首位,与社会各界保持良好的关系,消除危机隐患。其次,开展危机管理培训。危机管理培训的目的与危机管理教育不同,它不仅在于进一步强化员工的危机意识,更重要的是让员工掌握危机管理知识,提高危机处理技能和面对危机的心理素质,从而提高整个企业的危机管理水平能力。

(2) 建立预防危机的预警系统。预防危机必须建立高度灵敏、准确的预警系统。信息监测是预警的核心,随时搜集各方面的信息,及时加以分析和处理,把隐患消灭在萌芽状态。预防危机需要重点做好以下信息的收集与监测:一是随时收集公众对产品的反馈信息,对可能引起危机的各种因素和表象进行严密的监测。二是掌握行业信息,研究和调整企业的发展战略和经营方针。三是研究竞争对手的现状,进行实力对比,做到知己知彼。四是对监测到的信息进行鉴别、分类和分析,对未来可能发生的危机类型及其危害程度做出预测,并在必要时发出危机警报。

(3) 建立危机管理机构。这是企业危机管理有效进行的组织保证,这不仅是处理危机时必不可少的组织环节,而且在日常危机管理中也非常重要。危机发生之前,企业要做好危机发生时的准备工作,建立起危机管理机构,制定出危机处理工作程序,明确主管领导和成员职责。成立危机管理机构是发达国家的成功经验,是顺利处理危机、协调各方面关系的组织保障。危机管理机构的具体组织形式,可以是独立的专职机构,也可以是一个跨部门的管理小组,还可以在企业战略管理部门设置专职人员来代替。企业可以根据自身的规模以及可能发生的危机的性质和概率灵活决定。

(4) 制定危机管理计划。企业应该根据可能发生的不同类型的危机制定一整套危机管理计划,明确怎样防止危机爆发,一旦危机爆发立即做出针对性反应等。事先拟定的危机管理计划应该囊括企业多方面的应酬预案。在计划中要重点体现危机的传播途径和解决办法。

4. 进行准确的危机确认

危机管理人员要做好日常的信息收集、分类管理，建立起危机防范预警机制。危机管理人员要善于捕捉危机发生前的信息，在出现危机征兆时，尽快确认危机的类型，为有效的危机控制做好前期工作。

5. 危机的善后工作

危机的善后工作主要是消除危机处理后的遗留问题和影响。危机发生后，企业形象受到了影响，公众对企业会非常敏感，要靠一系列危机善后管理工作来挽回影响。

（1）进行危机总结、评估。对危机管理工作进行全面的评价，包括对预警系统的组织和工作程序、危机处理计划、危机决策等各方面的评价，要详尽地列出危机管理工作中存在的各种问题。

（2）对问题进行整顿。多数危机的爆发与企业管理不善有关，通过总结评估提出改正措施，责成有关部门逐项落实，完善危机管理内容。

（3）寻找商机。危机给企业制造了另外一种环境，企业管理者要善于利用危机探索经营的新路子，进行重大改革。这样，危机可能会给企业带来商机。

总之，危机并不等同于企业失败，危机之中往往孕育着转机。危机管理是一门艺术，是企业发展战略中的一项长期规划。企业在不断谋求技术、市场、管理和组织制度等一系列创新的同时，应将危机管理创新放到重要的位置上。一个企业在危机管理上的成败能够显示出它的整体素质和综合实力。成功的企业不仅能够妥善处理危机，而且能够化危机为商机。

第四节　网络危机公关

目前，网络已经成为企业危机公关的触发器与放大器：在网络的作用力下，精英媒体时代转向草根媒体时代，来自网络的企业危机一触即发；随着地球村时代的来临，每个人都是演员，人人都有选择的权利，墙倒众人推，使危机事件不断被扩大。企业必须与专业危机公关机构合作，加强网络媒体监控，以加强自身网络危机公关能力。

互联网的兴起，改变了媒介与受众之间的传播关系，同时也改变了整个传播的话语环境。人们开始注意到，很多新闻事件，都是从网上开始被人炒得很热了，传统媒体才开始介入，而传统媒体的介入，又引起了新一轮的讨论。如此循环，议程设置的掌握，不再是传统媒体手中的专利。

一、网络危机表现

现在最厉害的武器不是原子弹，而是媒体的炒作，而现在网络媒体炒作的速度之快，影响力之大远远超过了其他的传统媒体。网络可以让一个比诸葛亮媳妇还丑、比杨贵妃还胖的芙蓉姐姐变成网上名人；可以让一个在酒吧卖唱的人一夜之间变成最红网络歌手，继而成为年度最佳音乐新人；可以让一个因为一次没有满足客户需要的企业在网上臭名远扬，使其名誉扫地。网络的普及,使信息传播的速度加快,也加快了危机形成的速度。

二、企业网络危机有效处理方针

1. 建立高效的危机预警监测系统

利用网络技术为企业建立起高效的危机预警监测系统监测组织环境。相比传统的信息传播媒介,企业可以通过互联网,随时监控各类行业、专业网站上的信息,通过对信息的分类评估,及时将有利或者不利的信息反馈到相关部门,并做出积极的回应;尤其是当发现不利于企业的舆论时,要马上采取相应的手段进行沟通,消除误解,维护企业的形象。

2. 迅速启动网络危机应对方案

当网络中出现引起关注的负面报道时,企业应该立即启动网络危机应对方案,与危机发生的源头网站进行沟通,及时找出危机源头,迅速处理化解是消除事件进一步炒作和民众猜测的最好方法。网络事件传播的一个特点在于,容易扭曲事实真相并以过激言语刺激各个相关群体的不同反应,冲突双方的关联人往往都只会看到对自身有利的一面并予以反击,这个时候,会出现两种类型的声音:反对意见的声音和鼓励赞成的声音——对于前者,不能一味地阻止,而应该尊重个人意见,允许不同意见者发声,用后者去巧妙地给以应对;每个言论一旦在互联网上发布,即意味着其很难消逝,即使在这个页面被删除,却依旧可以用技术留存转向另一个页面,长尾效应在此显露无遗。

3. 勇于承担责任,公正还原事件真相

当企业危机出现后,应该勇于承担,危机公关中"态度决定结果"。公关传播考虑的是如何影响人的心理,现代人都有很强的自我意识和消费者至上理念,如果危机公关采用一种强势的宣传姿态去表达,会很容易激发人们的反感;反而放下架子,真诚沟通,会使人们产生对企业或品牌的好感。要知道,网络不像传统媒体,网络中个体也有信息传播权和舆论批评权,网络的长尾效应使个体左右舆论的能力可以与传统媒体匹敌。

4. 优化搜索引擎

这是解决公关危机的一个重点技术应用区域。搜索引擎使网络行为模式变得更加捉摸不定,当危机出现时,人们希望看到企业的说法,希望解决问题,消除顾虑。但通常情况下搜索引擎看不到来自企业自身任何正式的回应或者说明,这在现实中增强了大众对"危机"的认同。主要原因是企业危机公关对搜索引擎的认识不够。其实,危机出现时,可以优化搜索引擎,在技术层面上使得公司的声明,新闻,相关链接排在关键词搜索的前列,并利用新闻稿网络优化、企业博客和既有的互联网"声誉"化解危机。网站公关作用巨大,它是以优化搜索引擎为核心的,是解决公关危机的一个重点技术应用区域,当然这不是一蹴而就的,需要一个完整的技术和服务体系。

综上所述、危机的传播在网络环境中传播工具、途径、速度、范围等因素都发生了一定的变化。面对网络环境下的危机,必须对网络媒介内部外部环境同时作用,在加强网络监管传统媒体网站品牌建设及提高公民媒介素养培养的同时,企业应建立完善的应对网络环境下的危机管理系统,及时地调整应对危机变化的方式方法,关注网络、手机等新媒体的发展。

三、网络危机公关的处理方法

1. 针对网站新闻的转载和专题

（1）大型门户网站和专业网站的年度合作协议（说白了就是广告协议）。例如新浪与和讯等，以及一些小型专业网站的协议，例如中国经济网、中国金融网、金融界等。

（2）通过信息监测公司、公关公司、广告代理公司出面与网站协商，甚至可以通过个别资深的媒介购买人员靠关系直接搞定。

（3）通过和网站编辑以及负责人的私人关系处理。大树下面的根往往才是最重要的。

当新闻（论坛同理）涉及公司管理的问题的时候，必须严格处理，防止事情再发生。当问题涉及共性的问题的时候，甚至事态有一定发展的时候，必须统一口径，甚至出专门的新闻稿澄清。

2. 针对论坛等负面言论的处理

（1）回帖灌水。将负面按照涉及的问题类型分类，准备好相应的"应答库"（可以由公司准备后好，或者更直接地选取网民的正面回复段落），然后遇到同类问题的时候直接粘贴，越快回复回帖排的越前面，对看的围观者的认知和态度的影响就越大。

（2）发布回应主题。单纯灌水，只能在帖子里面看得到，首页上还看不到，因此需要发布相应的主题回应，以澄清视听。发布的反对主题越多，则在气势上会给围观的人错误的判断，其受到的态度影响也越大。

（3）首页灌水。通过在首页不断灌水，将帖子压到下面，影响力就会大大降低。其形式有：A. 发无关的帖，破坏用户体验，使得该论坛的登陆和阅读人数减少；B. 发关于公司的大量的正面的权威报道，建立用户正面的认知；C. 甚至可以考虑登竞争对手的负面新闻，以及其他一些话题，转移大家的注意力和关注的焦点。（不建议采用）

（4）沉默。当话题本身是老话题，没有太大的影响力的时候。沉默是最好的选择，不要把沉渣泛起，又引起别人的注意和围观。甚至一些时候用蔑视的语气回复，对围观的人也是很好的影响。

（5）积极关注看帖和回帖的人数。根据"沉默的螺旋"理论，即马太效应，观众往往是看哪里热闹往哪里去，这个在网络上表现得也特别明显，大家往往是先挑浏览人数多的帖看。因此，要密切关注热帖的出现和情况讨论。

此外要积极关注论坛（博客）与平面媒体报道，以及网站新闻之间的三者的互动情况：报纸—网站—论坛（博客），当有协同"共震"的情况出现的时候，则需要密切关注事态发展。

其次，事情没有人推动是搞不大的，一般而言，只要大的门户网站和专业网站搞定，不出现热点栏目和专题，在论坛上积极灌水，则负面是基本上搞不起来的。

案例

"饿了么"的危机公关

每年的 3.15 都是品牌的一次大考，被提名企业的危机公关更是备受瞩目。2015 年的 315 晚会上,央视曝光了"饿了么"网络订餐平台故意引导商家虚构信息注册,部分无照经营的黑作坊中,厨房满是污渍,卫生条件严重不合格,甚至厨师尝过的菜还会扔回锅里。

食品安全是社会高度敏感的话题,数千双眼睛等待"饿了么"的反应。当晚"饿了么"官方微博发布了一份声明,表明自己"致力于推进中国餐饮业的数字化进程",全文中规中矩的公关文风,且并没有明显的"致歉"字眼,这种反应致使很多消费者评论表示寒心。

更令人不解的是,网友发现一个认证为"饿了么网上订餐高级市场经理"的微博,以幽默方式回应此事,"对不起,饿了么今天忘记给央视续费了"。随后,"饿了么"的工作人员还在微信群中对媒体记者表示,要"注意口径、求涨粉、求扩散"。种种行为激起了媒体和消费者的反感,在各大社交媒体上,掀起了二次讨伐的浪潮。

即便"饿了么"CEO张旭豪事后对此事做出了回应,主动承认失职之处,并向媒体表示感谢,向用户商户表示歉意。却因是内部消息,没有很好的扩散,再加上已经过了最佳公关时间,因而对挽回之前的负面形象,并没有起到多大的作用。

而与此相比较,在"3·15"晚会上,因刷单而被提名的淘宝,其事后的回应则显得高明很多。更是令很多人将二者作为对比,评论"饿了么"危机公关管理的失职之处。

在信息爆炸的当下,食品安全问题牵动着消费者的敏感神经,对于爆出黑作坊、监管不力等问题,"饿了么"应该做的是通过诚恳认错、宣布整顿措施等方法回应此事,而不是调侃官方没有对自己进行保护。经过此次失败的危机公关事件,"饿了么"树立良好公众形象的道路,恐怕是任重而道远。

【分析】 此次央视曝光"饿了么",首先,决断上,重视度不够,事后的声明及内部信公关,充分暴露领导态度不明确,乃至抱着侥幸的鸵鸟心态;其次,员工"调侃央视"和"涨粉言论",不仅仅是暴露了企业公关水平,更是展示了其团队意识、企业文化、管理体系等元素的缺失和匮乏。好的危机公关能化"危"为"机",这次"饿了么"给所有互联网创业的新型企业很好地上了一课。

【案例】

不会做公关的演员不是好厨子

2017 年 4 月 23 日晚,一篇名为《黄老师,黄小厨方案的钱我们不要了》的文章突然在朋友圈刷屏,一家名为 A&A Communication 的公关公司,控诉黄小厨于北京举办的 noob 市集现场所呈现的现场方案与他们为黄小厨提案的方案重合度极高。而问题就在于,A&A Communication 参与了黄小厨的比稿,但最终却并没有中标。

第二天早上,黄小厨品牌创始人黄磊在微博发布个人声明:

黄小厨起晚了

 黄磊微博 2017-04-24 09:11:14 举报

阅读数:889万+

我昨天晚上早睡,今天早晨,看到事情闹得沸沸扬扬的。这件事情我简单的说明一下,黄小厨是我众多工作中的一个,我主要参与一些大的方向的决策,但实在没有精力参与到项目的细节中。对于黄小厨 noob 市集的创意招标事情,细节我并不清楚,看到朋友们转给我的微信文章,我很吃惊,也已经请黄小厨公司团队的相关人员就事情发生的详细经过进行整理。我本人也是从事文化创作的人,对于知识产权方面的问题,我也不能容忍,我将会就此事进行认真仔细的调查了解,具体场地方案与实施是由黄小厨团队落实,已督请团队检视这个过程与事实,具体真实情况会请第三方权威专业知识产权机构对此事是否涉及的纠纷进行专业评定。如黄小厨涉及抄袭,黄小厨公司自会承担责任,并对责任人做出相应处理。将实际情况不做任何的断章取义,公布于众。感谢朋友们对黄小厨的关心,也希望黄小厨能在大家的呵护下更加健康的成长。

【分析】 这篇公关稿基本上算是正面典范。危机公关该有的姿态基本都涵盖了。12小时内回应,响应速度及时;"如黄小厨涉及抄袭,黄小厨公司自会承担责任……将实际情况不做任何的断章取义,公布于众"这样的回应也做到了态度端庄,保证严查到底。黄小厨这个品牌始终是建立在黄磊自身的个人品牌之上,黄磊及时站出来表明态度,总归不会太差。由于黄磊的人设向来还算正面,大众的舆论好感度也较高,再加上对方也没有继续纠缠,这次的危机公关总的来说算比较成功。

复习与思考题

1. 公关危机的分类有哪些?
2. 公关危机有哪些特点?
3. 危机公关的处理应该遵循哪些原则?
4. 作为企业,如何做好危机预防工作?
5. 网络危机的处理方针有哪些?
6. 案例分析

某知名连锁经营的餐饮企业,在一次婚宴中出现集体食物中毒后:

第一,立即把食物中毒的人送到特定的医院,和医院联系好。马上着手调查原因,进行自检,找到食物中毒的原因。食物是在店里受到污染还是买过来的原材料在没进店里之前受的污染。

第二,在知道突发事件时,迅速召开会议,快速成立一个危机处理小组(组长、公众问题组、外联组、内部控制组),由副总经理担任组长,危机小组的成员从各个部门抽调,并安排小组成员每个人的任务。也可向总部求援,找有公关经验或者在政府和媒体有人脉关系的人。

第三:根据小组分工,大家分头行动。

组长的职责:(1) 组织协调各项工作,随时指导各组工作。(2) 接待卫生部门的检查,并解释原因,态度诚恳,主动提交解决方案。和政府部门沟通,恳请政府的帮助。(3) 作为对外发言人,接受媒体采访。对于酒店的责任不推脱,主动承认。写好致歉信,联系媒体发表。(4) 到医院慰问接受治疗的消费者。可请记者跟拍。

公众问题组:迅速的调查患者的情况,并联系指定的医院,了解患者情况,负责照顾。从财务处领取资金,为患者提供医药费,并送去慰问金。

外联组:(1) 联系媒体,安排采访,发表致歉信。(2) 每天保持与各媒体的联系,了解新闻动向,尽量减少负面新闻。对于不真实报道,要及时处理。

内部控制组:(1) 组织人力、协调各部门。(2) 召开内部员工大会,公布事故真相和解决方法,以杜绝谣言。要求员工统一口径。

问题:分析本餐饮企业处理食客中毒事件的方法,找出其成功之处和有待改善之处。

第十章　公众心理

学习目标

　　了解与公众行为关系比较密切的若干社会心理现象,包括知觉、需要、态度、流行、流言、舆论等等,把握一般的公众心理和行为特征。掌握公众的含义、特征和分类及公众的心理知识。掌握针对不同类型公众采取相应公共关系策略的技能和影响公众心理的技能。

　　公共关系是由社会组织与公众之间的互动关系构成的,公众心理是在此过程中根据其需要与评价所形成的关系与组织的态度系统。只有了解公关过程中公众心理的发生与发展规律,才能使社会组织的公关活动做到有的放矢,通过影响和改变公众心理,从而使两者之间的关系向有利于社会组织的方向发展。

开篇案例

丑陋玩具风靡全美

　　美国艾土隆公司董事长布希耐有一次在郊外散步,偶然看到几个儿童在玩一只脏脏又丑陋的昆虫,爱不释手。布希耐突发奇想:市面上销售的玩具一般都是形象优美的,假若生产一些丑陋玩具,又将如何？于是,他让自己的公司研制一套丑陋玩具,并迅速推向市场。结果一炮打响,丑陋玩具给艾土隆公司带来了巨大收益。同行也受到了启发,于是,丑陋玩具纷纷登场。如,"疯球"就是一串小球上面,印上许多丑陋的面孔;又如,橡皮做的"粗鲁陋夫",长着枯黄的头发、绿色的皮肤和一双鼓胀且带血丝的眼睛,眨眼时发出非常难听的声音。这些丑陋玩具的售价虽然超过正常玩具,却一直畅销不衰,而且在美国掀起了一场行销丑陋玩具的热潮。

　　求新欲望是人的一种基本欲望,就是想要从自己周围环境中寻求新刺激的欲望,来满足自己的好奇心。逆反心理指作用于个体的同类事物,超过了个体感官所能接受的限度而产生的一种相反的体验,使个体有意识地脱离习惯的思维轨道,向相反的思维方向探索。布希耐就是利用人们的这两种心理,产生了丑陋玩具的创意,并使艾土隆公司获得巨大的经济收益。

第一节 知觉与公众

一、知觉的概念

知觉是客观事物直接作用于人的感觉器官,人脑对客观事物整体的反映。例如,有一个事物,我们通过视觉器官感到它具有圆圆的形状、红红的颜色;通过嗅觉器官感到它特有的芳香气味;通过手的触摸感到它硬中带软;通过口腔品尝到它的酸甜味道,于是,我们把这个事物反映成苹果,这就是知觉。

知觉定义中有三个关键词:分别是直接,感觉器官,(客观事物)整体属性。

直接,为什么不是间接,因为间接作用于感觉器官的信息可能导致对事物的歪曲。也就是说不能客观地反应事物。例如前面的例子,把黑板的这些属性在其他场合向人描述,人们一定会认为这是一块黑板吗?可不可以是一部平板电视机?因为间接获得的信息不一定全面,而且会带有描述者的个人情感色彩,所以这里一定是直接。

感觉器官,我们有很多感觉器官,像眼睛,鼻子、耳朵等等。它们是我们获得信息的大门,如果它们的功能降低或缺失,获得的信息就会出现偏差,知觉的准确性也会随之下降。我们都知道盲人摸象这个故事。不同的盲人触摸大象得出不同的结论。由于他们的视觉功能缺失,在知觉大象的时候,知觉的准确性出现了偏差。因此感觉器官的功能正常是准确知觉客观事物的基础。

整体属性,我们都知道苹果和樱桃这两种水果,它们具有一些相似的地方,如形状、颜色等等。但大家可以轻而易举地将二者区分开来,因为它们的味道、质地等属性又大不相同。这是因为知觉是对事物整体属性的反映,不局限于个别或部分属性。而且这种反映不是各种感觉的机械相加和罗列,(不是 $1+0=1$,是 $1+0=10$ 的过程)是各种感觉器官相互协同,共同作用的结果,所获得的信息需要大脑的整合加工。

知觉和感觉一样,都是当前的客观事物直接作用于我们的感觉器官,在头脑中形成的对客观事物的直观形象的反映。客观事物一旦离开我们感觉器官所及的范围,对这个客观事物的感觉和知觉也就停止了。但是,知觉又和感觉不同,感觉反映的是客观事物的个别属性,而知觉反映的是客观事物的整体。知觉以感觉为基础,但不是感觉的简单相加,而是对大量感觉信息进行综合加工后形成的有机整体。

我们的知觉之所以能对客观事物做出整体反映,一是因为客观事物本身就是由许多个别属性组成的有机整体;二是因为我们的大脑皮层联合区具有对来自不同感觉通道的信息进行综合加工分析的机能。

二、知觉的种类

根据不同的标准,可以对知觉进行不同的分类。

根据知觉是否正确,可将知觉分为正确的知觉和错误的知觉。

根据知觉活动中占主导地位的感受器的不同,可将知觉分为视知觉、听知觉、嗅知觉、味知觉等。

根据知觉对象的不同,可将知觉分为物体知觉和社会知觉。

（一）物体知觉

物体知觉就是对物的知觉，对自然界中机械、物理、化学、生物种种现象的知觉。任何事物都具有空间、时间和运动的特性，因而物体知觉又分为空间知觉、时间知觉、运动知觉。

1. 空间知觉

空间知觉是对客观世界三维特性的知觉，具体指物体大小、距离、形状和方位等在头脑中的反映。空间知觉是一种较复杂的知觉，需要人的视觉、听觉、运动觉等多种分析器的联合活动来实现。在我们的生活、学习中，空间知觉具有重要的作用。例如，学习汉语拼音、汉字时，需要正确辨别上下、左右，否则难以顺利地掌握汉字的结构和识别汉语拼音；下楼梯时，如果我们不知道有几个台阶、每个台阶有多高，就容易摔倒。

空间知觉包括形状知觉、大小知觉、深度与距离知觉、方位知觉等。

形状知觉指对物体的轮廓和边界的整体知觉。形状知觉是人类和动物共同具有的知觉能力，但人类的形状知觉能力比动物的更高级，因为人类能识别文字。形状知觉是靠视觉、触觉、运动觉来实现的。我们可以通过物体在视网膜上的投影、视线沿物体轮廓移动时的眼球运动、手指触摸物体边沿等，产生形状知觉。

大小知觉指对物体长短、面积和体积大小的知觉。依靠视觉获得的大小知觉，决定于物体在视网膜上投影的大小和观察者与物体之间的距离。在距离相等的条件下，投影越大，则物体越大；投影越小，则物体越小。在投影不变的情况下，距离越远，则物体越大；距离越近，则物体越小。大小知觉还受个体对物体的熟悉程度、周围物体的参照的影响。对熟悉物体的大小知觉不随观察距离、视网膜投影的改变而改变。对某个物体的大小知觉也会因该周围参照物的不同而改变。

对物体深度和距离的判断可以依据的线索很多，如小的物体似乎远些，大的物体似乎近些；被遮挡的物体远些；远处的物体看起来模糊，能看到的细节少；远的物体显得灰暗，近的物体色彩鲜明；看近物时，双眼视线向正中聚合，看远物时，双眼视线近似平行等。

人依靠视觉、听觉、运动觉等来判断方位，这种能力是后天形成的。依靠视觉进行方位判断必须借助参照物。参照物可以是自己的身体、太阳的位置、地球的磁场、天地等。不同方位辨别由易到难的次序分别是上、下、后、前、左与右。由于人的两只耳朵分别在头部的左右两侧，因此同一声源到达两耳的距离不同，两耳所感知的声音在时间上、强度上存在差别。正因如此，我们也能依靠听觉进行方向定位。

2. 时间知觉

时间知觉是对事物发展的延续性、顺序性的知觉，具体表现为对时间的分辨、对时间的确认、对持续时间的估量、对时间的预测。时间，既没有开始也没有结束。生活中，我们对时间的知觉既可以借助于自然界的变化，如太阳的东升西落、月的圆缺、四季变化等；也可以借助于生活中的具体事件或自身的生理变化，如数数、打拍子、节假日、上下班等；还可以借助于时钟、日历等计时工具。在不同的心理状态下，人们对时间的估计有很大差别。研究表明，在悲伤的情绪下，人们在时间估计方面会出现高估现象；在欢快的情绪下，在时间估计方面会出现低估现象。

3. 运动知觉

运动知觉是人脑对物体空间位移的知觉,是物体在空间的位移特性在人脑中的反映。世界上万事万物都处在运动当中,因而,运动和静止是相对而言的。物体运动速度太慢或太快都不能使人产生运动知觉。人没有专门感知物体运动的器官,对物体运动的知觉是通过多种感官的协同活动实现的。当人观察运动的物体的时候,物体在视网膜的像的连续移动,就可以使我们产生运动知觉。如果用眼睛和头部追随运动的物体,这时视像虽然保持基本不动,眼睛和头部的动觉信息也足以使我们产生运动知觉。如果我们观察的是固定不动的物体,即使转动眼睛和头部,也不会产生运动知觉,因为眼睛和颈部的动觉抵消了视网膜上视像的位移。

运动知觉可以分为真动知觉和似动知觉。

真动知觉是物体发生实际的空间位移所产生的运动知觉,即物体在按一定的速度或加速度从一处向另一处连续位移时,人所产生的物体在运动的知觉。所以在真动知觉中,关键词是"物体发生实际的空间位移",如在上课的老师从讲台的一边走到讲台的另一边,这就发生了实际的位移。在生活中,还有很多真动知觉的现象,如电风扇在转动的时候其扇叶是以一定的速度在发生了实际的位移,还有转动的车轮、花朵的绽放和地球的转动等,这些都是属于真动知觉的范畴。

而似动知觉是将实际不动的物体知觉为运动的,或在没有连续位移的地方看到了连续的运动。似动知觉主要分为以下四种形式:

(1) 动景运动:是当两个刺激物按一定的空间距离和时间间隔相继呈现时,人就会感觉到一个刺激物在向另一个刺激物做连续运动。如"ooooo",这代表了五盏大小相同的小灯,如果先打开了第一盏,然后关掉,中间相隔很短的时间,再打开第二盏,再关掉,按此原理往下推,一直到第五盏灯,这时就会感觉从第一盏灯在向第五盏灯做连续位移。这跟现实生活中的霓虹灯的原理是一样的,当霓虹灯以一定的速度相继在人们的眼前变亮时,就会感觉是在做连续运动;电影的播放的时候也是一样,是因为电影的胶片切换的速度过快时,人们就会感觉电影的画面是连续不断的。

(2) 诱发运动:当一个静止的物体周围的其他物体运动时,该静止的物体被知觉为运动的知觉现象。如月亮在云里穿行,就是因为月亮是相对静止的,而云的运动使我们感觉月亮是在运动的;再比如我们在坐火车的时候,如果我们所在的这列火车还没有动的时候,而旁边的火车已经启动了,这个时候就会感觉到我们所坐的这列火车在向相反的方向移动。

(3) 运动后效:是在注视向一个方向运动的物体之后,如果将注视点转向静止的物体,那么会看到静止的物体似乎向相反的方向运动。如同样是坐火车,当我们所坐的这列火车还未开动时,看到左边的火车往前开了,这个时候再看右边的火车就会感觉是往后开的。

在心理学上所讲的"瀑布效应"就是这个原理,瀑布效应是心理学基础的一种概念,来揭示人类的知觉现象,人在长时间观看瀑布等一些动态事物后,在立刻看静态的事物时,后有一种错觉,感觉静态的事物也在动,并且是朝着刚才瀑布等事物相反的方向动。如先看朝下运动的瀑布之后,再看到旁边的树木,就会觉得树木好像在向上运动。如山东省曾经出过的一道真题:"在桥上看流动的河水之后,再把目光转向路边静止的树木,就会感觉到树木是运动的。"这就体现在运动后效。

(4) 自主运动:指人在注视暗室内一个微弱的、静止的光点片刻后感觉到光点在来回移动的现象。这是因为我们的眼球实际上是不断地在跳动,但是我们感觉不出来,如果在一个黑暗的房间里,周围的参照物变少了,我们会感觉到物体是在来回移动的。

二、社会知觉

一个世界500强的公司经理在回办公室取东西时,发现自己没有带钥匙,此时他的私人秘书已经下班,经理试图联系未果。于是经理难忍怒火给他的秘书发了一封措辞严厉的谴责信。经理在邮件中写道:我曾告诉过你,想东西,做事情时不要想当然,结果晚上你就把我锁在门外了,从现在起,无论是午餐时段还是晚上下班后,你跟你服务的每一名经理都确认无事后才能离开办公室,明白了吗?

秘书给经理回复了邮件,她写道:首先,我锁门是从安全角度考虑的,如果丢了东西这个责任谁来负?其次,你有钥匙自己没带,就不要说别人的不对。第三,已经到了下班时间,你无权干涉我的私人时间。第四,我从工作以来,就一直很尽责任,加班也没有怨言,你还用这种语气,请注意一下。

由此可见,只要是生活在这个世界上的人,都不可避免地从外界接受各种信息并对此做出反应。知觉过程就是人们依赖自己的经验,对所获得的信息做出判断。如一个每天来办公室打扫的人,人们在认识这种行为时候也会思考:一个同志乐于每天助人,是真心的吗?是不是其他的目的呀?比如学生与老师亲近,是不是想从老师那里获得什么呀?是真心的尊重吗?是因为老师课讲得好吗?"以己之心,度他人之腹"。社会认知是通过人的行为来认识其内在的心理动机的。然而,动机等因素是内在的,动机和行为也不是单一的关系,一种动机可能表现出多种行为,同一种行为又可能有多种动机。所以,整个社会认知是一个复杂的过程。

社会知觉就是对人的知觉,对由人的社会实践所构成的社会现象的知觉。特点表现为① 直接性,对心理反应是直接的、局部的,因此容易产生社会错觉。② 一致性,以物为认知对象时,不存在一致性。例如衣服,只看新旧颜色,并不看质地;以人为认知对象,不可能又好又坏,无法容忍自相矛盾,人们还是会把他当作一个一致性的对象,通过歪曲事实等来消除不一致性。③ 选择性,除了受到主客观因素的影响外,还根据人们自身的社会经验、价值经验等来进行选择处理信息。④ 防御性,为了维持自尊,不分社会地位高低,不卑不亢。

具体包括对他人的知觉、人际知觉、自我知觉等。

(1) 对他人的知觉。人们经常根据仪表特征,如仪表、风度、言谈、举止等,来判断一个人的年龄、职业、角色、身份等部分信息,形成对他人的印象。一个外貌端庄,举止文明的人,总会给人留下良好印象;一个其貌不扬,举止失度的人也总会给人留下不好印象。我们不能以貌取人,但一个人的外部特征,特别是初次与人接触时,总会影响人的认知,这是客观存在的事实。与陌生人初次交往时,对他人的知觉常常受对方给自己留下的第一印象的影响,即首先获得的印象好坏比后来获得的印象好坏占有更大的比重。与熟悉的人或朋友交往时,对他人的知觉会受到新近获得的信息的强烈影响。在心理学中,这一现象叫作新近效应。

另外,在对他人知觉的过程中还存在晕轮效应,即对一个人形成某种印象后,我们会以与这种印象相一致的方式去判断这个人的其他特点。例如,如果喜欢某个明星,则会喜欢与明星有关的一切事物,包括他的发型、穿着、说话的神态及其家人等。

(2) 人际知觉。人际关系从主体角度来看,包括自己和他人的关系,他人和他人的关系两个方面。一般来说,人们越是彼此接近、交往频繁、有较多的相似之处,彼此就越是会产生友谊、同情和好感。越相处越喜欢,越喜欢越相处。

(3) 自我知觉。自我认知时,自己既是主体,又是认知对象,也就是人们常说的"人贵有自知之明"。社会心理学家费思挺格提出社会比较理论,认为人的自我评价往往借助社会比较。一个人为了准确地判断自己,常常把自己与他人进行比较。如个人工作成绩的好坏,要以其他同志的成绩为参考。如果一个人的某些心理品质受到了赞扬或者与集体一致,那么会加以强化;如果出现了矛盾,那么可能发生从众行为来改变那些受到批评的品质或行为。正确的大众舆论和良好的行为规范,对人们形成正确的人生价值观,改变不良行为都有重大的意义。

我们每个人常常面临选择,选择报考哪所学校、哪个专业,选择工作地点、工作单位,选择恋爱、结婚的对象等等,选择恰当的前提是了解自己,了解自己的性格特点、兴趣爱好、能力等。我们可以通过随时的反省来了解自己。了解自己是积极适应社会的前提之一。

三、知觉的特征

1. 选择性

客观事物是丰富多彩的。在每一时刻,作用于人的感觉器官的刺激也是非常多的,但人不可能对同时作用于他的刺激全都清楚地感知到,也不可能对所有的刺激都做出相应的反应。在同一时刻里,他总是对少数刺激知觉得格外清楚,而对其余的刺激知觉得比较模糊。这种特性被称为知觉的选择性。知觉特别清楚的部分称为知觉对象,知觉比较模糊的部分称为知觉的背景。

知觉中对象和背景的关系并不是固定不变的。它依一定的主客观条件经常转换。在知觉过程中,强度大的、对比明显的刺激容易成为知觉的对象。在空间上接近、连续,形状上相似的刺激也容易成为知觉的对象。在相对静止的背景上,运动的物体容易成为知觉的对象。刺激的多维变化比单维变化更容易成为知觉的对象。在形状方面相同或相似,以及在亮度和色彩方面相同或相似的图形容易成为知觉的对象;连续、对称、趋和的图形也容易成为知觉的对象。此外,凡是与人的需要、愿望、任务及以往经验联系密切的刺激,都容易成为知觉的对象。

1999年国庆节前夕,一件高40.6米,宽30.8米,重达930公斤的大衬衣,在北京的东二环路附近一家大楼上悬挂起来,该衬衣约有12层楼高。这件衬衣在此悬挂了半个月,吸引了大量路人的目光。这是爱德曼国际公关公司为美国宝洁公司策划的一次重要的媒介事件。宝洁公司的碧浪洗衣粉是其麾下著名的品牌,如何让中国公众接受它呢?为此,爱德曼公关公司绞尽脑汁,想出了这样一个用大衬衣冲击吉尼斯世界纪录的活动。这件大衬衣的布料,足可以缝制2 350件普通衬衣,衬衣上还印制有"全新碧浪漂渍洗衣粉"的字样,其中红色的"碧浪"两字高5.9米,宽9.8米,非常醒目。更妙的是,这件大衬衣在悬挂了15天以后,经风吹雨淋和空气污染变得非常肮脏,在大衬衣的揭幕仪式上,还有一些嘉宾用更难洗净的墨汁泼在衬衣上。7月23日,宝洁公司用全新的碧浪洗衣粉,洗净了这件衬衣,使新推出的碧浪洗衣粉一举成名。爱德曼公关公司策划的这次媒介事件,其意义并不仅仅在于破吉尼斯世界纪录,更主要的是要使中国的消费者认识碧浪洗衣粉。他们先用大衬衣冲击吉尼斯世界纪录吸引公众的视线,引起新闻媒介的广泛报道;然后再通过洗净如此肮脏的衬衣,强化碧浪洗衣粉的功效,在市场上产生强大的冲击力。

2. 整体性

知觉的对象是由不同的部分、不同的属性组成的。当它们对人发生作用的时候,是分别作用或者先后作用于人的感觉器官的。但人并不是孤立地反映这些部分属性,而是把它们结合成有机的整体,这就是知觉的整体性。

刺激物的性质、特点和知觉主体的经验是影响知觉整体性的两个重要因素。一般来说,刺激物的关键部分、强的部分在知觉的整体性中起着决定作用。有些物理化学强度很弱的因素,因与人的生活实践密切关系,也会成为很强的刺激成分。轮廓闭合的对象比轮廓不全的对象容易被知觉为一个整体。研究指出,当对象的轮廓线达到68%—72%,就能被人知觉为一个整体。

3. 理解性

人在感知当前的事物时,总是借助于以往的知识经验来理解它们,并用词把它们标志出来。这种特性称为知觉的理解性。比如听一首歌,如果是您会唱的,才放一个片段就会知道是那首歌,并知道后面的旋律是什么。对歌曲的熟悉程度决定了您能知觉出那首歌所需的片段的长短。但这片段不能够无限地小,总有一个合理限度,也就是说要有充分的判断依据。经验是最重要的,有经验的心理学家可以从一个人的眼神、动作、言语知道他心里想的是什么。知觉的理解性会受到情绪、意向、价值观和定势等等的影响。

在知觉信息不足或复杂情况下,知觉的理解性需要语言的提示和思维的帮助。一块像小狗的石头,也许开始您会看不出来,但如果有人提醒,就会越看越像,很多旅游风景也是如此。知觉的理解性使人的知觉更为深刻、精确和迅速。

4. 恒常性

当知觉的对象在一定范围内变化了的时候,知觉的映像仍然保持相对不变,知觉的这种特性称为知觉的恒常性。

视觉的恒常性表现得特别明显。例如,一个人站在离我们不同的距离上,他在我们视网膜上的空间大小是不同的,但是我们总是把他知觉为一个同样大小的人。一个圆盘,无论如何倾斜旋转,而事实上所看到的可能是椭圆、甚至线段,我们都会当它是圆盘。在强光下煤块反射的光量远远大于暗处粉笔所反射的光量,但这不妨碍我们感觉煤块的颜色比粉笔深。知觉的恒常性还普遍存在于其他各类知觉中,例如同一支乐曲,尽管演奏的人不同,使用的乐器也不一样,我们总是把它知觉成同一支乐曲。

知觉的恒常性是因为客观事物具有相对稳定的结构和特征,而我们对这些事物有比较丰富的经验,无数次的经验校正了来自每个感受器的不完全的甚至歪曲的信息。如果我们知觉的是一个全新的对象,而且周围没有熟悉的事物可以作为参照,那么我们决不会有关于这个事物的知觉恒常性。

四、知觉的偏见

知觉的偏见是人们在感知事物的时候,由于特殊的主观动机或外界刺激,对事物产生一种片面的或歪曲的印象。引起知觉偏见的常见原因有以下几个方面:

1. 首因效应

即第一印象的强烈影响。事物给人最先留下的印象往往有强烈的作用,左右着人们对事物的整体判断,影响着人们对事物以后发展的长期看法。第一印象一旦产生就难以消除。

如顾客最先见到和听到的商品信息对印象形成的作用;再如当公众第一次进入新环境,第一次与某个人接触,第一次参加某项活动都会在心理上留下深刻的第一印象。一旦形成这种"定势",即第一印象,它就难以改变。又如,有的记者首次接触某个采访对象,第一眼看上去不顺眼的人,就会往往对他后面的话听不进去,甚至会对他的一些好事也莫名其妙反感。反之,第一眼看上去顺眼的人,对他后面的谈话、举止都会产生好感。

一天上午,马鸣赶到鸿达公司参加最后一轮应聘,主考官正是鸿达公司的谢总。临到考试时间快要结束,马鸣才满头大汗地赶到了考场。谢总瞟了一眼坐在自己面前的马鸣,只见他大滴的汗珠子从额头上冒出来,满脸通红,上身一件红格子衬衣,加上满头乱糟糟的头发,给人一种疲疲沓沓的感觉。谢总仔细地打量了他一阵,疑惑地问道:"你是研究生毕业?"似乎对他的学历表示怀疑。马鸣很尴尬地点点头回答:"是的。"接着,心存疑虑的谢总向他提出了几个专业性很强的问题,马鸣渐渐静下心来,回答得头头是道。最终,谢总经过再三考虑,总算决定录用马鸣。第二天,当马鸣第一次来上班时,谢总把马鸣叫到自己的办公室,对他说:"本来,在我第一眼看到你的时候,我就不打算录用你,你知道为什么吗?"马鸣摇摇头。谢总接着说:"当时你的那副尊容实在让人不敢恭维,满头冒汗,头发散乱,衣着不整,特别是你那件红格子衬衫,更是显得不伦不类的,不像个研究生,倒像个自由散漫的社会小青年。你给我的第一印象太坏。要不是你后来在回答问题时很出色,你一定会被淘汰。"马鸣听罢,这才红着脸说明原因:"昨天我前来赶考时,在大街上看见有人遇上车祸,我就主动协助司机把伤员抬上的士,并且和另外一个路人把伤员送去医院。从医院里出来,我发现自己的衣服沾了血迹,于是,我就回家去换衣服。不巧我的衣服还没干,我就把我二弟的一件衬衫穿来了。又因为耽误了时间,我就拼命地赶路,所以,时间虽然赶上了,却是一副狼狈相……"谢总这才点点头说:"难得你有助人为乐的好品德。不过,以后与陌生人第一次见面,千万要注意自己给别人的第一印象啊!"马鸣的工作很出色,不出半年,就被升为业务主管,深得谢总的器重。

有时候,"第一印象"可以决定一个人的前程甚至命运。第一印象对认知有作用,因此,为了给别人留下一个良好的印象,我们每个人必须要注重自己的外表、言语谈吐,还必须增长才能,加强个人修养等等。但是初次见面获得印象只是表面的一些特征,如果以第一印象作为今后交往的基础是不可靠的,正如古人云:路遥知马力,日久见人心。

鉴于首因效应的重要作用,企业更应该好好把握其关键性,利用首因效应做好自身的公共关系工作。例如作为企业的公关人员,在平时的着装打扮、言行举止、面部表情上都应该做到得体,工作态度要端正,说话方式也要恰当。这样一个代表企业的公关人员才不会损坏公司的形象,面对一个企业的公关人员,也许外界只能凭借在他们身上所反映的精神面貌来初步断定一个企业的形象,这就是第一印象至关重要的原因。如果公关人员给大家的第一印象良好,那么企业才会成功的走出第一步,才会被外界认可,这能为企业形象起到无形的有力的促进作用。

2. 近因效应

即最近或最后印象的强烈影响。事物给人留下的最后印象往往非常深刻,难以消失。对一件事物或一个人接触的时间延长以后,该事物或人的新信息、最近的信息就会对认识和看法产生新的影响,甚至会改变原来的第一印象。

在现实生活中近因效应的例子有很多,多年不见的朋友或老同学,在自己的脑海中的印象最深的,其实就是临别时的情景;一个朋友总是让你生气,可是谈起生气的原因,却说不上几条,这也是一种近因效应的表现。

一般心理上开放、灵活的人容易受近因效应的影响;而心理上保持高度一致,具有稳定倾向的人,容易受首因效应的影响。

在人与人的交往中,交往的初期,首因效应的影响重要;而在交往的后期,近因效应的影响更重要。

3. 晕轮效应

晕轮效应指人们对他人的认知判断首先主要是根据个人的好恶得出的,然后再从这个判断推论出认知对象的其他品质的现象。如果认知对象被标明是"好"的,他就会被"好"的光圈笼罩着,并被赋予一切好的品质;如果认知对象被标明是"坏"的,他就会被"坏"的光环笼罩着,他所有的品质都会被认为是坏的。

晕轮效应是在人际相互作用过程中形成的一种夸大的社会现象,正如日、月的光辉,在云雾的作用下扩大到四周,形成一种光环作用。人们在认识事物或人的时候,往往会从对象的某些突出的特征或品质推广为对象的整体印象和看法,从而掩盖了对象的其他特征或品质,形成某种幻化的知觉。如你对人诚恳,那么即便你能力较差,别人对你也会非常信任,因为对方只看见你的诚恳。晕轮效应的最大弊端就在于以偏概全。

美国心理学家戴恩等人曾用实验证实了晕轮效应的存在。他们给被试者看一些人的照片,这些人分别是看上去很有吸引力的人、没有吸引力的人和一般的人。然后要求被试者评定这些人的一些特点,而要评定的这些特点与有无吸引力没有丝毫关系,分别是这些人的婚姻状况、结婚幸福程度等。结果发现,有吸引力的人得到的评价最高,而没有吸引力的人得到的评价最低。戴恩的研究表明,如果一个人有魅力,那么他的其他特点往往也被认为是具有积极意义的了。这显然是由晕轮效应引起的认知偏见。

拍广告片的多数是那些有名的歌星、影星,而很少见到那些名不见经传的小人物,因为明星推出的商品更容易得到大家的认同。一个作家一旦出名,以前压在箱子底的稿件全然不愁发表,所有著作都不愁销售。刚开始喜欢上一个人的时候,其实主要是喜欢上了对方表现出来的某一方面的优点,然后经过晕轮效应的扩大,才使自己觉得对方身上全是优点,即"情人眼里出西施"。

晕轮效应既是无意识的,又是固执的。所以近年来随着商品经济的发展,公共关系意识的提示以及相互攀比等不良意识的增长,一些企业、商店纷纷装修门面,讲究包装,以期利用公众的晕轮效应扩大企业的影响,提高产品的销量。在公共关系人际交往中,名片越印越精致,花式品种越来越多,出现了所谓"名片效应",有些人甚至对它产生了迷信。而从心理学的角度来看,"名片效应"不外乎是晕轮效应的典型范例,它并不是什么新发现。公共关系活动是主动开展的活动,因此利用公众的晕轮效应来实事求是进行自我宣传无可厚非;但是近年来在公共关系活动中也出现了利用公众的晕轮效应来蒙骗人、坑害人的现象,这是应当反对和制止的。

4. 定型作用

定型作用是指固定的僵化印象对人的知觉的影响。也称"刻板印象"。人们往往自觉或不自觉地凭借自己以往形成的固有经验和固定的看法去判断评价某类人或事物的特征,并对该类人或事物中的个体加以类推。

例如,一提到教授、科学家就会认为他们一定是文质彬彬、戴黑框眼镜、提皮包的人。在不少人的印象中,北方人憨厚而直率,南方人聪颖而灵活。刻板印象是构成人际间偏见的主要原因,种族偏见也包含着刻板化的心理因素。

这些偏见是错误的。公共关系工作一方面要研究和顺应公众的某些刻板印象,使自己的形象与公众的经验相吻合;另一方面也要努力传播新观点、新知识、新经验,以改变公众某些狭隘的成见和偏见记忆形成的误解。

第二节 需要、动机与公众行为

公众心理是由千差万别的个体心理现象组成的,所以相当复杂。分析公众心理必须从个体心理入手,研究它们的转化及发展,从而理解公众的态度取向。需要是动机的内在动力,而动机直接导致了行为的发生。

一、需要

1. 需要的概念和特点

(1) 需要的概念。需要是人缺乏某种必需的东西时(这种东西可以是物质的,也可以是精神的),在内在心理上所产生的一种紧张感的主观状态。

需要的产生取决于两个条件:一是个体感到某方面的缺乏;二是个体对此缺乏期望获得满足。

一般来说,当人们由于来自外部或内部的刺激而引起某种需要时,机体内部便出现不平衡现象,表现为一种紧张的心理状态,这时的心理活动便自然指向满足需要的具体目标。当目标找到后,就开始有满足需要的活动,在此活动中,需要逐渐减弱;当需要得到满足、行为结束,人的紧张心理便得到消除;之后又将有新的需要发生,再引起第二个行为。可以说,需要是人类行为的动力基础和源泉。

(2) 人的需要具有以下基本特征:

首先,需要具有对象性。人的需要总是对某种客观对象的需求,这种对象可以是某种物质产品,也可以是某种精神产品;可以是有形的、具体的,也可以是无形的、抽象的。对某一种需要而言,对象可以是单一的,也可以是多样的。例如,某人需要一杯水,那此杯水就是此时需要的对象,对象是单一的;而对于一个处于饥饿状态的人来说,米饭、馒头、烧饼、面包、水饺等等都可以用作充饥,都是可以作为满足的对象的。

其次,需要具有现实性与发展性。人的需要总是出于一定历史条件,诱发需要的实际内容及其满足的方式都是该条件所决定的,地理环境、社会地位、阶级立场、职业身份、风俗习惯乃至个人经历、知识修养等诸多因素构成了复杂的综合体,决定着主体对需要的选择。当然,需要不是一成不变的,需要不仅在数量、质量和层次上会不断提高,而且在一定条件下,各层次需要的内容也会丰富和升华。

再次,需要具有选择性。需要的选择性首先体现在对需要对象的选择上,尤其是当需要的对象不是单一的情况下。如前所述,饥饿状态的人选择米饭还是选择馒头,或者是其他食物,关键在于在既定的情境中,这些需要的对象对于需要主体来说,哪种是最合适的。如果此人是北方人,他可能选择馒头;如果他赶时间,就可能选择面包;如果他要和家人吃年夜饭,就很可能选择饺子。需要的选择性还体现在下列情况:一个人可能在同一时期内存在着几种不同的需要,而这些需要又不可能同时得到满足,这时他就会根据内在的和外部的实际情况,从这几种需要中选定一种需要作为中心需要。人处在什么样的需要状态下,就具有什么样的行为倾向。比如,当个人的生理需要特别强烈时,他就会有很强的觅食动机;当个人处于强烈的维护自尊的需要时,其他的需要,甚至最基础的需要也可能退居其后。有这样的一句格言:"君子不食嗟来之食。"

最后,需要还具有差异性与共性。人们在需要对象的数量、层次和强度等方面存在着很大的差异。即使是同一个人,随着时间的推移,其年龄、所处的环境、受到的教育、经济收入、人际关系等等发生变化,他的需要也会发生变化。同时应注意,人的共性决定了其需要的共性:一方面,人的需要产生于他的社会化过程中,共同的历史和社会条件、相似的社会环境,使得在某一范围内,人们的需要具有相似性;另一方面,人对某种客观事物的需要是大致相同的,如为了御寒,人们需要衣物。尽管衣物的种类和质地不同,但是在"御寒"这一角度上,他们的需要是大致相同的。

2. 马斯洛的需要层次论

美国著名的人本主义心理学家马斯洛认为,人的一切行为都是由需要引起的,他在1943年出版的《调动人的积极性的理论》一书中提出了著名的需要层次论。马斯洛把人的多种多样的需要归纳为五大类,并按照它们发生的先后次序分为五个等级。

(1) 生理需要。这是人类维持自身生存的最基本要求,包括饥、渴、衣、住、性的方面的要求,它是推动人们行为的最强大的动力。如果这些需要得不到满足,人类的生存就成了问题。在这个意义上说,生理需要是推动人们行动的最强大的动力。

(2) 安全需要。当一个人生理需要得到满足后,满足安全的需要就会产生。这是人类要求保障自身安全、摆脱失业和丧失财产威胁、避免职业病的侵袭、接触严酷的监督等方面的需要。

(3) 归属与爱的需要(也叫社交需要)。这一层次的需要包括两个方面的内容。一是友爱的需要,即人人都需要伙伴之间、同事之间的关系融洽或保持友谊和忠诚;人人都希望获得别人的爱,给予别人爱;二是归属的需要,即人都有一种归属于一个群体的感情,希望成为群体中的一员,并相互关心和照顾。

(4) 尊重的需要。人人都希望自己有稳定的社会地位,要求个人的能力和成就得到社会的承认。尊重的需要又可分为内部尊重和外部尊重。内部尊重是指一个人希望在各种不同情境中有实力、能胜任、充满信心、能独立自主。总之,内部尊重就是人的自尊,希求个人有价值,希望个人的能力、成就得到社会的承认。外部尊重是指一个人希望有地位、有威信,受到别人的尊重、信赖和高度评价。马斯洛认为,尊重需要得到满足,能使人对自己充满信心,对社会满腔热情,体验到自己活着的用处和价值。

(5) 自我实现的需要。这是最高层次的需要,它是指实现个人理想、抱负,最大限度地发挥个人能力的需要,即获得精神层面的真、善、美至高人生境界需要。也就是说,人必须干称职的工作,这样才会使他们感到最大的快乐。马斯洛认为:为满足自我实现的需要所采取的途径是因人而异的。有人希望成为一位理想的母亲,有人可以表现在体育上,还有人表现在绘画或发明创造上……简而言之,自我实现的需要是指最大限度地发挥一个人的潜能的需要。

3. 五种需要的排列关系

马斯洛认为,对一般人来说,这五种需要相互联系,并且每一种需要相对地组成层次,由低级(生理性)需要向高级(精神性)需要逐次发展,形成一种金字塔式结构。生理需要和安全需要属低级需要,尊重的需要与自我实现的需要属于高级需要,归属和爱的需要为中间层次,基本上也属于高级需要。未满足的需要将支配意识,调动有机体的能量去获得满足。已经满足的需要就不再是活动的推动力,新的需要会取代已满足的需要,而成为待满足的需要。

人类的需要层次,马斯洛是按照三条原则加以安排的:

首先,人类基本的需要必先得到满足,然后才会进一步追求较高层次需要满足。

其次,人类需要与个体生长发展密切相关。人出生时,最主要是满足生理需要,然后逐渐考虑到安全、归属、自尊的需要,最后才追求自我实现的需要,因此,个人的需要结构之发展过程是波浪式的演进,各种需要的优势由一级演进至另一级。

最后,人类需要的高低与个体生存有关。

马斯洛认为,一个理想的社会,除了应该满足人们的基本的生理需要外,还要使人们满足较高层次的需要,并鼓励个人去追求自我实现。我们认为,一个人只有把个人的需要和国家的需要以及社会发展的需要联系起来,才能有永不衰竭的动力,才能充分发挥个人的潜能,达到最大限度的自我实现。

二、动机

1. 动机的概念与特点

动机是在心理强化之下给需要的方向以定位,并引起、推动、维持或抑制个体行为,使有机体朝着预期目标行动的内驱力。它不仅激发行为,还影响着行为的持续时间。动机的形成取决于两个基本条件,即需要和诱因。

需要是动机形成的内部刺激因素,当人的需要被意识到之后,他的能量将被动员起来,并有选择地指向可满足需要的外部对象,动机由此产生。例如,一个人口渴难忍,这表明他有强烈的饮水需要,但是如果周围没有水,他就不会形成目的明确的动机并进而采取行动。如果此时他发现远处有一片绿洲,那么他就会向水源奔去。也就是说,个人的动机只有在内部刺激和外部刺激的共同作用下才会形成,这样能够引起个体动机形成的外部刺激(或情境)叫作诱因。

2. 动机的特点

第一,动机具有多样性。在同一时期,驱使个体行为的动机有可能是多样并存。其中,强度最大的动机决定个体行为的性质和方向。这种在同时存在的许多不同性质的动机中决定个体行为并发挥实际作用的动机,成为主导动机或优势动机。

第二,动机具有指向性。由动机驱使的个体的社会行为总是指向一定的目标。行为目标可能是现实存在的、清晰的事物,也可能是人类精神活动的某一产物。动机不同,活动的方向和所追求的目标也不同。

第三,动机具有复杂性。首先,动机与行为之间不是简单的一一对应关系,同一动机可以表现为不同的外显行为,同一行为也可以隐含不同的动机。另外,个体内心存在的动机和他口头或书面表现出来的动机往往不是一致的,个体在内心实际起作用的动机与他本人意识到的动机也常常不同。

第四,动机具有强化性的特点。人类行为的不同后果会对人的动机有很大的影响：一个动机可能会因为有良好的行为效果而加强,使这一行为重复出现；同样,一个动机也会因为不良的行为后果而使行为减弱甚至消失。前者称之为正强化,它起着肯定行为、加强行为的作用；后者称之为负强化,它起着否定行为、抵消行为的作用。

3. 产生动机的条件

一是内在的需要,即主体处于缺乏状态而出现的身心自动平衡和摄取倾向。这种需要也叫引起动机的动因。饥求食、渴思饮、温饱之后要求生活条件的豪华舒适和高级的精神文化生活,这些需要都是导致人们产生某种行为动机的内在动因。

二是能满足需要的外界事物,即外在刺激,也叫致动因。如美味的食物、优厚的工资待遇、有益于施展才华的工作条件等。

4. 公众的需要、动机和公共关系

比较需要与动机我们可以看出,动机是在需要的基础上产生的,需要是人的活动的基本动力源泉,动机则是推动这种活动的直接力量。动机是需要和行动之间的桥梁。

公众需要和动机与公共关系是如何相互影响呢？美国社会心理学家K·勒温认为：人的心理、人的行为决定于内在的需要和周围环境的相互作用,或者说人的行为是个人与环境相互作用的函数或结果。人们总是在需要的激励之下形成动机、做出决定和行动,从而使需要得到满足并产生新的需要。在这个过程中,个体本身的心理特质是产生何种需要和需要的程度的内在因素,外界环境将为此做出标尺或参照体系,诱发需要的产生。在公共关系活动中,要注意公众动机的激发,同时还要注意根据公众的深层动机,有针对性地开展公共关系活动。社会组织通过公关活动影响或改变公众的外界环境,从而与公众心理产生互动。因此,社会组织有必要了解公众的需要和动机,才能为其公关活动提供依据。

第三节 态度与公众行为

我们在公关活动中有一项重要的内容：就是了解公众对组织的态度,通过公关活动影响和改变公众的态度,使公众理解、认同社会组织所倡导的立场。

了解公众的态度与特征、态度形成的机制,掌握影响和改变公众态度的方法和技巧,这是公关人员应具备的素质之一。

一、态度概论

1. 态度的概念和构成

态度是人们在认识和行为上相对固定的倾向,包括人对事物和社会认知的倾向、情感的倾向和意图的倾向,比如赞成或反对、喜欢或厌恶、肯定或否定等等,这些倾向一经形成就比较稳定、比较持久地影响着人们对事物的判断和看法,影响着人们的行为方向和方式。心理学家G·奥尔波特指出："态度是根据经验组织起来的一种心理和神经中枢的准备状态，它对个人的反应具有指导性或动力性的影响。"也就是说，态度是一种内部准备状态，是刺激（态度的对象）与反应（生理的、心理的、行为的反应）之间的中介变量。

态度的主要特征是其评价性，即对一个对象积极或消极的反应倾向。

心理学家罗森伯格认为，态度是由以下三种要素构成的：

2. 态度的结构

一般说来，态度由认知、情感、意图三个因素构成。

(1) 认知成分是指个体对态度对象所具有的知觉、理解、信念和评价，反映出个体对态度对象是否相信与赞同。态度的认知成分常常是带有评价意味的陈述，即不只是个体对态度对象的认识和理解，同时还表示个体的评判、赞成或反对，如"吸烟有害健康，人不应该吸烟。"

三个工人在砌一面墙。有一个好奇的路人过来问："你们在干什么？"

第一个工人爱理不理地说："没看见吗？我在砌墙。"

第二个工人抬头看了一眼路人，说："我们在盖一幢楼房。"

第三个工人真诚而又自信地说："我们在建一座城市。"

十年后，第一个人在另一个工地上砌墙；第二个人坐在办公室中画图纸，他成了工程师；第三个人呢，成了一家房地产公司的总裁，是前两个人的老板。

态度决定高度，仅仅十年的时间，三个人的命运就发生了截然不同的变化，是什么原因导致这样的结果？

(2) 情感成分反映出个体对态度对象是否喜欢等情绪情感体验，如尊敬和鄙视，喜欢和厌恶，同情和嘲讽，它直接影响态度变化。

(3) 意图即主体作用于态度对象的行为准备状态。可以从外显行动和语言表述来推断行为的倾向性。

认知成分、情感成分、意图成分三者相互依存、相互制约。例如，某人在观念上会认识到抽烟有害健康，但感情上并不厌恶抽烟，在行为上还继续抽烟。研究表明，情感和行为倾向的相关程度高于认知与情感或认知与行为倾向之间的相关程度。

价廉物美（认知因素）——怀有好感（情感因素）——设法获得（意图因素）

态度的三要素之间既是可以互相协调的，也可以是不协调的。三要素中，情感是至关重要的，是决定行为取向的主要因素。

3. 态度的特性

态度有如下特性：

① 态度的社会性。人的态度产生于社会中，并指向和作用于社会。

② 态度的针对性。指任何一种态度都有其相对应的特定对象即"态度对象"。

③ 态度的协调性。指构成一种态度的各个因素是协调一致的。

④ 态度的稳定性。态度是一种对人、对己、对事、对物或对某种观念、思想较为持久的看法，不同于一时性的情绪兴奋和生物性的需要，一经形成即具有相对稳定性。

⑤ 态度的两极性。指对事物往往有两种相互对立的极端态度。其一，从表现形式来看，有肯定与否定、赞成与反对等。其二，从意义来看，有积极与消极。

⑥ 态度的间接性。态度只是行为表现前的心理状态，即行为准备状态。态度与行为之

间可能存在着不一致性,需要通过言语和行动来判断。

4. 态度的功能

态度一旦形成,就会对主体的认知和行为发生不同程度的影响,其功能主要有认知、适应、表达评价以及自卫四个方面。

第一,态度的认知功能:态度形成后,便构成主体个性结构中的一部分,甚至组成其世界观的基本成分。人们带着某种态度去感知和判断事物,其感知和判断事物必然受到态度的影响。如:当人们从广告中了解到某种商品的各种优点后,从而产生对该商品的好感,人们带着这种态度去市场上选购商品,便会对这种商品特别青睐,而对其他商品视而不见。态度类似于认知结构中的一个筛选器,它对外界的各种刺激予以筛选处理,从而影响个体知觉的选择与判断。

第二,态度的适应功能:态度的适应功能表现为,人们采取社会接受的态度,以便从他人那里获得良好的反应。

第三,态度的表达评价功能:态度的表达评价功能表现为自我调节,使主体摆脱内部紧张,表现出自己的个性。人们有自我表现的心理需要,人们的喜恶态度往往表达了自己的价值观,反映了一定的价值标准和人生情趣。例如,人们在就业或升学志愿选择上,购买商品时采取的态度上等等方面,都可以充分地反映自己的价值观。

第四,态度的自卫功能:自我防卫是在面临外界威胁的情况下,由于心理紧张不安和冲突而引起的,力图抵抗威胁、保护自己的心理状态。自卫功能表现为促使个性内部冲突得到解决,并且往往是有利于自己的解决。精神分析学派认为,一个人形成和改变态度是为了保护自己的自我形象,以免受到损害。比如,对外界的批评和攻击采取反抗的态度,看到自己所不喜欢的广告采取怀疑和抵制的态度,都是态度防卫功能的表现。

生活中有很多态度,都深藏于我们的习惯和性格中,很多时候给我们的生活制造了障碍:比如性格是悲观,能看到生命给予的机会吗？如果习惯是确保自己不断在时间的压力下,忙碌不停,还能发现生命中简单的喜悦,轻松和自在地享受人生吗？

二、态度的形成和改变

态度的形成和发展是一个由量变到质变的过程。心理学家凯尔曼指出了态度变化的三个阶段——服从阶段、同化阶段和内化阶段。

服从:人们为了达到某种物质或精神的满足或为了避免惩罚而表现出来的行为叫服从;服从行为并非出于个体的内心意愿,并且是暂时性的。

同化:是人们自愿地接受他人的观点、信念,使自己的态度与他人要求一致,此阶段是否顺利,取决于他人或团体的吸引力。

内化:即把他人的观点、态度完全纳入自己的价值体系中,成为自己人格的一个组成部分。态度改变进入内化阶段以后,个体就完全地从内心里相信并接受他人的观点,从而彻底改变自己的态度。一个人的态度只有到了这一阶段,才是稳固的。

在态度变化过程的不同阶段,态度都是有可能发生改变的,公共关系活动的目的归根结底是为了对公众心理施加影响,从而巩固、改变和发展公众的某些态度和行为。

在这个过程中,劝导是生动影响公众态度的最主要、也是最直接的方式。

美国实验心理学家,传播学奠基人之一卡尔·霍夫兰,他毕生从事说服与态度改变以及心理对行为影响的研究。著有《大众传播实验》和《传播与说服》等力作。霍夫兰提出一个态度转变模型。

1. 传递者

(1) 信息的传递者。指劝导者的身份具有使目标对象信服的权威性,通俗地讲是指劝导者是否具有提供有关信息的资格,包括其具有的经验、所受的教育水平、特定的能力、专业训练、职业、社会背景和社会地位等多个因素。其威信与接受者的相似性都会影响他提出的信息的说服效果。威信越高,与接受者的相似性越大,说服的效果越好。

(2) 传递者的立场。传递者的立场会直接影响他们的说服效果。如果传递者站在自我服务的立场上,则他所提供的信息影响力小,因为人们会怀疑其沟通的动机。如果传递者的立场是自我牺牲的,则会造成比较大的影响。这就是为什么房地产商鼓吹房价上涨,让人反感并觉得没道理。

(3) 说服的意图。如接受者认为传递者刻意影响他们则不易改变态度;但如果他们认为传递者没有操纵自己的意图,心理上没有阻抗,对信息的接受较好,易于转变态度。

(4) 说服者的吸引力。接受者对高吸引力的传递者有较高的认同,因而容易接受他的说服。有良好仪表风度的劝导者令人喜爱,他的观点也容易被人接受,利用大众喜爱的影视明星做广告往往就会收到较好的效果。

2. 沟通信息

(1) 信息差异。任何态度转变都是在沟通信息与接受者原有态度存在差异的情况下发生的。研究表明,对于威信高的传递者,这种差异较大时,引发的态度转变量最大;对于威信低的传递者,这种差异适中,引发的态度转变量最大。在相差不大的情况下,态度的改变量会随着相差程度的增加而增加。但在相差过大的情况下,态度的改变量反而会随着相差程度的增加而减少。

(2) 畏惧。信息如果唤起人们的畏惧情绪,一般来说会有利于说服。但畏惧与态度转变的关系不是正的线性关系。在大多数情况下,畏惧的唤起能增强说服效果。但是,如果畏惧太强烈,引起接受者的心理防御以至否定畏惧本身,结果会使态度转变较少。研究发现,中等强度的畏惧信息能达到较好的说服效果。

(3) 信息倾向性。对一般公众,单一倾向信息说服效果较好;对文化水平高的信息接收者,提供正反两方面的信息,说服效果较好。

(4) 信息的提供方式。信息提供的方式、渠道,也影响说服的效果。一般说,口头传递比书面途径效果好,面对面的沟通比通过大众传媒沟通效果好。因为面对面交流时,除了沟通信息本身,还有一些背景的支持性信息参与了沟通过程。

霍夫兰德在第二次世界大战期间曾经进行过著名的"单面和双面传播"实验,这项实验旨在探讨如何能够更好地向士兵传输这样的信念:战争不会马上停止,打败日本还有一场恶仗。

他以两种方式将上述信息告诉士兵:一种方式只单方面提供日军的有利条件,强调战争不会马上结束;另一种方式则提供双方的信息,既强调打败日军的有利条件,同时也说明了日军还能坚持下去的原因。

结果表明。单方面论据和双方面论据的劝导效果并无绝对的优劣之分,其对被试者的影响视劝导对象的文化程度和劝导对象原有的态度两个因素而定:对文化程度低,单方面论据的劝导较能改变他们的态度;而对文化程度高者,则双方面论据的劝导更为有效;对那些原先的态度和信息不一致的士兵,双方面论据更能说服他们改变态度,反之,单方面论据更能坚持他们的看法,即双方面论据对态度的改变有效,而单方面论据则对态度的维持更为有效。

3. 接受者

(1) 原有的态度与信念。已经内化了的态度作为接受者信念的一部分,难于改变;已成为既定事实的态度,即说服者根据直接经验形成的态度不易改变,与个体的需要密切关联的态度不易转变。

(2) 接受者的人格因素。依赖性较强的接受者信服权威,比较容易接受说服;自尊较高、自我评价较高的接受者不易改变态度。社会赞许动机的强弱也是影响态度转变的因素,高社会赞许动机的接受者易受他人及公众影响,易于接受说服。

(3) 个体的心理倾向。个体在面临改变态度的压力时,其逆反心理、心理惯性、保留面子等心理倾向会使其拒绝他人的影响,从而影响态度转变。人们通常会利用一些自我防卫的策略来减少说服信息对自己的影响,比如笼统拒绝、贬损来源、歪曲信息、论点辩驳等。

4. 情境

态度转变是在一定背景下进行的,背景条件和情境条件对劝导效果的影响也是不容忽视的。一般来说,影响劝导效果的情景因素主要包括预告、分心和重复。

(1) 预先警告。它有双重作用。心理实验证明,在被试者在听取一场说服演讲前十分钟,让一些被试者预先知道演讲要点,另外一些被试者未被告知。结果,得到预知的被试者较强地抵制劝导。如果公众对原有态度并不十分坚信,那么,预告可以促使其态度的转变。

(2) 分心。它的影响也是复杂的:如果分心使接受者分散了对沟通信息的注意,将会减弱他对说服者的防御和阻抗,从而促进态度转变;如果分心干扰了说服过程本身,使接受者得不到沟通信息则会削弱说服效果。如,广告中无关信息太多或干扰信息太多,喧宾夺主,反而会削弱广告的宣传效果。

(3) 重复。重复说明信息在一般的情况下有利于提高劝导效果,尤其是以各种方式进行多种渠道的重复。当然,重复超过一定的限度,往往会引起人的厌烦,遭到拒绝,重复的次数多少适当,这要视信息内容、公众的反应、时间间隔长短等因素而定。

陈阿土从来没有出过远门,终于有一次,他参加一个旅游团出了国,国外的一切都是非常新鲜的,关键是,陈阿土参加的是豪华团,一个人住一个标准间,这让他新奇不已。早晨,服务生来敲门送早餐时大声说道:"Good morning sir!"陈阿土愣住了,这是什么意思呢? 在自己的家乡,一般陌生的人见面都会问:"您贵姓?"于是陈阿土大声叫道:"我叫陈阿土!"

如是这般,连着三天,都是那个服务生来敲门,每天都大声说:"Good morning sir!"而陈阿土亦大声回道:"我叫陈阿土!"

但陈阿土非常的生气,这个服务生也太笨了,天天问自己叫什么,告诉他又记不住。终于他忍不住去问导游,"Good morning sir!"是什么意思,导游告诉了他。

于是,陈阿土反复练习"Good morning sir!"以便能体面地应对服务生。

又一天的早晨,服务生照常来敲门,门一开陈阿土就大声叫道:"Good morning sir!"与此同时,服务生叫的是:"我是陈阿土!"

第四节　流行、流言与舆论

一、流行

(一) 流行的概念

流行(或时尚)是一种群众性的社会心理现象,是指社会上许多人都去追求某种生活方式,使这种生活方式在较短的时期内到处可见,从而导致了彼此之间发生连锁性的感染,即所谓的"一窝蜂"现象。

"流行"都是有源头的。比如一些尚未被主流社会和大众普遍接受的新兴事物,经过了某些特殊的途径引起了某些阶层、团体、族群或者有影响力的个人的注意,后来绝大多数的人开始关注它使用它了解它,所以流行是一个很广义的词,它可以改变我们的生活习惯。人类的文明与文化就是(出现——流行——发展——普及)的过程。

流行是人们对某种生活方式的随从和追求,它涉及的范围十分广泛,衣饰、音乐、美术、娱乐、建筑、语言等都具有连续变化的可能性。早在19世纪末期,法国社会学家G·塔尔德在《模仿的定律》一书中,美国社会学家T.B.凡勃伦在《有闲阶级论》一书中,都对流行现象做过研究。

(二) 流行的特点

1. 入时性

人们对新出现的流行总感到新奇,流行的内容必须是新近发生的新颖样式。

2. 突出个人

人们对流行往往认为是突出个人特点的一种表现。

3. 消费性

讲究流行是对财富的一种享受和消费。

4. 周期性

流行从形成到消失的时间较短,但在消失之后的若干时期,又会周而复始地出现。

5. 选择性

流行可由人们自由选择,不具有强制力。

(三) 追随流行的心理原因

流行并不具有社会的强制力,它与风俗不同,违反风俗往往会遭到社会的反对,而不追随流行并不会遭到人们的指责,人们追求流行是基于心理上的种种需要。

1. 从众与模仿

对于大多数人来说,被人视为乖僻、孤独是不能忍受的。于是,人们就要努力去适应周围环境,以保持心理上的平衡。可供选择的最简便而又可靠的方法,就是模仿社会上流行的东西,例如周围人们的服装、发式、行为、言语等,以适应环境。人们所追求与模仿流行事物,一定是正确的,自己与他们一样就不会错,因此从众。所以,流行项目便成了引导人们如何行动的模特儿。

社会上许多人竞相模仿某种新奇事物时,就逐渐形成一种社会风尚。模仿乃是再现他人的一定的外部特征和行为方式、姿态、动作和行动,这些外部特征、行为方式、姿态的特点还同时具有一定合理的情绪倾向性。人们对流行项目的模仿不是通过社会团体的命令而发生的,被人们模仿的对象具有一种榜样的作用,有时是出自模仿者对榜样的无意识的仿效。不过,无论是自觉地还是无意识地仿效,都不是通过外团体的命令强制发生的。

2. 求新欲望

社会生活的内容若缺乏变化则会变得陈旧,人们的精神面貌也就会缺乏生气。人们企图打破这种趋向的动机与流行的追求有着密切的关系。人有一种基本欲望,即想要从自己周围环境中寻求新刺激的欲望,来满足自己的好奇心。而流行之所以能够存在,正是其本身具有新奇性的缘故。

人们的求新欲望与流行的新奇性、短暂性有关。人们即使生活上自由自在,精神生活与物质生活十分满足,但若长期在没有任何变化的社会情境中,总会逐渐感到厌倦,甚至不堪忍受,最终会产生摆脱陈旧生活模式的欲望,流行创造新的生活方式,用不断变化的新的面目满足人们的求新欲望。

3. 自我防御与自我显示

有些人感到自己社会地位不高,承受种种束缚,希望改变现状,避免受到心理上的伤害与压抑。他们往往为摆脱压抑的感情而追求流行,或者是为了克服自己的劣等感而采用华丽的流行项目,这些都是为了自我防御。

另外,有些人往往喜欢"标新立异"。他们有意无意地向他人表现和主张自己与众不同,以此来显示自己的地位与个性,表明自己的嗜好与欲望。他们追求流行是为了自我显示(或自我展现)。

4. 追随流行有个别差异

人们是否追求流行,目前虽然尚未得到实证性材料证明,但在日常生活中可以发现,人们有很大的个别差异。追随流行有年龄与性别的差异。一般而言,女性比男性更追求流行;青年比老年更追求流行。在性格上,脾气容易变化的人,喜欢华丽的人,对流行特别敏感。此外,虚荣心、好奇心、好胜心强的人比较追求流行。

流行有积极和消极两方面的作用。其积极的方面是:可以满足人们的需要,消除抑郁、焦虑,维持心理平衡;可促进社会不断出现新事物、新观念,从而促进社会进步,使社会保持良好秩序和活力。消极的方面是,容易迷失自我。

一只小猴和一头小驴跟着主人一起生活。这个小猴非常机灵,总在房上跳来跳去,那个主人见人就夸,说我的小猴太聪明了。

小驴看它老受表扬,心里不免痒痒,有一天终于很费劲地踩着柴垛上了屋顶,结果一上屋顶就把主人的瓦给踩破了,被主人拖下来暴打一顿。这个小驴实在郁闷:我终于做了小猴的事情,为什么它要受表扬,而我要挨打呢?

流行的研究对于公关工作有着重要的意义。一个公共关系活动很可能成为某种流行的倡导者,或者是某种流行趋势的引导者;一个广告传播活动也可能对某种流行有一种推波助澜的作用。对于流行产生的原因的深入分析,尤其是对与企业产品有关的流行趋势的把握,会给企业带来极大的市场效益。

二、流言

(一)流言的定义及其类型分析

关于流言,西方学者一般有几种界定。特·希布塔尼对流言下了一个充满活力的定义:"流言是在一群人议论过程中产生的即兴新闻。"他认为,流言起源于一桩重要而扑朔迷离的事件;在相互传播事件信息并加以评论时,这一群人逐步得到了一个或几个解释,于是流言就产生了。埃·莫兰认为,流言可以没有任何事实来源或事实依据,"谣言没有任何根据,这大概才是谣言最难以推翻的定义了"。由此,莫兰认为:流言给人一种社会精神病的形象。他甚至称流言是一种"精神癌症"。

我国学术界一般把流言定义为"没有事实根据的、捏造的消息"。

一般认为:流言是提不出任何信得过的确切根据,而在人们中相互传播的一种特定的虚假信息。

有个成语叫"众口铄金",就是说,如果众口一词,即使是铁打的事实,也会被扭曲。由此可见,人言可畏。

《战国策》中有一个"三人成虎"的故事。战国时,魏国有一叫庞葱的重臣。有一年,他奉命陪世子到赵国都城邯郸作人质。出发前,庞葱对魏王说:"大王,如果有人告诉您,街市上有一只虎,您相信吗?"老虎招摇过市,魏王当然不信,便回答,"怎么可能有这种事?寡人不信!"庞葱又说:"如果又有一个人告诉您,街市上果然有一只虎,那大王信吗?"魏王想了想,说,"嗯,这就值得考虑了!""如果再有一个人说同样的话呢?""嗯,如果三人都这么说,那应该是真的。"听完魏王的回答,庞葱兜出了说此话的真意,他说:"事实上,街上并没有老虎,只是以讹传讹而已,大王何以信之呢,是因为说的人多了。现在我与世子,背井离乡,去远在千里之外赵国当人质,我们在那里的情况大王无法准确了解到,说不定会人传出'市有一虎'般的谣言,大王难道要相信吗? 所以为了保证世子将来能顺利回国继大统,请大王先请三个人传言大众,说我只是离开了都城,并不是去邯郸。"魏王不以为然。庞葱陪世子去赵国作人质后不久,便有人暗中中伤庞葱,说他企图拥立世子,怀有二心,图谋不轨。说的人多了,魏王居然信以为真,命世子归国,而庞葱不再被重用。庞葱事先已给魏王打了预防针,也难逃"众口铄金"的命运,可见流言的破坏力之大。

流言的类型大致分为以下三类:

1. 愿望流言

愿望流言反映人们某种要求、期望、未实现的梦想以及未满足的需求。愿望流言是凭常识就能推测到这些流言将被有目的地、故意地传播给宣传对象的。

2. 恐怖流言

恐怖流言反映出人们内心的恐怖情绪。这种流言常见于社会紧张时期(自然灾害、战争、政变等),以及人们对某些事物产生明显的恐怖和悲观绝望的时候。如,受日本地震及核泄漏的影响,食盐买不到或有核物质的流言。

3. 攻击流言

攻击流言与恐怖流言相似,一般产生于社会紧张时期,通常起因于群体之间的矛盾,其作用在于制造分裂。如,竞争企业之间的互相攻击。

(二) 流言与谎言、传闻、闲话、谣言之比较

谎言,辞海的定义是"假话,骗人的话",而流言也是缺乏事实根据的假消息,在这一点上看,流言与谎言有其共通之处,即二者的内容所涉及的对象与事实都不一样,都是虚假的。但谎言的目的是为了掩盖事实真相,而流言的目的则是为了制造一个所谓的"真相"。谎言的影响范围较流言要小,只是针对某件事,为了一个单纯的目的而对某人编造谎话,通过隐瞒事件的真相,以欺骗某个人或某些人。为此,谎言,是一种被动的语言行为,是在问的状态中的答,不问而言的谎言者,几乎是不存在的。一般说来,谎言不需要借助于传播的中介来扩大影响。而流言则不同,其生命在于传播,是一种主动的语言行为,是在没有别人询问的情况下而主动说给他人听的,一则流言所具有的能量就在于通过传播,以影响一大群人。

再看流言与传闻、闲话,就其内容来源的非官方和传播形式的非大众媒介而言,是相同的,但它们之间有区别。流言的本意是指嘈杂的声音,包括喧哗、吵嚷、吵闹;传闻的本意是指较轻的嘈杂音。流言作为嘈杂的声音是与多数人发出的声音联系在一起的,它的传播过程是连贯的,具有一种迅速蔓延的气势,而且幅度很大,其结果是所有人声汇集形成了可以听得见的音响,人们可以循声追踪。"流言在流窜",说明流言是有踪迹的,并且运动速度很快。传闻传播的过程则是间断的,游移不定,涉及的范围很有限。传闻只是几个人时不时地在那里议论几句,没有群体效果。因此传闻所传播的信息意义不大。闲话一般说来并无恶意,它主要是因为人们喜欢嚼舌头而为之。闲话转瞬即逝,很快又有新的味道更鲜美的闲话取而代之。

流言和谣言都是一种假消息,它们都缺乏明确而可靠的事实根据,但都能广为传播,而且二者都是以几何级数的方式扩展(如果知道一张纸对折 50 次的厚度是地球到月亮的距离,你就能够迅速地理解流言和谣言的传播速度)。但它们又有些不同,主要表现在动机不同,流言往往出无意的讹传所致,其后果有的很恶劣,有的则无所谓;而谣言则是恶意的攻击,是谣言制造者故意捏造、散布的假消息,因此有些学者又把故意捏造的流言称为谣言,其后果都很恶劣。

(三) 流言内容变化的特点

流言内容的变化经过以下三个阶段:

1. 一般化

是指将流言内容压缩到只剩下有价值的若干具体细节,使流言越传越变得简单扼要,遗漏掉许多其他细节。也就是说,流失了许多信息,越到后来越使人感到内容一般化。

2. 强调

是指突出流言的某些具体细节。听到流言的人,由于对其中有些内容比较容易注意到和产生兴趣,于是留下了较为深刻的印象。经他再次传播时,就会强调其印象深刻的部分。

3. 同化

是指流言的接受者以自己的知识经验、需要及态度等主观因素来理解流言的内容,凡是他认为合乎逻辑的部分就接受下来,同时凭自己的想象对它进一步加工即"添油加醋"之后再广为传播。最后往往把流言套到某个对象身上对号入座,使流言内容与原来的事实相距甚远。流言内容发生变化的主要原因是人们在记忆上的偏差。人们平时观察事物、记忆事物、往往不够细致,总会有所遗漏、颠倒,甚至张冠李戴;与他人交往过程中,也可能对于对方的某些含糊、曲解之言词,凭自己的经验来理解,自圆其说,致使外界信息失真、失实、遗漏。

(四)流言的制止

1. 建立流言研究机构

第二次世界大战期间,美国建立了"流言诊所"。受"流言诊所"启发,美国又成立了"流言控制中心"。

美国流言研究者纳普(Nape)根据他的经验总结出对付流言的六种方法,对我们从事公关工作很有启发:

(1)提高新闻媒介的可信度,让人们藉新闻媒介获取完全正确的情报。在我国非典防治过程中,起初流言不断;后来,报纸上每天公布全国防治非典的疫情,关于非典死多少人以及如何流传等方面的流言也就销声匿迹了。这种透明能使大家增强信心,从而找到依靠。

(2)使人们对领袖人物具有信任感。在第二次世界大战期间,伦敦遭到德国飞机的狂轰滥炸和V—2导弹的袭击。在英国有关损失惨重的流言几乎没有,这是因为首相丘吉尔不断地向全国如实汇报蒙受的损失。而在美国,情况却相反,由于实行战时新闻管制,日本飞机袭击珍珠港后,全国流传了很多关于美军失败的流言,有的甚至说美军在太平洋的力量全部被摧毁。最后,罗斯福总统不得不亲自出马,在一次新闻记者报告会上报告了珍珠港战况,流言才得以平息。

(3)为了消灭模糊的真空状态,要尽可能多而快地传达可信的情报。

(4)马上掌握可信的情报并做出权威的解释,以使迅速而简便地否定虚报。古人云:"流言止于智者。""智"就是理性,就是科学。科学知识、科学精神、科学思想和科学方法是对付谣言的有效武器。愚昧与流言的传播是内在地联系在一起的。

(5)要防止人们的生活情境过于寂寞和单调。人们处在恐惧不安和焦虑的状态中时,流言易于发生易于传播。而这种心理的失衡状态归根结底是社会失衡的反映,因此,要从根本上消除流言产生的基础与种种动因,首先要保持社会的安定、民主渠道的畅通,并且应该用各种方法提高公众的成熟度和抗干扰能力。

(6)要慎重展开宣传活动,以便揭露流言的有害影响及制造、传播流言的人的不良动机。

无可否认,任何时候和任何社会历史时期,社会中总是有极少数人出于种种扭曲心态或者政治缘由,总是希望看到社会混乱,从而去满足自己扭曲的反社会心态。流言的本质是民众评价活动,是否定形式的社会舆论。流言往往是社会挤压的非体制产物,权威机关要追查流言,要解决流言所涉及的社会问题,使社会评价活动的方向和内容发生变化,流言便会不攻自破。

三、舆论

任何社会组织要想获得生存和发展,都必须赢得公众的支持,要想赢得公众的支持首先必须使自己的政策和措施符合公众的意愿。能够做到如此的唯一方法就是运用各种科学手段,从公众意愿的表达形式"公众舆论"入手,了解公众的意愿。

（一）舆论的定义及其特征

舆论是公众的意见与看法,是社会全体成员或大多数人的共同信念,是人们彼此间信息沟通后的一种共鸣。它一般是在背离通常行为规范的事件发生后,引起众人对这一事件的社会价值的评论,表达出他们的一般认识和情感,并产生影响这一事件发展的巨大力量。舆论和流言不同,流言以传播信息为主,而舆论不仅传播信息,更主要的是表达众人的态度。透过舆论,可以看出造成舆论的众人的知识水平,道德水平,价值观,信仰,兴趣,需要和期望。

引起舆论的事件必须是违反通常规范以及其他不寻常的事件。违反常规不仅包括违法乱纪,反道德的行为,也包括超越一般人思想觉悟和能力水平的新人新事。比如某处长办私事不用公家的汽车、高校中大学生结婚等这类违反常规的事情,都可以引起舆论。另外,能够引起舆论的事件还必须涉及人们的价值观和直接或间接的利益,否则就难以引人注意,难以激发人们的情感而形成舆论,至多成为一种流言。比如某几位科学家培育出一种棉花新品种,使棉花产量大幅度提高。这种事情在其他专业的知识分子那里一般不会形成舆论,因为这与他们的专业较远,与他们的关系不大。舆论属于社会心理及社会意识形态范畴,涉及的方面很广。

社会心理学家奥尔波特指出,"舆论一词常指全体或大多数人的共同信念或情操。""舆论是个人意见的集合。"舆论乃是"社会上普遍的见解。"

社会学家派克(R. E. Park)等人指出:"舆论不是公众全体成员多数人的意见,也不是特殊个人的意见,而是代表公众全体一般倾向的综合意见。""舆论必须包含公开讨论。任何事情一旦到达公开讨论时期,就有舆论表现。"

他们在舆论定义上的共同点:

其一,舆论若是社会上许多人共同的意见,则具有社会力量,可以制约个人行为。

其二,舆论既是共同的意见,则必有一致的看法,但此种一致的看法是由不同意见最后演变而来,它是各种意见的综合体。社会上发生某一事故时,人们总会纷纷发表各自意见,最后形成一种比较共同一致的意见。

其三,舆论有时是一种合理的判断,有时则纯粹为感情的表现。

其四,舆论是属于全体的意见、多数人意见还是少数人意见,主要根据这种意见本身的力量。一般舆论的形成,开始往往来自少数人意见,经互相讨论,然后得到多数人的赞同,所以某种意见只要经过社会上有力量、有影响的少数人的号召,无形中就会成为社会上的主要意见。

总之,舆论是一定社会群体内相当数量的成员对于某些社会事件所发表的倾向较为一致反应和判断,是有代表性的综合性意见。舆论通过诸多个体的评价意见,在表达人们各自不同的见解偏好和要求的同时,表达了共同的倾向、愿望和心声,从而反映了一定社会群体的需要和利益。因此,不能把舆论等同于对社会现象的认知活动,舆论是社会公众对某些社会事件的评价和态度,其本质是群众的社会评价活动。

(二) 舆论的结构

舆论有三个基本要素。一是作为舆论对象的人或事件;二是作为舆论主体的公众;三是作为舆论现象本身的意见。一个完整的舆论须三位一体,缺一不可。

1. 舆论对象

舆论对象是指与人们的现实利益密切相关,能够引起大家共同兴趣,需要公众认真对待的社会事情。

它有两个显著特点:一是功利性,对社会有重要意义。二是新异性,对人们有强烈的刺激性和吸引力。功利性、新异性越强,越容易形成舆论。

舆论主要有以下四种形态:

(1) 社会事件。如范跑跑事件、北约空袭南斯拉夫首都等。

(2) 社会问题。如人口膨胀、人口老龄化、环境污染、物价上涨等。

(3) 社会冲突。如战争、暴动、骚乱、动荡等。

(4) 社会运动。如"五四"运动等。

2. 舆论主体

作为舆论主体的公众与人群不同,它的内聚力来自思想的沟通和平等的交流。被称之为舆论主体者的公众,具有以下一些特点:

(1) 有共同话题;(2) 参与议论过程;(3) 自发性与松散性;(4) 有一定的层序性。

3. 意见

美国舆论学者艾尔贝格分析了意见与态度的关系,认为意见是态度的语言表达,而任何一种意见,都包含了三种成分:

一是认识成分,如事实陈述,价值评价,思维观点,信仰和信念等,统称为见解;

二是情感成分,如肯定或否定的价值取舍,喜怒哀乐的情绪选择等,称之为偏好;

三则是意志成分,如动机、意图、愿望、要求等,称之为意向。

(三) 舆论的功能

舆论作为公开的社会评价,它所实现的社会功能是以公开表达的集合式的公众意见直接或间接干预社会生活,这是由其"民意表达和民众力量的显示"这一特性所决定的,每个人都生活在广泛的社会联系中,一旦被社会孤立将很难立足。舆论的主要功能是对涉及公共事务的组织,人员的行为实行监督,进行有效的制约和控制,使之服从服务于既定的社会共同意志,符合公众共同利益。公众舆论主要有下述功能:

第一,导向作用。社会舆论可以通过宣传对人的行为起导向作用,即舆论的导向可以指导人们如何行动。它不仅对人的日常行为规范有指导的作用,而且对人的日常生活也会产生作用。如通过一些名人或权威人士的舆论宣传,可以使人们获得对某些产品的信赖感,使人们在购物行为中有一定的目的性。

第二,整合功能。舆论往往能够通过某些舆论焦点,把社会中特定的人群黏聚在一起,满足个体交流信息、表达思想和感情的需要,丰富精神生活,强化人们对特定社会组织的归属感和认同感。

第三,教化功能。社会舆论往往暗示出特定社会的价值规范和行为规范,个体在舆论中能够获得某种态度,接受某种教育,使教育进一步社会化。因为公众既是舆论的主体,也是舆论的客体,舆论潜移默化地影响公众的观念和行为准则,具有社会教化功能。

第四,控制功能。社会舆论往往代表着社会中的大多数人或权力机关对于某一事件的立场和态度。它通过从众的压力能够迫使不同意见的人们,在行为上与多数人或权威保持一致。此外,社会道德规范要发挥作用,必须借助舆论的力量才能够实现,违反道德规范的人,会受到强大的社会舆论的压力。因而,舆论可以使道德规范得到维持和执行。

俗话说:"人言可畏,众怒难犯。"舆论代表着大众的呼声,反映出大多数人的需要、态度和意见,甚至可以反映出一种社会思潮,具有很强的社会影响力。对处在不同历史阶段的社会来说,要使舆论尽可能沿着正确的方向行使其监督促进功能,就要努力提高舆论质量;同时还有必要强化正确舆论导向,培育良好的舆论环境,也正是在这个意义上,现代新闻媒介起到了越来越重要的社会作用。

复习与思考题

1. 南京"冠生园"是一家有着八十多年历史的老食品厂,该厂生产的月饼曾畅销海内外。前几年,中央电视台"焦点访谈"节目揭露该厂用隔年月饼馅做第二年新月饼原料,立即在社会上引起轩然大波,"冠生园"也逃不过破产一劫,请用公关心理学的知识去分析这一案例。

2. 当我们欣赏中国水墨画时依然会把水墨画的荷花和荷叶知觉为水红和墨绿,黑白电视和黑白电影依然可以让我们感受到五彩缤纷的世界。这是为什么?

3. 态度的形成受哪些因素的影响?

4. 《伊索寓言》里有一则"太阳与风"的寓言:太阳与风相互夸口说自己是最强的,因此,太阳与风进行了一场比赛。风看到一个穿着外衣的行客,就说:"谁能使这个人脱掉外套就算赢了。"风刮了又刮,但刮得越凶,那个行人就把外套裹得越紧。然后太阳出来了,照在行人的身上,他很感谢太阳的温暖,把外套脱下来,挂在手臂上。从舆论引导的视角你认为这个寓言实质讲的是什么道理?

5. 为什么说时尚、流言、骚乱等也是心理定式的表现?试分析其产生及消失的原因。

第十一章　公关语言艺术

学习目标

通过教学,使学生从宏观上把握公关语言艺术的基本理论,掌握在一般的社会交往、公关谈判、公共演讲等活动中的语言使用技巧,提高交际中实际的语言运用能力,解决公关行为中语言沟通的"有效性"问题,从而使自己和相关公众处在一种和谐有序的关系状态中。

有人说:"眼睛可以容纳一个美丽的世界,而嘴巴则能描绘一个精彩的世界"。的确,精妙、高超的语言艺术魅力非凡。欧美等发达国家把"舌头、金钱、电脑"并列为三大法宝,口才被公认为是现代领导人必备素质之一。

一名公关人员如果缺少驾驭语言的能力,那么就会造成种种编码上的错讹,影响信息的准确传递。公关语言艺术作为树立组织良好形象的手段,应该在沟通中使对方感到满意和愉悦,从而形成一个良好的情感交流的氛围,产生最佳的社会效应。

开篇案例

王石"捐款门"

2008年5月12日,在为四川地震灾区捐款200万元之后,万科董事长王石表示,"万科捐出200万是合适的",并规定"普通员工限捐10元,不要让慈善成为负担"。顿时网民的质疑、不满、嘲讽、谩骂遍布各大网络论坛,王石在焦点房地产网的博客点击量也扶摇直上。

【事件处理】
万科感受到了空前的压力。随后,万科企业网站上开始专门设立了"万科抗震救灾专栏",详细报道万科在每一天抗震救灾中的行动,万科企业网站首页近日也换成了一辆标有"万科和你在一起,抗震救灾药品运输车"字样的图片。

5月21日,万科发布董事会决议公告,万科董事会批准公司在未来3—5年内支出1亿元参与四川地震灾区的临时安置、灾后恢复与重建工作,该项工作为纯公益性质,不涉及任何商业性(包括微利项目)的开发。

5月21日王石公开道歉:"这段时间,我也为我这句话感到相当不安! 主要是基于三方面原因,一是引起了全国网民的分心,伤害了网民的感情。二是造成了万科员工的心理压力。三是对万科的公司形象造成了一定的影响。在这里对广大网友表示歉意!"

案例总结:因个人博客,招致万科的"捐款门"事件,王石难逃其责! 虽然后期的道歉很

真诚,但来的还是有些迟了。毕竟,王石的道歉是在万科股价大跌的前提下做出的。

1. 企业家危机公关素养缺失。王石的背后是中国地产标杆企业万科地产,王石无异于万科的"新闻发言人",一个好的新闻发言人。讲话必须是字斟句酌的,肆意表达,后患无穷。王石在汶川大地震中的尴尬提醒企业家要加强公关知识的"补钙"。

2. 勇于承担责任,及时进行公关补救。遭到网民和媒体的抨击后,万科股价大跌,万科公司及时召集媒体,在新闻发布会上王石就"个人行为"向公众和万科员工道歉,态度诚恳,令人动容。之后王石本人在博客里追加道歉信。

3. 公关活动舍得花钱,暂时平息了"众怒"。在"求得董事会同意"后,王石带领一行人马前往灾区实地考察,并拿出一亿元进行灾后重建,这一行动赢得了媒体和公众的赞许,尽管也有风凉话,但从危机公关的整体效果看,已经初战告捷。

第一节 公关语言艺术概述

一、定义和功能

公关语言是指全民语言在公共关系领域中的一种职业性、语用性变体,是社会组织、公关人员在公关实务中为实现公关目标而对全民语言的具体运用及其产生的言语成品。具有知识的广泛性和学科的综合性。这种多学科理论知识的交叉融合、相互渗透,使得公关语言学具有丰富的内容和很强的实用价值。

公关语言活动既包括表达,也包括领会。表达是公关主体的表达,领会是公关主体对公众的话语、文章的听解、读解。

公关语言具有一般语言的特点,但作为一种专门应用于公关实务领域的特殊的言语现象,由于自身性质与功用的特征,又使它具有若干不同于非公关语言的基本特点,主要有:

(一)功利性

公共语言有别于日常交际语言和一般生活语言,它具有明确的功利性,这是由公共关系明确的目的性所决定的。公共关系的最终目的是树立组织美好形象,建立组织和公众间的良好关系,求得组织的满意发展。为此,一切公关语言的运用都为实现这一目的服务,不应像日常交际和一般生活语言那样天南地北、古今中外、漫无边际地闲扯或者随意发挥,而应为特定功效和利益服务。

暨南大学的"校长寄语":"在'挑战和机遇并存'的新世纪,暨南大学将加大力度实施'侨校+名校'的发展战略,朝着国际化、现代化、综合化的方向,培养高素质的创新人才。学校历史悠久、面向世界办学、学科门类齐全、师资力量雄厚、校园风景宜人,已跻身于名校的行列。我们热烈欢迎海内外优秀学生报考我校。"这段话的目的是为了塑造暨南大学的美好形象,提高暨南大学的良好声誉,赢得众多海内外优秀学生报考暨南大学。

功利性反映了公关语言的本质特征,这个本质特征决定了它是一种实用性语言,实用才能实现目的,才能实现功利价值。因此,公关语言艺术技巧和策略的讲究,语言体式的选择,话语风格的创造都必须以解决实际问题,讲求实效,有利于实现特定的公关目的为准则。这个本质特征也决定了公关语言是简明性的语言,只有简洁、明确才能迅速高效、准确地传递信息,易于为客体理解、领会,便于实施有利于主体公关目的的行动。冗长、不得要领,或者含混、疏漏的公关语言都不利于达到交际的目的。

(二)文明礼貌性

文明礼貌是人类社会文明进步的标志,也是社会成员文化、道德情操、智慧、精神面貌的体现。它体现在语言运用上就是言行举止都显示出文明礼貌性。

公共关系学认为,一个组织的任何言行都必须考虑到公众的愿望和利益,都必须考虑其社会影响。为此,公关主体首先应从自身做起,依照法律、道德、习俗等社会通行的准则来行事,因此,它的行动本身就具有合乎社会规约的文明礼貌性。

公关语言的文明礼貌性表现在言语行为、言语内容和言语形式三个方面:

言语行为的文明礼貌性包括积极交往,认真对待自己的说话和写作,认真听取公众的意见、建议和要求,举止文雅,谈吐谦和得体,不强词夺理,不蛮横无理。

言语内容的文明礼貌性包括内容的真诚友善,不欺不诈,不粗不俗,不宣扬低级趣味,不散布有悖于法律、道德、社会习俗,尤其是特定公众、特定习俗的言论。

言语形式的文明礼貌主要指为文明礼貌的言语内容选择恰当有效的语言表达手段和表达方式,做到语言规范,利于对方听解、读解和记忆。为了体现文明的内容和礼貌的态度,公关语言经常使用如下语言表达手段和表达方式:

(1) 亲切柔和的语调。

老人、幼儿、孕妇、残疾人乘车是很不方便的,我们都应该关心和照顾他们,让个座位给他们是很应该的。……前面就要到达终点站火车站了,请大家带好自己的行李物品,准备下车。感谢大家一路上对我们工作的支持和配合。欢迎您下次再来乘坐我们的车。再见!

(2) 温和委婉的口气。

请原谅,这种衣服颜色浅,容易弄脏,不宜试穿,你可以比一比大小。

绿草如茵,足下留情。

(3) 表谦表敬的谦辞敬语。

久仰、尊意、寓意、贵厂、鄙人、敝校、我方、阁下、先生、女士、老师、师傅、您、君(文言)、尊敬的;请、惠予、厚爱、赐教、为盼、为感、是荷、对不起、请原谅、谢谢等。

(4) 庄重典雅的措辞。

敬请宾客注意

① 欢迎阁下光临××大酒店……

② 阁下离开房间时,请把门锁好;

③ 外出进房时请出示住房证,楼层服务员方能为您开门。

④ 请阁下保持房内清洁卫生,将果皮、杂物扔进垃圾桶里。

⑤ 阁下用水完毕,切记关紧水龙头…

⑥ 房间内各种专备客用之陈设器具及日用物品,倘贵客欲离店时作纪念品或入住时损坏了,请通知楼层服务员按照成本价格(列后)转让……

(5) 得体的体态语。

广州南方大厦每天上午9点开门营业时,均组织身穿绿色工作服的员工,恭候在大厅正门两侧,脸带微笑向第一批顾客热烈鼓掌。

公共语言的文明礼貌性广泛存在于公关言语行为及其成品之中,不管是双向交流的发言、讲话、致辞、演讲,还是进行问卷调查,编写简报、年报、新闻广告,致发信函、柬帖,拍发电报,都具有比较突出的文明礼貌性。

(三) 情感性

感情是对人或事物关切、喜爱的心情。白居易在《与元九书》中说:"感人心者,莫先乎情。""通情"才能"达理"。感情是人类语言表达不可缺少的功能因素。这种功能因素在公关语言交际中显得尤为突出和重要。公关的目的是解决公关主体与公众之间的利益关系,这种关系的解决,不能用强硬的措施或高压的手段去迫使公众就范,只能用良好的自身行为、诚信的形象和情深意笃的言语向他们告之以事,晓之以理,动之以情,引导、感化他们理解、支持,以实现互利的公关目的。

融情动心,以情取胜是公关活动的重要语言策略。公众是理智的,同时又是富有情感的,情感与理智共存于一体。在很多情况下,情感因素居于举足轻重的地位,它往往决定公众对客观事物的好恶倾向。美国心理学家哈特曼通过实验研究理智和情感在选举时对选民行为态度的影响,结果证明情感的感召力比理智的说服力还要大。

温家宝出席了香港特区成立6周年的庆典,离港前回答记者辛朝兴提问之后,真诚地表达了自己对香港的感情,他说:"虽然我下午就要走了,但我爱香港,我祝福香港,我想念香港!"温总理代表中央政府出席香港特区成立6周年庆典后,临别时依依不舍,留言寄意,情真意切,体现了中央政府和祖国人民对香港的深情厚爱和美好祝福,必将极大地激励香港人民对祖国的热爱和努力建设美好香港的强烈感情。

为了实现表情的目的,公关语言广泛运用自然语言和非自然体态语言的种种表情手段,通过巧用语音表情手段、运用具有感情色彩的语汇、善用亲切热情的语气、巧设含情的拟人和恰当选用微笑等体态语等等,打动公众的心灵。

《他忘记一切,却不忘对儿子的爱》。一位老人表情木讷地望向家门,等待着儿子的回家。"爸,爸,给我开门!"可是等到儿子回来敲门,老人却慌了起来,一句"我不认识你"让儿子倍感震惊。原来,不知道从什么时候起,爸爸患上了老年痴呆症,记忆越来越差。害怕不能继续照顾儿子,这位老爸开始在清醒的时候,用写纸条的方式继续挥洒着父爱,"记得多穿衣服""带钥匙"等。渐渐地,老爸病症加重,冰箱在哪,洗衣机在哪,这位爸爸连自己刚做过的事情,有没有吃过饭都记不得了。有一天中午,儿子带着父亲去外面吃饭,盘子中剩下了两个饺子,当着一桌子亲朋好友的面,爸爸居然直接用手抓起饺子放进口袋。儿子看到,立刻抓住了爸爸的手,又羞又急地问:"爸,你干什么?"这时,已经说不清楚话的父亲却吃力地说:"这是留给我儿子的,他最爱吃饺子。"爸爸的回答让儿子愣住了,原本以为爸爸已经忘记了一切,可是却从未忘记对儿子的爱。那份深埋在父亲心底的爱瞬时戳中泪点感动无数观众。

公关语言的情感性是语言表达者内心真情实感的自然流露,是服从于公关的目的、针对特定的公众而产生并存在的,它不同于文艺作品中纯个人情感的主观宣泄。

二、公关语言表达原则

(一)诚信原则

清代章学诚认为:"修辞立其诚",大致可以概括为两个观点:一是持之有故,言之有物,即立论要有根据,文章要有实际内容;二是说写者要表现自己的真实意图,不可虚夸浮文。"修辞立其诚"以及后人对其的诠释都反映了"人言合一"的哲学观。

诚和信是一个事物的两个方面,诚是信的基础,信是诚的表现形式。

在中国进出口商品交易会上,一外商拟向广东省医药保健用品进出口公司购买冬虫夏草,该公司有两种规格的货样:一种颜色金黄,每千克价14 800元;另一种呈泥土色,每千克13 800元。外商一眼看上了金黄色的冬虫夏草,拟购买1 000千克。这时,该公司的业务员王先生说:"说实话,黄金色的这种冬虫夏草虽贵,但不见得比泥土色的冬虫夏草要好",外商满面疑惑,忙问为什么,王先生如实说:"金黄色的这种冬虫夏草之所以外观这么漂亮,是因为经过漂白加工,上面可能残留少量漂白剂,服用时的口感和疗效可能会有影响。而泥土色的都是原汁原味,效果更好。"外商听后,频频点头。此后,该外商来购买中药材,经常找王先生购货。

(二)适切原则

1. 语言表达必须切合表达主体的身份特征

每一个语言表达主体都有自己的社会身份、职业、思想性格、文化素养、心理和相应的言语等自我因素,这些因素都会有意无意地影响到他的话语建构,如果它是社会组织的代表,例如代表国家、政府、事业、企业等,讲话或写文章还要受到其组织的自身因素的制约。

在位近60年的维多利亚女王曾把大英帝国的繁荣推向巅峰,但是她在家庭关系上也难免有些磕磕碰碰。1840年12月,女王和阿尔巴特结婚。一天,两人为一件小事而拌嘴,阿尔巴特一气之下走进私室,紧闭门户,于是女王前去叩门。"谁?"阿尔巴特在房子里问道。

"英国女王。"

屋内寂静无声,房门紧闭如故。接着,女王又轻轻地在门上叩了几下。

"谁?""是你妻子,阿尔巴特。"

女王的丈夫把门打开。

"英国女王"是社会角色,"你的妻子"是交际角色。在夫妻房间,面对丈夫,以社会角色构建话语,结果吃了闭门羹,改以交际角色调整了话语,才达到交际的目的。

2. 语言表达必须为确切传达组织信息、实现公关实务目的服务

一切公关实务都围绕着一个总的目标,这就是为本组织树立良好形象,赢得良好声誉,赢得内外公众的了解、理解和支持。在这个总的目标下,不同组织在不同的时期,面对不同的公众时,会有种种各不相同的具体公关实务目的。有时候需要建立与(某些)公众的联系,有的时候需要维系与(某些)公众的联系,有时候需要强化与(某些)公众的良好公关状态。

3. 语言表达必须适应不同公众的不同特点

在言语表达过程中,表达者对语言形式的选择既要与特定思想内容切近、吻合,又要注意它是否能被特定的言语接受对象所理解和接受。因此公关主体运用公关语言必须有强烈的对象意识,随着公众不同而选用相应的语言交际模式,包括语调、语气、遣词造句、体态语以及谈话涉及的内容范围等。

(1) 要适应公众的年龄特点。

年龄不同,其知识水平、接受能力、接受特点、心理特点和语言喜好都不一样。一般而言,少年儿童在生理、心理上都未成熟,知识经验缺乏,对事物的认识能力、对语言的理解能力都很低,他们喜爱形象而动听的语言,追求话语的故事性和童趣性,因此,对儿童讲话或推销商品,语言宜通俗易懂、简短明快、稚声稚气、生动有趣。青年已趋成熟,注意力、理解力显著提高,兴趣广泛,求知欲强,思维敏捷、趋新好奇,易于接受创新的形式。因此对青年讲话、推销商品,语言表达要注意感情激发,言辞新奇变化,忌呆板老套。老年人阅历丰富,知识较深广,理解能力和接受能力较强,容易合作,但主观性强,对新事物往往持审慎态度。因此对老年人宣传或推销商品,语言宜平实、庄重,忌离奇、油腔滑调。

"海是什么味道的?""海的味道我知道!""波力海苔。"

"我的地盘,我做主"

"这人啊一上年纪就缺钙,过去一天三遍地吃,麻烦!现在好了,有了新盖中盖高钙片,一片顶过去五片,高压片,水果味,一口气上五楼,不费劲儿!一天一片,效果不错,还实惠!"

(2) 要适应公众的性别特点。男女性别不同,气质性格、心理状态、审美情趣、智力活动和言语爱好等也不同。女性气质总的特征是"阴柔",性格特征偏向于情绪型,她们感情丰富、细腻,擅长形象思维,富于想象力,喜欢柔声轻语、友好礼貌、情意绵绵的话语,喜欢委婉含蓄的表达方式。

"表达女性自信、现代以及智能优雅的一面,适合现代都市中自信、时尚又追求个人风格的女性"。

男性气质总的特征是"阳刚",性格特征偏向于理智型。他们擅长逻辑思维,喜欢运用严密的逻辑方法,通过细致的分析和综合去认识事物。他们喜欢干净利落、明快、粗放、有力的言辞。

"在心底的宁静和世俗的烦嚣间找到平衡,带来的是一份自信,还有张扬的男人味。"

(3) 适应公众的职业、职务、身份特点。公关交际的攀谈、闲谈最好选择与公众职业有关的事物作话题,这样既有利于建立话语交流关系,也容易获得来自公众方面的重要信息。一般而言,不同职业使用不同的行业语,简称"行话"。京剧演员的行话"生、旦、净、丑、末、西皮、二黄等",学生经常使用的开夜车、考鸭蛋、挂红灯笼、点豆子等,当前网络上流行使用的网络语言"886、神马、鸭梨等"以及一些表情符号,这些都是语言的不同表现形式。

(4) 要适应公众的心理特点。语言交际是一个社会心理活动,交际的参与双方——表达主体和接受主体都是具有一定心理机能的人,他们的心理因素影响和制约他们的语言表达和领会,因为任何一个表达者和领会者都会自觉或不自觉地根据自己心理世界的需求来创造和理解话语的含义。

"本店商品样样一块钱,一块钱一样!样样一块钱,件件一块钱,通通一块钱,全场只卖一块钱!"

"步步高点读机,你会读吗? so easy,妈妈再也不用担心我的学习!"

"爱她就带她去吃哈根达斯"

(5) 要适应公众的文化水平。湖北黄石制药厂在中央电视台上做过一则广告,广告语为:"……如果你嫌这个名字难记的话,它还有一个通俗的名字叫辛迪。"这则广告出于对公众文化知识的考虑,在介绍难记的医药名称时,同时打出两个名字,学名体现该药的科学性,俗名为广大消费者所易记,收效良好。

4. 语言表达必须适应特定的语言环境

语言环境主要指语言活动赖以进行的时间、场合、地点等因素,也包括表达、领会的前言后语和上下文。任何公关语言交际都要在一定的时间进行,必须受到时间因素的影响与制约。

1979年1月,邓小平副总理应美国总统卡特之邀正式访问美国,在卡特总统举行的欢迎国宴上,邓小平说:我们来到美国的时候,正好是中国的春节,是中国人民自古以来作为"一元复始、万象更新"而欢庆的节日。此时此刻我们同在座的美国朋友有个共同的感觉:中美关系史上一个新的时代开始了。

俗话说:"到什么山唱什么歌"。公关语言表达一定要认知语用地点,并顺应和利用空间因素来更好地表达公关信息。例如,在商店门口张贴"欢迎您再来"的标语,是友好的表示,如果在医院、殡仪馆、火葬场门口也这样表达则很不妥当。现时交际中有时在某种地点要"长话短说",有时在某种场合要反复说个不停,有时在某种地点又要"有话不说";有时在某种场合要庄重典雅,有时在某种地点要诙谐风趣,这由特定的地点场合所决定,一定要随时注意调整与场合、地点变化不相一致的预定语言策略。

(三) 规范原则

所谓语言规范,指的是国际、国内公认或法定的语言及其具体语音、文字、词汇、语法标准。我国政府采用汉民族共同语作为国家通用语言,并推行以北京音为标准音,北方话为基础方言,以典范的现代白话文著作为语法规范的普通话,公关语言运用应当以普通话为公认规范。遵守普通话语言规范包括两个方面的含义。

首先,应当使用纯正普通话,不应把普通话与方言混杂、中外混杂。

其次,应当严格遵守现代汉语本身的语音、文字、词汇、语法规范,不读错音,不写错字,不用错词语、句式,不出现语病。

普通话在词语、句式上也有比较严格的规范,公关语言表达应当自觉遵守。目前公关语言中用词造句不合规范的例子不少。比如某百货大楼有一条柜台标语把"依法经商"写成了"以法经商";某公司招工启事中有这样一句:"不会说话,不懂业务者,恕不录用。""不会说话"是指"说话欠艺术""不善交际",还是指"没有语言能力"? 含混不清。

第二节 公关口语表达艺术

口头表达是指用口头语言来表达自己的思想、情感,以达到与人交流的目的。叶圣陶先生曾说:"所谓语文,语是指口头语言,文是指书面语言。可见,语文是口头表达能力与书面表达能力的综合体现。"在日常生活交往中,人们使用更多的是口头语言,所以,口头语言比书面语言起着更直接的、更广泛的交际作用。随着现代社会的发展,对人的口头表达能力提出了越来越高的要求。提高口头表达能力,是一个逐步积累、厚积薄发的过程,是思维敏捷、思路清晰的表现,也是词语丰富、勤学多练的结果。

一、口语表达的要求

1. 清晰

就是要说得清楚,让人听得懂,要让人知道说的是什么意思,是口语表达的基本要求。当然,有时要说得幽默点,但最终还是要让人知道重点所在,使人听得明白。

2. 流畅

指口语表达时,不要断断续续,不要有口头禅。有的人做报告开头喜欢用"这个、这个",有的人喜欢每句后面用"啊、啊",这样会使流畅性降低。

3. 响亮

话是说给别人听的,除非是悄悄话,有隐私。一般说话要把声音送到人家耳朵里,要让人听得清楚,所以要响亮。

4. 口语化

日常生活中脱口而出的语言,不拘泥于文字句子的结构,不会像写作文那么正式的语言,就是口语化。

口语化有三个途径:(1)书面语中的单音节词在口语里都要变双音节词。比如,书面语"此时",口语表述就要用"这个时候"。(2)文言词变白话词。例如:"教育历来被视为一片未加污染的绿洲,"改为"教育历来被人认为是一片没有受到污染的绿洲,"第二句口语效果好些,第一要把单音词变多音词,第二要把文言变白话,有的书面语"良久",口语就只能说"很久"。(3)书面语停顿靠标点,口语靠情感的处理、靠语气的变化。书面的停顿靠标点符号,口语的停顿靠词与词(组)之间、句子与句子之间间歇的时间来表现,而且,远远多于书面语停顿的时间。

二、口语表达特点

1. 同步性

外部语言表达与内部语言思维是同步进行的,口语只是将思维外化了。

2. 简散性

即经常使用的是一些短句、散句,有时可使用体态语表达,它的结构较为简单。

3. 暂留性

讲话是通过声波传播的,而声波瞬间即逝,心理学家做过测试:我们聆听的过程中能够精确留在记忆中的大概不超过7—8秒钟。既然是短暂的,怎么去评价一个人的口才呢?是从整体上、从语流上把握。语速给我们的启示一,就是想好了再说;启示二,是说话速度不可太快。一般的发言200字/每分钟,最快不能超过280字/分钟。每次发言(座谈会、讨论会)最好不超过2分10秒,否则,被吸收的信息会大大削弱。

4. 临场性

时空是特定的,说话必须符合时间和空间特点并受其制约。表达的对象是特定的,听众是特定的。现场的氛围是相对特定的。由于是特定的,说出去的话想收回来是不可能的,这就要求想好了再说;同时说话要受现场氛围的影响,要考虑"现场反映",要适时调整语言及语速。

5. 综合性

(1) 系统的综合,说话时,语言、声调、态势语要综合考虑,如果语调没有变化,语言是枯燥的;如果没有加一点体态语,语言是不生动的,说话时要调动各部门的积极性来完成说话内容,且各系统要有整体感、协调感。

(2) 调动的综合。口语表达有一个过程,从生活到思维,由思维外化成口语,在这个过程中,每个人所说的话,包含了这个人的生活体验、文化素质、道德水准,听其言可了解这个人。同样的稿件各人说出来的效果不一样,就是因为各人的生活阅历不同,对生活的理解不同。所以要调动知识素养、能力素养及生活积累。

(3) 手段的综合。口语表达是传声的、有感情的,同时手段是多样的。传声包括声音的高、低、快、慢、强、弱、长、短;表情包括面目、眼神、手足。

三、公关人员的语言表达方法

(一) 幽默表达

心理学家凯瑟林说过:"如果您能使一个人对你有好感,那么也就可能使你周围的每一个人甚至是全世界的人,都对你有好感。只要你不只是到处与人握手,而是以你的友善、机智、幽默去表达你的信息,那么人与人之间的距离就会消失。"幽默法是运用意味深长的诙谐语言传递信息的方法。

1. 反幽默

通过反逻辑的方式造成笑料的方法。

20世纪中期,文化部部长王蒙在一次中外记者招待会上,被一位外国记者问道:"王先生,您能否谈谈30年前的王蒙和30年后的王蒙有什么相同点和不同点?"王蒙听了笑笑说:"30年前和30年后的王蒙,都叫王蒙,这是相同点;30年前的王蒙20多岁,30年后的王蒙50多岁,这是不同点。"话刚讲完,全场哄堂大笑。

2. 歧义幽默

利用一个词的语音或语义,同时关联两种以上不同意义的歧义情形进行曲解的方法,或者从肯定甲事物出发,然后以加入乙事物内容而达到否定甲事物为归宿的方法,故意制造歧义。交谈中的"否定",要以退求进。

他笑着说:"没关系!吃点墨水好哇,我的肚子里的'墨水'还太少呢!"

我是著名的婚庆主持人,您结婚的时候我给您主。不管好煮不好煮,我都能煮。

3. 归谬幽默

归谬幽默是把一种荒谬极端化,或者把荒谬性层层演进的幽默艺术。它要求不但有幽默感,还要使幽默感的程度加大。这就要求幽默家将微妙的荒谬性扩大为显著的荒谬性,把潜在的荒谬性提高为摆在面前的荒谬性。公关人员为了保持良好的沟通氛围,在与对方主张和观点相左时就需要谨慎行事,尽可能地避免正面冲突。此时不批驳对方的不合理观点或想法,而是以此为出发点,顺势推导,最后得到一个荒谬的结果,从而使对方不合理的观点不攻自破。

从前,有个私塾先生布置学生去读书,他自己却睡着了。等他醒来,觉得不好意思,便撒谎说:"我刚才做梦,梦见周公了。"第二天,他的一个学生也仿效先生的样子在课堂上睡着了。先生用戒尺把这个学生敲醒,训斥道:"你怎么能这样?"学生说:"我也做梦梦见周公了。"先生问:"周公怎么说的?"学生说:"周公对我说,昨天并没有会见老师你。"

4. 曲解幽默

有时为了交际的需要而故意曲解言语,以诙谐、幽默的口吻,左右逢源。公关人员在日常活动中肯定会遇上许多尴尬或不可控制的局面,这时便要学会审时度势、随机应变,以幽默或诙谐的语言化解一些不愉快的场面,这便是曲解言语而成幽默的效用。

阿凡提来到皇宫门口,便扭转身子,把屁股朝着皇帝,倒着走上殿去。皇帝看见,骂道:"你这是干什么?阿凡提,还不转过身来,赶紧给我办要紧事。"

"我怎么能转过身来呢?"阿凡提说,"上次您说过,再也不要见我的面了。那有什么法子?今天,只好请您见见我的屁股啦!"

5. 双关幽默

利用语言的歧义,在特定的语境中,另有所指,从而形成幽默。一语双关的语言技巧需要公关人员有对语言的把握能力和对外部事态的机敏应变,学会灵活应对。

二次世界大战期间,英国首相丘吉尔到美国寻求援助。一天,他正在洗澡,罗斯福总统突然出现在他面前,丘吉尔感到身为大英帝国的首相,以此等尊容面对美国总统,十分难堪。但丘吉尔不愧为语言大师,便幽默地自我解嘲道:"总统先生您瞧,我这个大英帝国的首相,可是什么都没对美国总统隐藏啊!"一句诙谐的双关语,使得丘吉尔不仅得以摆脱困境,言外之意,也表明了英美之间亲密的关系,以及自己此行求援的坦诚态度。

6. 避重就轻幽默

在言语交际中,有时为了避免对方逃脱责难,采用避重就轻、避实就虚、虚实相济、请君入瓮的策略,效果则更胜一筹。在人际公关的交往中,当双方发生矛盾时,只有那些缺少幽默感的人才会把事情弄得越来越僵,而幽默者却使一切变得轻松而自然。

幽默是一种特殊的情绪表现。它是人们适应环境的工具,是人类面临困境时减轻精神和心理压力的方法之一。俄国文学家契诃夫说过:不懂得开玩笑的人,是没有希望的人。可见,生活中的每个人都应当学会幽默。多一点幽默感,少一点气急败坏,少一点偏执极端,少一点你死我活。幽默可以淡化人的消极情绪,消除沮丧与痛苦。用幽默来处理烦恼与矛盾,会使人感到和谐愉快,相融友好。

(二) 委婉表达

在日常交际中,总会有一些使人们不便、不忍,或语境不允许直说的话题内容。需要把"辞锋"隐遁,或"棱角"磨圆一些,使语意软化,便于受者接受。斯托克和哈特曼编著的《语言与语言学词典》给委婉语下的定义是"Euphemism:用一种不能明说的,能够使人感到愉快的或含糊的说法,代替具有令人不悦的含义或不够尊重的表达方法。"委婉语言在公共关系中,体现着一个人的口才和应变能力,也体现着一个人的文明程度和社交应答水平。

委婉的表现形式及其艺术手法多种多样,主要有如下几个方面:

1. 意在言外

常用反语、比喻、双关、象征等修辞手段,使"义在文外",在出人意料中给人以回味的余地。

《人到中年》的作者湛容访美。在某大学作讲演时,有人问:"听说您至今还不是中国共产党,个人感情如何?"谌容说:"你的情报很准确,我确实还不是中国共产党党员。但是我的丈夫是个老共产党员,而我同他共同生活了几十年尚无离婚的迹象,可见……"

2. 婉转曲达

婉转曲达就是避开事物的本面、正面或整体,而通过说侧面、对面或局部,把所要表达的意思暗示出来,让人透过辞面去理解。其常见艺术手法有反衬、烘托、侧答、引用等。

外宾:"请问,中国人民银行有多少资金?"周恩来答:"中国人民银行的货币资金嘛,有18元8角8分。"

3. 妙语回避

妙语回避就是采用讳饰、婉曲、模糊等修辞手法巧妙地表达不宜、不愿或不便直说的意思。

3月14日下午两点三刻,当代最伟大的思想家停止了思想……他在安乐椅上安静地睡着了——但已经是永远地睡着了。

(三) 暗示法

通过语言、行为或其他符号把自己的意向传递给他人,并引起反应方法。暗示法可以通过手势、表情等副语言的表达形式或特定的语境等手法来实现。生活中有许多话如果直截了当地说出来,会大煞风景,而换一种说法,虽然仍表达了同样的内容,但会有一种特别的韵致。

1. 谐音暗示

利用同音现象构成双关语,即拼写相似,发音相同或相近但意义不同的词来代替所要表达的本意。

《红楼梦》第五回:"可叹停机德,堪怜咏絮才。玉带林中挂,金簪雪里埋。"诗中的"林"中挂的"玉带","雪"里埋的金簪,加上前面两句诗,暗示了林黛玉、薛宝钗的命运。

2. 语义双关暗示

利用词语和句子的多义现象而构成,也可以是利用言语意义的多义来构成。在字面上只有一个词语,但是却同时有两种不同的意义。

"好,你去吧!小心,现在(望窗外,自语,暗示着恶劣征兆地)风暴马上就要起来了!"(曹禺《雷雨》)在这里,表面指的是自然界的风暴,其实她关心的不是自然界的风暴。骨子里,她用的"风暴"一词的比喻义,即生死搏斗。这是言语多义构成的双关。

3. 反意暗示

正话反说,或者故意调换相关顺序而成暗示。

一位女演员倾慕于著名作家萧伯纳,对他说:"如果我们结合,一定是世界上最完美的结合。将来我们生了孩子,他一定会有副像你那样聪明的头脑,同时又有一个像我这样俊俏的身段。"萧伯纳笑着回答说:"可是如果孩子长得头脑像你,身段像我,岂不糟了。"

在日常生活中,作为一种多功能的语言技巧,暗示使用广泛,意义也是多方面的。通过暗示,可以避免难堪,给予讽刺,表明态度,提出要求,提供帮助等。但是暗示仅仅是手段,目的是要让人完全理解你的意思,如果误解,暗示则需变为明示,以免引起误会或者造成意想不到的后果。

(四) 赞美法

美国著名心理学家威廉·詹姆士说:"人类本性上最深的企图之一是期望被赞美、钦佩、尊重。"心理学研究表明,爱听赞美是人们出于自尊的需要,是渴求上进,寻求理解、支持和鼓励的表现,是一种正常的心理需求。适时给予别人真诚的赞美和夸奖,别人会感到喜悦和兴奋,从而加深双方的友谊,也创造了和谐的工作环境。

美国心理学家威廉-詹姆斯指出:"渴望被人赏识是人最基本的天性。"赞美他人是一件好事,但绝不是一件易事,开口前我们一定要审时度势,让自己的言行成为成功交流的润滑剂。

1. 直言夸奖

你今天穿戴非常得体,领带与黑色西服很相配。

"嗯,这幅画画得真好!我尤其喜欢这棵大树,你看,叶子画得多好啊,我都能感觉到它们在风中摇曳的样子!我也喜欢你的用色……"

诸如此类的直白赞美,会让人精神愉悦、信心倍增。

2. 赏识赞美

作家郑渊洁认为,人性的本质是渴望欣赏。人获得成功离不开自信。赞美和鼓励无疑是滋养他人自信的一剂灵丹妙药。

布鲁斯·福布斯在圣诞节发奖金时,走到每个人的桌子前,连邮递室的员工也不漏掉,然后握住他们的手,真诚地说:"如果没有你的话,杂志就不可能办下去。"这句话让听的每个人都感到心中温暖如春,感到他们的工作很重要,油然而生一种敬业感和责任感。

美国著名企业家玛丽凯曾说过,世界上有两件东西比金钱和性命更为人们所需,那就是认可和赞美。我们应该学会赏识、赞美他人,努力去挖掘他人的闪光点。

3. 间接赞美

通过第三者来赞美某人或某事的形式。生活中经常听到"某某很佩服你","某某称赞你"等等,就属这种情况。有时,赞美由自己说出来,不免有恭维和奉承之嫌。如果换个方法,借用第三者的口吻进行赞美,对方多半会认为你不是在奉承他。

"林经理,我听华美服装厂的张总说,跟您做生意最痛快不过了。他夸赞您是一位热心爽快的人。"

还可以通过赞美与某人有密切联系的人、事或物,来折射对一个人的赞美之意。

德国历史上著名的"铁血宰相"俾斯麦,当时为了拉拢一位敌视他的议员,便故意在别人面前赞美这位议员。俾斯麦知道,那些人听了自己对这位议员的赞美后,一定会将话传给他。果然不久之后,这位议员和俾斯麦成了不错的政治盟友。

间接赞美通过第三方,能消除隔阂,增强团结,融洽气氛,创造和维系良好的上下级关系和同志关系。

4. 类比赞美

用自己熟悉的事物去类比外行的事物来赞美别人的方法。

一位农妇,见到一位画家画的小鸡闹食,不由惊叹道:"哎哟！瞧这些画出来的鸡,比俺家养的那些鸡还调皮！"一句话把画家给逗得哈哈大笑,高兴之余,还把这幅作品赠给了农妇作留念。

5. 反语赞美

用反语来赞美某人或某事的形式。这种形式在特定的环境和背景下使用,幽默含蓄,别致风趣,比一般的赞美有更好的表达效果。

村主任政绩显著,使全村人都富裕起来了。一个聪明的村民笑着对他说:"都是村主任不好,使人人都富起来了,弄得大家都丢掉了艰苦奋斗的作风,变得大手大脚起来。"

赞美是社交活动中一种良好的互动过程,是人和人之间相互关爱的体现。赞美要注意分寸,要对准对方的兴奋点,根据对方的文化修养、脾气秉性、心理特性、所处背景、角色关系、语言习惯乃至职业特点、性别年龄、个人经历等不同来赞美。只有适度适时的赞美才会令人感到欣慰。我们都要学会赞美,掌握赞美的语言艺术,搞好人际关系,创造和谐的社交环境。

第三节 公共关系演讲

"演讲人口若悬河斗倒智者无数,公关女舌辩群雄成就一世英名",一句以"演讲"和"公关"开头的对联,把公关与演讲的关系明确地体现出来,两者有其共同点又有其特点。演讲人是通过语言的表达,把自己的思想、对某一具体事件的看法,同时也把自己的情感,作为强有力的信息传播给公众,使公众在一定程度上接受自己的观点和感情。

一、公关演讲的定义和特点

演讲又叫讲演或演说,是指在公众场所,以有声语言为主要手段,以体态语言为辅助手段,针对某个具体问题,鲜明、完整地发表自己的见解和主张,阐明事理或抒发情感,进行宣传鼓动的一种语言交际活动。

演讲是一种独特的语言表达形式。这种独特的口语表达形式主要有以下五个特点:

1. 具有群众性、目的性、鼓动性和真实性

演讲是一项综合性、群众性的社会实践活动,是演讲者和听众之间思想感情、知识信息的交流过程,演讲者要从听众的实际出发,事先应围绕既定目的做好充分准备,最终使听众接受某种主张、观点,使听众激动、兴奋。演讲中也可能引用寓言故事、小说、诗歌、戏剧等艺术作品中的语言、人物和情节,但总的目的只是为了更生动、更具体、更鲜明地说明一个道理,给听众以真实感。

2. 一人讲,多人听

演讲以个人面对听众的形式直抒己见,表现为一人讲、多人听的外部特征。在美国,面

对两个以上的人讲话就称之为演讲。集会上的讲话、讨论会上的发言是演讲；讲课、竞选、推销产品、举行记者招待会等也是演讲。这是广义上的演讲。演讲允许一个人在台上讲，众人在台下听。随着电子通信技术的迅猛发展，使得一个人可以通过电视、电台、因特网向千家万户发表演讲，这更加强化了演讲一人讲众人听的特征。

3. 既"讲"又"演"，以"讲"为主，以"演"为辅

演讲的"演"不是演戏的"演"，而是演绎的"演"和演义的"演"。《说文解字》注解为水流的意思，转义为语流。引申为说话像流水一般通畅，表示语言的流利和顺畅。我们平常形容说话"口若悬河""滔滔不绝""河"与"滔"均从水。演讲是需要既"讲"又"演"的。"讲"，即陈述，运用有声语言这一手段，把经过组织的思想内容有条不紊地表达出来；"演"，指辅助语言表达的表情、动作和姿态等态势语言。在有声语言和态势语言两大手段中，有声语言始终居于首要的、统帅地位。态势语言则处于辅助的、从属的地位。在特定的环境中，运用这两大手段把自己有准备、有组织的思想观点和内容在听众中公开化，把自己的情感向听众公开抒发，以此达到晓之以理、动之以情、喻之以利、感之以德、导之以行的目的，便成了演讲。

4. 演讲具有多种艺术形式的特点

就演讲的"表演"性质来说，它需要借鉴、移植播音、诗朗诵、话剧、相声、说评书、讲故事、演小品、做主持等表演艺术中的一些表达方法与技巧。演讲者活动在固定空间的舞台上，带有话剧和戏剧等艺术形式的特点；演讲者在发表演讲时，所运用的主要物质手段——有声语言，具有相声语言生动形象、幽默感强的特点和诗歌语言感情丰富、优美精炼的特点；演讲者在叙述事件的发展过程和绘声绘色地描绘人物的音容笑貌时，就兼备了小说创作和戏剧创作的一些艺术特点；尤其许多卓越演讲家所运用的面部表情和手势动作等，又往往具有雕塑艺术的意义和美感。正因为演讲具有多种艺术形式的特点，使得它具有丰富的表现力和艺术力。这些特点和因素有机地、自然和谐地统一在一起，从属于演讲，服务于演讲，使演讲成为一种独立的、高级的、典雅的口语表达形式。

5. 具有强烈的吸引力、启发力、说服力、感染力、号召力、生命力

演讲最容易激发听众的情感，使听众的思想为之震动，情绪为之高昂，热血为之沸腾。演讲的吸引力和说服力特征，要求演讲者演讲时必须具有明确的目的性和很强的针对性；演讲的感染力特征，要求演讲者演讲时必须感情真挚、有感而发，而不是哗众取宠、沽名钓誉；演讲的鼓动性特征，要求演讲者演讲时情绪饱满，慷慨激昂，催人奋发。

2 400多年前的古希腊时代，就有人从事演讲，时至今日，演讲之风盛行于世，经久不衰。政治家就职施政，争取民众，需要演讲；军事家发号施令，激励斗争，需要演讲；企业家管理工厂，安排生产，需要演讲；教师传道授业解惑，同样需要演讲。不论是古希腊演讲始祖智者派的雄辩，还是中国春秋战国时代的百家争鸣；不论是第二国际政治舞台上列宁的风采，还是莱比锡法庭里季米特洛夫的雄辩之才；不论是李燕杰点燃青年心灯的魅力，还是蔡朝东理解万岁，民魂万岁，创业万岁，科学万岁的呐喊，所有这一切都充分显示了演讲具有强烈的吸引力、启发力、说服力、感染力、号召力与生命力。

二、公关演讲的过程

（一）开篇

演讲的开场白就是演讲的开头，它是演讲的一个重要组成部分。好的开场白能起到吸引听众、控制场面、调动情绪、交代讲题、树立形象、引起兴趣、铺垫信息、激发情感的作用。有人说，欲察演说家是否善辞令之才能，只听其发端数语，即可知之。这是有一定道理的。演讲的开场白是演说者留给我们的"第一印象"，而第一印象的好坏很大程度上影响了我们对内容的评判和接受的程度。

以幽默的语言作为开端，是现在许多精彩演说常用的手法。幽默的开场白妙趣横生，使演讲从一开始就形成轻松愉悦的氛围，使听众由衷地发出会心微笑和鼓励的掌声，使演讲者的紧张情绪得到缓解。

台中市市长胡志强在厦大的演说："各位给我的接待，让我有回家的感觉，一个人回家以后做的第一件是什么事情，你们晓不晓得？"一边说，他一边脱去西装外套，扔在了讲台一边，然后对现场的记者说："不要拍了，我不会再脱了。""我跟台北比，举例来讲，那时候马英九是市长，人比我漂亮的多。高雄我觉得它比我 sexy 比我性感。好，我往北没有你漂亮，往南没有你性感，我就发展气质，对不对，所以台中市用文化定位。"

其次，以设问的方式提出问题、留下悬念，很大程度上也能够吸引听众的注意力，让听众积极地参与进来，由被动地接受变为主动的思考，从而很快地融入演讲者创造的氛围中。

另外，公关人员在演讲开始，可以适当地引用名言或一些经典案例，使用成语、谚语等言简意赅又不失精彩的表达方式，从而增加语言的分量，亦能借此为之后的演说造势。

（二）主体

精彩的开场白能够起到事半功倍的效果，为整个演讲的具体内容做出很好的铺垫。但一次公关演讲成功与否，起决定性的还是如何切入主题让听众理解和接受的整个过程。

首先，演讲者使用的语言应当清晰流畅，并注意语调的抑扬顿挫。演讲面对的是全部受众，一口清晰流畅的标准语言容易被所有的受众接受。同时，适当的语气和停顿能使演讲生动形象，避免死板。

其次，演讲的语言应当简洁有力、通俗易懂、详略得当。言简意赅的语言是现代公共关系演讲艺术的突出标志，要求演讲者使用最精练的语言传递高质量的信息，避免重复啰嗦、词不达意。语言的运用上没有必要堆砌辞藻，要通俗易懂、贴近生活，这容易拉近与听众的距离，从而引起听众的共鸣。

再次，使用幽默风趣的语言，恰当地运用各种修辞手法，能使演讲氛围轻松愉快。将比喻、对比等修辞手法合理运用，能够体现演讲者良好的语言素养和个人修养，获得受众的高度欣赏和认可。

此外，绘声绘色、充满激情的语言艺术能够有效地提高听众的参与和投入程度。激昂的语言对听众具有很强的鼓动性，能够引导听众最大限度地获取信息，激发听众的热情和共鸣。同时，也能提高听众的专注度，避免听觉疲劳，给听众留下深刻印象。

公关演讲配合以一定的表情和肢体语言，借助听众的视觉来辅助听觉，有助于听众更准确地接收信息，也能很大程度上展现演讲者的风度气质、丰富演讲内容，使演讲变得更加生动有趣。

温家宝在剑桥大学的演讲,"来到向往已久的剑桥大学,非常高兴。剑桥举世闻名,培养出牛顿、达尔文、培根等许多杰出的科学家、思想家,为人类文明进步做出了重要贡献。今年是剑桥建校800周年,我谨致以热烈祝贺!这是我第四次访问英国。中英相距遥远,但两国人民的友好交往不断增多。香港问题的圆满解决,经贸、文教、科技等领域的有效合作,为发展中英全面战略伙伴关系奠定了坚实基础。在此,我向长期致力于中英友好的朋友们表示崇高的敬意!"

(三) 结尾

拿破仑曾说,兵家成败决定于最后五分钟。调查显示,演讲的结束语比正文更能吸引听众的注意力。精彩的演讲结束语能够起到画龙点睛的作用,能够收拢全篇、揭示主题,使演讲的效果得到升华;适当引用名言警句作为收尾,可以为表达的主题提供权威有力的证明,同时也能给听众留下一定的启迪和思索空间;以充满鼓动性和号召性的语言结尾,可以将演讲推向一个高潮,激起听众的热情和干劲,成就一场余音绕梁、掌声雷动的精彩演讲。

对公共关系演讲中语言艺术的把握,不仅能使我们在讲台上做一个充满自信、魅力和风采的演说者,使企业或个人需要传达的信息和良好的形象给听众留下深刻印象,它对于我们社会工作和生活中的沟通和交际都是十分有帮助的。若我们在日常生活中能够博览群书,培养深厚的文化功底,一定能够将语言艺术的魅力展现得淋漓尽致,成为一个胸有成竹、妙语如珠的优秀演讲者。

三、公关演讲的技巧

1. 善用空间

所谓空间就是指进行演说的场所范围、演讲者所在之处以及与听众间的距离等等。演说者所在之处以位居听众注意力容易汇集的地方最为理想。

2. 姿势

演说时的姿势会带给听众某种印象,虽然个人的性格与平日的习惯对此影响颇巨,一般而言仍有方便演讲的姿势,即所谓"轻松的姿势"。要让身体放松,诀窍之一是张开双脚与肩同宽,挺稳整个身躯。另一个诀窍是想办法扩散并减轻施加在身体上的紧张情绪。

3. 视线

在大众面前说话,亦即表示必须忍受众目睽睽的注视。并非每位听众都会对你报以善意的眼光,但是不可以漠视听众的眼光,避开听众的视线来说话。克服这股视线压力的秘诀,就是一面进行演讲,一面从听众当中找寻对自己投以善意而温柔眼光的人。此外,把自己的视线投向强烈"点头"以示首肯的人,对巩固信心来进行演说也具有效果。

4. 脸部表情

演讲时的脸部表情无论好坏都会带给听众极其深刻的印象。紧张、疲劳、喜悦、焦虑等情绪无不清楚地表露在脸上,这是很难借由本人的意志来加以控制的。控制脸部的方法,首先是"不可垂头",其次是"缓慢说话"。

5. 服饰和发型

服装也会带给观众各种印象。东方男性喜欢穿着灰色或者蓝色系列的服装,难免给人过于刻板无趣的印象,轻松的场合不妨穿着稍微休闲轻松一点的服装。其次,发型也可塑造出各种形象来,长发和光头各自蕴含其强烈的形象,而鬓角的长短也被认为是个人喜好的表征。

6. 声音和腔调

根据某项研究报告指出声音低沉的男性比声音高亢的男性,其信赖度较高。因为声音低沉会让人有种威严沉着的感觉。总之,重要的是让自己的声音清楚地传达给听众。即使是音质不好的人,如果能够秉持自己的主张与信念的话,依旧可以吸引听众的热切关注。

公关演讲是口语表达的艺术,有思想明确、传播信号清晰的特点。对于某一主体来说,演讲是与外部公众进行信息沟通与交流,与内部公众联络情感、建立良好关系的重要手段。掌握好公关演讲的艺术,社会交往、信息交流就不再是一个难题。

第四节　公共关系谈判

谈判广泛存在于我们的日常工作及生活当中,有分歧、有矛盾、有利益冲突,就会有谈判。我们几乎每天都会遇到谈判,虽然谈判的形式和目的各有不同,但其本质是相同的,都是通过协商对话,争取自己的最大利益。从谈判的形式上分,有政治的、军事的、经济的、外交的、技术的、公务的等各个方面的谈判,大到国际之间,小到家庭成员之间,到处都会有谈判。作为组织,在其复杂的运行过程中,必然会遇到与各类公众利益关系发生矛盾,产生不同意见或看法等冲突,作为公共关系从业人员,只能通过协商谈判的方法进行解决。

案例导入

1986年南方某玻璃厂与美国E玻璃公司谈判设备引进事宜,在全套引进与部分引进这个问题上僵住了。当然我方是希望国内能生产的不打算进口(部分引进)。我方代表为使谈判达到预期目标,决定采取劝诱策略。他说:"你们E公司的技术、设备和工程师都是世界第一流的。你们投进设备,搞技术合作,帮我们厂搞好,只能用最好的东西,因为这样我们能够全国第一,这不仅对我们有利,而且对你们更有利。"E公司听后很高兴,这时气氛随之活跃起来了。

于是他话锋一转,接着说:"我们厂的外汇的确很有限,不能买太多的东西,所以国内能生产的就不打算进口。现在你们也知道,日本、比利时、法国等都在跟我们厂搞合作,如果你不尽快跟我们达成协议的话,那么你们就要失去中国的市场,人家也会笑你们E公司无能。"这番话打破了僵局,最后达成了协议。我方省下了一大笔资金,而E公司也因帮助该厂成为全国同行业产值最高、能耗最低的企业而名声大振,赢得了很高的声誉。

一、公关谈判概述

(一) 公关谈判的含义

谈判这一名词,说起来简单,解释起来却是很复杂。人类在其进化发展过程中,始终经历或者伴随着谈判。但是到目前为止，并没有一个让大家都能接受的、统一的定义。

美国哈佛大学法学教授罗杰·费希尔和谈判专家威廉·尤瑞认为："谈判是你从别人那里获取你所需要的东西的基本手段，你或许与对方有共同利益，或许遭到对方的反对，谈判是为达成某种协议而进行的交往。"

美国著名谈判专家威恩·巴罗和格莱德·艾森认为："谈判并不是什么新东西，它从古至今一直是人们生活中的一个组成部分。实质上，谈判是一种在双方都致力于说服对方接受其要求时所运用的一种交换意见的技能。其最终目的就是要达成一项对双方都有利的协议。"

美国哈佛大学谈判培训中心负责人霍德华·雷法认为："谈判包含科学和艺术两个方面。在这里，所谓'科学'的基本含义是指，为了解决问题所进行的有系统的分析；所谓'艺术'是指，它包括社交技巧，信赖别人和为人所信服的能力，巧妙地应用各种讨价还价的能力，以及知道何时和怎样使用以上能力的智慧。"

东北财经大学李品媛教授认为：参与各方出于某种需要，在一定的时空条件下，采取协调行为的过程。

台湾学者刘必荣博士认为：谈判不是打仗，它只是解决冲突、维持关系或建立合作构架的一种方式，是一种技巧，也是一种思考方式。谈判是一种赤裸裸的权利游戏，强者有强者的谈法，弱者有弱者的方式。"

两个人面前摆着一个橘子，这两个人都想得到这个橘子。于是，谈判就开始了。通过一番商谈，他们都认为最好的办法就是将这个橘子切成两半，每人一半，而且，为了公平合理，他们决定首先由一个人用刀来切，然后由另外一个人先进行挑选，两个人都很认可，他们把橘子毫无争议地分了。分完橘子后，两个人随意地说起自己想得到橘子的目的。原来，一个人是想榨橘子汁，而另一个人是想要橘子皮做蛋糕。这样一交流，他们找到了更好的解决办法，两个人都得到了自己想要的东西。

上述学者从不同的角度对谈判的定义进行了阐述，虽然各自的表述有所不同，但是，综合起来，我们可以将谈判的概念概括如下：

(1) 谈判至少是双方的或者是多方的行为，而且相互之间具有某种联系或关系；
(2) 谈判的各方都有各自的需要，是为满足某一种或几种需要而进行的；
(3) 谈判各方的目标都是为了争取到各自的利益，满足各自的利益；
(4) 谈判是一种协商和沟通，目的是要达成一项对各方都有利的协议。

由此，可以将谈判的概念归纳为：谈判是指具有某种相互联系或关系的各方，为了满足各自的需求，进行沟通和协商，达成兼顾各方利益的协议过程。

(二) 公关谈判的特点

谈判是一项涉及诸多学科、十分复杂的协商沟通过程。公共关系谈判具有其他形式谈判的共性，也有其特殊性。一般情况下，谈判具有以下特点：

1. 既相互矛盾又相互合作的过程

相互之间存在着矛盾，彼此都存在着尚未满足的需求。但是，彼此之间还需要合作，否则，各方的利益可能都要受到损失。从各方的最大利益出发，创造各种解决方案，用相对较小的让步来换得最大的利益，而对方也是遵循相同的原则来取得交换条件。一般来说，谈判的主题越是单一,矛盾的冲突表现得就越强烈。所以,在谈判中要善于将主题分解,对各方矛盾分歧进行全方位的分析,根据各方的需求逐项探讨、协商,容易化解矛盾。另外,谈判各方之间相互的依赖程度越大,对自身长远利益的考虑也就越多,对合作的重视也就越大。此外,谈判各方实力、强弱的差距,也直接影响到谈判的矛盾冲突和合作关系的事态变化。

2. 通过协商实现互惠互利的过程

在各种形式的谈判过程中,任何一方都在努力实现自己的需求和利益,都希望对方放弃要求,做出让步。这要求谈判的各方既然想从对方那里得到自己需求的满足,就要在考虑满足自己的方案和策略时,同时考虑到对方的需求,考虑到对方对己方提案的接受程度。好的谈判者并不是一味固守立场,追求寸步不让,而是与对方充分交流,从各方的最大利益出发,创造各种解决方案,用相对较小的让步来换得最大的利益,而对方也是遵循相同的原则来取得交换条件。最终协议必将是一个双赢的、互惠互利的结局,而且,一个好的结局对今后的相互信任与合作所产生的积极影响是非常重大的。长远的信任与合作关系所带来的利益,已经远远超出了一局谈判的收获。

3. 内容具有广泛性、多变性和不确定性

实践表明,任何一项谈判活动都要涉及许多非常复杂的因素,既有人的方面的因素:谈判者的性别、年龄、文化程度、经验、素养、性格、爱好和接受语言的能力和习惯,使用的谈话方式的不同等等;又有谈判内容方面的因素:公共关系活动涉及的所有内容,都有可能成为谈判的内容,公共关系的特征决定了其内容繁多,相对就更复杂;还有环境方面的因素:不同的国家、地区,不同的民族,不同的场所,从而涉及不同的礼仪和文化等。这些不同的因素造成了谈判内容的广泛性、多变性,即谈判的对象、谈判的时间、谈判的地点和内容的不确定性。这要求公共关系谈判人员在谈判的准备过程中,首先进行广泛的调查,精心的准备材料,充分考虑到问题的复杂性,对所涉及的内容综合全面地分析,谈判方案设计合理,最后取得完美谈判结果。

4. 结果具有相对平等性

从谈判的结果上看,不平等是绝对的,平等只是相对的。如何辩证地看待谈判的这个特点,对正确认识谈判目的有重要的实际意义。首先,只要参加谈判的各方都具有否决权,谈判就可以说是平等的;其次,谈判不是体育比赛,在一局谈判中,可能是赢在现在,也可能是赢在未来。我国在加入WTO的谈判中,对美国做了相对较多的让步,但是从进入世贸组织后的发展空间来看,我们赢得了战略性的胜利;其三,尤其需要注意的是,公共关系谈判与商务谈判的目的有很大不同,公共关系谈判所侧重的不是暂时的经济利益,而是组织形象的树立,这就更需要有长远的发展目标。

5. 重视协商和沟通,以理服人

公共关系的功能是塑造形象、协调关系、传播沟通和优化环境,公共关系的谈判应该是为实现其功能服务的。所以公共关系谈判应该重视沟通和协商环节,强调以理服人,以信取人,不必过分计较微不足道的枝节问题,以公共利益为重,将着眼点放在发展组织的长久利益关系上。

公共关系谈判的另外一个特点是,其结果一般不具备法律约束效力,往往是意向性的、展望性的文件,谈判的结果一般是以签署意向书、备忘录或者是口头许诺作为结局。

(三) 公共关系谈判的原则

1. 平等互利原则

平等互利是指国家不分大小，不论贫富强弱，在相互关系中一律平等。参与公共关系谈判的各方都是平等的合作者，而非竞争者，更不是敌对者。谈判各方不论组织规模大小、实力强弱都要坚持平等原则，使谈判双方都能获得利益。既要避免出现你赢我输或你输我赢，一方侵占另一方利益的结局；又要避免出现你输我输，双方你争我夺、两败俱伤情况的发生。而应该追求你赢我胜、互惠互利的结果。在公共关系谈判中，既不能强加于人，也不接受不平等的条件。谈判结束所签订的合同中，谈判双方的权利与义务应该符合对等的原则。

2. 真诚合作原则

在谈判中，谈判双方应在平等互利的基础上，经过相互充分协商，达成一致。诚挚与坦率是做人的根本，也是谈判活动的准则。在谈判中要明确双方不是对手、敌手，而是朋友、合作的对象；谈判不是利益争夺的过程，而是双方互相沟通、交流，以寻求共同发展的过程。谈判过程中，不论是哪一方缺乏诚意，都很难取得理想的合作效果。在相互合作、相互信任的基础上，双方坦诚相见，将自己的观点、要求明确地摆到桌面上来，求同存异，相互理解，这样会大大提高谈判成功的可能性。

3. 遵纪守法原则

谈判不仅关系到谈判双方的利益，还涉及国家整体的利益。在谈判及协议签署的过程中，要遵守国家的法律、法规和政策。与法律、政策有抵触的任何谈判，即使出于谈判双方自愿并且协议一致，也是无效的，不但不受法律的保护，还要受到法律制裁。

4. 灵活机动原则

在谈判的过程中要善于灵活机动、随机应变。公共关系谈判受到多种因素的制约，不确定性很大，这就要求谈判人员要根据自己要达到的目标，善于不断修正自己的策略，使自己在谈判中游刃有余，为取得谈判成果打好基础。同时，谈判要尽量避免不必要的拖延，在谈判中抓住一切有利的机会，迅速达成协议。

5. 最低底线原则

在任何谈判中，都有一个最低目标要求，即最低底线。最低底线是谈判各方可以接受的最低条件，就是说谈判的各方只有在不违背各自的最低需求的情况下，才可以兼顾对方利益，做出适当的让步，促使谈判取得进展，进而发展到合作关系，实现互惠互利。最低底线原则是谈判获得成功的基本前提，在谈判过程中既要坚持自己的最低底线，又要考虑到对方处境，才能使谈判顺利进行下去。

二、公关谈判的程序

谈判的程序一般分为准备、开局、反复磋商和签约等几个阶段。只有掌握好谈判的程序，才能把握好谈判的全过程，完成好谈判的各阶段工作，实现最终目的。

(一) 谈判的准备阶段

西方谈判界有一句谚语："如果谈判准备不成功，那就在谈判中准备失败吧！"谈判的准备至关重要,准备工作是否充分细致,将直接影响谈判过程的各个环节,乃至最终结果。谈判存在的前提是一方想改变现状并且相信有可能达成这个结果。因此,事先要拟定谈判目标、收集信息、拟定谈判方案、模拟谈判程等。

1. 确定谈判目标

谈判目标通常是谈判要解决的问题。确定谈判的目标,就是确定期望通过谈判要达到的目的。在整个的谈判过程中,无论是方案的制定,还是策略的选择和实施,都是为了实现谈判目标服务的。谈判的目标一般分为三个层次:一是最高目标,指谈判者所能获取的最大利益目标;二是比较理想目标,指较理想的实际目标;三是可接受的最低目标,指谈判者的底线。

2. 收集相关信息资料

收集资料,在任何形式的谈判准备中,都是非常重要的一环。"知彼知己,方能百战百胜。"在公共关系谈判中,要收集的信息主要包括:所涉及的市场信息、技术信息、环境信息、政策法规信息和谈判对手资料信息等。

3. 建立谈判组织

谈判组织的建立主要包括确定参加谈判的人数、人员和成员之间的分工与配合。公共关系谈判是谈判双方人员的知识、智慧、心理、经验等综合能力的较量,组织一支优秀的谈判团队,对取得谈判的成功起着格外重要的作用。

4. 制定谈判方案

公共关系谈判方案是指在谈判之前制定出一个周密、明确的谈判计划。其内容一般包括谈判的目标、议程、进度和对策等等。制定谈判方案要注重四个方面:简明扼要、准确具体、策略得当和灵活机动。它是谈判的指导性纲领,其目的是尽可能地维护己方利益,兼顾对方目标,最终实现双方比较满意的结果,进而达成协议,处成长久合作发展伙伴。

5. 进行模拟谈判

为了使谈判最大限度地达到己方的目标,适应对手,往往要进行一次或多次模拟谈判。在进行模拟谈判的组织时,在前面充分准备的基础上,要注意要求扮演对方角色的人员,在各个方面尽力模仿对手,严格认真地进行模拟。每次模拟谈判完成之后,要认真总结,找出问题,根据需要进行反复模拟,直到满意为止。

(二)谈判的开局阶段

谈判的开局体现出谈判双方在谈判中采取的态度和方式,对谈判能否顺利进行关系极大。这一阶段,有许多信息、资料要交流、了解;这一阶段,要把握好竞争与合作的分寸;这一阶段,要营造平等、宽松、和谐的氛围。

1. 创造良好的谈判氛围

在公共关系谈判中,良好的谈判氛围直接影响到双方的情绪和行为,它是整个谈判过程中,双方能否进行友好协商的基础。应注意消除冷淡、对立、紧张的情绪,还要注意避免松松垮垮、拖拖拉拉、旷日持久,互不让步的马拉松式谈判。要积极创造出既积极、友好、热情的局面,又要在涉及具体问题时保持冷静、严肃、严谨和务实的心态,在谈判过程中要灵活掌握好。

1991年底,中美开始进行首轮知识产权谈判。当时吴仪到外经贸部工作才4个月。一开场,美国贸易代表、被称为国际贸易谈判圈中"铁女人"的卡拉·西尔斯就极不友善:"我们是在和小偷谈判。"面对美国人的无理,吴仪机敏而犀利地还击:"我们是在和强盗谈判。请看看你们博物馆里的展品,有多少是从中国抢来的。"吴仪的针锋相对,掌握了开局的主动权,迫使对方放弃了傲慢与偏见,开始了冷静、务实的谈判进程。

2. 开场陈述

开场陈述是公共关系谈判进入实质性阶段的开始,是谈判双方对自己谈判目标进行表达。在陈述中,向对方表达己方的基本目标、要求、原则和希望,引起对方的重视和响应。在陈述中要首先明确自己的目的,注重发表意图的顺序和时机,并要注意语言表达的策略。初始陈述,不仅需要明确表示己方的想法,也需要一些相应的暗示。涉及对方容易产生异议的敏感问题,可以通过暗示来试探对方的反应,给自己留有回旋的余地,以使己方获得更多的主动。

3. 交换意见

公共关系谈判开局以后,随即进入到相互对各方基本意见的反应阶段。双方各自意向性的陈述,必然会引起对方的反应和应对。这时应该尽量反复交换意见,摸清对方底牌。公共关系活动更注重关系的协调和形象的树立,所以应该在满足己方基本原则的基础上,相互为对方利益考虑,争取双赢的结果,促成建立长远的利益关系。

(三)谈判的磋商阶段

公共关系谈判的交流与磋商是指谈判的双方进入正式谈判,相互间讨论、争辩、讨价还价和解释等过程。面对面正式磋商阶段是整个谈判的中心环节。这一阶段,双方会根据各自的目标、双方的需求、谈判的原则交锋。谈判要达成最终协议,双方都必须妥协。一般来说,交流与磋商要注重以下几个方面问题。

一是真诚客观。在交流与磋商的过程中,提出的目的要具有解决涉及双方利益问题的现实性,提出的问题和解决问题的方法、目的具有对双方均为有利的真实性和可靠性。达到双方一致能够接受的合理性和可能性。

二是注重礼节。一般来说,任何谈判都有可能产生争论,但在激烈争论的同时,应当注意相互尊重和谅解。这就要求在磋商过程中,始终要保持公共关系礼仪的行为准则,不能蛮横无理或以强欺弱、以大压小,应沉着应对,以理服人。

三是耐心坚持。公共关系谈判过程一般比较复杂,要尽可能地耐心坚持己方的观点,坚守底线,善于利用己方的有利因素,最大限度地争取己方的利益。

四是反复磋商。在公共关系谈判中,可能会出现反复的交流、较量、商谈和讨论的过程。对此,要有充分的心理准备和物资准备。尤其是在双方产生对抗情绪时,可以暂时放下争议较大的问题,采取休会的办法,打破僵局,冷静分析原因,讨论双方都能够接受的解决问题的方法。必要时,双方都要做一些妥协和让步,维持谈判的进行,力争达到双方满意。

(四)谈判的结束阶段

结束阶段就是双方经过交锋与让步,或达到最终目标;或是由于某种原因暂时终止谈判;或是双方目标相差太远而终止谈判。谈判完成以后,一般双方都要签署协议或合同,以规定双方的权益与义务。公共关系谈判的签约一般来说,没有商务、军事以及外交等谈判那样严格的协议文本。但是双方也要签署协约或备忘录,用以约定双方的责任与义务。在起草协议文件的过程中,要注意不违反相关的政策、法规等等。

三、公关谈判的策略

谈判策略是指谈判人员为取得预期成果而采取的一些措施,它是各种谈判方式的具体运用。一个优秀的谈判人员必须熟悉各种各样的谈判策略与技巧,学会在各种情况下灵活运用,以达到自己的目标。

1. 公共关系谈判人员策略

(1) 专家策略。在谈判中可派出具有一定权威的专家进行谈判。因专家在某一方面具有较高的威信及影响力,容易使人信服,其观点也易于被接受。

(2) 对等策略。在谈判中比较讲究权利和地位的对等,派出职务相对等的谈判人员往往可以进行比较好的沟通和交流,取得较好的谈判效果。

(3) 升格策略。在谈判中,有时级别较低的谈判人员无法取得较好的谈判效果时,谈判双方或一方派出级别更高的谈判人员来取得突破,也不失为一个较好的策略。

(4) 幕后策略。在谈判过程当中有时为了应付复杂情况,可以让一般谈判人员先出场谈判,真正的决策人物在幕后操纵指挥,一旦谈判出现什么情况,幕后人物可出来进行斡旋或圆场,最后拍板定夺。

(5) 车轮战策略。在谈判中为了使对手疲于应付,并做出让步,派出不同的谈判人员轮番上阵与对手谈判的策略。

(6) 中间人策略。当谈判双方分歧较大,均陷入紧张的矛盾中时,为了缓解双方的关系、立场,可从外界寻求有影响力的第三者,并谋求一个各方都能接受的新方案,从而使谈判得以继续进行。

2. 公共关系谈判时间策略

(1) 时机策略。指谈判者开始谈判、采取行动、提出谈判的具体方案、给对方做出让步、退出谈判等都必须选择适当的时机。选择适当的时机可以争取主动,时机选择不当则会失去主动,事倍功半。时机策略在于要懂得选择于己有利,尤其是己方的谈判实力强于对方的时候要果断出击。

(2) 僵局策略。指在谈判中,为了让对方最终不得不做出某种选择,有意通过比较苛刻的条件或拒不让步来制造僵局,随着谈判的进行,对方会面临较大的压力,从而做出让步的一种策略。僵局策略是一种假性败局,在使用时一定要把握好时机和度,否则就会弄巧成拙。

(3) 休会策略。指在谈判过程中,遇到某种重大分歧或突发事件时,谈判一方或双方提出暂时中止谈判,另选时间重新进行谈判的策略。休会能使谈判人员有机会重新思考和调整对策,促进谈判的顺利进行,可以暂时缓和谈判的气氛,缓冲双方的矛盾,也可改变我方不利的局面,为达成谈判的目标另辟蹊径。休会策略运用得当,能起到调节谈判人员的精力,控制进程、缓和谈判气氛的作用。

3. 公共关系谈判互利型策略

所谓互利型策略就是在互惠互利、彼此合作的基础上进行谈判的策略。在此种策略下，可以采用以下具体措施：

（1）开诚布公策略。指谈判人员在谈判过程中以诚恳、坦率的态度向对方袒露自己的真实想法和观点，实事求是地介绍己方的情况，客观地提出己方要求，以促使对方通力合作，使谈判双方在坦诚、友好的氛围中达成协议。所谓开诚布公，是指将我方情况大部分透露给对方，实际上百分之百的透露给对方是不明智的，也是不现实的。在谈判过程中，不讲出实际情况是出于某种需要、某种策略；讲出实际情况，也是策略的需要。采用开诚布公策略时，其谈判对象一定是有诚意并且把对方作为唯一的谈判对象，而且还要选择好使用的时机才行，只有这样才会促成双方进行好合作。

（2）以退为进策略。在谈判过程中，首先为对方留下讨价还价的余地，做到以退为进；其次不要急于表露我方的要求，去诱导对方先行发表其观点及要求，待机而动；再次，在让步时要有一定的策略，可在较小的问题上先行做出让步，让对方在重要问题上做出让步。

（3）润滑策略。指谈判人员在谈判及交往过程中，为了建立友好的情谊和联络感情的需要，互相赠送礼品。在使用此策略时，首先要注意赠送礼品完全是为了联系感情，不带有任何功利色彩，不然的话会给对方造成行贿的感觉；其次，要了解个人的兴趣爱好，尊重对方的风俗习惯；最后要注意选择适当的时机和场合赠送礼品，使对方很自然地接受礼品。

（4）假设条件策略。指在谈判的探测阶段，提出某种假设条件来试探对方的底细。提出假设条件可以从两个方面进行考虑：一是在己方认为不太重要的问题上提出，如果对方对此反应强烈，则说明对方对此问题比较重视；二是在适当的时机在我方认为比较重要的问题上提出假设，同时需要注意应对假设成真后可能产生的结果。否则，一旦提出的假设条件最终要变成现实，而我方还要进行其他的变动和要求，则会使我方陷入被动的局面。

（5）私下接触策略。在谈判过程中，谈判人员有目的、有意识的与谈判对手私下接触。这样，不仅可以增加双方的友谊与感情，融洽谈判双方的关系，而且还能得到谈判桌上难以得到的东西。私下接触的形式很多，可根据双方人员的爱好进行选择，没有具体的限制。双方关系越热，合作的时间越长，私下接触的效果就越好。

（6）有限权力策略。有限权力是指在谈判过程中使用权力的有限性。有的谈判专家认为，受到限制的权力才具有真正的力量，这是因为受到限制权力的谈判者比大权在握的谈判者处于更加有利的地位。当谈判双方协商某些问题时，一方提出某种要求，企图使对方让步时，另一方就可以使用有限权力策略进行反击，明确告诉对方，在此问题上，他无权向对方做出如此的让步，这样既维护了己方利益，又给对方留了面子。利用有限权力，迫使对方向己方让步，但不能滥用，过多使用会使对方怀疑你的身份与能力，失去谈判的兴趣。

4. 公共关系谈判对己有利型策略

对己方有利策略，是指在谈判中，谈判者在努力争取己方利益的同时，也要同时兼顾对方的利益。

（1）声东击西策略。指在谈判中，一方为了某种需要，去分散对方的注意力，以达到己方谈判目标，而有意识地将谈判议题引到对己方并不重要的话题上来的一种策略。这种策略是在对对方并不信任的情况下，故意隐藏自己的真实利益，为更好地实现谈判目标所采用的。在谈判过程中,只有更好地隐藏我方真正的利益,才能更好地实现谈判目标,尤其是在我方不能完全信任对方的情况下,使用这一策略。

(2) 先苦后甜策略。指在谈判过程中,为达到己方的目的,先向对方提出较为苛刻的条件,然后再慢慢让步,最后取得双方一致的看法,获得己方的最大利益。在运用此策略时,开始时提出的要求不能过于苛刻,要有分寸,提出的苛刻的要求应尽量是对方掌握较少信息与资料的某些方面。否则,会让对方感觉缺乏诚意,从而中断谈判。

(3) 最后期限策略。指规定谈判的最后结束期限的一种策略。这种策略可促使双方谈判人员集中精力、克服双方因时间过久而产生的拖沓、散漫的心态,增加紧迫感,促使双方通力合作,最终使谈判达成协议。在谈判过程中,对于某些双方一时难以达成妥协的棘手的问题,不要操之过急地强求解决,需要善于运用最后期限策略,规定出谈判的最后截止日期,向对方展开心理攻势,以此来达到我方的目的。

(4) 攻心策略。指在谈判中,谈判一方利用可使对方心理产生较大影响的做法,来使对方妥协让步的策略。一是以愤怒、发脾气来使对方心理产生压力,当对方是新手或者相对软弱型谈判者的情况下更有效;二是以软化方式使对方做出较大让步。此策略主要是针对不同类型的谈判者,尽管可以收到一定的成效,但要注意适可而止。

(5) 出其不意策略。指在谈判过程中,没有任何迹象地突然改变先前观点或方法,让对方惊奇而产生心理压力的做法。此策略在谈判中经常被采用,因为它能在较短时间内产生一种使对方震慑的力量。在遇到令人惊奇的情况时,克服震惊的最好方法是让自己有充分的时间去思考,多听少说或者暂时休会。

(6) 得寸进尺策略。指在谈判过程中,在对方已经让步的基础上,再继续提出更多对己方有利的要求,最终达成目标的一种策略。此策略的核心是:一点一点地要求,积少成多,以最终达到自己的目的。运用此策略一定要慎重,如果要求过分,会激怒对方;如果对方进行报复,就会使谈判陷于僵局。

四、公关人员谈判技巧

成功的谈判,在于双方的各自利益均得到一定程度的满足。几乎在任何情况下,自己的利益需要是来自于对方对于协议的赞同。此外,谈判的成功同时也来自诚信、尊重、不失口于人和坚持对事不对人。

1. 目标明确

参加谈判或是为人处事,最基本的要素是定下自己的目标,并且做好如何实现它的计划。人类是一种具有感情的动物,很容易受一些芝麻小事的影响而喜怒哀乐,而这些情绪又往往左右了一个人参加谈判的态度。商业上的诉讼案一般要花三年时间才能完全解决,其主要的原因就是当事人多变的复杂心态。所以,在谈判中取胜的要诀,最重要的就是时时不忘自己的目标,控制自己纷乱的情绪和心态,并牢牢铭记在心里,再围绕它考虑采取哪些必要的手段。

2. 采取行动

人们总是比他们想象中的更为胆小,真正不怕失败的人更是少而又少。一旦对失败产生恐惧,就会变得犹豫不决,最终会错过许多好时机。唯有行动,才会使事情发生改变。无论环境多么险恶,如果能抱定目标或勃勃雄心,埋头苦干,一定能突破使你不满的现状,甚至最后扬眉吐气地成就一番大事业。行动本身就是一件好事,不采取行动,一切只会越来越糟。

3. 从失败中学习

人生不可能一帆风顺,遭遇失败挫折并不可怕,关键在于是一筹莫展还是趁机吸取经验教训。当然,失败的滋味是很不好受的,但在痛苦之余,不要忘了从正面透视失败,彻底探索其中的因果关系,以及蕴藏的意义。从失败中学到的东西是无可比拟的宝贵智能。只会一味追寻美好回忆的人,实际上尚未完全成熟,只有坦然面对失败的人才算是真正成熟。

4. 重视承诺

《圣经》主要记载的便是上帝和子民之间的契约,人们若是遵守契约,便会得到神的祝福;一旦毁约,便会受到严厉的惩罚。任何约定在恪守中都是没有大小主次之分的。如果一个人连微小的承诺都不能信守,那么其他大的承诺更是不敢想象。一遇上意外,马上就背叛约定的人,是不值得信赖的。无论多么微小的约定,一旦毁弃,便辜负了对方的期望,也使你的名声受损,造成无形的损失。

5. 不可感情用事

情绪不稳定不但容易延误谈判的进程,白白浪费时间,增加不必要的开支,更容易导致谈判破裂,徒劳无功。带着感情进入谈判,往往会造成对自己不利的局面。因此,无论多么激动,也绝不能在谈判中流露。不然,轻者引起对方不悦,重者破坏了谈判。

6. 计划的推动力

要想在社会上出人头地,胸怀远大的抱负当然重要,但更重要的还在于有拓展理想、将他们付诸实施的能力。我们把它叫作计划的推动力,当你有一个构想后,就必须对具体的细节进行调查,包括所需的资金、投入的人力、花费的时间、预期的利益等,制定一个详细的计划。如果没有这类计划,就不可能理出谈判的头绪,也无法打动对方的心。

7. 不要忽略对方

谈判的根本在于找出自己和对方的共同利益,如果无利可图的话,对方自然无意参与。同样,如果你看不到什么好处,你也就不会与这样的对象合作。人们相互交往的原则从本质上来说,就是公平的相互妥协。外行人对这一点经常有误会,认为交易场上就是该寸土不让,或是以自己绝对正确为由拒绝任何妥协。我们固然肩负着在谈判中为自己争取最大利益的任务,却还是有必要预先考虑好在合理的范围内,给对方某种程度的好处。这样,才能不至于过度让步而后悔,才能将谈判破裂的危险降到最低。谈判没有百分之一百的胜利。

8. 正确认清情况

出于各种原因,对方常常是百般推诿,应尽可能地采取缓兵之计,把事情拖得越久越好。万一遇到这种情况,就要在一次次的谈判中,仔细分析对方所说的话,找出他们在不同场合、不同事件、与不同对象谈话内容中的共同点与不同点,以及观察对方谈判负责人的行事作风等,以求完完全全地了解情况。正确认清时时变化的情况,及时采取新的应付措施,是取得谈判成功的一条重要的秘诀。

9. 要从容不迫,不能勉强

如果谈判进展情况不妙,就必须拿出面对谈判破裂的勇气和具有断然中止谈判的胆量。迟疑不决只能是越陷越深,有时即使是谈判勉强完成了,很可能仍然是得不偿失。有时候,有恃无恐的态度可以产生一种威慑力,造成有利于自己的局面。退一步说,万一谈判真的失败了,自己也不会陷入手足无措的慌乱,从而将损失降到最低程度。懂得在蒙受损失之前及时抽身,也是谈判的重要技巧之一。如果勉强完成了一场最后几乎得不到什么利益的谈判,将来一定会有重大的麻烦。

10. 换个角度想

谈判遇到了难以克服的障碍,就必须返回到原来的出发点重新审视,看看自己原来希望从这场谈判中获得何种利益,对照目前的状况,如果发现没有获利的希望就应该迅速地换一个方向前进。

某员工拒绝接收公司派他到异地工作的命令,于是该公司就以开除相威胁;员工不服,控告公司违法解雇,要求恢复原职并得到损害赔偿。但公司方面以业务需要和内部人事安排为由,坚称是正常的调职,而员工则提出因抚养子女及照顾年老双亲的困难,无法前往异地任职。各有各的理由。经过几十回合的谈判,并付诸了法律,仍得不到结果。

这位员工应该想,在这家公司再干下去是否对自己有利。该公司虽然曾是一流的企业,但今非昔比,失去了立足于当今动荡年代的蓬勃生机。如果看得远一些,说不定趁机现在换个工作更有好处。于是他换了个方向,以自动辞职取代解雇等与公司妥协。

不要太执着于眼前,经常变换角度来想,虽然做出了小的妥协,却可能因此赢得更大的胜利。善于变换角度的人,往往更容易获得成功。

11. 不怕处于劣势

事实上,只有弱者才拥有巧妙的谈判术,因为强者根本就不需要谈判。他们可以用强权来排除一切阻碍,只不过这一套在当今社会已越来越没有用武之地了。处于劣势时,仍然要保持从容不迫的态度。

一个乞讨者想得到某人的一根香肠,但对方不给,这位乞讨者就请求给他切一薄片,对方认为这个要求可以,于是就答应他了。第二天,乞讨者又去寻求切一片,第三天又是如此,最后,这根香肠全被乞讨者得到了。

高明的谈判者在谈判之初并不提出自己全部的、真正的要求,而是随着谈判的不断深入,采取挤牙膏的方法让对方做出一个又一个的承诺,直到满足自己的所欲为止。就好像蚕吃桑叶一样,一点一点、一片一片地统统吃光。这就是传统的蚕食谈判策略。

在谈判活动中,谈判者,特别是作为东道主的一方,在谈判出现分歧且无法解决时,或者面临破裂的情况下,为使谈判能够进行下去并达到预期的目的,由上级或主管部门出面干预,以促使谈判成功。这是升格谈判策略的实践证明,升格谈判策略是行之有效的,在谈判中经常运用。

在公关人员谈判的过程中,在准确理解对方利益的前提下,努力寻求双方各种互利的解决方案是一种通过正常渠道达成协议的方式,但在解决一些棘手的利益冲突问题时,客观标准的语言让步策略在公关人员谈判中起到了非常重要的作用。

第五节 公共关系文书写作

公共关系是一种无的管理艺术和有效的经营手段,而它的表达则需通过语言文字的媒介,所以说公共关系中的文书写作是体现这种独特管理职能的重要手段。公关写作,是组织以文字为媒介,传播为手段,沟通处理主体与客体之间的关系,为组织树立良好的社会形象,进而促进事业成功的综合性、交叉性、实用性强的写作学科。

一、公关文书概述

(一)公关文书的分类

公关文书是记录公关活动状况的书面形式,是促进公关活动有效开展的工具,也是公关传播沟通最重要方式之一。公关文书的写作主体必须体现:公众意识、形象意识、沟通意识、信息意识、传播意识、创新意识和超前意识等。语言是思维和意识的外壳,只有具备较高的公关意识和思想,才会真正完成好公关文书的写作。

公关文书广泛地应用于各种不同的社会交际领域,因性质、特点、使用范围、目的、格式的不同而形成众多的文种,大致上可分为三类:

1. 日用文类

是单位和个人在日常生活中所运用的各种应用文。如书信、条据等。就书信来说,有一般书信和专用书信之分。专用书信中有自荐信、他荐信、介绍信、证明信、贺信、祝词、感谢信、表扬信、慰问信、咨询信、邀请信、致辞、请柬、邀请书、贺词、悼词、欢迎词、欢送词、答谢词、祝酒词、演讲稿、解说词等。

2. 机关事务文书类

是机关、团体、企事业单位处理公务时使用的文书,有用于内部事务的:策划书、总结报告、调查报告、规章制度等;有用于对外事务的:意向书、协议书、合同书、招标通告等。

3. 公文类

是机关、团体、企事业单位处理公务的文书,用于传达、贯彻党和国家的方针、政策,发布法规,请示和答复问题,指导和商洽工作,报告情况和交流经验等。与公共关系活动关系较为密切的有通知、通报、请示、报告等。

(二)公关文书的特点

公关文书具有明确性、简要性和程式性的特征。

1. 明确性

明确,就是清楚明白、确切无误。要求把该做什么,不该做什么,怎样做,达到什么目的,都明白确切地交代清楚,不引起误会,不产生歧义,使人读后就知道怎样付诸实践。这样,在选词择句上就不能疏忽、不能含糊。

为了表意确切,避免歧义,所用的词语大都是有偏正关系的单义词。一般不用语气词、感叹词、儿化词,不用富于描绘性、形象性的词语。在一些陈述性的写作中,即使有时也引用一些描述性的习惯语,如"潜规则""八零后""禽流感"等,这仅是为了把事情陈述得更明确,使文字更简明、通俗。公关文书语言属于书面语言,要求使用规范化的书面词语,一般不能使用口语和方言。不滥用简称、略语。有些已被全民语言所吸收,不致引起误解的,在写作中也可采用,如"灰色收入""博客"等。

适当运用长句是表意明确的特征,如,"这笔资金目的在于帮助州政府和地方政府在不增加赋税或者削减其他重要开支预算的情况下继续向教育和执法等机构提供资金。"这些长定语、长状语限制,规定了中心语的意义范围,使表述更明确、更精密。普遍使用主谓完全句,保证说明、判断的明确性。使用插说成分,使表述既周密又简约。

公关文书语言在使用词语上十分讲究分寸,应注意语气的运用。准确地运用语气,就要求根据不同的文种,不同的受文者和不同的目的来选择和组织语言材料,使语言的运用与交际目的、交际对象、交际情境取得和谐统一。如"报告"和"请示"是上行文,应体现组织观念,尊重上级,恳切陈辞,多用祈请语气。平行文应注意用语委婉、谦和。下行文则用语质朴,既要明确决断,又要体恤下情,多用肯定、征询或期望的语气。颁布政令的要严肃,贺喜祝捷的要热烈,表示哀悼的要沉痛,提出申请的要恳切,批驳错误的要明断,商洽问题的要诚挚等。

2. 简要性

简要性是公关文书语言的基本特征。简要就是简洁和扼要,要求述事简明完备,简而不漏,要而不繁;说理精辟透彻,略而不失一词。根据不同需要,采用专业词语,如外汇、证券、硬通货、购销、利润、超载、混载、终审权、司法补救、拘捕等;适当使用单音节的文言词,如:兹、悉、妥、拟、洽、系、尚、鉴等;经常使用介宾短语,使表述简洁、严密,如为了、由于、对于、关于、遵照、随着等;使用常用的事务性词语,这些词语,反映了公文的行文关系和工作程序,形成固定的语言形式,如关于、按照、兹经、业经、即请查照、希即遵照、不宜、不可、当否、可否、是否可行、请批示、请复、为要、为盼、特此函达等。

3. 程式性

公关文书行文一般都有惯用的格式,这种比较固定的格式,有的是约定俗成,即人们在长期的使用中形成的,比如信封的写法就有惯用的格式;有的格式,则是有关部门为了实际需要而统一规定的,如公文的格式就是由国家行政机关统一制定的。

二、公关文书写作

各种类型的公共文书的写作,语言的组装、修辞都是一项技术,它涵盖了当事方的理念、思维以及行为方式,决定事件的胜负、发展走向。

(一)新闻文书

新闻就是对新近发生的有社会意义的事实的及时报道。它有广义和狭义两个概念。广义的包括消息、通讯、特写、调查报告等;狭义的指消息,也就是仅指以简明扼要的文字,对新近发生的事实的及时报道。新闻是一种最讲时效的宣传形式,具有内容新、事实准、报道快、篇幅短的特点。内容新:报道的是新鲜事、新鲜人物、新动态、新风尚、新知识、新问题等。事实准:就是报道要有根有据、实事求是,人物、地点、时间、数字、引语、细节都准确无误;作者对事实的分析,符合客观事物的本来面目。报道快:新闻是对稍纵即逝的客观现象的及时记录,最讲究反应快。篇幅短:就是用简洁、概括的文字,把事实要点表达出来。

常见的有报纸上的动态新闻、综合新闻、经验新闻、述评新闻。电视上的会议式电视新闻、人物式电视新闻、电视口播新闻(包括只有文字的口播新闻、配有照片的口播新闻、配有资料的口播新闻)、电视新闻纪录片、电视实况转播、电视直播、电视广播大会、电视评论等。

新闻写作的一般格式为:

第一、标题。标题是对新闻的主旨或内容的提要,用以吸引读者,帮助读者阅读。它与一般文章的标题相比,显得更重要,形式更多样,有引题、主题、副题,可灵活运用。

第二、导语。导语是新闻的开头部分,可以用一句话,也可以用一个自然段。一般是简明扼要地叙述最新鲜、最主要的事实或综合介绍全文的基本内容,使读者先获得一个概貌。也有把主要的事实用提问方式写出来的提问式导语,对主要事实或某一有意义的侧面作简朴描述的描写式导语,把结论放在开头的结论式导语等。

第三、主体。主体是新闻的主干,对报道的事实做具体的叙述和进一步的说明,要用充分的、有说服力的事实材料表现新闻的主旨。对材料的安排,可按时间顺序写出事件的发展,或按空间位置的转换组织材料,或依据事物的逻辑联系来安排层次。主体中的材料,要同导语部分密切联系,导语里采用的事实,主体部分要加以说明、补充,但要避免重复;导语里提出的问题,主体部分要运用材料回答、解决。

第四、结尾。结尾是新闻的最后一句话或最后一段文字,一般是指出事物发展的趋势或对报道内容做概括式小结;有的则提出作者希望等。其形式要服从社会生活的需要,新闻的结构较为灵活。

第五、关于背景材料的运用。背景材料是指描述新闻事件发生的历史条件和环境的材料,一般来说,新闻写作中往往用背景材料来烘托、深化主旨,帮助读者认识所报道的事实的性质和意义。背景材料包括对比性材料、说明性材料和注释性材料。对这些材料的运用要从实际报道的内容出发,要从是否有助于阐明主旨、说明事实的来龙去脉出发,或用或不用;或穿插于导语、主体、结尾中。

(二)答记者问(电视采访)的采写

答记者问是各级领导人、有关方面负责人或专家、学者直接回答记者提问的一种报道形式。提问、答问内容,是有关读者亟须了解和关心的问题,或有关领导机构需要向广大群众宣传、解释的问题。通常就某项事件由记者请有关方面负责人正式发表意见,随后以问答记录形式公布。采访者与被采访对象的关系是一种平等的关系。提倡平等性并不等于失去了原则立场,也不等于对任何事情持中庸态度。面对棘手的事件,为揭示它的真相,提问必须一针见血,它的尖锐性要得到体现。

答记者问的写作要求:第一,提问要为观众着想。力求提出读者当时想问、未问、欲问的问题。第二,物色和选准答问者。答问者不仅要具有权威性,而且要熟知某一问题表象及其实质,答问时能说出一个"所以然"来。物色这样的答问者,答问才有说服力。第三,提问要集中,要抓住要点。采写答记者问的提问,不同于采写其他新闻报道,它本身便是发表稿的组成部分。提问不宜随口而提,泛泛而提。它要求记者对客观情况有所了解,并经过思考之后,有准备、有目的地提出来。答记者问的稿件,在发表前要让答问者或其委托者过目,以便加以必要的修改和订正。

答记者问(电视采访)采访程序和注意事项:

1. 采访程序

采访程序包括:(1)确定采访的主题、采访的范围和对象、采访方式、采访步骤、目的、意义以及达到何效果;(2)确定采访提纲;(3)预约,并将采访提纲发给被采访人或其秘书;(4)按计划进行采访;(5)将采访后形成的文稿发给对方确认;(6)发表,如是平面媒体,则将报刊尽快寄给对方;如是电台或电视播出,则告知对方播出时间,请对方收听或收看。

2. 注意事项

(1)提问要做好准备。古语说:"知己知彼,百战不殆",事前对采访对象的背景了解和资料收集。事前对重大历史要有一定了解,如果采访者和被采访者能在采访问题上做好了解和沟通工作,整个采访活动就能顺利地进行。

(2)提问要简洁通俗。采访者对每个要提问的问题,事先在其用语的长短上精心设计、推敲,宜短勿长,宜通俗勿艰涩。

(3)提问要具体。以具体新闻事实为由头发问。这类问题由于以确凿的事实为依据,因而被问者很难避而不答,一般都要予以正面回答。任何事物都是错综复杂的,且有个形成、发展、结束的过程,记者如果笼统、抽象地提问题,采访对象就难以回答。

(4)提问要把握主线。一般的采访目的性很强,由于时间和环境的限制,采访者和采访对象之间不可能像拍摄纪录片和写人物通讯那样可以长时间地共同生活、工作,所以要抓住关键问题,一旦采访对象的谈话偏离了主题,就要及时将它拉回到主线上来,切勿跑题。

(5)以真实情况为由头发问。这种情形的提问与第一种情形非常相似,唯一的不同是,一个用新闻,一个用真实存在但不一定能成为新闻的事实。

(6)以对比或比喻的方式提问。这是一种常见的方式,它的优点在于将复杂、抽象的经济政治问题形象化,或让两个不同的个体或事物之间建立起某种联系,让听者容易理解和消化。

(7)提问要口眼并用。一位著名摄影家说过:"人物内在的思想、精神和灵魂,有时会在一瞬之间通过他们的眼睛、双手和体态表现出来——这就需要紧紧抓住稍纵即逝的最重要的瞬间"。

(8)提问结束要回顾。采访进入收尾阶段,常常容易松懈,匆忙了结,"刀枪入库,马放南山"。其实在结束提问时有很多工作要做,不能忽视。如向采访对象复核材料,力保准确无误;回头看看,是否有遗漏的问题;征求采访对象的意见,特别是比较重要的报道,双方议论或讨论一下,只有好处没有坏处。

(三)调查类文书的写作

调查报告是针对某一现象、某一事件或某一问题进行深入细致的调查,对获得材料进行认真分析研究,发现本质特征和基本规律之后写成的书面报告。调查报告是一种在新闻领域和机关应用文领域中都可采用的常用文体,它具有新闻和应用文的两栖文体性质。不过,有些在机关之间流通的调查报告,可以没有新闻性。而在报刊广播上发表的调查报告,必须有新闻性。具有新闻性的调查报告在新闻媒体上发表的时候,也可以叫作"新闻调查"。

较强的针对性是调查报告的特点。一是不仅要介绍事物发展的全过程,还要对事件进行本质的分析、评价,从中总结经验教训,探索其规律。二是必须选择具有典型意义的报道对象进行调查,可以调查现状,也可以调查历史,为实际工作服务。三是叙述方式,惯用第三人称。调查报告的核心是实事求是地反映和分析客观事实。调查,应该深入实际,准确地反映客观事实,不凭主观想象,按事物的本来面目了解事物,详细地占有材料。在掌握客观事实的基础上,认真分析,透彻地揭示事物的本质。

调查报告的写作要求如下:

1. 要取得第一手资料

必须掌握符合实际的丰富确凿的材料,这一方面来自实地考察,一方面来自书报、杂志和互联网。在知识爆炸的时代,获得间接资料似乎比较容易,难得的是深入实地获取第一手资料。这就需要眼睛向下,脚踏实地地到实践中认真调查,掌握大量的符合实际的第一手资料。

2. 要有强有力的分辨能力

对于获得的大量的直接和间接资料,要做艰苦细致的辨别真伪的工作。在第一手材料中,筛选出最典型、最能说明问题的材料,对其进行分析,从中揭示出事物的本质或找出事物的内在规律,得出正确的结论,总结出有价值的东西。

3. 要讲究语言的精炼

用词力求准确,文风朴实。一般用概念成熟的专业用语,非专业用语应力求准确易懂。盲目追求用词新颖,把简单的事物用复杂的词语来表达,把简单的道理说得云山雾罩、玄而又玄,实际上是学风浮躁的表现,有时甚至有"没有真功夫"之嫌。

4. 要逻辑严谨,条理清晰

调查报告要做到观点鲜明、立论有据。论据和观点要有严密的逻辑关系,条理清晰。不能把主要精力放在追求报告的形式上,调查报告的结构可以不拘一格,但要有一分证据说一分话。

5. 要训练抽象的理论思维能力

调查人员既要有深厚的理论基础,又要有丰富的专业知识。一项政策往往涉及国民经济的许多方面,并且影响到不同的社会群体,只有具备很宽的知识面,才能够深刻理解国家的大政方针,正确判断政策所涉及的不同群体的需要,才能够看清复杂事物的真实面目,才能够透过现象洞察事物本质。

6. 要有探索精神和爱国情怀

任何事物都是一分为二的,调查报告带有一定程度的主观性。作者所处的立场决定了报告的主题和观点,也决定了报告素材选取的倾向性。有诗人艾青说,"为什么我的眼里常含泪水,因为我对这土地爱得深沉"。深入实际搞调研,一定要有为民众忧、为国家盛衰深深忧虑的强烈情怀。

7. 要坚持真理,服从真理

"因伺候真理而得自由"。事物的产生和发展都遵循一定的规律,调查报告的写作过程实际上也是探索事物发生发展规律的过程。报告的论点和论据一定要符合自然规律和社会规律,而不能追随潮流,迎合某些群体的需要,这就需要调研人员非常敬业,具有不懈追求真理的精神。

(四)策划类文书的写作

"没有策划就没有世界"。人类正处于智慧高度发展的时期,一个以智慧识事和处事,以"智慧能力"创造无限的时代已经到来。人类的智慧大开发、人类智慧能力的大运用已成为未来社会的主流。策划是以智慧为核心的,是最富于思想创造和最富于实践成效的人类活动方式。它能大举开发人类智慧和迅速提升、放大人类的力量,最能使人类的社会实践活动取得成功和高额回报。

现代社会,组织的决策决定组织的前途,甚至涉及组织的存亡安危。决策前必须制定决策方案,而方案决策的制作要以实际调查为基础、以调查获得的信息为前提。只有通过各种实际调查,方能得到前沿、全面、正确的信息,剔除过时、片面、错误的信息,了解公众真实的愿望和要求,才能做出符合公众实际愿望的决策,从而在公众心目中建立起组织的美好形象,确保组织的生存和发展。

策划书的写作要求如下:

(1)策划书的名称尽可能具体明确,置于页面中央,必要时也可以在下面写出副标题。

(2)策划书要写明活动的目标、目的、意义(经济效益、社会效益、媒体效应等),活动目标要具体化,并需要满足重要性、可行性、时效性特点。

(3)列出所需人力资源、物力资源,包括其使用的地方,如教室或使用活动中心。注明组织者、参与者姓名、嘉宾的单位及联系方式。物力资源可以列为已有资源和需要资源两部分。活动的各项费用在根据实际情况进行具体、周密的计算后,用清晰明了的形式列出。

(4)内外环境的变化,不可避免地会给方案的执行带来一些不确定性因素。因此,当环境变化时是否有应变措施,损失的概率是多少,造成的损失多大,应急措施等也应在策划中加以说明。

(5)策划的正文部分,表现方式要简洁明了,使人容易理解,但表述方面要力求详尽,没有遗漏。在此部分中,也可适当加入统计图表等;对策划的各工作项目,应按照时间的先后顺序排列,绘制实施时间表有助于方案核查;人员的组织配置,活动对象,相应权责及时间地点也应在这部分加以说明;执行的应变程序也应该在这部分加以考虑。

(五)日常礼仪类文书的写作

公关礼仪文书是指国家机关、企事业单位、社会团体或个人在社会交往、礼仪活动和商务活动中常用的各类文书,是在各种不同场合,根据不同的情况,遵循相应的习俗和人情所撰写的礼仪文字材料。

1. 贺信

贺信是机关、团体、企事业单位或个人向取得突出贡献、做出卓越贡献或有喜庆之事的单位及个人表示祝贺的一种礼仪文书。贺信要体现的是自己真诚的祝福,是加强彼此联系、增强双方交流的重要手段。贺信感情要饱满充沛,内容要真实,评价成绩要恰如其分,表示决心要切实可行。贺信的语言要求精炼、简洁明快,不堆砌华丽辞藻。

贺信一般由标题、称谓、正文、结尾和落款五部分构成:

(1) 标题：贺信的标题通常由文种名构成。如在第一行正中书写"贺信"二字。

(2) 称谓：顶格写明被祝贺单位或个人的名称或姓名。写给个人的，要在姓名后加上相应的礼仪名称如"先生"。称呼之后要用冒号。

(3) 正文：贺信的正文有几项内容：第一，结合当前的形势状况，说明对方取得成绩的大背景，或者某个重要会议召开的历史条件。第二，概括说明对方都在哪些方面取得了成绩，分析其成功的主观、客观原因。第三，表示热烈的祝贺。要写出自己祝贺的心情，由衷地表达自己真诚的慰问和祝福。要写些鼓励的话，提出希望和共同理想。

(4) 结尾：结尾要写上祝愿的话。如"此致——敬礼""祝争取更大的胜利"等。

(5) 落款：写明发文的单位或个人的姓名、名称，并署上成文的时间。

北京时间11月11日。在海南举行的蓝湾大师赛上，中国一姐冯珊珊依靠强势表现，以1杆优势夺冠，赢得LPGA生涯第九座冠军，并成为史上首位登顶世界第一的中国内地高尔夫球手，再创历史！中国高尔夫球协会第一时间发出贺信，祝贺冯珊珊再次取得历史性成就，贺信全文如下：

贺　信

中国高尔夫球队及运动员冯珊珊：

在刚刚结束的中国高尔夫球协会主办、女子美巡、女子中巡联合认证的2017蓝湾大师赛中，国家高尔夫球队队长冯珊珊自信自励、坚韧不拔、豪气干云，夺得职业生涯的第九个女子美巡赛冠军，中国高尔夫球协会向冯珊珊及国家队表示热烈祝贺！

在举国上下掀起学习宣传贯彻党的十九大精神热潮之际，在国家体育总局深化体育改革的历程中，冯珊珊连续两周在世界最高水平的职业巡回赛上举起冠军奖杯，并即将成为新的世界排名第一的运动员，彰显了我国高球健儿在中国走向世界舞台中央、中华民族实现伟大复兴、中国特色社会主义进入新时代的进程中不断为国争光、为民族复兴助力、为实现体育强国梦奋起的砥砺精神和历史担当！

国运兴则体育兴，体育强则中国强！在国家和社会治理走向现代化、体育改革深入开展、备战东京奥运会工作扎实推进之时，冯珊珊以卓越的成就再次刷新了中国高尔夫球运动的历史，以荣登世界排名第一的优异表现在全球持续展现中国运动员的风采。冯珊珊已经成为中国高尔夫球运动和中国体育在新时代、在全球的亮丽名片。

希望冯珊珊等优秀运动员能够积极发挥先锋模范作用，乘着体育改革的东风，坚持世界眼光、国际标准、中国特色、高点定位，以创造历史追求卓越的精神，进一步发挥科技力量，带动更多年轻运动员在各级各类赛事中取得突破，为备战2020年奥运会做出更大贡献！希望我国高尔夫球全行业人士、国家队全体人员，以奥运之队队长冯珊珊荣登世界第一为榜样、为契机，奋勇拼搏、砥砺前行，不断攀登运动高峰，为民族复兴助力，为中华体育精神添彩！

中国高尔夫球协会
2017年11月11日

2. 祝词

祝词也称"祝辞""致辞"，是对有关重大节日、重大典礼以及庄重场合表示祝愿的讲话，主要用于对正要开始，尚无结果的事情表示祝愿。

祝词根据内容可以划分为祝事业、祝酒、祝寿、祝婚、祝节日等类型。祝词的结构形式常见的有两种：一种是"点睛"式，多用于祝寿词或特殊场合的祝贺词、祝酒词。即用一两句精粹的词语，把自己美好的祝愿表达出来，有时也可以引用贺词或名言，借以表达自己的心意。另一种是文章式结构，全文由开头和正文构成。从表达形式上划分有韵文（诗、词）体和散文体两种类型。

祝词主旨鲜明、集中，感情真挚、热烈，语言平实、得体，富于感染性、启发性和鼓动性。祝词属于演讲词的范围，除文稿本身的写作要求外，还有一个演讲技巧问题，其中包括仪表、仪态要自然大方，口语表述要清新、流畅，语势要波澜起伏等等。

散文体祝词的写作格式一般由标题，称呼，正文、结束语、落款五部分组成。

（1）标题：标题写在第一行居中的位置，通常有两种写法：一是直接写"祝辞"；二是写出具体祝贺的内容，如《×××总书记在×××市××晚宴上的祝词》。

（2）称呼：称呼在标题之下第一行顶格书写，以示尊重。

（3）正文：正文是祝词的核心。针对不同的祝贺对象，不同的祝贺动机，写出相应的祝贺内容。首先应向受祝贺的单位或人员表示祝贺、感谢或问候，或者说明写祝词的理由或原因；其次常常对已做出的成就进行适当评价或指出其意义，再次写表示祝愿、希望、祝贺之语，也可以给被祝者以鼓励。

（4）结束语：常用一句礼节性的祝颂语结束全文。现在，我提议：为国际奥林匹克运动蓬勃发展，为世界各国人民的团结和友谊不断加强，为各位嘉宾和家人身体健康，干杯！

（5）落款：在正文的右下方署祝者的名称（单位或个人）以及发祝词的年、月、日。

绿爱食品公司开业庆典暨"携手绿爱共创未来"祝酒词

尊敬的各位领导、敬爱的各位嘉宾、亲爱的各位朋友：

大家中午好！

今天，我们来到美丽的沂河岸边，齐聚在中国著名书法家王羲之的故里，共同祝贺山东绿爱食品有限公司的隆重开业，一起参加"携手绿爱、共创未来"答谢酒会。在此，我谨代表绿爱食品有限公司，向出席今天酒会的各位领导、各位嘉宾以及各位亲朋好友表示热烈的欢迎和崇高的敬意！

绿爱食品有限公司，历经八年的艰苦奋斗，取得的成绩是有目共睹的，特别是今年，在银行信贷收紧、市场物资充沛、人民购买力疲软，各中小企业面临生存困境和资金断链的背景下，绿爱食品公司依然恪守"高起点、高规格、高品质"的发展思路，坚持"崇尚绿色、传承大爱"的核心宗旨，贯彻"专业、专心、专注"的经营理念，建成了具有较高现代化水平的生产加工企业。我们深切地感到，公司有今天的成就，得益于各级领导和职能部门的关心呵护与大力支持，得益于社会各界朋友的关爱和帮助，是广大的合作伙伴、特别是商界的各位同仁们，与公司荣辱与共、合作共赢的结果，也是公司全体员工，团结一心、艰苦创业、开拓拼搏的结果。

过去的8年，已成为绿爱公司的一个里程碑。展望未来，更承载着绿爱公司新的梦想。绿爱公司在社会各界朋友的关心支持下，将虚心学习和借鉴大家成功的创业经验，继续发扬艰苦奋斗、敢想敢干、迎难而上、开拓进取的创业精神，推出更多高端、优质的产品，树立崭新的企业形象，迅速扩大市场占有份额。与大家携手并肩，同心同德，扎实工作。我相信，有你们的热情指导和积极参与，在公司全体员工的共同努力下，绿爱食品公司一定会再创新的辉煌！

最后，请允许我代表郭建波董事长、代表绿爱公司全体员工，为各位领导、各位嘉宾、各位朋友：工作顺利、万事如意——干杯！谢谢大家！

范学良
2011.12.3

3. 请柬、邀请函

请柬和邀请书同属于邀请他人参加某项活动的告知类文书，请柬是单位或个人为邀请他人参加他人参加某种晚会、典礼、仪式、宴会、聚会或各种喜庆、纪念活动而制发的一种专用书信。使用请柬，既表示主人对事物的郑重态度，也表明主人对客人的尊敬。请柬，按内容分有喜庆请柬和会议请柬。

请柬一般由标题、正文、落款三部分组成。标题写上"请柬"二字。正文写明被邀人与活动内容，如纪念会、联欢会、订货会、展销会等。一要写明活动的时间和地点；二要写上"敬请光临"等。落款写上发出请柬的个人或单位名称和日期。格式为：称谓；正文（一般格式为："谨定于××，举行××座谈会"）；落款：详细时间、地点。

×××单位：

为答谢与我单位就×××工作多年来的合作，我公司于2012年12月21日，在迎宾馆二楼餐厅××号包厢，宴请市领导、轻工业局领导和与会单位负责人。酒宴于晚上×点开始。

××公司

邀请函是为邀请他人参加洽谈业务、访问、进行技术交流、课题及项目工程的合作研究而发出的一种专用书信。它没有请柬的过分庄重严肃，用语上比请柬随意，但却也礼仪周到，很受公众喜欢。邀请书的注意事项：第一，语言要含有尊敬之意。第二，邀请函务必事项周详。第三、邀请函提前发送。第四、邀请函正文一般要求写明举办活动的内容，目的、时间、地点、邀请对象以及希望邀请对象所做的工作。结尾需署名邀请单位、日期，并加盖公章，以示慎重。

邀请函通常由标题、称呼、正文、结尾和落款五部分组成。活动的各种事宜务必在邀请函中写清楚、写周详。若附有票、券等物也应同邀请函一并送给主送对象。若相距较远，则应写明交通路线，以及来回接送的方式等。其他差旅费及活动经费的开销来源及被邀人所应准备的材料文件、节目发言等等也应在正文中交代清楚。

××同志（或单位）：

为了纪念×××诞生××周年，我会定于××××年×月×日至×日，在×××召开学术研究讨论会。您对×××素有研究，我们很希望您能莅临指导。如蒙应允，请在×月×日准时前来参加为盼。报到地点：××市××路××号。

附：讨论会发言稿××份。

×××学术研究讨论会筹备组（公章）
××××年×月×日

4. 感谢信

感谢信是得到某人或某单位的帮助、支持或关心后答谢别人的专用书信,对于弘扬正气、树立良好的社会风尚,促进社会主义精神文明建设有着重要意义。

感谢信的特点是:公开感谢和表扬;感情真挚;表达方式多样。

感谢信的写作要点:叙事要精要,要简洁明快、真实准确地交代事情的过程,并在叙事中体现出感谢对象自己的帮助和表现出的无私精神;抒情和议论要结合叙事,在真实事件的基础上有感而发,做到恰如其分,真挚诚恳,避免空喊口号,空发议论。

感谢信的注意事项:一是叙述对方对自己或本单位的帮助,要把人物、时间、地点、原因、结果以及事情经过叙述清楚,便于组织了解和群众学习。二是信中要洋溢着感激之情。感情要真挚、热烈,使所有看到信的人都受到感染。三是写表示谢意的话要得体,既要符合被感谢者的身份,也要符合感谢者的身份。四是感谢信以说明事实为主,切勿不着边际地大发议论。

感谢信的结构一般由标题、称谓、正文、结语、署名与日期五部分构成。① 标题:"感谢信""致路虹同学的感谢信""阎晓迪全家致××社区的感谢信"。② 称谓:写感谢对象的单位名称或个人姓名。如"××急救中心""李勃尔同志"。③ 正文:主要写感谢对方的理由及诚挚的谢意。准确、具体、生动地叙述对方的帮助,交代清楚人物、时间、地点、事迹、过程、结果等基本情况;在叙事基础上对对方的帮助作恰贴、诚恳的评价,以揭示其精神实质、肯定对方的行为。在叙述和评价的字里行间要自然渗透感激之情,根据情况也可在表达谢意之后表示以实际行动向对方学习的态度。④ 结语。一般用"此致敬礼"或"再次表示诚挚的感谢"之类的话。⑤ 署名与日期。

5. 慰问信

慰问信是向对方表示关怀、慰勉的专用信函。针对性、鼓动性、感情性、亲切性是慰问信的主要特点。它是有关机关或者个人,以组织或个人的名义在他人处于特殊的情况下(如战争、自然灾害、事故),或在节假日,向对方表示问候、关心的应用文。

慰问信包括两种:一种是表示同情安慰;另一种是在节日表示问候。

写慰问信就好比向人说说宽慰的话,根据不同的对象、不同的情况,表达真挚的、自然的、真切的慰问之情。要以真情实感,以内心的情感来打动和激励对方,用语要积极、热情,根据不同的对象、不同的事情使用不同的措辞和语气,以充分表达慰问之情。

美术家协会2016年春节慰问信

××市美术家协会会员:

春节好!

中华民族传统猴年春节即将到来,值此辞旧迎新之际,××市美术家协会谨向您及您的家人致以诚挚的节日问候与祝福!

过去的一年是我市美术发展史上具有深远影响的一年,也是我市美术事业呈现新变化、新气象,美协工作取得新进展、新成效的一年。一年来,市美协协团结带领全体会员认真学习贯彻习近平总书记文艺工作座谈会讲话精神,落实市文联、省美协工作安排,坚持以人民为中心的工作导向,大力弘扬社会主义核心价值观,深入生活、潜心创作、服务大局、服务人民,为繁荣发展××美术做出了新的贡献。这些成绩的取得,是市文联党组正确领导的结果,是省美协具体指导的结果,更是全体会员共同努力的结果。在此,向你们表示崇高的敬意和衷心的感谢!

在新的一年里,我们将团结凝聚全体会员深入贯彻落实习近平总书记文艺工作座谈会讲话精神,认真学习实践《中国美术工作者自律公约》。坚持以人民为中心的工作导向,大力弘扬和践行社会主义核心价值观,深入生活、扎根人民,努力创做出更多思想精深、艺术精湛、制作精良的精品佳作,奉献社会,服务人民。进一步规范职业行为,加强职业自律、倡导行业新风,争做德艺双馨的美术工作者,推进××美术事业的繁荣发展,为建设美术强市贡献力量。

恭祝您及您的家人新春快乐、身体健康、家庭幸福、马年吉祥!

××市美术家协会
2016年1月28日

6. 答谢词

答谢词,是指特定的公共礼仪场合,主人致欢迎辞或欢送词后,客人所发表的对主人的热情接待和多关照表示谢意的讲话。

答谢词的写作重点在于表达出对主人的热情好客的真挚感谢之情。答谢词的开头,应先向主人致以感谢之意。答谢词的主体,先是用具体的事例,对主人所作的一切安排给予高度评价,对主人的盛情款待表示衷心的感谢,对访问取得的收获给予充分肯定。然后,谈自己的感想和心情。结尾,主要是再次表示感谢,并对双方关系的进一步发展表示诚挚的祝愿。

答谢词

尊敬的各位领导,各位长辈,各位亲朋好友:

今天,我们怀着万分悲痛的心情,在这里举行追悼会,悼念我敬爱的父亲,寄托我们的哀思。

首先,谨让我代表全家,向今天参加追悼会的各位领导、各位来宾、各位亲朋好友表示诚挚的谢意!感谢你们在百忙之中来到这里,和我们一起,向我的父亲做最后的告别。在父亲生病期间,承蒙各位领导和亲朋好友的关怀,多次探望、慰问,这给了父亲莫大的安慰!作为家属,我们心存感激。

父亲的离世,带给我们深深的怀念。作为子女,我无法用简单的言语去总结父亲的一生。父亲是一位性格坚强的人,他出身农家,从小就自强自立,尝尽生活的艰辛。成家后,又和母亲一起共同挑起家庭生活的重担,几十年如一日,赡养老人,抚养儿女,含辛茹苦。

父亲无微不至地关心我们几个子女的生活和成长,他常常告诫我们,要诚实为人,认真做事。他的言传身教,身体力行,使我们耳濡目染,懂得了做人的道理。父亲他为人正直,待人诚恳,深得同事和领导的信任,在林州市和林钢工作的50多年里,他总是严于律己,克己奉公,兢兢业业,任劳任怨。

敬爱的父亲永远地走了,父亲,您放心地走吧,我一定牢记您的教诲,踏踏实实做人、勤勤恳恳做事,竭尽全力孝顺好母亲,并以此来回报父母的养育之恩,回报社会,回报各位领导、各位尊长和各位亲朋。

敬爱的父亲,今天,您的同事、亲朋好友们都来送您了。您知道吗?父亲,您安息吧!

最后,我代表我们全家,再次向出席告别仪式的各位领导、各位来宾以及所有的亲朋好友,表示衷心的感谢!

谢谢大家!

二〇一二年七月二十九日

7. 欢迎词、欢送词

欢迎词、欢送词指国家机关、企事业单位、社会团体为了表示欢迎、欢送或祝贺、答谢,在比较隆重的聚会或仪式上的讲话,是当面的致词。欢迎词、欢送词特点主要体现在以下几方面:第一是惜别的深情流露;第二是欢愉的格调;第三是口语化。

欢迎词多用于对外交往,所迎接的宾客来访目的不同,欢迎的情由也应不同。欢迎词要有针对性,看对象说话,表达不同的情谊。欢迎的场合仪式也是多种多样的,有隆重的欢迎大会、酒会、宴会、记者招待会;有一般的座谈会、展销会、订货会等。欢迎词要该严肃则严肃,该轻松则轻松。欢迎应出于真心实意,热情、谦逊、有礼,注意分寸,不卑不亢。欢迎词的称呼需热情有礼,为表示尊重,要称呼全名,在姓名前或后面加上职衔或"先生""女士""亲爱的""尊敬的""敬爱的"等敬语表示亲切。

欢送词的标题写法与欢迎词大致相同,欢送词更加突出惜别性,依依惜别之情要溢于言表。有句古诗说的好"相见时难别亦难",中国人重情谊这一千古不变的民族传统精神在今天更显得金贵。当然格调也不可过于低沉。尤其是公共事务的交往更应把握好分别时所用言辞的分寸,遣词造句也应注意使用生活化的语言,使送别既富有情趣又自然得体。

欢迎词

尊敬的各位领导、各位来宾:

天高云淡、秋清气爽,在这充满丰收之喜的金秋季节,我们非常高兴地迎来了公司成立10周年庆典暨新一届董事会就职典礼的举行,新一届董事长的就职,是我们公司的一件盛事,预示着公司进入了知识化、标准化、规范化的轨道,更预示着公司价值体系的不断提高。值此A公司10周年庆典之际,请允许我代表A公司向各位领导、各位来宾的莅临表示热烈的欢迎。

今天,朋友们专程来贺喜,为A公司10周年庆典暨新一届董事会就职典礼更增添了一份闪亮,我感到非常高兴,并对朋友们的热情、为增进双方友好关系做出努力的行动表示诚挚的谢意!

回顾过去的10年风雨历程,公司经历了无数的艰难险阻,但在董事会的带领下,以及全体合作伙伴的真诚支持下,公司跨过了艰辛,创建了辉煌的业绩,不断提升了公司的价值。对此,我们表示由衷的钦佩和感谢。

在此,我谨向朋友们表示热烈欢迎,并希望在新一届董事就职的基础上,我们可以进一步密切合作,发展相互间的友好合作关系。在此相会之际,我衷心地感谢各位领导和朋友们的到来!谢谢!

A公司董事长:陈勇

古人云:"君子和而不同",和谐以共生共长,不同以相辅相成。这是人类文明协调发展的真谛。用公关语言来处理人际沟通是现代人的一种思维方式,这不仅显示了自身的素养,也可以赢得良好的人际关系。作为社会组织细胞的现代人,应该具备这种公关意识——努力营造自身所处的人文环境,应该学会以和谐的人文意识来交流的这样一种沟通的艺术。运用公关语言来激活沟通,和谐交往。

复习与思考题

1. 你认为自己在语言表达方面有哪些问题?可以怎样解决?

2. 请你为学校"读书节"拟一则广告词,并从内容和形式两方面简要说说这则广告词的特点。

3. 某班在学习了《沁园春·长沙》后举行了"毛泽东诗歌朗诵会",请为主持人写一段开场白和结束语。要求:引用毛泽东诗词;语言连贯且富有激情。

4. 王阳准备 6 月 16 日在阳光饭店为爸爸过七十岁的生日,想请爸爸的老战友刘妙山夫妇那天中午十二点来一起吃饭,请以王阳的名义给刘妙山夫妇写一份请柬,要求称呼得体,表述简明,措辞文雅。

5. 网上流行一个词,叫作"中国式过马路",称"中国式过马路,就是凑够一撮人就可以走了,和红绿灯无关"。针对此现象,请拟出 2 条劝阻行人闯红灯的宣传语。要求:简明生动、幽默警醒。

第十二章 公关礼仪

学习目标

通过教学,使学生了解公关礼仪的重要性,并通过对个人仪容、仪表、仪态礼仪、商务相识礼仪等基本礼仪规范的介绍,让学生掌握公关人员在日常工作及基本人际交往中需要注意的一些礼仪规范,从而能够在以后的工作和生活中得以灵活运用。

在日常生活和工作中,礼仪能够调节人际关系,从一定意义上说,礼仪是人际关系和谐发展的调节器,人们在交往时按礼仪规范去做,有助于加强人们之间的互相尊重,建立友好合作的关系,缓和和避免不必要的矛盾和冲突。一般来说,人们受到尊重、礼遇、赞同和帮助就会产生吸引心理,形成友谊关系,反之会产生敌对、抵触、反感、甚至憎恶的心理。

礼仪具有很强的凝聚情感的作用。礼仪的重要功能是对人际关系的调解。在现代生活中,人们的相互关系错综复杂,在平静中会突然发生冲突,甚至采取极端行为。礼仪有利于促使冲突各方保持冷静,缓解已经激化的矛盾。如果人们都能够自觉主动地遵守礼仪规范,按照礼仪规范约束自己,就容易使人际间感情得以沟通,建立起相互尊重、彼此信任、友好合作的关系,进而有利于各种事业的发展。

开篇案例

王峰在大学读书时学习非常刻苦,成绩也非常优秀,几乎年年都拿特等奖学金,为此,同学们给他起了一个绰号"超人"。大学毕业后,王峰顺利地获取了在美国攻读硕士学位的机会,毕业后又顺利地进入了美国公司工作。一晃8年过去了,王锋已成为公司的部门经理。

今年国庆节,王峰带着妻子女儿回国探亲。一天,在大剧院观看音乐剧,刚刚落座,就发现有3个人向他们走来。其中一个边走边伸出手大声地叫:"喂! 这不是'超人'吗? 你怎么回来了?"这时,王峰才认出说话的人正是他的高中同学贾征。贾征大学没考上,自己跑道南方去做生意,赚了些钱,如今回到上海注册公司当起了老板。今天正好陪着两位从香港来得生意伙伴一起来看音乐剧。这对生意伙伴是他交往多年的年长的香港夫妇。

此时,王峰和贾征彼此都既高兴又激动。贾征大声寒暄之后,才想起了王峰身边还站着一位女士,就问王峰身边的女士是谁。王峰这才想起向贾征介绍自己的妻子。待王峰介绍完毕,贾征高兴地走上去,给了王峰妻子一个拥抱礼。这时贾征他想起了该向老同学介绍他的生意伙伴。大家相互介绍、握手、交换名片和简单的交谈后,就各自回到自己的座位上观看音乐剧了。

案例总结

1. 公共场合大声喧哗是不礼貌的。在公共场合,还是要注意自己的公共形象和公共影响。毕竟,这不是私人的场所,要学会尊重别人,别人才会尊重你。

2. 在宾客面前称呼别人的外号有点不妥。结合见面礼仪和两者的熟悉关系,我们可以"直呼其名",也可以"直呼名,不道姓"。在你的朋友有第三者且是你不熟悉的人的陪同下,一旦不小心脱口而出了,一定要解释绰号的出处,当然一定要突出赞美的一面,给你的朋友足够的面子,这样才不算失礼。

3. 见到老朋友就把新朋友晾在一边,这也是很不礼貌的。在日常工作和交往中,我们经常需要和陌生人打交道,有时候还有故友重逢的情况。不管和老朋友见面,还是另结新交,都需要注意向对方问候、致意、行礼、介绍这样的一些细节。

4. 如何向对方介绍自己的同伴,介绍的先后顺序也是一个问题。

5. 在王峰把自己的妻子介绍给贾征之后,贾征行了个大礼——拥抱礼,这显然是不妥的。

第一节 个人形象礼仪

讲究礼仪,遵从礼仪规范,可以有效地展现一个人的教养、风度与魅力,更好地体现一个人对他人和社会的认知水平和尊重程度,从而使个人的学识,修养和价值得到社会的认可和尊重。适度、恰当的礼仪不仅能给公众以可亲可敬、可合作、可交往的信任和欲望,而且会使与公众的合作过程充满和谐与成功。任何一个社会组织,小到一家店铺,大到一个国家,要想广交朋友,广聚信息,想增进相关公众对它的理解、信任、合作与支持,想塑造自身的良好形象,全面实现自己的目的,同样也一刻都离不开礼仪,所以礼仪是企业形象、文化、员工修养素质的综合体现,我们只有做好应有的礼仪才能将企业在形象塑造、文化表达上提升到一个满意的地位。

所谓的公关礼仪是指公关人员在公关活动中应遵循的礼仪要求,并不包括其他场合的礼仪。但是,公关礼仪与其他交际礼仪也有相通之处,只不过目的、对象有所不同罢了。公关人员在开展公关工作过程中,在个人形象方面应该在以下几个方面注意基本的礼仪要求:

一、仪表礼仪

生活中人们的仪表非常重要,它反映出一个人的精神状态和礼仪素养,是人们交往中的"第一形象"。成功的仪表修饰一般应遵循以下的原则:

1. 适体性原则

要求仪表修饰与个体自身的性别、年龄、容貌、肤色、身材、体型、个性、气质及职业身份等相适宜和相协调。

2. TPO 的原则

时间(time,)、地点(place)、场合(Occasion)原则;简称 T.P.O 原则,即要求仪表修饰因时间、地点、场合的变化而相应变化,使仪表与时间、环境氛围、特定场合相协调。

3. 整体性原则

要求仪表修饰先着眼于人的整体，再考虑各个局部的修饰，促成修饰与人自身的诸多因素之间协调一致，使之浑然一体，营造出整体风采。

4. 适度性原则

要求仪表修饰无论是在修饰程度，还是在饰品数量和修饰技巧上，都应把握分寸，自然适度。追求虽刻意雕琢而又不露痕迹的效果。

得体、整洁、美观是公关人员着装的基本礼仪规范。具体来说，既要与自身形象相和谐，与出入场所相和谐，又要与衣着色彩相和谐，与穿着搭配相和谐。

衣着应与自身形象相和谐。这里的自身形象有两层含义，一是指所从事工作的职业形象，二是指自身的身材长相。由于公关人员的职业特性，在穿着方面应表现出稳重、大方、干练、富有涵养并且有一定设计感的形象。

衣着应与出入的场所相和谐。不同的场合有不同的气氛，在社交场合的穿着大致可分为礼服和便服两种。礼服主要是出席正式、隆重、严肃的场合时的着装，如西服、中山服、旗袍或民族着装。便服主要是在一般场合，日常短袖、衬衣、针织衫等都可。

注意事项：男士穿西装时，应佩带领带，穿长袖衬衣应将下摆塞在裤内，袖口不要松开或卷起。女士着裙时，袜子口不能露在衣裙之外。

在一些特定的场合，公关人员的穿着应遵守下列礼仪常规：

办公时的着装。作为职业人员，公关人员大量的工作时间是在办公室中度过的。办公室工作衣着要整齐、稳重、大方。工作人员上班时不能穿短裤、背心、拖鞋、运动服，女士不得穿超短裙、吊带裙。

宴会、记者招待会时的着装。通常出席这类较为隆重、正规的社交场合，着装应讲究。男性可穿颜色深一点的西装，加上白色的衬衣和领带。女性可穿套裙或小礼服，颜色以高雅清新为宜。

在气氛较活跃的会见、访问时，可穿套装，也可穿色彩、图案活泼一些的服装，如花格呢、粗条纹、淡色的服装都适宜。

二、仪容礼仪

仪容，通常是指人的外观、外貌。其中的重点，则是指人的容貌。在人际交往中，每个人的仪容都会引起交往对象的特别关注。并将影响到对方对自己的整体评价。在公关人员个人的形象之中，仪容是重点之中的重点。

首先，是要求仪容自然美。它是指仪容的先天条件好，天生丽质。尽管以相貌取人不合情理，但先天美好的仪容相貌，无疑会令人赏心悦目，感觉愉快。

其次，是要求仪容修饰美。它是指依照规范与个人条件，对仪容施行必要的修饰，扬其长，避其短，设计、塑造出美好的个人形象，在人际交往中尽量令自己显得有备而来，自尊自爱。

最后，是要求仪容内在美。它是指通过努力学习，不断提高个人的文化、艺术素养和思想、道德水准，培养出自己高雅的气质与美好的心灵，使自己秀外慧中，表里如一。

真正意义上的仪容美，应当是上述三个方面的高度统一。忽略其中任何一个方面，都会使仪容美失之于偏颇。

在这三者之间,仪容的内在美是最高的境界,仪容的自然美是人们的心愿,而仪容的修饰美则是仪容礼仪关注的重点。

要做到仪容修饰美,自然要注意修饰仪容。修饰仪容的基本规则,是美观、整洁、卫生、得体。

仪容美的基本要素是貌美、发美、肌肤美,主要要求整洁干净。美好的仪容一定能让人感觉到其五官构成彼此和谐并富于表现;发质发型使其英俊潇洒、容光焕发;肌肤健美使其充满生命的活力,给人以健康自然、鲜明和谐、富有个性的深刻印象。但每个人的仪容是天生的,长相如何不是至关重要的,关键是心灵的问题。从心理学上讲每一个人都应该接纳自己,接纳别人。

为了维护自我形象,有必要修饰仪容。在仪容的修饰方面要注意五点事项:其一,是仪容要干净,要勤洗澡、勤洗脸、脖颈、手都应要干干净净,并经常注意去除眼角、口角及鼻孔的分泌物。要换衣服,消除身体异味,有狐臭要搽药品或及早治疗。其二,是仪容应当整洁。整洁,即整齐洁净、清爽。要使仪容整洁,重在持之以恒,这一条,与自我形象的优劣关系极大。其三,是仪容应当卫生。讲究卫生,是公民的义务,注意口腔卫生,早晚刷牙,饭后漱口,不能当着客人面嚼口香糖;指甲要常剪,头发按时理,不得蓬头垢面、体味熏人,这是每个人都应当自觉做好的。其四,是仪容应当简约。仪容既要修饰,又忌讳标新立异、"一鸣惊人",简练、朴素最好。其五,是仪容应当端庄。仪容庄重大方,斯文雅气,不仅会给人以美感,而且易于使自己赢得他人的信任。相形之下,将仪容修饰得花里胡哨、轻浮怪诞,是得不偿失的。

三、仪态礼仪

1. 站姿

最容易表现姿势特征的,是人处于站立时的姿势。站姿是一切仪态之首。女人以亭亭玉立的站姿为美。这是一种挺拔而不僵直,柔媚而又富于曲线的娇美姿态,这种站姿能充分体现女性的纤细身材和柔美的曲线,给人以高雅、俊美之感。

优美的站姿会马上让人有高了的感觉。立时显高的3个关键——颌、胸、臀。第一个让我们显高的部位是头顶。首先感觉头顶有跟绳子拽着自己。这是最关键的。第二个让我们显高的在胸部。双肩向后扩展,胸部就挺起来了。第三个让我们显高的是臀部。腰用劲,臀部就会往上提。

下面三种方法可以帮助你训练良好的站姿。

（1）提踵:脚跟提起,头向上顶,身体有被拉长的感觉,注意保持姿态稳定,练习平衡感。

（2）把身体背着墙站好,使你的后脑、肩、腰、臀部及脚跟均能与墙壁紧密接触。

（3）利用顶书本的方法来练习,为使书本不掉下来,就会自然地把颈部挺直,下巴向内收,上身挺直。

2. 走姿

行走时,男女有一定区别,男子步履雄健有力,走平行线,展示刚健、英武的阳刚之美;女子步履轻捷、娴雅,步伐略小,走直线,展示出温柔、娇巧的阴柔之美。

优美走姿的要领:以腰带动脚,重心移动,以腰部为中心。颈要直,双目平视,下颌向内缩,面带微笑。上半身保持正直,腰部后收,两脚平行。膝盖伸直,脚跟自然抬起,两膝盖互相碰触。有节奏地走路,肩膀放松,手指并拢。走路时若能注意上述要点,你就能保持优美的姿态并时刻洋溢着青春的魅力。

优美走姿的训练要点:走高、走直、走稳、走美。

(1) 走路时,应保持身体的挺直。感觉头顶有根线在往上拉。应用腰力,要有韵律感。若腰部松懈,会有吃重的感觉;拖着脚走路,更显得难看。

(2) 要走成一条直线,理想的行走线迹是脚正对前方所形成的直线,脚跟要落在这条直线上。若脚的方向向里,会形成罗圈腿;脚尖过于外撇,会造成 X 形腿。

(3) 走路要走稳,不要摇头晃肩或左右摇摆,更不要扭动臀部。

(4) 走路行走的美感产生于下肢的频繁运动与上体稳定之间所形成的对比和谐,以及身体的平衡对称。应自然地摆动双臂,幅度不能太大,只能小摆动,前后摆动的幅度在 45 度左右,不要做左右式的摆动。挺胸、收腹,步伐要轻盈优美,不可跨大步;膝盖和脚踝应轻松自如,以免显得浑身僵硬,同时不要走外八字或内八字;不要低头后仰。

3. 坐姿

优雅的坐姿传递着自信、友好、热情的信息,同时也显示出高雅庄重的良好风范。女士应在站立的姿态上,后腿能够碰到椅子,轻轻坐下来,两个膝盖一定要并起来,腿可以放中间或放两边。如果想跷腿,两腿需是合并的,假如穿的裙子较短时一定要小心盖住。特别是一些经常走动工作或要上高台坐下的女士,都不适合穿太短的裙子,并且不能两腿分开。男士坐的时候膝部可以分开一点,但不要超过肩宽,也不能两腿叉开,半躺在椅子里。

入座时的基本要求:

(1) 在别人之后入座。出于礼貌,和客人一起入座或同时入座时,要分清尊卑,先请对方入座,自己不要抢先入座。

(2) 从座位左侧入座。如果条件允许,在就座时最好从座椅的左侧接近它。这样做,是一种礼貌,而且也容易就座。

(3) 向周围的人致意。就座时,如果附近坐着熟人,应该主动打招呼。即使不认识,也应该先点点头。在公共场合,要想坐在别人身旁,还必须征得对方的允许。还要放轻动作,不要使座椅乱响。

(4) 以背部接近座椅。在别人面前就座,最好背对着自己的座椅,这样就不至于背对着对方。得体的做法是:先侧身走近座椅,背对着站立,右腿后退一点,以小腿确认一下座椅的位置,然后随势坐下。必要时,用一只手扶着座椅的把手。

离座的要求:

(1) 事先说明。离开座椅时,身边如果有人在座,应该用语言或动作向对方先示意,随后再站起身来。

(2) 注意先后。和别人同时离座,要注意起身的先后次序。地位低于对方的,应该稍后离座。地位高于对方时,可以首先离座。双方身份相似时,可以同时起身离座。

(3) 起身缓慢。起身离座时,最好动作轻缓,不要"拖泥带水",弄响座椅,或将椅垫、椅罩弄得掉在地上。

(4) 从左离开。坐起身后,应该从左侧离座。

不同情况下的坐姿：

（1）在比较轻松、随便的场合，可以坐得比较舒展、自由。

（2）谈话，谈判、会谈时，场合一般比较严肃、适合正襟危坐。要求上体正直，臀尖落座在椅子的中部，双手放在桌上、或将一只手放在椅扶上。脚可以并着放，也可以并膝稍分小腿或并膝小腿前后相错、左右相掖。

（3）女士在社交场合，为了使坐姿更优美，可以采用略侧向的坐法，头和身子朝向对方，双膝并拢，两脚相并、相掖、一前一后都可以。在落座时，应把裙子向腿下理好、掖好，以免不雅。

（4）倾听他人教导、指示时，对方是尊者、贵客，坐姿除了要端正外，还应坐在椅座的前半部或边缘，身体稍向前倾，对对方表现出一种积极、重视。

第二节　公关社交礼仪

一、介绍礼仪

介绍就基本方式而言，可分为：为他人做介绍、被人介绍和自我介绍三种。介绍的顺序应该是：向年长者引见年轻者，不论男女都是按这样的顺序做介绍；向女士引见男士；向职位高的引见职位低的人，同时连同双方的单位、职称一起简单作介绍。在人数众多的场合，如果其中没有职位、身份特殊的人在场，又是年龄相仿的人聚会，则可按照一定的次序一一介绍，但注意介绍时不能顾此失彼。为他人做介绍时，应简洁清楚，不能含糊其词。介绍时，还可简要地提供一些情况，如双方的职业、籍贯等等，便于不相识的两人相互交谈。如果你是单独介绍两人相识，应该事先了解一下他们彼此是否都有想认识对方的愿望，免得造成不必要的尴尬。在向他人介绍某人时，不可用手指指指点点，而应有礼貌地以手掌示意。

当你自己被介绍给他人时，你应该面对着对方，显示出想结识对方的诚意。等介绍完毕后，可以握一握手并说"你好！"、"幸会！"、"久仰！"等客气话表示友好。如果你是一位男士，被介绍给一位女士，你应该主动点头并稍稍欠身，然后等候对方的反应。按一般规矩，男的不用先伸手，如果对方不伸手也就罢了。如果对方伸出手来，男的便应立即伸手轻轻一握。如果你是一位女士，被介绍给一位男士时，一般来说，女士微笑点头就合乎礼貌了。如你愿意和对方握手，则可以先伸出手来。

当你想同某人结识，却又一时没有找到合适的介绍人时，那么不妨做自我介绍。作自我介绍时，可主动打招呼说声"你好"来引起对方的注意，然后说出自己的姓名、身份。也可一边伸手跟对方握手，一边作自我介绍。

在做介绍的过程中，介绍者与被介绍者的态度要热情得体、举止大方，在整个介绍过程应面带微笑。一般情况下，介绍时，双方应当保持站立姿势，相互热情应答。会议介绍时，被介绍者应起身示意。

二、握手礼仪

首先是握手的姿式。一般地，握手的两个人手掌相握呈垂直状态，表示平等而自然的关系，这是最稳妥的握手方式。如要表示谦虚或恭敬，则可掌心向上同他人握手。而如果是伸出双手去捧接,就更是谦恭备至了。但切切不可掌心向下握住对方的手,这通常是傲慢无礼的表示。握手时应伸出右手,决不能伸左手与人相握。

其次是握手的顺序,在握手礼节中上级、长辈和女士拥有优先权。在上下级之间,应先上级伸出手后,下级才能接握;在长幼之间,应长辈先伸手后,晚辈才能接握;在男女之间,应女方先伸手后,男方才能接握,若男士已伸出手来,女士也应有所反应。

握手的力度也应注意。一般情况,相互间握下即可。如果是热烈握手,可以使劲摇晃几下,握手的时间通常以三至五秒为宜,除非关系亲近的人可以长时间握手外,一般都是握一下即可。握手时应两眼注视对方的眼睛,表示诚意。

三、使用名片

在工作中使用名片,是职业的需要,它可以帮助公众认识和了解你;也可以使你掌握公众的有关信息。公关人员面对众多的公众,借助名片,可以建立起一个广泛的公众联络网,便于工作的展开。

名片的一般规格是:名片的正面上印有工作单位,中间印有姓名、职务,下方印有地址、电话。名片正面印有中文,背面往往印有相应的英文。

递送名片时机。若有人介绍,应等介绍完对方和自己后,再递上名片;若没人介绍,应在向对方打招呼、简洁的自我介绍后,再递名片;如果是登门拜访,应先口头自我介绍,再递名片。

当我们向他人递送自己的名片时,应说"请多多指教",同时身体微微前倾,点头示意,最好是用双手呈上名片,将名片放在手掌中,用拇指夹住名片,其余四指托住名片的反面。请注意名片的字迹应面向对方,便于对方阅读。如果自己的姓名中有不常用的字,最好能将自己的名字读一遍,以便对方称呼。

接受他人的名片时,应双手接过,并道谢。当对方说"请多多指教"时,可礼貌地应答一句"不敢当"或"客气了"。接过名片,一定要看一遍,绝对不可不看一眼就收藏起来,这样会使人感到你诚意不足。看不明白的地方应及时请教。看过名片后,应将名片放好,不要随意乱放,以免使人感到不快。

四、称谓礼仪

称呼要求可概括为"称谓得体,有礼有序"。称谓应符合身份。以对方的职业相称,也可用对方的身份相称。在对方身份不明的情况下,采用性别相称"某先生""某女士"或称其为"某老师",亦不失为一个权宜之计,特别是后者,既表示尊敬有礼又不使人觉得不妥,在文化艺术界,这样的称谓更为妥当。对年长者称呼要恭敬,不可直呼其名,可敬称"老张""老王";如果是有身份的人,可以将"老"字与其姓氏相倒置,这种称呼是一种尊称,如"张老""王老"。称呼时可借助声调、热情的笑容和谦恭的体态表示尊敬。对同辈人,则可称呼其姓名,有时甚至可以去姓称呼名字,称呼时态度要诚恳,表情自然,体现真诚。

对年轻人则可在其姓前加"小"相称,如"小张""小李",亦可直呼其姓名。称呼时要注意谦和、慈爱,表达出对年轻人的关爱态度。

五、拒绝礼仪

拒绝,与公众交往,难免会发生一些矛盾,有时会碰到一些不合理的要求,需要我们说"不"。为此我们要讲究一些拒绝的技巧,做到婉拒他人而又不失礼貌。

"位置置换法",有的时候要拒绝对方时,可以朋友的口吻相待,将自己的难处讲出,请对方站在自己的角度体会再计较。

"肯定再否定"。当对方提出的问题需要你明确地表示"否定"时,你可先选取一个局部的枝节予以肯定,然后再对问题的主要方面提出否定,因为不是采用一口否定的形式,使对方有一个下台的机会,对方也就比较容易接受。

"让我考虑一下"。拒绝别人时,最好不要太快,稍微拖延一段时间,让气氛缓和些较好,若能避免当面拒绝则更好。这样做,不仅可以避免当面拒绝时的尴尬,又可使对方觉得你对他提出的问题,确实是经过慎重考虑才做出了回答。

六、道歉礼仪

由于我们工作的疏忽或失误,影响了他人的利益,那么,就应当及时说声"对不起"以求得对方的谅解。这类情形在工作中会经常碰到,小则是一些误解、纠纷,大则是被称之为需要"危急公关"的恶性突发事件。一旦发现自己的言行有损于组织形象,或是组织的行为有损于对方利益,便应主动道一声"对不起"。主动认错对消除人与人之间的怨恨和恢复感情确有奇效。当我们道歉时,态度要真诚,是发自内心的表达歉意,决不可敷衍行事,做官样文章。道歉时,也不要奴颜婢膝,纠正自己的过错是一件值得尊敬的事,应当堂堂正正。

七、电话礼仪

打电话的礼节可以归纳为礼貌、简洁和明了这六个字。使用电话交谈时,要注意语言简洁和明了。电话用语要言简意赅,将自己所要讲的事用最简洁、明了的语言表达出来。在办公室打电话,要照顾到其他电话的进出,不可过久占线。

打电话。在打电话之前,请做一下准备,将所要说的问题和顺序整理一下,这样打起电话来就不会啰啰嗦嗦或者丢三落四了。拨通电话后,应当先自报一下家门和证实一下对方的身份。如果你找的人不在,可以请接电话的转告。这时可以先说一句:"对不起,麻烦你转告×××……"然后将你所要转告的话告诉对方,最后,别忘了向对方道一声谢,并且问清对方的姓名。切不要"咔嚓"一声就把电话给挂了,这样做是不礼貌的,即使你不要求对方转告,但他为你接了这个电话,你也应说一声:"谢谢,打扰你了。"

如果你打的电话是要通过总机转接的,别忘了对总机小姐说一个"请"字,"请转×××分机",你的礼貌会使你得到礼遇的。电话通话期间,语言要简洁明了,事情说完,道一声"再见",便及时地挂上电话。打电话的时间,要考虑到对方是否方便。最好在早上八时后及晚上十时前,午间一、二点钟时最好不要打电话,特别是年长者,通常都有午休的习惯。

接电话。当听到电话声响起时,我们应迅速起身去接,拿起听筒,若对方没有发话,你可先自报一下家门:"您好!这儿是×××办公室",让对方明了你的身份。作为接话人,通话过程中,要仔细聆听对方的讲话,并及时作答,给对方以积极的反馈。

如果对方请你代传电话,应弄明白对方是谁,要找什么人,以便与接电话人联系。需要他人马上接听电话时,请告知对方"稍等片刻",并迅速找人。如果不放下听筒呼喊距离较远的人,可用手轻捂话筒或保留按钮,然后再呼喊接话人。如果要接电话的人不在,打电话的人要求你转告的话,你应做好电话记录,记清:1. 打电话者的姓名、是否要回电,以及回电号码、时间;2. 需要转达的具体事宜;3. 对方打电话时的日期、时间。记录完毕后,最好向对方复述一遍,以免遗漏或记错。

当我们接到拨错的电话时,应礼貌温和地告诉对方"您打错了",而不要粗暴地挂上电话。对方若说"对不起"时,你可以回答"没关系,再见!"

通话结束时,作为接话人,一般来说,应等对方先挂上了电话后再放下话筒。

八、餐桌礼仪

餐桌上有许多应注意的礼仪,而这些礼仪常被忽视。

就座和离席:应等长者坐定后,方可入座;席上如有女士,应等女士座定后,方可入座。如女士座位在隔邻,应招呼女士;用餐后,须等男、女主人离席后,其他宾客方可离席;坐姿要端正,与餐桌的距离保持得宜;在饭店用餐,应由服务生领台入座;离席时,应帮助临座长者或女士拖拉座椅。

餐巾的使用:餐巾主要防止弄脏衣服,兼做擦嘴及手上的油渍;必须等到大家座定后,才可使用餐巾;餐巾应摊开后,放在双膝上端的大腿上,切勿系腰带,或挂在西装领口;切忌用餐巾擦拭餐具。

餐桌上的一般礼仪:入座后姿势端正,脚踏在本人座位下,不可任意伸直,手肘不得靠桌沿,或将手放在邻座椅背上;用餐时须温文尔雅,从容安静,不能急躁;在餐桌上不能只顾自己,也要关心别人,尤其要招呼两侧的女宾。

口内有食物,应避免说话;自用餐具不可伸入公用餐盘夹取菜肴;必须小口进食,不要大口的塞,食物未咽下,不能再塞入口;取菜舀汤,应使用公筷公匙;吃进口的东西,不能吐出来,如系滚烫的食物,可喝水或果汁冲凉;送食物入口时,两肘应向内靠,不宜向两旁张开,碰及邻座;自己手上持刀叉,或他人在咀嚼食物时,均应避免跟人说话或敬酒;好的吃相是食物就口,不可将口就食物。食物带汁,不能匆忙送入口,否则汤汁滴在桌布上,极为不雅;切忌用手指掏牙,应用牙签,并以手或手帕遮掩;避免在餐桌上咳嗽、打喷嚏、呕气,万一不禁,应说声"对不起"。

喝酒宜各随意,敬酒以礼到为止,切忌劝酒、猜拳、吆喝;如餐具坠地,可请侍者拾起;遇有意外,如不慎将酒、水、汤汁溅到他人衣服,表示歉意即可,不必恐慌赔罪,反使对方难为情;如欲取用摆在同桌其他客人面前之调味品,应请邻座客人帮忙传递,不可伸手横越,长驱取物;如系主人亲自烹调食物,勿忘予主人赞美。

如吃到不洁或异味,不可吞入,应将入口食物,轻巧地用拇指和食指取出,放入盘中。若发现盘中菜肴有昆虫和碎石,不要大惊小怪,宜候侍者走近,轻声告知侍者更换。

食毕,餐具务必摆放整齐,不可凌乱放置。餐巾亦应折好,放在桌上。抽烟,必须先征得邻座的同意。在餐厅进餐,不能抢着付账,推拉争付,甚为不雅。倘系做客,不能抢付账。未征得朋友同意,亦不宜代友付账。进餐的速度,宜与男女主人同步,不宜太快,亦不宜太慢。

餐桌上不能谈悲戚之事,否则会破坏欢愉的气氛。

九、乘车礼仪

乘车礼仪原则:客人为尊、长者为尊。上车时,应将车子开到客人跟前,帮助客人打开车门,站在客人身后请客人上车。若客人中有长辈,还应扶其先上,自己后上车。轿车内的座次,一般是右座高于左座,后座高于前座。

当专职司机驾车时,其排位自高而低依次为:后排右座、后排左座、后排长坐。当主人亲自开车时,则应把司机边上的位置让给尊长,其余的人坐在后排。下车时,主人应先下,然后帮助客人打开车门,迎候客人或长者下车。

第三节 大型公关接待礼仪

一、迎送时的接待工作

迎送是内宾接待中最常见的礼仪活动。迎送活动的规格有高有低,仪式有简有繁,在接待过程中,我们一定要重视迎送活动的安排。

迎送的对象,按其性质分,有专程前来,也有顺道路过;按其级别分,职务各有高低;按人数分,有大型的代表团,也有数人乃至一人的。接待中,通常根据其身份地位、来访性质及其与当地的关系等因素,安排相应的迎送活动。

1. 确定迎送规格

迎送规格,一般应遵循对等或对应原则,即主要的迎送人员应与来宾的身份相当或相应。若由于种种原因,主方主要人员不能参加迎送活动,使双方身份不能完全对等或对应,可以灵活变通,由职务相宜人员迎送,但应及时向对方做出解释,以免误解。为了简化迎送礼仪,有时主要迎送人员也可在来宾下榻的宾馆(或饭店)迎接或送别,而另由职务相宜人员负责机场(或车站、码头)的迎送。

2. 迎送前的准备

(1) 了解来宾抵离的准确时间。接待工作人员应当准确了解来宾所乘交通工具及抵离时间,以便做好接站(或送站)准备。接站时,迎候人员应留足途中时间,提前到达机场(码头或车站),以免因迟到而失礼。

(2) 制定服务手册。整个活动的安排一旦确定以后,就应立即印制服务手册。服务手册一般应包括来宾名单、接待人员名单、日程安排、乘车安排、住宿安排、就餐安排、参观点简介、双方联系人员姓名及电话号码等,便于来宾和本方接待人员了解整个接待活动的安排,避免接待过程中杂乱无序。

(3) 安排好车辆。根据来宾和迎送人员的人数,以及行李数量安排车辆。乘车座位安排应适当宽松,正常情况下,附加座一般不安排坐人。如果来宾行李数量较多,应该安排专门的行李车。如果是车队行进,出发前应明确行车顺序,并通知有关人员,以免行进中发生错位。

3. 安排好迎送中的各个环节

(1) 介绍。主客双方见面时,应互相介绍。按通常礼仪,应先把主人介绍给来宾,然后再把来宾介绍给主人,介绍顺序以职务的高低为先后。介绍人可由双方职务最高者或工作人员担任。如果主宾双方职务最高者本已认识,则最好由他们分别依次介绍各自人员。也可以由双方的工作人员介绍。介绍形式一般以口头介绍为主,如果人数不多,也可以用互换名片的形式。

(2) 提取、托运行李。如果来宾行李较多,应安排专门工作人员,负责清点、运送行李并协助来宾办理行李的提取或拖运手续。提取行李时如需等候,应让迎宾车队按时离开,留下有关人员及行李车装运行李;送行时,如果来宾需交付托运的行李较多,有关人员应随行李车先行,提前办理好托运手续,以避免主宾及送行人员在候机(车、船)厅等候过久。

(3) 注意与宾馆(饭店)的协调。来宾下榻在宾馆(饭店),生活安排是否周到、方便,与宾馆(饭店)的服务水平密切相关;来宾抵离宾馆(饭店)时,具体事务较多,更应做好有关事项的协调衔接。当重要来宾抵离时,接待工作人员应及时通知宾馆(饭店),以方便宾馆(饭店)组织迎送、安排客房、就餐和进出行李等。来宾入住客房,以便捷、迅速为原则,重要来宾、人数较多的代表团更是如此。为了避免来宾抵达后聚集大厅长时间地等待,接待工作人员应与宾馆(饭店)提前主动联系,密切配合,进行细致的安排。通常住房安排在抵达住地前发给每位来宾,使每人清楚自己入住的房号。在宾馆(或饭店)迎宾处设领钥匙处,来宾抵达时,安排专人根据他们自报的房号分发住房钥匙。也可以在保证安全的前提下,事先打开房门,使来宾抵达后直接进房。不论采用何种形式,主宾入住客房,应有专人陪同引导。来宾入住登记或离店手续,可在适当时间,由接待人员协助办理。

(4) 为来宾留足休息时间。

二、参观考察时的接待工作

参观、考察是接待工作中的一项重要内容。有时为了劳逸结合,有张有弛,也可以适当安排名胜景点的游览活动。参观、游览活动如安排得当,有利于使来宾深刻、完整地了解当地情况,从而得到更多的理解、关心和支持。安排参观游览要注意以下事项。

1. 项目的选定

参观、考察项目的选择,主要应考虑来宾来访的目的、性质,使参观项目的安排有一定的针对性;同时考虑来宾的意愿和特点,结合本地实际,选定最具代表性的参观项目。有季节性的项目,还要考虑时令是否合适。此外,还要考虑参观时间的长短、路途的远近等。对方提出的要求,在可能情况下应尽量予以满足,如果确有困难,不能安排,可如实告知,并作适当解释。

2. 安排布置

项目确定之后,应制定详细计划。先参观什么,后参观什么,中间是否休息,在哪个点休息,参观前有无介绍,远近,徒步还是乘车前往等等。接待重要来宾,对以往接待活动中安排较少、情况不甚了解的参观点,必要时应先跑一遍,落实各个细节的安排。这些细节和具体要求一旦确定,应向各个接待单位交代清楚,并告知全体接待人员,使大家都明了各参观点的活动内容和安排,以及各点的集合出发时间与地点。这样便于大家主动配合,避免在参观过程中出现问题。

3. 陪同

来宾前往参观时,一般由身份相对应的人员陪同。各有关的被参观单位应安排相对应的或一定人员出面,并根据情况安排解说员。

4. 游览

还应安排导游人员。安排参观、游览时,一定要注意轻车简从,陪同及随行的工作人员不可太多,更不要层层加码,以保证现场的良好秩序。重要的警卫接待任务,轻车简从,防止人员过多、过杂,不利于安全保卫工作。

5. 情况介绍

介绍情况要实事求是,所用的数字、材料要准确,经得起推敲。介绍方式可采用座谈形式,也可以边看边介绍。如果来宾人数较多,而参观点上场地有限,可以采用集中介绍、分组参观的办法。

三、宴会安排

1. 座位的礼仪

一般的宴会,除自助餐、茶会及酒会外,主人必须安排客人的席次,不能让客人随便入席,使客人觉得不重视。若宴请级别较高的领导,则应打印席卡,避免客人入席时互相谦让引起尴尬。

2. 桌次的顺序

一般家庭的宴会,饭厅置圆桌一台,自无桌次顺序的区分;但如果宴会设在饭店或礼堂,圆桌两桌,或两桌以上时,则必须定其大小。其定位的原则,以背对饭厅或礼堂为正位,以右旁为大,左旁为小,如场地排有三桌,则以中间为大,右旁次之,左旁为小。

3. 席位的安排

(1) 正式宴会,主桌主人通常坐在面向餐厅主门、能纵观全局的位置;第二主人与主人相对而坐。按照"右为上"的原则,主人的右侧为第一宾客,左侧为第二宾客;副主人左右两侧亦同,分别安排第三、四宾客。其他随从人员或翻译,则坐于其他的席位上。

(2) 条形桌有多种排法,一般主人的右侧安排第一宾客,左侧安排第三宾客,而第二主人的右侧安排第二宾客,左侧安排第四宾客,如桌子一面是单数时,主人和第二主人可以相对而坐;双数时,主人和第二主人交叉斜对而坐,谈话更方便,其他不变。条形桌的桌面比较宽时,为方便交谈,可采取圆桌的排列形式,主人两侧分别坐第一和二宾客,第二主人两侧分别坐第三和第四宾客,其他亦同。

(3) 礼宾次序是排席位的主要依据,在排席位之前,要把经落实出席的主、客双方名单,分别按礼宾次序排列出来,一般根据职务排列。外交多边活动中,还应注意到客人之间的政治关系。关系紧张者,尽量避免排在一起,译员一般安排在主宾的右侧。

(4) 同桌上其他人员的席位安排。依据礼宾次序,以离主人座位远近而定。主宾双方交叉排列。

(5) 如夫人出席,通常把女方排在一起,即主宾坐男主人右侧,其夫人坐女主人(第二主人)右侧。如女主人不出席,则将夫人安排在男主人的左侧。

（6）两桌以上的宴会，其他各桌第一主人的位置可以与主桌主人相同，也可以以面对主桌的位置为主位。桌次安排以离主桌位置远近而定，右高左低，桌数较多时不但要摆席次卡，而且要摆桌次牌（欧美客人的宴会要去掉13号桌）。

（7）实际安排席位时，除依据礼宾次序外，对其余客人还要考虑一些其他因素。例如，语言相同、工作性质相同、性别相同或身份大致相同的可以安排在一起。

四、会务工作

1. 会前工作

（1）安排议题。各级党政机关的例会、办公会都有议题。议题的安排工作有三种情况：一是领导确定题目，由会务工作人员向有关部门收集议题材料；二是领导已签批了很多议题，由会务工作人员根据轻重缓急提出安排建议供领导审定；三是由会务工作人员根据一个时期的中心工作，主动向有关方面询问、收集议题，然后报领导审定。

为了保证会议的质量和效率，凡是提交会议讨论的议题，事先要做好充分的准备工作，否则不能列为议题。如各级政府常务会、办公会的议题，会务工作人员应审查是否具备以下几个条件：

凡涉及几个部门的，提交前主办单位应与有关部门会商，尽量取得一致意见，不一致的，要书面说明情况，并提出倾向性的意见。

属于工程建设、引进项目和技术措施等问题，必须请有关部门组织专家进行认真论证，拟定可行性方案。

属于工作汇报的，要有简要的汇报提纲。汇报内容要开门见山，突出重点，言简意赅，最多不超过2 000字。

属于政府规范性文件，事前必须提交市政府法制办审核。议题确定后，要根据每个议题的参会人数将相关材料打印一定份数，在会前分送与会人员阅读，以便准备意见。

（2）制定会议方案。一般日常办公会不需要制定方案。组织内容和形式比较复杂或规模比较大的会议必须制定文字方案。基本内容概括起来有：组织会议的指导思想。会议名称（会标）、会议时间和期限、会议地点、参会人员范围、会议日程、会议议程、会议入场证件的印制和分发、会场布置要求、主席台的设置及人员名单、会议的组织领导及其分工、安全保卫、后勤服务工作的安排、新闻报道。各种代表大会的方案中还应包括选举投票方案；各种表彰大会的方案中应增加组织发奖和领奖的内容；各种典礼的方案中要有一定的典礼仪式内容；有的会议需要举行集体摄影活动的，方案中亦应加以安排。

（3）制发会议通知。会议通知内容必须具备以下几个要素，即会名、会议时间和期限、地点、会议主要内容、参加会议人员范围、入场凭证和筹办会议的联系单位、电话。会议的食宿、交通工具、需携带的文件和其他特殊要求，应视需要写入通知。会议通知发出后，还应跟踪落实，用电话与参加会议单位或人员联系，了解对方是否接到通知，能否如期出席，以做出相应的安排。

（4）布置会场。会场布置要根据会议内容需要而定。总的原则是讲究气氛、方便开会。庆祝、欢迎会，会场布置要反映出热烈的气氛；履行法定程序的会场要布置得庄严；座谈会会场要显得气氛和谐；工作会、报告会会场布置要简单朴实。主席台的设置。一般来讲，各种代表大会和其他大型会议会场设主席台，与代表席成面对面的形式。一般会议不设主席台。

设主席台和组织大会发言的会议需设讲台,讲台面向代表席。

座位的摆放形式。要根据会议内容和人数以及会场容量而定。常见的摆法,以做报告、大会发言为主的会议,一般摆为长方形,代表席面对主席台或讲台;以讨论问题为主的会场应摆为方形、圆形、蹄形,使与会人员面面相对,不明显区分主次,以方便视听,形成民主气氛。

会场布置还包括会场四周装饰性的布置,如会标、标语口号的内容、字体和横幅颜色的选择,画像、旗帜的悬挂,花卉的摆法等。此外,会场的音响、照明、温度和通风、卫生、茶水杯盘等设施的配备,以及录音录像设备的装置,都要根据条件——安排。主席台名次的排列和桌签的放置、话筒的摆设等,也是会场布置中的重要工作。主席台座次,以上主席台人员的职务(或社会地位、声望)高低排列,最高的排在主席台第一排的正中间,其余按高低顺序,以正中间座位为点,面向会场,依左为上、右为下的原则排列。若有几排座次,其他各排的排位可灵活掌握。座位上要摆放桌签,座次须报领导审定(排法见后)。

(5) 做好会议接待的各项准备工作,包括联系住宿馆所,分配房间,安排就餐,车辆编号,指定停车地点,设置医疗点,根据与会人员到达的时间和地点安排车辆迎接等。

(6) 搞好会前检查。会前检查分召开筹备碰头会和现场检查两种形式,主要是根据会议预案逐项检查落实,发现问题,及时采取措施予以解决。重要或大型会议活动,必要时还应就某个环节或局部进行演习。

2. 会议正式开始以后要注意以下几点

(1) 组织签到。组织好会议签到,可以及时了解到会人员情况,准确统计到会人数。一般是由会务工作人员事先准备好签到簿或签到表,参加会议人员进入会场时在上面签署自己的姓名,有的还要填写单位和职务,同时还要领取相关会议材料。

(2) 做好联络、协调工作。一是要及时掌握会议动态,收集会议反映,供会议主持人或会议工作负责人分析、研究用;二是要安排会议值班,保证会议各项联络不中断;三是对会间临时变动,如调整日程、议程、议题,增加会议人员,其他特殊情况和临时动议,会务工作人员要根据情况,积极采取应急措施,做好临时调度工作。

(3) 做好会议记录。会议记录真实地记载了会议情况,客观地反映了会议内容和进程,是日后分析、整理有关材料,检查会议决定事项执行情况的依据和凭证,也是重要的文书档案。

(4) 写好会议简报。会议简报是在会议进程中,为了反映和交流情况,推动会议的发展,提高会议的质量而印发的一种文件。会议简报的写法有两种,一是报道式写法,即由编写者将情况综合后,选取有价值的部分,用新闻报道的形式,反映会议全局或局部的进展情况。二是转发式写法,这种会议简报往往用于节录某代表的发言、照登某代表意见或倡议。简报编写者"转发"这些发言时,往往加上简短的"按语"。

3. 会后工作

会议结束后会务工作人员主要做好以下几项工作:

(1) 清退文件。会议确定收回的文件资料,要及时组织清退,绝密、机密文件应按有关规定办理清退手续。

(2) 整理会议记录。会后记录人员要对会议的原始记录稿进行整理,重要的会议还要核对录音。对会上没有听清记全的地方,要及时找有关人员核对查实。使用录音机录音的,会后要及时翻整。整理的记录要求内容完整、准确,字迹工整。会议记录应使用专用记录纸或记录本,整理记录稿必须使用钢笔或毛笔,不能使用铅笔、圆珠笔和其他不合要求的笔。

(3) 编写会议纪要。会议纪要是在会后整理中形成的文件,目的是把会议的精神、议定事项、做出的决定传达给群众或有关方面,使之贯彻执行。

第四节 公关涉外礼仪

一、涉外拜访礼仪

公关涉外拜访礼仪包括两个部分,即从宏观上来进行规范的出访要则和从微观上来进行规范的走访须知。

(一) 出访要则

所谓出访要则,指的主要是有关正式出国访问时,特别是在进行具体的准备工作时,所应遵守的惯例和规定。进行出国访问时,通常必须作好下列八项工作:

1. 要确定出访国与出访日期

在国际商务交往中,重要的出访活动,按惯例均须由有关双方通过外交渠道商定。而一般性的出访,则既可通过外交渠道联系,又可由有关单位直接进行联系、商定。至于出访的具体日期与天数,通常应由访问方提出,并在与东道主协商后确定。在一般情况下,出访的具体日期,最好应当避开东道主一方重要的节假日与重要的活动时间。

2. 要经过报批并通报给东道主

目前,在我国凡正式因公组团出国访问,必须依照有关方面的规定,报请上级主管部门审核、批准。在正式出访之前,还需要以传真或电子函件的形式,将我方的出访通报给东道主。其内容应当包括:访问的性质与目的、访问的日期与停留的天数、抵离目的地的航班或车次、全部出访者的名单。按照国际惯例,出访者的正式名单,必须按礼宾序列进行排定。

3. 要办妥护照与签证

护照,是一国公民进入本国国境和境外进行旅行时,必须持有的国籍证明和合法身份证件。我国护照目前分为外交护照、公务护照、普通护照等三种,对其使用对象与发照单位国家具有严格的规定。在领取护照后,要认真查验其有无误差。在使用期间要注意其效期,并严防丢失。签证,指的是一个主权国家的主管部门,为同意持有合法护照的外国人出入或过境本国领土,而正式颁发的签注式证明。当前,世界各国的签证主要分为礼遇签证、外交签证、公务签证以及普通签证等四种。有些国家之间,根据外交协定,还可按照护照的不同种类而免于办理签证。除互免签证的国家之外,出国访问者在办理护照后,只有获得了前往国的签证,方可成行。在办理签证时,要提交必要的文件、资料。必要时,还须交纳一定数额的"签证费"。

4. 要制定具体而详尽的访问日程

日程应由宾主双方经过协商之后,由东道主根据来访者的意愿制定。其内容大致应当包括:举行迎送仪式,安排宴会,进行会见、会谈,出席签字仪式,外出观光浏览,召开记者招待会,举办晚会,会见东道国领导人或各界贤达,等等。在一般情况下,出访之前,出访者可就某些重要的访问日程,提出自己的建议或要求。

5. 要确定出访时乘坐的交通工具

在国际交往中,出访时来回乘坐的交通工具,均应由出访者自行负责解决。在选择何种工具时,最重要的,是要以安全、省时、经济为要旨,并且选择合理而方便的具体时间、地点与路线。在一般情况下,要尽量避免在晚间,特别是后半夜抵达目的地,并且要尽可能减少过界停留的次数,以乘坐直达目的地的交通工具为佳。

6. 要准备必要的卫生检疫证明

目前,为严防疾病的侵害,世界上多数国家都对入境本国的人员,实施鼠疫、霍乱、黄热病、艾滋病等恶性传染病的卫生检疫。所以出访人员在出国之前,除按规定注射疫苗、携带预防药品之外,还应办理《健康证明书》《预防接种证明书》《艾滋病检验证明书》,并且随身携带,以备入境他国时查验之用。

7. 要认真做好安全保密工作

通常,出访期间,特别是重要代表团出访期间,有关其安全、保卫方面的一切事项,均由东道国方面全权负责。出访者所要注意的,主要是在这一方面给予东道国有关人员以协助、配合。尽管如此,每一位出访者对于自己与其他同行的人的人身安全问题,还是不可掉以轻心。在国外期间,尽量不要个人单独行动,尤其是不要前往不安全区域或是夜晚外出活动。在出访期间,应对保密问题给予高度重视,严防泄密。出访时不准私自携带涉密的文件、资料以及一切与此相关的笔记、图表、录音、录像、软件。确有必要携带时,应经本单位或上级有关领导批准,并妥善保管。在一切可能泄密的场所,切勿阅读涉密文件,或谈论涉密事宜。在使用公用通信工具时,亦应注意此点,严防他人窃密。

8. 要充分了解出访国的风土人情与主要交往对象的个人状况

在出国访问之前,应集中一段时间,专门系统而认真地学习有关出访国的国情、习俗等方面的知识。此外还须进行必要的外事纪律和对外政策的教育。

(二) 走访须知

在走访外国人时,需要严格遵守的礼仪规范,主要涉及以下几方面:

1. 要有约在先

拜访外国人时,切勿未经约定便不邀而至。尽量避免前往其私人居所进行拜访。约定的具体时间通常应当避开节日、假日、用餐时间、过早或过晚的时间,及其他一切对对方不方便的时间。

2. 要守时践约

这不只是为了讲究个人信用,提高办事效率,而且也是对交往对象尊重友好的表现。万一因故不能准时抵达,务必要及时通知对方,必要的话,还可将拜访另行改期。在这种情况下,一定要记住向对方郑重其事地道歉。

3. 要进行通报

进行拜访时,倘若抵达约定的地点之后,未与拜访对象直接见面,或是对方没有派员在此迎候,则在进入对方的办公室或私人居所的正门之前,有必要先向对方进行一下通报。

4. 要登门有礼

切忌不拘小节,失礼失仪。当主人开门迎客时,务必主动向对方问好,互行见面礼节。倘若主人一方不止一人之时,则对对方的问候与行礼,在先后顺序上合乎礼仪惯例。标准的做法有二:其一,是先尊后卑。其二,是由近而远。在此之后,在主人的引导下,进入指定的房间,切勿擅自闯入,在就座之时,要与主人同时入座。为了不失礼仪,在拜访外国友人之前,就随身携带一些备用的物品。主要是纸巾、擦鞋器、袜子与爽口液等,简称为"涉外拜访四必备"。"入室后的四除去"是指帽子、墨镜、手套和外套。

5. 要举止大方

在拜访外国友人时要注意自尊自爱,并且时刻以礼待人。与主人或其家人进行交谈时,要慎择话题。切勿信口开河,出言无忌。与异性交谈时,要讲究分寸。对于主人家里遇到的其他客人要表示尊重,友好相待。不要有意无意间冷落对方,置之不理。若遇到其他客人较多,既要以礼相待,也要一视同仁。切勿明显地表现出厚此薄彼,而本末倒置地将主人抛在一旁。在主人家里,不要随意脱衣、脱鞋、脱袜,也不要大手大脚,动作嚣张而放肆。未经主人允许,不要在主人家中四处乱闯,随意乱翻、乱动、乱拿主人家中的物品。

6. 要适可而止

在拜访他人时,一定要注意在对方的办公室或私人居所里停留的时间长度。从总体上讲,应当具有良好的时间观念。不要因为自己停留的时间过长,打乱对方既定的其他的日程。在一般情况下,礼节性的拜访,尤其是初次登门拜访,应控制在一刻钟至半小时之内。最长的拜访,通常也不宜超过两个小时。有些重要的拜访,往往需由宾主双方提前议定拜访的时间和长度。在这种情况下,务必要严守约定,绝不单方面延长拜访时间。自己提出告辞时,虽主人表示挽留,仍须执意离去,但要向对方道谢,并请主人留步,不必远送。在拜访期间,若遇到其他重要的客人来访,或主人一方表现出厌客之意,应当机立断,知趣地告退。

二、赠送

(一)馈赠

由于各国文化的差异和社会、宗教影响的不同,在国际交往中选择适当的礼物,选准赠送礼物的时机,以及让收礼人做出适当的反应,都是送礼时要注意的关键问题。

1. 各国的礼俗

(1)日本。送礼是日本人的习俗,他们比较注重品质,喜欢有精致包装的礼物,但礼品不一定要贵重。送礼者不要在礼物上刻字作画。

(2)韩国。韩国人喜欢本地出产的东西,故你在送礼时只需备一份当地特产为好。

(3)阿拉伯。阿拉伯人喜欢赠贵重物品,也喜欢得到贵重物品,喜欢多姿多彩的礼物,不喜欢纯实用性的东西。初次见面不能送礼给他们,不能送旧物品和酒。

(4) 法国。法国人初次见面不送礼,一般在第二次见面时才送。喜欢知识性、艺术性的礼物,如画片、艺术册或者小艺术品。

(5) 德国。德国人作风比较严谨,故给德国人送礼,礼品的适当与否应特别注意,价格适中,典雅别致的礼物较好,而且礼品一定要包装精美。

(6) 英国。英国人对生活用品一般都有自己的习惯和偏好,故一般都不选生活用品送人,但食品则另当别论。可送些鲜花、小工艺品、巧克力或名酒。

(7) 美国。美国人较随意,对礼物的种类并不十分计较,表情达意,只要彼此都能接受,送什么礼物都可以。送礼可在应酬前或结束时,不要在应酬中将礼物拿出来。

2. 选择礼品的原则及礼仪要求

(1) 不要送过于贵重的礼物。太贵重的礼物容易使主人不安,甚至会有"重礼之下,必有所求"之嫌。选择礼品时,纪念品、特产、鲜花、小孩子的玩具等,都会受到欢迎。

(2) 给外国人送礼品,包装是很重要的,它表示对主人的诚意和送礼人的郑重。

(3) 送礼时应该落落大方,不要害羞以至偷偷摸摸把礼品放在某个角落里,要注意选择拿出礼物的时机,刚见面或临分手时比较合适。

(4) 西方人接受礼物的方式与中国人不同,他们喜欢当场将礼物打开,不管是否喜欢所送礼品,都会称赞和感谢一番。这种情况,并非是对方不礼貌,而是西方的习俗。送礼人可帮助受礼人打开礼品,并做适当介绍。

(5) 送礼时不要讲"真不好意思,礼品太薄,实在拿不出手"之类的话,因为外国人的思维方式与我国不同,如此表达,会使他们误认为你轻视他。不妨反过来说"这件礼物是我专门为你挑选的,希望你能够喜欢",他们听了一定会非常高兴。

(6) 如客人回赠礼物给你,一定要欣喜地接受,并说几句赞美和感谢的话,而不要过于谦虚,用"受之有愧"和"我不能收您的礼物"这样的话予以推辞。

(7) 收到客人的礼物之后,最好尽快打开,长时间对礼物无反应,会使人产生你对礼物不感兴趣,或你不喜欢这类礼物的感觉。

对外交往中,馈赠礼仪和回礼都是十分重要的环节,具有强烈的情感色彩,是相互间表达友情、敬重和感激的方式。

(二) 送花

1. 送花的方式

赠送鲜花,一般可以采用以下几种方式:

(1) 送花篮。花篮由色彩鲜艳的花朵组成,适用于庆祝开业、开幕、演出成功以及祝寿。

(2) 送花束。花束可选择寓意不同的鲜花组合而成,外加包装纸和红丝带。花束一般用于探望亲友、祝贺新婚、祝贺成功或看望病人。

(3) 送襟花。它通常是男士送给女友的小礼物,在某些喜庆的场合,男子也可以在上衣的左胸之前别一朵鲜花。襟花最好与所穿的衣服色彩协调。

(4) 送盆花。品种名贵的盆植花卉是人人喜爱的礼物。它可以送给长辈或以此祝贺朋友迁居等。

上述几种方式中，赠送花束是人们最习以为常的。它通常由玫瑰、剑兰、菖蒲、红色康乃馨等四大花种组成，并且讲究送花要送单数。赠送鲜花可以送一束，也可以送一支。有时候送一支更简单、美妙。

2. 送花的禁忌

送花是有学问的，应注意以下几点：

（1）中国人、韩国人、日本人认为"4"是表示死亡的数字，忌讳送花的数目为"4"。日本还特别忌讳送花的数目为"9"，因为他们认为送给他数量为"9"的花，是视其为强盗。

（2）在日本买菊花时，要问清楚有多少花瓣，有16瓣的菊花是皇家的纹饰，普通市民不能用，所以，给日本人送菊花时，一定要注意花瓣的数字。另外，日本人忌荷花，所以不要送荷花给日本人。

（3）给苏联各国家的人送鲜花时，要注意苏联一些国家的风俗习惯。结婚日最好向新娘赠送白色或粉色的鲜花，它象征着纯洁。送黄色鲜花时要慎重，因为它意味着变节。红色鲜花则象征爱情和赞美。另外，花束须由奇数组成，奇数在苏联是吉利的象征。

（4）欧美一些国家非常忌讳"13"这个数字，把"13"视为凶数。送花的数目不能是"13"。现在中国许多地区很多人也有这种看法。

（5）在讲法语的地区不要送菊花，因为只有在葬礼时才使用菊花。在法国，黄色的花是不忠诚的表示。

（6）到英国人家里做客，送女主人鲜花，忌送百合花，因为百合花表示死亡。

（7）到西班牙人家里做客，千万不要送大丽花和菊花，因为这两种花意味着死亡。

（8）到德国人家里做客，千万不要送给女主人红玫瑰，因为它是情人、恋人之间的专利。给德国人送鲜花时，切不要用纸包装。

（9）到瑞士人家里做客，可以送一枝或10枝红玫瑰给女主人，但不要送3枝，因为送3枝意味着你们是情人。

（10）如果在芬兰、瑞典等北欧国家，应邀到主人家里做客，一定要给女主人带几束单数的鲜花，最好是5朵或7朵。

（11）在巴西，绛紫色的花主要用于葬礼，所以不要送绛紫色的花给巴西人。

（12）在拉丁美洲有些国家，把菊花看成是一种"妖花"，只有人死了，才在灵前放菊花。如果你去拉丁美洲国家做客，送鲜花切勿送菊花。

（13）如果应邀到加拿大人家做客，可向女主人送一束鲜花，但不要送白色的百合花。在加拿大，白色的百合花只有在开追悼会时才用。也不要送菊花，送花时要送单数。

三、用餐

涉外人员在设宴和赴宴时所应当注意的主要事项：以东道主的身份设宴款待外国人时，需要注意的问题主要有菜单的选定、就餐的方式、宴会的位次、用餐的环境，等等。以来宾的身份涉外宴请时，需要注意的主要问题，大致上包括宴请的类型、付费的方法、点菜的规矩、用餐的餐序、就餐的举止、进餐的技巧等（参见第六章内容）。

需要特别注意的是付费的方法、点菜的规矩。付费方法主要有下列三种：一是不必付费；二是定额付费；三是各自付费。需要付小费时，应注意两条：一是应该付多少；二是应该如何给付。同时要了解点菜规矩：一是告诉对方，自己完全"客随主便"。二是恭敬不如从命,但是,只点一道即可。

四、住宿

在涉外商务交往中,有关住宿方面的礼仪主要包括两个方面的基本内容。其一,是安排来宾的住宿。其二,是出访外国时自己的住宿。

(一)对外接待礼仪

安排住宿问题,主要有两种方法。方法之一,是由来宾自行解决住宿;方法之二,是由接待方以主人的身份为来宾安排住宿。在为外国来宾安排住宿的具体过程中,一般应当注意四个方面的问题:

1. 必须充分了解外宾的生活习惯

不同的国家有不同的风俗,每一个人也有自己独特的生活习惯。一般而论,外宾对于个人卫生大都十分重视。对于他们而言,随时可以洗热水澡的浴室,单独使用的干净清洁的卫生间,都是自己的临时居所应具备的基本条件。

2. 必须慎重选择外宾的住宿地点

依照惯例,在国内接待的外宾通常应当被安排在条件优越、设施完备的涉外饭店里住宿。在一般情况下,因公正式接待的外国来宾,不应被安排到住宿条件较涉外饭店稍逊一筹的旅馆、招待所里住宿。直接请外宾住在自己家中,也未见得合适。

另外,除了需要照顾外宾的个人生活习惯,尊重其特有的风俗,满足其特殊的要求外,尚有如下几点应当注意:(1)为外宾安排住宿所需的经费预算状况。(2)拟住宿地点的实际接待能力。(3)拟住宿地点的口碑与服务质量。(4)拟住宿地点的周边环境。(5)拟住宿地点的交通条件。(6)拟住宿地点距接待方及有关工作地点的距离的远近。

3. 必须热情照顾外宾的生活需要

作为礼仪之邦,中国传统的待客礼仪最讲究的就是"宾至如归",体贴入微,善解人意理当在接待人员的身上发扬光大。应当注意的是,对外宾的关心、照顾,应以不妨碍对方私生活为准,并应以不限制对方个人自由为限。

4. 主动向外宾介绍一下本地、本饭店的特点

祝他住宿方便,欢迎对服务提出意见和建议。

(二)国外住店时的礼仪

在前往国外进行商务活动时,一般都会住在宾馆、饭店之内。也有人可能直接在外国人家里住宿。先介绍一下在国外住宿饭店时的礼仪须知。国外的饭店虽说差别很大,但大都设施完备,条件较好。特别是那些上了星级的饭店,可以为每一位住店客人提供优质的服务。一般而言,通行于世界的住宿饭店的礼仪主要包括下列四条:

1. 应当讲究礼貌

在饭店里住宿,对于自己所遇到的一切人,都应当以礼相待。在通过走廊、进入电梯,或是接受饭店里所提供的各项服务时,要懂得礼让他人。对于为自己服务的各类饭店工作人

员,要充分地予以尊重和体谅,向其道谢。在许多国家,人们在住宿饭店时,必须付给为自己提供了服务的客房服务员、行李员、餐厅侍者一定数目的小费。

2. 应当保持肃静

饭店是专供住宿者进行休息的处所,因此,保持肃静被视为饭店的基本规矩。在饭店内部的公共场所,一定要注意调低自己说话的音量,走路轻手轻脚。即使是在自己住宿的客房里,亦应当保持安静,不制造与周围环境不和谐的噪音。

3. 应当注意卫生

在饭店里住宿时,有无良好的个人卫生习惯,通常会显得十分重要。具体来讲,在卫生方面,住宿饭店时注意的问题主要有:(1) 在饭店之内,包括在本人住宿的客房之内,最好不要吸烟。在饭店内部明文规定禁止吸烟公共场所活动时,更是要自觉地遵守这项规定。(2) 不要在本人住宿的客房之内开火做饭,或是任意点火焚毁个人物品。(3) 不要在本人住宿的客房之内洗涤、晾晒个人衣服,尤其是不要将其悬挂在公用的走廊里,或是临街窗子之外,阳台之上。(4) 不要在本人住宿的客房之内乱丢扔私人物品,或是将废弃之物扔到地上和窗外。

4. 应当严守规定

在国外的饭店下榻时,首先要对有关的规定有所了解,然后需要对此严格遵守。国外的饭店,尤其是高档的星级饭店,通常都有下述规定:

(1) 不允许两名已经成年的同性共居于一室之内。唯有一家之人,方可例外。

(2) 不允许住客在自己住宿的客房之内,随意留宿其他外来之人。

(3) 不提倡住客在自己住宿的客房之内会晤来访的人士,特别是不提倡住客在自己的客房内会晤异性来访者。在一般情况下,饭店的前厅或咖啡厅,被视为住店客人会客的理想去处。

(4) 不提倡互不相识的住店客人相互登门拜访。随意去素不相识的人住处串门,或是邀其一起进行娱乐,都是十分冒昧的。

(5) 不允许住店客人身着内衣、睡裙、背心、裤衩之类的"卧室装"在饭店内部的公共场所活动。打赤膊,或是衣冠不整,同样也不被允许。

(6) 不允许将客房或饭店之内其他场所的公用物品,随意带走,占为己有。

此外,住宿国外的饭店时,还有三点需要注意:

一是多人一同出访时,切勿分散住宿。最好不仅是住在同一家饭店之内,而且最好要住在同一楼层。这样大家可以互相关照,也有利于集体行动。

二是要尽量多了解一些国外饭店的特殊规矩。

三是在使用饭店内部的设施时,要注意不懂就问,切莫冒充内行,莽撞出错。

(三) 外国私宅住宿礼仪

接下来,再简要地介绍一下在外国人家里住宿时,所应当遵守的基本礼仪。在通常情况下,它们主要有以下三点:

1. 应当两相情愿

在国外直接住宿在外国人的家里,一般在私人出访时才会出现。在外国人家里住宿时,住宿者与房东二者之间,往往不是私交,就是租赁关系。在这两种情况下,最重要的是双方要完全情愿,并且最好有约在先。由于外国人强调个人隐私,忌讳他人妨碍自己的私生活,因而不大喜欢让外人在自己家里留宿。如若外国朋友没有主动提议,则最好不要自己首先提出来,甚至赖着不走。当然,即使对方盛情相邀,自己不愿意的话,也不必勉强。

2. 应当支付费用

对一般人来说,不论是在什么状况下在外国朋友家里住宿,均应自觉地为此支付一定数额的费用。与房东之间若是存在租赁关系,需要履约付费更是自不待言的。即使与房东是关系密切的私交,亦应支付一定的费用,如果住宿时间较长的话,则对于这一点更加应当注意。哪怕是房东不要自己付房租,平日自己所用的电视费、电话费、传真费等,至少还是应当自掏腰包。

3. 应当和睦相处

在外国人家里住宿,应注意自己的表现,处处好自为之,不要由于自己的不自觉而制造矛盾,惹事生非,更不要因为自己的行为不慎而招致非议。在这个方面,最重要的,是要注意下列三点:(1)要遵守约定。对于住客与房东之间的约定,不管是书面的还是口头的,大到交付房租的日期,小到对于住客生活习惯的具体要求,都要严格遵守。(2)要尊重房东。尊重房东,除了要对其以礼相待之外,还要注意不要有碍其私生活。不要擅自闯入其室内,或是乱拿、乱动、乱用其私人物品。(3)要爱惜物品。在国外,房屋在出租时,往往会连同家具一同出租。借住在外国人家中时,不论交付房租与否,都要对属于房东的物品,自觉地加以爱护。

 复习与思考题

1. 自设情景做介绍练习。
2. 自设情景做接递名片练习。
3. 一个优秀的公关人员在外在形象上有什么要求?
4. 自选主体,为公司策划一次企业年会。
5. 公关涉外拜访活动过程中需要注意哪些礼仪问题?

案例练习1:一天,有位斯里兰卡客人来到南京的一家宾馆准备住宿。前厅服务人员为了确认客人的身份,在办理相关手续及核对证件时花费了较多的时间。看到客人等得有些不耐烦了,前厅服务人员便用中文跟陪同客人的女士作解释,希望能够通过她使对方谅解。谈话中他习惯地用了"老外"这个词来称呼客人。谁料这位女士听到这个称呼,立刻沉下脸来,表示了极大的不满,原来这位女士不是别人,而是客人的妻子,她认为服务人员的称呼太不礼貌了。见此情形,有关人员及这位服务人员随即作了赔礼道歉,但客人的心情已经大受影响,并且始终不能释怀,甚至连带着对这家宾馆产生了不良的印象。

问题:

(1)前厅服务人员该如何称呼这位外国人较为得体?
(2)请结合案例谈一下称呼礼仪的重要性。

案例练习2:某公司的业务员张先生晚饭时走进一家西餐厅就餐。服务员很快把饭菜端上来了。张先生拿起刀叉，使劲切割牛排，刀盘磨擦发出阵阵刺耳的响声，他将牛排切成一块块后，接着用叉子叉起一大块一大块地塞进嘴里，狼吞虎咽，并将鸡骨、鱼刺吐于洁白的台布上。中途，张先生随意将刀叉并排往餐盘上一放，将餐巾摺在桌上，起身去了趟洗手间。回来后却发现饭菜已经被端走，餐桌也已收拾干净，服务员站在门口等着他结账。张先生非常生气，在那儿与服务员争吵起来。

请问到底谁做错了？为什么？正确的做法是什么？

图书在版编目(CIP)数据

现代公共关系学 / 孙冬英,陈金花主编. — 南京:
南京大学出版社,2018.6(2021.10重印)
普通高等院校"十三五"规划教材
ISBN 978-7-305-20267-4

Ⅰ.①现… Ⅱ.①孙… ②陈… Ⅲ.①公共关系学—高等学校—教材 Ⅳ.①C912.31

中国版本图书馆 CIP 数据核字(2018)第 111648 号

出版发行	南京大学出版社		
社　　址	南京市汉口路22号	邮编	210093
出 版 人	金鑫荣		

书　　名	现代公共关系学	
主　　编	孙冬英　陈金花	
责任编辑	王　榕　尤　佳	编辑热线 025-83592123
照　　排	南京开卷文化传媒有限公司	
印　　刷	南京百花彩色印刷广告制作有限责任公司	
开　　本	787×1092　1/16　印张 18.5　字数 450 千	
版　　次	2018年6月第1版　2021年10月第2次印刷	
ISBN	978-7-305-20267-4	
定　　价	46.50元	

网　　址:http://www.njupco.com
官方微博:http://weibo.com/njupco
官方微信号:njupress
销售咨询热线:(025)83594756

* 版权所有,侵权必究
* 凡购买南大版图书,如有印装质量问题,请与所购
　图书销售部门联系调换